清华大学车辆与运载学院系列教材

交通人因工程

袁泉 王涛 编著

清华大学出版社
北京

内 容 简 介

本书从人因工程学的理论与设计方法出发,在当前智能交通系统发展的大背景下,介绍人因工程学的基本概念、基本设计方法,包括人体尺寸、人体生理学、心理学、人机界面、人体作业空间和作业环境,同时侧重人因工程理论方法在交通领域的应用,并介绍交通事故分析和人-车-路系统设计与评价,总体上为读者全方位呈现人因工程学理论及其在交通工程领域的应用。

本书内容丰富,主题新颖,充分反映了交通人因工程学的学科交叉体系,力求为新形势下交通人因工程教学与科研的发展提供全新的参考教程与实用资料。

版权所有,侵权必究。举报: 010-62782989, beiqinquan@tup.tsinghua.edu.cn。

图书在版编目(CIP)数据

交通人因工程/袁泉,王涛编著. —北京: 清华大学出版社,2023.8
清华大学车辆与运载学院系列教材
ISBN 978-7-302-64081-3

Ⅰ. ①交⋯ Ⅱ. ①袁⋯ ②王⋯ Ⅲ. ①交通工程－人因工程－高等学校－教材 Ⅳ. ①U491

中国国家版本馆 CIP 数据核字(2023)第 130265 号

责任编辑: 许　龙
封面设计: 傅瑞学
责任校对: 赵丽敏
责任印制: 杨　艳

出版发行: 清华大学出版社
　　　　　网　　址: http://www.tup.com.cn, http://www.wqbook.com
　　　　　地　　址: 北京清华大学学研大厦 A 座　　邮　　编: 100084
　　　　　社 总 机: 010-83470000　　　　　　　　　邮　　购: 010-62786544
　　　　　投稿与读者服务: 010-62776969, c-service@tup.tsinghua.edu.cn
　　　　　质量反馈: 010-62772015, zhiliang@tup.tsinghua.edu.cn
印 装 者: 三河市龙大印装有限公司
经　　销: 全国新华书店
开　　本: 185mm×230mm　　　　印　张: 22　　　　　　字　数: 476 千字
版　　次: 2023 年 8 月第 1 版　　　　　　　　　　　　 印　次: 2023 年 8 月第 1 次印刷
定　　价: 65.00 元

产品编号: 094969-01

前言

人因工程的问题广泛蕴含在各种交通运输系统中,包括公路、铁路、航空航天、水路等系统,换句话说,交通系统中人的因素是不可或缺的内容。交通人因工程学应运而生。

交通人因工程学是建立在人类科学、交通科学和相关工程科学、社会科学之上的一门综合性交叉学科,交通人因工程学的研究对象是"交通系统中的人-机-环境",也即交通人-机-环境系统。交通人因工程需要研究交通系统中包含的人、机、环境各因素,更要从系统的角度着重研究人-机-环境系统的总体属性,以及它们之间相互关系的规律。交通人因工程设计的对象是交通系统中的各种人机界面、人机交互和人机关系,涉及人体解剖学、生理学、心理学、生物力学等人的因素,要达到的目标是实现人类出行活动的安全、舒适、便捷、高效等性能。

概括起来,交通人因工程是基于人的因素(包括人的几何尺寸、生理和心理特性)研究交通人-机-环境系统的安全性、便捷性和舒适性。人的因素是研究的出发点,也是应用的落脚点。交通人机系统是典型的人-机-环境系统,交通系统中的很多问题都涉及人的因素,交通人因工程目前已成为非常重要的交叉学科,对交通人机系统的研究和改进有助于提升交通系统的安全、便捷和生态等方面性能,未来的"出行即服务"系统也是交通人因工程的发展目标。

本书的主题"交通人因工程的理论方法与应用实践"是在车辆与交通智能化发展大潮之下,对人因工程理论与实践带来的更高的挑战和发展。从人机共驾到无人驾驶,从"互联网+"到"万物互联",从"智能共享"到"出行即服务",从传统能源到可持续新能源,诸多方面的全新目标将驱动人因工程学科在人工智能、互联网和大数据等新技术的作用下,带来更高水平的交通安全、出行便利与驾乘舒适体验,达到"人-机-环境一体化"理念的更高境界。

本书在介绍面向交通领域人因工程的理论、实验与设计方法基础上,结合最新的标准规范,突出呈现人因工程在交通工具、交通设施、交通信号和交通安全等领域的典型应用,力求为新形势下交通人因工程教学与科研的发展提供全新的参考教程与实用资料。

本书内容共分 10 章。第 1 章"人因工程学概论"介绍人因工程的基本概念、发展历程与主要领域应用方向；第2章"交通人因工程研究方法"展示交通人因工程学的理论、实验研究与设计的方法，包括数据调查、计算机仿真、驾驶模拟等重要方法；第3章"人体尺寸与出行空间设计"介绍人体尺寸的标准化数据及对应的作业空间、出行空间设计规范；第4章"人的感知特性与运动特性"浓缩人的基本感知性能和运动特性基础；第5章"人的视觉与光环境设计"凝练人的视觉特性及面向交通光环境的设计应用；第6章"人的听觉与声环境设计"阐述人的听觉特性及其面向交通环境噪声防治的设计应用；第7章"人的交通行为分析"讨论人的认知、决策和选择等行为的内涵及应用；第8章"交通人机界面设计"聚焦人机系统的显示装置、操纵装置及具体的交通信息显示和交通工具操纵装置设计，特别关注智能座舱的人机界面设计体系；第9章"交通事故人因分析"面向交通安全和事故预防，分析挖掘交通事故中包含的人的因素；第10章"典型交通人因工程设计案例"给出人因工程在交通工具、交通设施、交通信号及交通安全研究领域的具体应用案例，作为全书内容的总结和运用。全书内容丰富，主题新颖，集成汇编了最新的有关交通人因工程的素材资料，充分反映了交通人因工程学的学科交叉体系。

感谢参与内容编撰的人员：赵俊玮、黄周策、司响、于国栋、程瑞、陈丽洁、刘浩、韩亚希、盘烨、朱蒋琪、高毅巍等。

本书获得国家自然科学基金项目(No.52072214)、(No.52262047)的资助。

由于作者的水平有限，对于书中可能出现的问题和纰漏，敬请读者指正。

作　者

2023年4月于清华园

目　　录

第 1 章　人因工程学概论 ··· 1
1.1　定义和内涵 ··· 2
1.1.1　命名和定义 ·· 2
1.1.2　研究内容与目标 ·· 2
1.2　基本概念 ·· 4
1.2.1　人的因素 ·· 4
1.2.2　人机系统与人机关系 ··· 5
1.2.3　人机界面与人机交互 ··· 6
1.3　发展历程 ·· 7
1.3.1　国际人因工程学发展 ··· 7
1.3.2　中国人因工程学发展 ··· 10
1.3.3　人因工程的未来展望 ··· 11
1.4　交通人因工程学 ·· 12
1.4.1　交通中的人因工程问题 ··· 12
1.4.2　道路交通人因工程 ·· 13
1.4.3　轨道交通人因工程 ·· 15
1.4.4　航空运输人因工程 ·· 17
1.4.5　水路运输人因工程 ·· 18
1.4.6　航天运载人因工程 ·· 20
1.5　本章小结 ·· 23

第 2 章　交通人因工程研究方法 ··· 25
2.1　研究方法概述 ·· 26

2.1.1 交通人因工程研究方法定义 …………………………………………… 26
  2.1.2 交通人因工程研究方法分类 …………………………………………… 26
  2.1.3 交通人因工程主要研究方法 …………………………………………… 29
 2.2 研究步骤与原则 ………………………………………………………………… 34
  2.2.1 机具研究步骤 …………………………………………………………… 34
  2.2.2 作业研究步骤 …………………………………………………………… 36
  2.2.3 环境研究步骤 …………………………………………………………… 36
  2.2.4 实验设计 ………………………………………………………………… 37
  2.2.5 研究原则 ………………………………………………………………… 42
 2.3 数据调查方法 …………………………………………………………………… 44
  2.3.1 数据调查方法定义 ……………………………………………………… 44
  2.3.2 访谈法 …………………………………………………………………… 45
  2.3.3 问卷调查法 ……………………………………………………………… 48
  2.3.4 观察法 …………………………………………………………………… 50
  2.3.5 鼠标追踪法 ……………………………………………………………… 52
 2.4 计算机仿真方法 ………………………………………………………………… 53
  2.4.1 交通人因工程中的计算机仿真方法应用 ……………………………… 53
  2.4.2 基于JACK软件的计算机仿真方法 …………………………………… 54
  2.4.3 基于CATIA软件的计算机仿真方法 ………………………………… 56
 2.5 驾驶模拟方法 …………………………………………………………………… 59
  2.5.1 交通人因工程中驾驶模拟方法的应用 ………………………………… 59
  2.5.2 车辆驾驶模拟器的构成及应用 ………………………………………… 60
  2.5.3 国内外车辆驾驶模拟器的发展 ………………………………………… 62
 2.6 本章小结 ………………………………………………………………………… 66

第3章 人体尺寸与出行空间设计 ……………………………………………… 67
 3.1 人体尺寸数据的测量 …………………………………………………………… 68
  3.1.1 人体测量的分类 ………………………………………………………… 68
  3.1.2 人体测量的参照系 ……………………………………………………… 68
  3.1.3 人体测量的项目和方法 ………………………………………………… 68
  3.1.4 人体尺寸的间接计算方法 ……………………………………………… 70
  3.1.5 人体尺寸的相关性 ……………………………………………………… 71
 3.2 人体尺寸 ………………………………………………………………………… 72
  3.2.1 中国成年人的人体结构尺寸 …………………………………………… 72
  3.2.2 中国成年人的人体功能尺寸 …………………………………………… 74

3.2.3　中国未成年人的人体尺寸 …………………………………………… 74
3.3　人体尺寸的特点 …………………………………………………………………… 81
　　　3.3.1　人体尺寸的地域特点 …………………………………………………… 81
　　　3.3.2　人体尺寸的时代特点 …………………………………………………… 82
　　　3.3.3　人体尺寸的统计特征 …………………………………………………… 82
3.4　人体尺寸的应用通则 ……………………………………………………………… 83
　　　3.4.1　产品尺寸设计的分类 …………………………………………………… 84
　　　3.4.2　满足度 …………………………………………………………………… 85
　　　3.4.3　设计界限值的选择 ……………………………………………………… 86
　　　3.4.4　人体尺寸测量数据的修正 ……………………………………………… 87
　　　3.4.5　产品功能尺寸的确定 …………………………………………………… 88
3.5　作业空间设计 ……………………………………………………………………… 88
　　　3.5.1　基本设计原则 …………………………………………………………… 88
　　　3.5.2　人体尺寸应用 …………………………………………………………… 89
　　　3.5.3　作业空间范围 …………………………………………………………… 90
　　　3.5.4　作业空间布置设计 ……………………………………………………… 92
　　　3.5.5　受限空间设计 …………………………………………………………… 93
3.6　出行空间设计 ……………………………………………………………………… 94
　　　3.6.1　出行空间分类 …………………………………………………………… 94
　　　3.6.2　行人出行空间设计 ……………………………………………………… 96
　　　3.6.3　非机动车出行空间设计 ………………………………………………… 98
　　　3.6.4　混行弱势道路使用者出行空间设计 …………………………………… 101
　　　3.6.5　出行辅助活动空间设计 ………………………………………………… 102
3.7　本章小结 …………………………………………………………………………… 103

第 4 章　人的感知特性与运动特性 …………………………………………… 105

4.1　人的神经系统 ……………………………………………………………………… 106
　　　4.1.1　神经系统组成 …………………………………………………………… 106
　　　4.1.2　脑的机能 ………………………………………………………………… 106
　　　4.1.3　反射活动规律 …………………………………………………………… 107
4.2　人的信息传递 ……………………………………………………………………… 108
　　　4.2.1　信息与信息量 …………………………………………………………… 108
　　　4.2.2　人的信息处理系统模型 ………………………………………………… 109
　　　4.2.3　信息输入显示器 ………………………………………………………… 110
　　　4.2.4　信息流模型 ……………………………………………………………… 111

4.2.5 影响信息传递的主要因素 …………………………………………… 112
4.3 人的感知特性 …………………………………………………………………… 114
   4.3.1 人的感知觉 …………………………………………………………… 114
   4.3.2 感觉基本特性 ………………………………………………………… 115
   4.3.3 知觉基本特性 ………………………………………………………… 117
4.4 人的运动特性 …………………………………………………………………… 120
   4.4.1 人体运动系统 ………………………………………………………… 120
   4.4.2 骨骼肌的特性 ………………………………………………………… 124
   4.4.3 人体的出力 …………………………………………………………… 124
   4.4.4 人体动作的灵活性与准确性 ………………………………………… 128
4.5 本章小结 ………………………………………………………………………… 129

第 5 章 人的视觉与光环境设计 ……………………………………………… 131
5.1 人的视觉特性 …………………………………………………………………… 132
   5.1.1 视觉器官 ……………………………………………………………… 132
   5.1.2 视觉特性 ……………………………………………………………… 132
5.2 光环境设计 ……………………………………………………………………… 137
   5.2.1 光环境的重要性 ……………………………………………………… 137
   5.2.2 光环境的主要参数 …………………………………………………… 138
   5.2.3 光环境设计标准 ……………………………………………………… 139
   5.2.4 航天器光环境设计 …………………………………………………… 141
5.3 色彩环境设计 …………………………………………………………………… 142
   5.3.1 色彩基本概念 ………………………………………………………… 142
   5.3.2 色彩原理 ……………………………………………………………… 143
   5.3.3 颜色视觉 ……………………………………………………………… 144
   5.3.4 色彩设计交通应用 …………………………………………………… 144
5.4 道路交通光环境设计 …………………………………………………………… 146
   5.4.1 道路照明概述 ………………………………………………………… 146
   5.4.2 道路照明设计与评价 ………………………………………………… 147
   5.4.3 道路防眩光设施设计 ………………………………………………… 151
   5.4.4 公路隧道光环境设计 ………………………………………………… 152
5.5 本章小结 ………………………………………………………………………… 155

第 6 章 人的听觉与声环境设计 ……………………………………………… 157
6.1 人的听觉特性 …………………………………………………………………… 158

6.1.1　听觉器官 ·· 158
　　6.1.2　听觉特性 ·· 158
6.2　听觉信息传递设计 ·· 161
　　6.2.1　听觉信息传递装置 ·· 161
　　6.2.2　言语传递装置 ·· 162
　　6.2.3　听觉传递装置的选择 ·· 163
　　6.2.4　交通听觉信息设计 ··· 164
6.3　声环境设计 ·· 165
　　6.3.1　噪声的影响 ··· 165
　　6.3.2　声环境标准 ··· 166
　　6.3.3　声环境的改善 ·· 166
　　6.3.4　音乐与作业 ··· 167
6.4　道路交通噪声环境评价 ·· 168
　　6.4.1　道路交通噪声 ·· 168
　　6.4.2　交通噪声控制 ·· 169
　　6.4.3　交通噪声监测评价方法 ······································· 169
6.5　本章小结 ·· 171

第7章　人的交通行为分析 ·· 173
7.1　人的认知行为 ·· 174
　　7.1.1　认知行为的定义及原理 ······································· 174
　　7.1.2　认知系统的主观体验——风险认知 ································ 174
　　7.1.3　认知系统的指向与集中——注意 ································· 176
　　7.1.4　认知系统的信息储存——记忆 ·································· 177
　　7.1.5　认知系统的条件推测——预期 ·································· 181
7.2　人的决策行为 ·· 182
　　7.2.1　思维与推理 ··· 182
　　7.2.2　决策行为的定义 ·· 184
　　7.2.3　决策理论 ·· 184
7.3　人的选择行为 ·· 191
　　7.3.1　反应时间 ·· 191
　　7.3.2　运动时间 ·· 194
　　7.3.3　驾驶员的反应时间 ··· 196
7.4　本章小结 ·· 197

第 8 章　交通人机界面设计 …… 199

8.1　显示装置设计 …… 200
- 8.1.1　显示装置 …… 200
- 8.1.2　显示面板设计 …… 201
- 8.1.3　汽车仪表板设计 …… 202

8.2　交通显示设计 …… 204
- 8.2.1　交通信号灯设计 …… 204
- 8.2.2　交通标志设计 …… 207
- 8.2.3　交通标线设计 …… 210

8.3　操纵装置设计 …… 212
- 8.3.1　操纵装置 …… 212
- 8.3.2　一般操纵装置设计 …… 213
- 8.3.3　交通设施操纵装置设计 …… 218

8.4　交通工具操纵装置设计 …… 220
- 8.4.1　手控操纵装置设计 …… 220
- 8.4.2　脚控操纵装置设计 …… 225

8.5　智能座舱人机界面设计 …… 227
- 8.5.1　智能座舱概述 …… 227
- 8.5.2　智能座舱子系统 …… 233
- 8.5.3　抬头显示界面设计 …… 235
- 8.5.4　新型人机交互模式 …… 241
- 8.5.5　多通道融合交互 …… 247

8.6　本章小结 …… 250

第 9 章　交通事故人因分析 …… 251

9.1　交通事故概述 …… 252
- 9.1.1　交通事故定义 …… 252
- 9.1.2　交通事故分类 …… 253

9.2　交通事故影响因素 …… 258
- 9.2.1　道路交通事故影响因素 …… 258
- 9.2.2　轨道交通事故影响因素 …… 264
- 9.2.3　航空交通事故影响因素 …… 265
- 9.2.4　水路交通事故影响因素 …… 267

9.3　交通事故致因分析 …… 270
- 9.3.1　贝叶斯网络分析理论 …… 270

9.3.2 事故树分析理论	274
9.3.3 关联规则分析理论	277
9.3.4 人因可靠性分析理论	280
9.4 交通事故重建	283
9.4.1 碰撞过程重建	283
9.4.2 碰撞位置重建	284
9.4.3 交通事故重建分析方法	286
9.5 本章小结	289

第10章 典型交通人因工程设计案例 …………………… 290

- 10.1 交通工具人因设计 … 291
  - 10.1.1 汽车人因工程设计 … 291
  - 10.1.2 公交车人因工程设计 … 295
  - 10.1.3 自行车人因工程设计 … 300
- 10.2 交通设施人因设计 … 305
  - 10.2.1 道路设施人性化设计 … 306
  - 10.2.2 道路交通安全设施人性化设计 … 307
  - 10.2.3 隧道路段交通设施人性化设计 … 310
- 10.3 交通信号人因设计 … 313
  - 10.3.1 交通信号灯人因工程设计 … 313
  - 10.3.2 交通标志人因工程设计 … 316
  - 10.3.3 交通标线人因工程设计 … 318
- 10.4 交通安全人因设计 … 322
  - 10.4.1 城市道路交通安全设计规范优化案例 … 322
  - 10.4.2 铁路安全人因工程应用管理体系架构研究 … 325
  - 10.4.3 航空安全人因工程设计 … 330
- 10.5 本章小结 … 335

参考文献 …………………………………………………… 337

参考标准 …………………………………………………… 337

第1章 人因工程学概论

内容提要

人因工程学是新兴边缘学科,覆盖领域繁多,应用日益广泛。本章作为开篇,首先介绍人因工程学的基本定义、研究内容和重要概念,追溯人因工程的发展历程,然后展望其未来发展趋势,探讨交通人因工程的设计与应用方向,包括道路交通、轨道交通、航空运输、水路运输及航天工程领域,全方位呈现现代交通人因工程学日新月异的宏观图景。

知识结构

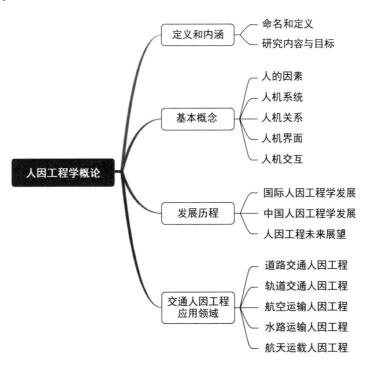

1.1 定义和内涵

1.1.1 命名和定义

人因工程学于 20 世纪 40 年代起源于欧洲,是一门跨越不同学科领域,应用多种学科的理论、方法发展起来的新兴交叉学科。人因工程学在国际上名称多样化,在国内使用较多的也有人机工程学、人类工效学、人-机-环境系统科学等,国际上代表性的名称如表 1-1 所示。

表 1-1 各国人因工程学名称

国家和地区	名称
中国	人因工程学、人机工程学、人体工程学、人类工效学、工程心理学等
欧洲	工效学(ergonomics)、人类工程学(human engineering)
美国	人因学(human factors)、人因工程学(human factor engineering)
苏联	工程心理学(Эргономика)
日本	人间工学

最早出现的 ergonomics 的原意是"人的出力正常化"或"人的工作规律"。关于人因工程学的定义,虽然林林总总,但基本内涵大体相近。国内外较权威的定义如下:

国际人因工程学会(International Ergonomics Association,IEA):人因工程学是研究人在某种工作环境中的解剖学、生理学和心理学等方面的各种因素;研究人和机器及环境的相互作用;以及在工作中、家庭生活中和休假时怎样统一考虑工作效率,人的健康、安全和舒适等问题的学科。

《中国企业管理百科全书》中给出的定义是"研究人和机器、环境的相互作用及其合理结合,使设计的机器和环境系统适合人的生理、心理等特点,达到在生产中提高效率、安全、健康和舒适的目的。"

综上,人因工程学是研究共存于同一系统中的人、机、环境的特性及相互关系的交叉学科,其研究和应用以提升系统中人的安全、健康、舒适和效率为目标。交通人因工程以交通人-机-环境系统为研究对象,是人因工程理论思想方法在交通工程中的具体应用,研究交通系统中的人机界面与人机交互,注重提高广大交通使用者出行的安全性、高效性、舒适性和便捷性。当前,智能化、网联化、电动化(新能源)和共享化的汽车新四化理念,将使交通人-机-环境系统的安全性、舒适性和便捷性达到全新的更高的水平。

1.1.2 研究内容与目标

人因工程学的研究对象是"人-机-环境系统",简称"人机系统"。因此,人因工程学既要研究人、机、环境各因素的属性,更要着重研究人-机-环境系统的总体属性,以及人、机、环境之间相互关系的规律。

人因工程设计的重点对象是人机界面,其设计内容涉及解剖学、生理学、心理学等人的因素,要达到的目标是生活、工作、出行各方面的舒适、安全、高效。

总体上,人因工程学的研究内容主要由两个学术研究方向构成。

(1) 研究和实验:确定工程设计所需要的有关人的特征和特性的具体数据。

(2) 应用和工程:设计宜人化的用品、工具、机器、环境、作业程序、工作任务等。

人机系统的构成可分为人、机、环境三个子系统,这三个子系统各自独立又两两交叉,统一为"人-机-环境系统",见图1-1。由此也决定了人因工程学的基本研究内容,具体包括如下7个方面:

(1) 人的因素研究;
(2) 机的因素研究;
(3) 环境因素研究;
(4) 人-机关系研究;
(5) 人-环境关系研究;
(6) 机-环境关系研究;
(7) 人-机-环境系统总体性能研究。

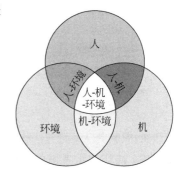

图 1-1　人-机-环境系统关系图

上述各方面的研究内容列举见表1-2。

表 1-2　人因工程学的研究内容

研究方向	研究内容列举
人的因素	人体形态参数、人体模型、力学性能、人的劳动生理特征及心理过程、感知特征、可靠性
机的因素	信息传达显示方法、操纵控制技术、安全保障技术、仿真技术、有关人体舒适性的技术
环境的因素	作业空间、物理化学环境、生物环境、人工环境、人文环境、社会环境
人-机关系	人机系统功能分配、人机相互作用及人机界面研究、人机系统安全性、人机系统可靠性
人-环境关系	环境对人的影响、环境质量标准、环境控制、人体防护技术
机-环境关系	环境对机器性能的影响、机器对环境的影响、环境保护技术
人-机-环境系统	系统总体性能的分析、评价、仿真、优化、改进等

概括起来,人因工程学是基于人的因素(包括人的几何尺寸、生理和心理特性)研究人-机-环境系统的安全性、舒适性和高效性。人因工程学的研究目标,就是要使所设计的产品与人的各种因素之间相适应、相匹配、相补充,以获得工作、生活与出行的安全、舒适、高效。

人因工程学是建立在人类科学、工程科学和社会科学之上的一门综合性交叉学科,它与相关的其他学科之间的联系如图1-2所示。

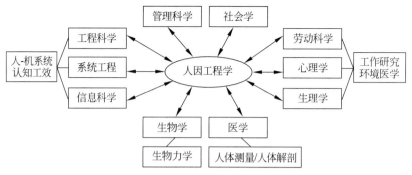

图 1-2 人因工程学与相关学科的关系

1.2 基本概念

1.2.1 人的因素

人的因素是人因工程研究的出发点和应用的落脚点。在机器设计特别是车辆与交通工具设计中,应当着重考虑的人体因素,一般可归纳为以下 5 个方面内容。

1. 人体能承受的作业负荷

指机器及环境对人体造成的体力和精神上的负担。如驾驶员在连续驾车几个小时之后,体力和精神上都会呈现疲劳状态,如不加以休息调整,则对其可靠性方面产生不利影响。

体力负荷(physical load)是指人体单位时间内承受的体力工作量大小。工作量越大,人体承受的体力负荷越大。人体的工作负荷是有一定限度的,超过这一限度,作业效率会明显下降,人的生理和心理状态也会产生十分明显的变化,严重时会使人体处于高度应激状态,导致事故发生。体力负荷可以从生理变化(心率、血氧、肺通气量、血压、肌电图等参量)、生化变化(乳酸和血糖含量)、主观感觉(自认劳累分级量表)三个方面进行测定。

脑力负荷(mental workload)也称为心理负荷、精神负荷,是指单位时间内人承受的脑力活动工作量。具体包括人在工作时所占用的脑力资源的程度、信息处理速度、工作压力的大小及繁忙程度。脑力负荷的影响因素主要包括工作内容、人的能力和努力程度三类。脑力负荷的适当与否对人机系统的绩效、操作者的满意度及其安全和健康有很大影响。脑力负荷的测量方法按其特点和使用范围分为主观评价法、主任务测量法、辅助任务测量法和生理测量法。

2. 人体测量参数

人体测量参数包括人体的几何尺寸、功能尺寸及生理、心理性能等测量参数。例如,关于人体尺寸测量参数的应用,设计工作台高度时,应考虑人的平均坐姿肘高;设计驾驶员操纵装置时,应考虑驾驶员的手功能长度;生理性能包括上述作业负荷的表征测量参数。

3. 人体的生物力学特性

人体的生物力学特性指人的操纵力、操纵速率、位移、节拍等力学参数。例如,设计轿车变速杆的行程时,应考虑到人的手臂动作特点,包括操纵力、速率、频率等反映动作灵活性的参数,尽量做到只用手臂而不移动身体即可完成操作。

4. 人的感知响应特性

也是"人"与"机"和"环境"之间的信息交互过程。包括视觉、听觉、触觉等感知通道的相应特性。例如,不同颜色对人眼的刺激程度不同,给人的语义理解及反应时间也不同,汽车尾部信号灯运用了这一特点,将危险报警灯设置为红色,将转向灯设置为黄色,起到警示、引起后车驾驶员注意的作用。

5. 人的适宜作业姿势

人在操作过程中具有一定的作业姿势,能使人保持舒适、自然、方便。根据作业特点设计作业姿势,如坐姿、立姿、坐立姿结合等,通常要提供稳定的座椅。在这方面的设计工作中,往往需要运用人体模型,来校核相关尺寸和操作姿势的配合是否合理、是否处于最佳状态。

1.2.2 人机系统与人机关系

人机系统指"人"与其相关的"机"共处于同一时间及空间所构成的系统。"人"指的是在所研究的系统中参与系统过程的人,包括人的生理和心理参与。"机"则泛指一切与人处于同一系统中并与人交换着信息、物质和能量的,供人使用的设备、系统、装置等;"环境"指的是"人""机"共处于其中的、对"人"和"机"有直接或间接影响的周围外部条件。图 1-3 所示为人机系统的组成及其与周围环境之间的相互关系。

以车辆人机系统为例,人为车内的驾乘人员,机为车辆本身,环境包括车内和车外的各种环境条件。最典型的交通人机系统就是道路交通人机系统,也即人-车-路系统。

人机系统中的人机关系包括两个方面:

(1) 机宜人:使机器系统尽量满足使用者的体质、生理、心理、智力、审美以及社会价值观念等素质条件的要求。

(2) 人适机:对人的因素予以限制和训练,尽量发挥人的因素有一定可塑性这一特点,让人去适应机器的要求,以保证人机系统具有最优效能。

机宜人是有条件的,人适机也是有限度的。

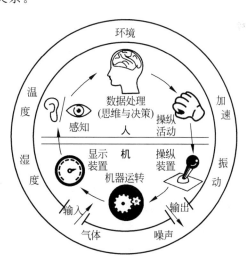

图 1-3 人机系统组成示意图

人机系统中的机宜人与人适机是相对的。任何一个人机系统都必然是既要尽量做到机宜人，也要设法做到人适机。调整这种人机相互匹配关系最根本的制约条件就是人的可能性与人的可靠性。

人的可能性是指基于人的几何尺寸、生理和心理性能，可能达到或实现的功能；人的各种感知特性有各自的阈值，如超出感知范围，则无法进行感知。人的可靠性是指人的行为存在出错的概率；随着熟练程度的提高，人的可靠性逐渐提升，但依然有出错的概率存在，而在不利的环境条件下人的可靠性下降。

1.2.3 人机界面与人机交互

1. 人机界面

人机系统中，"人"与"机"之间能够相互施加影响、实现相互作用的区域，称为人机界面。从人-机-环境系统的角度来看，人机界面主要包括三类：

第一类：控制系统人机界面。

第二类：直接作用型人机界面。

第三类：间接作用型人机界面，通过环境来彼此施加作用。

上述三类界面往往存在关联。第一类人机界面通常包含第二类；第三类人机界面会间接影响人的操纵能力，也即影响前两类界面的使用性能状况。因此，一个典型的人机系统中通常包含上述三类人机界面，它们之间相互关联共同影响人机系统的性能。

传统交通工具的人机界面包括显示装置（仪表板和中控台等）和操纵装置（转向盘、换挡杆、脚踏板和各种控制按键装置等），其中，驾驶操控系统总体上为第一类人机界面，其中包含的转向盘、操纵杆、脚踏板等为直接作用型界面，而机器的振动、噪声等属于第三类界面，必须通过某种"环境"才能对人、机施加影响。当前，显示与操纵一体化的虚拟界面成为产品主流，如智能手机、新型笔记本电脑、新型车辆的中控触屏等。

根据人体参与系统过程的不同类型感知器官，还可以分为相应的人机界面，如视觉显示界面、听觉显示界面、触觉操纵界面等。

2. 人机交互

为完成确定任务的信息交换过程，人与机器系统之间以一定的方式进行交互作用，包括信息、物质和能量的交互。

以计算机人机界面为例，人机交互的发展过程历经了从手工作业阶段、机械式阶段、机器语言阶段（作业控制/交互命令语言），发展到现代的图形用户界面（GUI）阶段、网络用户界面阶段，以及未来的多通道、多媒体的智能人机交互阶段。

人机之间的信息交互方式分为传统方式（机器语言）、图形化系统（键鼠输入）、图形化系统（触屏输入）、自然语音识别（语音交互）和非接触交互（状态检测、智能感知）等。非接触式和自然语言的智能化交流是人机交互的发展趋势，而将来，基于脑电、表情、手势的感知和交互可将智能人机交互提高到一个新的水平。多模式、多通道和多媒介的人机交互是未来的

3. 人机情感交互

人机交互的发展过程历经从人类适应计算机到计算机不断适应人类的阶段。近年来，人机情感交互已成为这个领域新的研究热点。人机情感交互就是要赋予计算机类似人一样的观察、理解和生成各种情感特征的能力，最终使计算机能够像人一样与人类进行自然、亲切、生动和富有情感的交互。仿生代理(lifelike agent)是实现人与计算机自然交互的媒介。

人机交互技术正向着智能化、虚拟化、人性化等方向飞速发展，以智能座舱为代表的新型人机交互模式正在颠覆着传统的人因工程设计，包括增强现实抬头显示、语音交互、实体媒介-显触一体等新的交互模式正在成为实际产品的新特征。

1.3 发展历程

在巨变中的时代，"人因工程"已经不再是一个生疏的名字、新兴的学科、冷门的方向，它已经为学术界、产业界和消费者所广泛接受、理解和重视，它的思想已融会贯通到工业、农业、商业、医学、教育、服务业等各行各业，它的理念已潜移默化蕴含在航空航天、汽车交通、电子电气、土木建筑、服装家具等大宗产品的方方面面。随着工业的发展、社会的进步，人因工程学作为一个特殊的交叉学科始终没有停下前进的脚步，而且它的作用越来越重要，价值越来越凸显，从地球到太空，从过去到未来，有人的地方就有人因工程，就有人机界面和人机交互，安全、健康、舒适、便捷是人因工程研发追求的永恒目标。让我们再简要追溯一下人因工程学的发展过程。

1.3.1 国际人因工程学发展

纵观人因工程学的发展，它与社会和工业的发展相伴相生，并受到各交叉学科进步的影响推动，大体经历了经验人因工程学、科学人因工程学和现代人因工程学几个不同阶段。

1. 经验人因工程学

"人机关系"的存在可以追溯到原始社会，通过考古发现的石器、壁画里可以看到人类祖先的生活场景，也能获知当时最原始的人机关系——人与器物之间的关系。人类为了生存，在解决各种现实问题中形成了一些朴素的常识和规范。比如原始人类狩猎用的棍棒、石块，它们的尺寸、重量总是与人的体能大致相适应，之后，人们逐渐开始制作生产工具，烹制食物，设计服装，构建屋舍和家具，如此才能克服恶劣的自然条件，适应复杂的环境，开始形成最初简单的人机之间的关系。

随着人类社会的发展，人类创造和使用的器物不断得到改进，由简单到复杂逐步完善。这种实际存在的人机关系及其发展，可称为经验的人因工程学。经验的人因工程学自产生起一直延续到第一次产业革命时期，基本上以手工劳动为主，是个极其漫长的发展过程。这个阶段的交通出行场景，基本上是以人力和畜力作为交通工具，是个慢速出行的时代。

2. 科学人因工程学

在西方世界，以蒸汽机的广泛使用为主要标志，以机器为主体的工厂取代了以手工劳动为主体的手工工场。生产技术发生了根本变革，从手工劳动时代进入机械化生产时代，从畜力时代进入蒸汽机时代。以法国Jacquard在纺织机械上使用穿孔卡片进行程序控制和英国瓦特（Watt）设计蒸汽机的调速器为代表，开始实现了自动调节和控制。与此相适应，人因工程学开始由经验逐步上升为科学。1884年德国学者A. Mosso进行了著名的肌肉疲劳试验，该项研究可以说是科学人因工程学的开端。

从交通工具的发展来看，火车和汽车是早期阶段最重要的两大发明。世界上第一辆火车是1814年由英国工程师史蒂芬森造出的蒸汽机车——"旅行者号"。同年9月"旅行者号"机车拖着三十多节小车厢正式试车，车厢载有450名乘客和90t货物，"旅行者号"火车以24km/h的速度跑完了40km的路程。1825年9月27日，史蒂芬森亲自驾驶他同别人合作设计制造的"旅行者号"蒸汽机车在新铺设的铁路上试车并获得成功。蒸汽机在交通运输业中的应用，使人类迈入了"火车时代"，迅速地扩大了人类的活动范围。而在60多年之后，1886年德国的卡·本茨制造出世界上第一辆以汽油为动力的三轮汽车，从此为人类的交通出行开辟了一个新的时代。

以内燃机和电机的广泛使用为主要标志，生产技术从机械化时代进入电气化时代。1898年美国学者泰罗（Taylor）进行了著名的铁锹铲煤作业的试验研究。Gilbreth夫妇首创采用当时先进的电影拍摄方法，研究工人的砌砖作业动作过程。20世纪初，泰罗关于操作方法的研究成果在美国和西欧一些国家得到推行，称为可以极大地提高劳动生产率的"泰罗制"，为科学人因工程学的建立奠定了基础。

第一次世界大战期间，各参战国都聘请心理学家解决战时兵种分工、特种人员选拔和训练、军工生产中的作业疲劳等问题。突出的代表是美国哈佛大学心理学教授Munsterberg，其代表作《心理学与经济生活》和《心理工艺学原理》是人因工程学的最早著作。这一时期的研究者多是一些心理学家，当时的学科名称是"应用实验心理学"，其特点是选择和训练人，使人适应机器。第一次世界大战后，心理学的应用推广到非军事领域，学科名称改成了"工程心理学"。

第二次世界大战期间，新式武器和装备的性能大大提高，但由于没有充分考虑人的生理和心理特点，机器的设计不能适应人的要求，结果往往因操作者难以掌握而不能发挥武器或装备的效能，甚至屡屡发生差错和事故。这就迫使人们深刻认识到，人的因素实在是机器设计中不可忽视的重要方面。于是，工程技术设计思想开始发生了一个根本性的转变：由"使人适应机器"转变为"使机器适应人"，生理学家、心理学家、医生和工程技术专家共同研究解决武器和装备的优化设计实践，促进了人因工程学作为一门独立的新兴学科的形成和发展。

第三次产业革命（20世纪四五十年代）开始以来，以电子技术的广泛应用为主要标志。随着工业技术的发展，工程技术设计中与人的因素有关的问题越来越多，人机协调问题越来越显得重要，从而促使人因工程学的研究和应用得到更广泛而迅速的发展。第二次世界大战后，A. 查帕尼斯等于 1949 年出版了《应用实验心理学——工程设计中人的因素》一书，总结了第二次世界大战时期的研究成果，系统地论述了人因工程学的基本理论和方法，为人因工程学作为一个独立的学科奠定了理论基础。1957 年 E. J. 麦克考米克发表的《人类工程学》是第一部关于人体工程学的权威著作，标志着这一学科已进入成熟阶段。

1949 年 12 月，K. F. H. Murrell 第一次提出了"ergonomics"这个词作为人因工程学的学科名称。1950 年成立了英国人因工程学研究协会，该协会于 1957 年发行了会刊 Ergonomics，该刊物现在已成为国际人因工程学会的会刊。美国在 1957 年成立了人因工程学学会，发行了会刊 Human Factors，美国的刊物数量发展很快，后来成为世界上出版人因工程学书刊最多的国家。

国际人因工程学协会(IEA)于 1960 年正式成立，1961 年在瑞典斯德哥尔摩举行了第一届国际人因工程学学术会议，此后每 3 年举行 1 次，至 2021 年为止，已举行了 21 次国际人因工程学学术会议。其中，2009 年第 17 届会议在中国北京举行。该协会的宗旨是：推动国际间人因工程学的科学研究，加强国际合作，鼓励、促进人机工程学在工业及其他领域中的应用。自 20 世纪 60 年代开始，苏联、日本、德国、法国、荷兰、瑞典、瑞士、丹麦、芬兰等国也相继成立了人因工程学学会或专门研究机构，从事人因工程学的研究、应用和人才培养工作。

随着人因工程学在工业中的应用日益广泛，人因工程学的标准化问题变得越来越重要，国际标准化组织(International Standardization Organization, ISO)于 1975 年设立了人因工程学技术委员会(TC-159)，负责制定人因工程学方面的标准。关于国际标准，ISO 9241 最早于 1992 年出版，并于后续多次修订。该标准涵盖了人机交互的各个方面，包括人因工程、人机界面设计、符号和图形的设计以及人机交互评估等方面。ISO 14915 于 2002 年出版。该标准规定了多媒体用户界面的设计原则和评估方法，以及多媒体信息的组织和表示等方面。各国根据自己的具体情况也制定了许多人因工程学的标准和规范。

1982 年，由美国计算机学会(Association for Computing Machinery, ACM)人机交互专家协会(Special Interest Group on Computer-Human Interaction, SIGCHI)主办的人机交互大会(Conference on Human Factors in Computing Systems, CHI Conference)在美国马里兰州首次举办，该会议是人机交互领域最重要的会议之一。

国际人类工效学与人因工程学联合会(International Federation of Ergonomics and Human Factors, IFEHF)成立于 2015 年，是由 9 个国际人类工效学和人因工程学组织共同发起成立的联合会。IFEHF 的成员包括来自全球不同国家和地区的人类工效学和人因工程学组织。IFEHF 的目标是促进人类工效学和人因工程学领域的科学发展和应用，促进各个国家和地区的人类工效学和人因工程学组织之间的协作和交流。IFEHF 致力于推广人类工效学和人因工程学的最佳实践，提高公众对人类工效学和人因工程学的认识和重视，并为各国和各地区的组织提供支持和服务。

3. 现代人因工程学

20世纪80年代开始进入"现代人因工程学"的发展阶段,其突出特点是人-机-环境系统的最优化。在这一阶段,可持续发展原则的提出和发展使人因工程学的学术思想又产生了极大的扩展和深化。人因工程学的研究目的是使人"安全、健康、舒适、高效",在未来,这仍然是努力追求的方向。但是必须从更高的视角把握其含义:产品、设施、环境的创造,既要让人们现今生活得美好,更要有利于人类自身的全面健康发展,同时考虑智能、绿色和安全等方面更高的发展水平。

1.3.2 中国人因工程学发展

虽然《考工记》《天工开物》等著名古籍中包含着朴素的"人因工程"思想,但人因工程学作为一门科学和新兴学科在中国起步较晚。20世纪60年代,国防科工委的有关研究所曾结合飞机设计开展了一些实验研究工作。但作为一门学科,直到20世纪80年代初才开始确立,各大学及研究所开始陆续建立相关的实验室和研究室。

1980年封根泉编著的我国第一本人因工程方面的专著《人体工程学》出版。

1981年,在著名科学家钱学森的指导下,人-机-环境系统工程学科在中国诞生。同年,第一届国际人机工程学会议在北京举行,这是中国首次承办国际人机工程学会议。同年,由中国科学院心理学研究所和中国标准化综合研究所共同建立了中国人类工效学标准化技术委员会,统一规划、研究和审议全国有关人类工效学的基础标准的制定。"人类工效学"一词也在此技术委员会成立大会期间首次使用。会议每年召开,制定相关标准,进行学术交流,并与国际人机工程标准化技术委员会建立了联系,极大地促进了我国人类工效学的研究。

1984年,国防科工委成立了军用人-机-环境系统工程标准化技术委员会。该委员会与中国人类工效学标准化技术委员会的成立,对该学科在中国的发展起着巨大的推动作用。

1988年,中国人类工效学学会(Chinese Ergonomics Society,CES)由同济大学、中国科学院心理研究所等50多个单位共同发起成立,这是中国人机工程学领域的第一个学会。该学会主要关注人类工效学的研究和应用,组织举办了多次国内外学术会议。

1990年,国务院学位委员会批准了在北京航空航天大学建立我国第一个人机与环境工程博士学位授权点。

1992年,中国人类工效学学会(CES)被国际人类工效学学会(IEA)接纳为正式成员。中国人类工效学学会和安徽三联事故预防研究所主办了国内唯一的人因工程学学术期刊——《人类工效学》。中国人类工效学学会和各专业委员会定期举办学术会议。

1993年,中国第一届人机工程学术会议在上海召开,标志着中国人机工程学领域的学术交流进入了一个新的阶段。

1994年,实施国家标准《人类工效学 工作岗位尺寸设计原则及其数值》(GB/T 14776—1993)。

1999年1月11日,中国科学院人机交互技术与智能信息处理实验室成立,该实验室致力于自然人机交互技术的创新性研发,现认定为人机交互北京市重点实验室。

2003年,中国国家标准化委员会发布了《人机界面通用设计指南》,这是中国人机工程学领域的一个重要标准。

2008年,国家标准《工作系统设计的人类工效学原则》(GB/T 16251—2008)开始实施。

自2016年起,由中国航天员科研训练中心人因工程国家级重点实验室倡议发起的中国人因工程高峰论坛已连续成功举办7届,围绕人因设计与测评、人因工程与工业4.0、人因工程与人工智能等主题以及面向推动行业应用等专题进行了研讨交流。

2018年,中国工程院发布了《人机工效学发展战略报告》,该报告提出了中国人机工程学领域未来发展的方向和目标。

近20年来,中国各行各业对人因工程学的理论方法及实践应用越来越重视,人因工程学的研究和应用,已在国内得到广泛而迅速的发展和推广。中国目前已制定了上百项人因工程学的相关标准,覆盖人体参数及生理特性、人体生物力学、人机界面设计、环境设计评价等方面的内容,在实际的产品设计研发中发挥着日益重要的作用。

1.3.3 人因工程的未来展望

当前,人工智能、无人驾驶等技术的深入发展和逐步应用,将使人机关系达到一个全新的水平和境界,比如,人机结合在汽车驾驶系统中推陈出新,"人机一体"在医疗和康复领域中作用凸显。然而,未来人机之间的关系将如何变化,汽车的驾驶功能设计是人机之间有机结合还是机完全代替人实现无人驾驶,这些问题值得思考也充满期待。

未来人因工程的发展方向主要包括智能人因工程、生态人因工程、安全人因工程等方面。

1. 智能人因工程

人工智能的发展极大地改善了人因工程中的人机界面,智能化人机界面让人机交互变得更加自然、方便,让设计更加人性化。如汽车人机界面,将采用自然语言、手势,甚至眼神、表情等进行人机情感交流,智能化感知获取人的需求;机器人技术的改进让机器成为人的智能化助手,延伸人类的感知觉,为人类提供高效的服务;智能化的环境将拥有智能照明、智能温控和通风、智能声环境和空气环境,让人-机-环境系统充满宜人性。

2. 生态人因工程

生态人因工程成为今后人机系统发展的重要目标。人因工程的发展包括对环境的改善,人、机与环境三者之间相互作用、关联和影响。一方面,人机系统应为人提供舒适的环境;另一方面,人、机对环境的影响也应考虑。在人机系统改进发展的过程中,应建立生态环境系统,考虑能源、环保等问题,注重可持续发展,如能源再生循环利用的绿色系统。

3. 安全人因工程

安全是永恒的话题。人机系统的安全性是首要的。比如人-车-路系统,首先应保证乘员的安全性,在此基础上实现舒适、健康和方便,汽车安全与交通安全相互促进。智能化、网联化、共享化等先进技术理念应用的主要目标就是确保和提升汽车人机系统的安全性。未来的人因工程研究不仅考虑生命安全,也应充分考虑信息安全、心理安全、伦理道德等方面,构建让人安心、舒心的交通人-机-环境系统。

对于交通人因工程而言,未来该何去何从?如果说无人驾驶是目前对自动驾驶级别定义上的最高级,那么无人驾驶是交通人因工程的最高级吗?回答:无人驾驶不是人因工程发展的最高级。某种程度上,人因工程的终极发展方向是"人机一体化",对于交通人因工程而言,则是"人-交通工具-空间环境一体化"。然而,技术的发展永远超乎人们的想象,人因工程的进步取决于其他技术的创新和突破,未来总是有更多的可能等待人们去探寻。

1.4 交通人因工程学

1.4.1 交通中的人因工程问题

交通是人和物的运转与输送。交通系统是由移动的主体——人和物、交通工具、交通设施、交通环境、交通规则、交通信息等要素构成的,是一个复杂巨系统。交通系统中蕴含着大量的人因工程问题,如表1-3所示为典型问题列举,其中大部分已成为当前的热点研究内容,需要基于人因工程学的理论和方法进行深入研究和探索。

表1-3 交通人因工程学问题列举

研究领域	人因工程学问题列举
交通系统类型	①道路交通人因工程;②轨道交通人因工程;③航空运输人因工程;④水路运输人因工程;⑤航天工具人因工程等
交通工具设计	①交通工具人机系统布置及评价;②交通工具人机界面的设计及优化匹配;③交通工具内部人性化设计;④交通工具人-机-环境系统综合设计
交通安全	①弱势道路使用者保护与人车交互;②车内乘员保护技术;③驾驶适宜性和驾驶疲劳;④交通安全影响因素及评价;⑤交通事故研究;⑥交通伤害及预防
出行方便性	①交通设施的人性化;②共享车辆及共享出行方式;③出行安全风险及预防;④最后一公里的接驳;⑤共享单车设计及管理方式;⑥智能跟随小车设计
人-车-路系统	①人-车-路系统的综合优化;②智能交通系统;③车路协同与人机交互

交通人机系统是典型的人-机-环境系统,交通系统中的很多问题都涉及人的因素,交通人因工程已成为非常重要的交叉学科,对交通人机系统的研究和改进有助于提升交通系统的安全、便捷和生态等性能,未来的"出行即服务"系统也是人因工程的发展目标。

交通人因工程学是建立在人类科学、交通科学和相关社会科学之上的一门综合性交叉学科,交通人因工程学的研究对象是"交通系统中的人-机-环境",或称交通人-机-环境系统。

交通人因工程学需要研究交通系统中包含的人、机、环境各因素,更要从系统的角度着重研究人-机-环境系统的总体属性,以及它们之间相互关系的规律。

交通设计是交通工程、系统工程与工业设计等理论方法的综合应用,具体包括交通通行空间设计、交通通行时间设计、交通通行环境设计、交通安全设计和交通系统优化设计等方面,其中蕴含着人因工程的内容。交通人因工程设计的对象是交通系统中的各种人机界面、人机交互和人机关系,涉及解剖学、生理学、心理学等人的因素,要达到的目标是实现人类出行的安全、舒适、方便、高效。概括起来,交通人因工程是基于人的因素(包括人的几何尺寸、生理、心理和行为特性)研究交通人-机-环境系统的安全性、便捷性和舒适性。交通人因工程学研究交通运输领域中蕴含的与人有关的因素,研究人与交通运输设备系统及其作业环境之间的相互关系和作用机制,并对作业绩效、安全管理和人的健康与舒适性进行综合优化提升。

人因工程的问题广泛蕴含在各种交通运输系统中,包括公路、铁路、航空航天、水路等系统。下面对各领域人因工程的研究和应用情况分别进行介绍。

1.4.2 道路交通人因工程

1. 道路交通的人性化设计

在道路交通中分布着各种软硬件设施、标志、标线和信息。这些内容的设计无不与人的视认性、理解性和人机交互性能有关,关乎使用道路及设施时是否舒适、方便,进而影响安全。同时,在设计这些内容的同时也要考虑与整体景观、城市风格的协调统一。

1) 道路设计

道路设计包括道路的基本尺寸,道路的线形、曲率、坡度等参数设计,需要考虑车辆行驶的通过性、车辆在道路上的操纵稳定性、驾驶员的视野及乘员的舒适性,以及特殊天气条件下道路的能见度,综合考虑车辆人机系统的安全性。此外,在设计过程中,设计者们还应该根据人的生理及心理特点不断进行设计方案的修改,以实现最大限度满足人的需要。

2) 道路设施设计

包括隔离带、减速带、绿植、景观等设施的设计,以及防眩板、路灯、路肩、过街天桥、港湾等,为避免影响到交通使用者的舒适性、安全性和便捷性,需要综合考虑人的感知觉特性、人体的几何尺寸、生物力学特性等方面。同时,一些道路交通附属设施的设计建设也会对城市整体结构以及观赏性产生一定影响,进行规划设计时,需要整合路灯、指示牌、公交站牌以及电话牌等设置的选取以及位置规划,在满足功能、突出造型特征的同时,做到与环境相协调。

3) 道路标志标线设计

包括道路标志标线、警示信息等。标志标线要符合人的视认性和理解性,按照人机界面的设计原理来进行设计,实现信息显示的最优视野;信号灯配时还需要考虑人的反应时间、人的速度,满足交通使用者安全性和便捷性的实际需求;交通标志应力求简洁明了,尤其是禁令标志不能同其他标志混杂，以便道路出行者及时辨别。

2. 道路交通安全防治与事故深入分析

交通安全是道路交通系统最重要的性能目标。大多数的交通事故是由人的因素引发，对交通事故的原因进行分析，了解其主要的影响因素，可为事故预防和伤害减轻提供参考，进一步改善交通安全。

1) 基于人-车-路基本要素研究交通安全的改善

在道路交通系统中，人、车、路、环境之间相互影响，进而影响到整个系统的安全。其中，人的因素是最重要的而且最易发生可能性和可靠性的问题。交通安全的改善，需要从人的因素出发，并兼顾车、路和环境因素，考虑它们相互作用的特点，刻画人、车、路要素和交通安全的关联关系，进行综合优化和治理。

2) 道路交通事故的深入数据分析

对已发生的道路交通事故进行深入调研，对碰撞引起的人体伤害及相关因素进行深度分析，实现道路交通事故风险的量化，进而研究人、车、路之间相互作用的特点及人体保护措施，为交通事故预防和人体伤害减轻提供重要参考。

3) 车辆安全带、儿童安全座椅与自行车头盔的使用

车辆的安全带与儿童安全座椅是车内乘员被动安全保护的基本措施和首要条件，关系到车内乘员的生命安全和伤害程度，不管车辆的智能化发展情况如何，基本的被动安全措施应该始终受到重视；自行车头盔可以减轻发生事故时骑车人受到的伤害，头盔的设计完善需要考虑人的因素，改进宜人性和方便性，以兼顾安全性和舒适性；车辆座椅安全带、儿童安全座椅更应该充分考虑乘员的使用特性，避免在事故发生时它们本身对乘员造成伤害并避免二次伤害。

3. 驾驶员特性研究

驾驶员的因素是交通安全中最主要的因素。对于传统的人工驾驶车辆来说，驾驶员的特性直接影响汽车的安全性并涉及交通安全，因此对于驾驶员特性的研究也是现代人因工程的重要内容。

1) 基本生理特性

包括人的年龄、性别、体质、反应能力等方面，不同年龄和性别的驾驶员，其反应时间、操纵力和耐力等都存在较大差异，需要人机界面提供不同的交互模式，保障人机交互的正常进行和系统的安全运行。

2) 心理学特性

包括人的感知觉特性，如安全意识、驾驶经验、性格特点等。驾驶经验直接影响紧急情况下的应急处理措施，不同的驾龄有不同的事故引发概率，因此关系到安全性，需要有相应的驾驶辅助和提示。

3) 应用研究内容

与驾驶员特性相关的研究包括驾驶疲劳的检测和预防、驾驶适宜性、驾驶能力的评价等，这些研究一般可以通过驾驶模拟实验、计算机仿真和实车场地测试等方式开展。

4) 特殊/弱势人群研究

如老年人、残障人员等特殊人群，其驾驶行为和特性通常有弱化的趋势或相对处于弱势，如反应时间等，因此需要特别关注。

此外，智能车辆人机系统，也即智能座舱系统，对人机共驾模式、新型人机交互、无人驾驶车辆的人机关系、安全性和宜人性等方面的研究，都是亟待开展的研究内容。

4. 交通伦理学问题

伦理学是对道德、道德问题及道德判断所做的哲学思考。伦理学研究的是伦理：人伦之礼、做人之理。人的交通行为包含伦理学的内容，如驾驶人的道德素养和行为规范。交通伦理学是一门交叉学科，亟待深入研究。

工程的设计、管理和使用涉及众多人为因素。交通工程中包含各种风险、安全与责任。作为综合交叉学科，交通工程伦理学必然涉及人-车-路-环境的各种人为因素，交通伦理牵涉系统研发与应用管理各个环节，伦理道德关系到交通人-机-环境系统的全周期和谐运行。

当前，车辆电动化智能化的发展日新月异，交通系统及其风险场景也随之变化。基于当前的事故状况提取典型的风险场景，可为改善汽车与交通安全提供参考依据。无人驾驶车辆是由人来设计并服务于人，在应用中可能遇到各种伦理道德问题，而上述种种耦合，让可能发生的风险更加复杂化。

现有的伦理风险及对策研究没有对应用自动驾驶技术的汽车车主或驾驶员给予格外关注，事实上，汽车公司希望利用这些技术减少事故。然而，在目前没有具体研究和规范的情况下，汽车公司由于顾虑到自动驾驶本身可能会承担的责任，导致自动驾驶的应用被拖延，即使自动驾驶是符合社会发展需要的。因此，基于交通伦理学探讨问题有着更大的必要性。

1.4.3 轨道交通人因工程

轨道交通行业的建设和运营时刻涉及人的因素和安全问题，根据多方统计，超半数以上的安全事故都是由人的因素所导致，人的失误在轨道交通这一复杂动态系统的事故致因中占比很高。近年来，信息化和自动化技术在轨道交通行业广泛应用，这些技术在很大程度上保障了交通安全，有效防止了人为事故的发生。与此同时，轨道交通领域对人因工程非常重视，主要在人的生理与心理特性、职业适应性测评、工作环境及改善、作业方法及改善、系统的安全性和可靠性等方面，并在客舱人因工程学设计方面重点进行优化改进。

1. 轨道交通车辆客舱人因工程学设计

以城际高铁和城市地铁为代表的轨道交通车辆是现代交通系统重要的组成部分。轨道交通车辆客舱具有乘客多、空间大、全封闭等特性。轨道交通车辆客舱人因工程学设计主要包括客舱布局设计、部件设计和人机交互界面设计。这些设计内容直接影响乘客乘坐满意度、舒适度及安全性。具体内容列举如下：

（1）座椅人因工程学设计：结合生物力学理论，从心理、生理、物理多源信息特征出发，分析乘员与座椅的相互关系和相互作用，以安全性及乘坐舒适性为目标，对座椅外形、结构及材料进行优化设计。

（2）客舱光环境人因工程学设计：通过运行线路的照度测试、广义舒适度模拟实验以及光环境仿真研究，对客舱照明系统光源布局、照明水平进行设计，提升乘员照度舒适度，避免乘员出现过亮/过暗光感及眩光等不适感。

（3）客舱热环境人因工程学设计：通过模拟实验和热环境仿真方法，对客舱暖通空调系统出风口布置、风量大小进行设计，提出有效的个性化热环境调节方案，保障乘员的热感觉良好，提高客舱的热舒适性。

（4）客舱布局安全性设计：客舱布局影响乘员乘降效率，特别是突发事故后乘员疏散效率，乘员乘降行为发生于人-车辆-站台的人机系统中，受到乘客属性、车辆属性、站台布设不同程度的影响。通过考虑站台布局、站台和车厢连接处、列车车辆空间及布局参数各相关因素，优化乘员乘降和疏散效率。

2. 轨道交通车辆驾驶员疲劳检测

轨道交通车辆运力大、载客多，驾驶员工作压力较大，即使在轨道车辆自动驾驶技术高度发展的今天，仍需承担应急处理的关键任务，驾驶员保持清醒状态是保障安全的前提。采用主观量表、生理信号、视觉方法多角度检测驾驶员疲劳，并及时预警，对提升轨道交通安全性具有重大意义。

（1）基于主观量表的驾驶员疲劳检测：主观量表法主要依赖于自我评价的评分量表，评分量表主要包括斯坦福嗜睡量表（SSS）、Karolinska 嗜睡量表（KSS）、视觉模拟量表、Epworth 困倦量表（ESS）和睡眠-觉醒活动问卷（SWAI）。

（2）基于生理信号的驾驶员疲劳检测：驾驶员在疲劳状态下，生理信号会发生极为明显的变化，神经功能、肌肉激活度、心脏功能及其他有关功能均发生相应变化。通过检测脑电、肌电、心电、皮电可以评价驾驶员疲劳状态。

（3）基于视觉方法的驾驶员疲劳检测：驾驶员在疲劳状态下，眨眼频率增多，出现点头、闭眼、沉肩等肢体动作，通过视觉方法提取视频图像中驾驶员的表情和肢体动作，检测驾驶员疲劳状态。

3. 轨道交通乘员乘坐舒适度分析

根据不适感来源，可将乘坐舒适度分为静态舒适度、振动舒适度、噪声舒适度以及热舒适度。

静态舒适度是指无外界激励下乘员舒适度感受，体现以座椅为主的车辆部件本身结构、材料、尺寸、外观等因素的作用。振动舒适度是指在外界振动、倾斜等工况下的舒适度感受，体现座椅、悬架自身减振特性的好坏。噪声舒适度是指车外环境、车辆自身部件产生的噪声传递至车内,对车内乘员舒适性的影响。热舒适度是指车内的空气温度、相对湿度、气流速度等环境因素下乘员的热舒适响应与热感觉评价。

轨道交通乘员乘坐舒适度分析方法,可分为主观评价法、物理评价法和生理评价法。

(1) 主观评价法:利用主观评价表对受测者的舒适性感受进行记录和描述,通过统计分析方法对数据进行分析得出评价。常见的主观评价量表包括 ASHARE-55 标度、通用舒适度尺度(GCR)、身体部位不舒适度(BPD)等。

(2) 物理评价法:以振动幅值、频率、噪声分贝、温度、湿度等环境参数为计算指标的各类舒适度标准,包括振动舒适性(ISO-2631)、噪声舒适性(UIC 660—2002)、热舒适性(ISO-7730)等。

(3) 生理评价法:通过生理记录仪器对乘员的各项生理指标进行实验测试,并结合主观感受最终获得具体的评价指标,包括脑电、心电、肌电、皮电、脉搏等。

1.4.4 航空运输人因工程

1. 人因工程在载人飞行器中的应用

载人飞行器人因工程学是运用人体测量学、生理学和生物力学等研究手段和方法,综合研究人体结构、功能、心理工程学和生物力学等问题,借以设计驾驶和乘坐体验优良的飞行器,特别是飞机驾驶舱人机界面和民航座椅的设计。

1) 飞机驾驶舱显控系统设计

(1) 显示操纵设备的布局:显示器、操纵器的布局与排列应考虑人的视觉特性、使用频率及重要性等,显示操纵设备布局应遵循人机功效准则。

(2) 显示信息内容的展示:对于显示器的功用,应采用任何一条显示信息都应考虑飞行员是否需要的原则。以提供关键飞行阶段有用的信息为前提,根据不同飞行任务来确定各特定任务下所需的相关信息,并考虑在紧急情况下是否有足够的关键信息被显示。

(3) 显示方式的设计:一个好的显示方式必须符合飞行员的认知特点和感知运动操作的特性,以及直观感知到的显示信息更易被认知的事实,采用图形数据格式信息的显示界面,达到认知反应时间短、操作错误少、心理负荷低以及情境意识增强的目的。

2) 民航客机座椅设计应用

座椅是民航客机的重要组成部分之一,好的座椅不仅可以给乘客提供一个舒适温馨、安全可靠的乘坐环境,还可以缓解乘客对高空飞行的恐惧感,保护乘客在飞机发生突发状况时的人身安全。民用航空座椅一般从安全性、形态、颜色和材料 4 个方面进行设计。

(1) 安全性:民用航空座椅主要对水平和垂直冲击进行测试,座椅需要同时通过以上两个实验完成能量吸收测试,且符合人体生理指标。

(2) 形态:形态主要受产品自身形状尺寸的影响,是产品思维的重要表现方式,产品的形态设计对于用户的满意度有较大影响。

(3) 颜色：颜色是影响整个视觉感受的关键性因素之一。色彩是传递个性和情感的直观表达方式，能展示整个产品的理念和内在潜力，吸引市场消费者的眼光。

(4) 材料：材料是产品的一个关键组成部分。民用航空在选择座椅材料时，既要考虑用户的体验感受，又要建立在安全环保的基础上，选择具备较好质量的材料。

2. 人因工程在航空管制的应用

1) 航空保障系统

航空保障系统是围绕航空器飞行安全实施的高效服务保障系统，满足各类通航飞行器从飞行前准备到离场起飞、空中航行、归航引导、着陆、航后维护六大阶段的全面保障服务的要求。包括助航灯光系统、移动加油站、通航塔台服务系统、一站式保障系统、航空应急保障系统、机场信息化系统、通航企业信息化系统等。

2) 航空监视与服务系统

航空监视与服务系统基于北斗及 ADS-B 技术，提供低空飞行器的实时位置监控及飞行服务解决方案，实时掌握飞行器及地面车辆位置信息，借助信息化系统使业务开展更具效率。包括远程塔台系统、无人值守系统、航空服务站系统、区域监视与服务系统、机载监视终端。

3) 航空管理与指挥系统

航空管理与指挥系统是以安全性和效率等为目标，利用空间信息等资源对系统所辖空中交通活动进行监视、控制、协同等一系列管理活动的总称。航管系统还会提供航线天气、流量、机场特别公告等资料，以协助飞行员做出必要的反应。

3. 人因工程在航空安全的应用

1) 北斗在航空安全领域的应用

北斗系统兼具"连续导航、定位报告、报文通信"等功能，具有自主可控、安全保密、组网方便、性能优越等优势，具备在我国及周边地区航空领域推广的条件。

2) 人工智能（AI）在航空安全的应用

(1) AI 技术帮助实现智能航空：跑道超限保护软件（ROPS）可以快速计算飞机的进近速度和重量，将得到的物理模型与公布的跑道长度和当地的天气进行比较。如果检测到不安全的情况，系统会广播警示信息。ROPS 还可计算最佳的进近下滑道或轨迹，帮助飞行操作。

(2) AI 指导精准全面的监测：机械故障是飞行事故最大的诱因之一，在引入了 AI 系统之后，这一切将在很大程度上得以避免。比如，AI 系统可以更快、更准确地分析数据，对飞机进行健康和使用周期监测，从而传达预防措施。而随着技术的进一步发展，AI 可以应用于飞机的各项系统及零部件中，进行全面精准的分析和监测。

1.4.5 水路运输人因工程

1. 水路运输设施的人性化设计

(1) 船舶人因工程设计：作业程序简单化、良好通信机制、标准统一化人机接口、空间布局合理化、良好的人机界面、良好的环境设计、色彩设计与安全标识。

(2) 工艺布置设计：工艺布置设计是集控台设计中涉及人因工程学的非常重要的一部分。在集控台的设计中，工艺布置具体包括元器件安装布置，开门开孔的具体布置，元器件后期维修拆装的方便程度。

(3) 水路交通人-机-环境一体化设计。

2. 船舶事故研究中的应用

交通安全也是水路运输系统最重要的性能目标。从人因工程角度分析，船舶事故因素可以概括为5大类：自然、交通、船舶、管理、操作者，其中以操作者(人)因素为基本因素。

(1) 自然因素：指船舶停泊、航行水域气象、水路、潮汐、地理能见度及危险障碍物的状况。

(2) 交通因素：指船舶航行水域中的交通密度、流量方向、交通秩序和交通局面以及保障航行安全的航道设施状况。交通因素经常成为碰撞或搁浅事故的主要诱因。

(3) 船舶因素：指船舶机械设备、操纵性能、人员、资料、货载配置等方面的状况。事故中船舶本身的原因是不应忽视的。船舶因素可从两个方面考虑：一方面是配置不当，包括人员、货载、资料、设备等配置使船舶达到适航状态；另一方面是机械缺陷，包括船体、主机、舵机、驾驶仪器等失灵损坏、性能不佳或带"病"航行等。

(4) 管理因素：指影响船舶安全航行的航道、航政、企业、港口、社会管理方面的因素。管理因素可从航道管理缺陷、航舶管理缺陷和港岸管理缺陷3个方面考虑。

(5) 操作者因素：即人为因素，包括人的责任感、技术、心理、能力、身体等方面的情况。人的心理素质和技术水平，船员的工作责任心、精神状态等在事故中起着关键的作用。

3. 船舶人员特性研究

海员长期生活、漂泊在海上，不能过正常人的社会生活和家庭生活，特别是海上气象情况复杂多变，对个人安危的担忧会造成焦虑与抑郁，众多研究证实，生理、心理问题是海员中最常发生也是容易造成不良结果的严重问题之一。

1) 生理特性

(1) 特殊的工作制度：航行过程中，海员需要进行一日两次，每次4h，中间间隔8h的值班。并且夜里值班过程中工作效率低，船舶在海上往往跨越若干个时区，容易引起海员生理节律不调。

(2) 艰难的工作环境：海上生活缺少生活必需品，淡水资源、食物供给的不足会造成船员的心理、生理产生负担，加上船舶工作环境充满了高温、噪声与振动等危害，会对海员造成一定的生理伤害。

(3) 身体缺少锻炼：海员在船上生活容易造成身体素质下降，体内积蓄的情绪上升，缺少适当的运动发泄，只有通过其他吸烟、饮酒等方式发泄，这将影响正常工作而引起事故。

2) 心理特性

(1) 缺少正常的社交：海员在船舶的有限空间中更多的是与任务打交道，得不到必要的社会生活,绝大多数的船员希望能够早日返航过正常生活。

（2）枯燥的生活环境：船上的海员多以男性为主,在这样的生活环境中会让人产生焦躁感,同时船舶生活区域固定狭小,让海员很难将角色从工作转换到休闲娱乐中。

（3）应用研究内容：船舶操作能力、生理心理健康、道德素质、职业素养。

1.4.6 航天运载人因工程

载人航天任务中航天员乘组、航天器以及空间环境构成一个复杂的人-机-环境系统,参见图1-4。航天员是载人航天任务的主体,其作用能否充分发挥是任务成败的关键。空间飞行中人的作业能力受很多因素影响,失重会导致人骨丢失、肌萎缩、眼压和颅压改变、前庭功能等生理系统变化,引起人的操作运动、视觉感知以及空间定向等能力改变;长期处于狭小空间和单调的社会关系会对航天员情绪、动机等产生影响,长期昼夜节律变化会导致睡眠紊乱、缺失甚至失眠等,由此引发人员脑力疲劳、情绪下降等,严重影响航天员作业能力发挥;同时随着舱载设备增多,信息流更为复杂,航天器人-系统整合设计及宜居性的优劣也会影响航天员完成任务的绩效。这些都是人因工程需要研究解决的重点问题。NASA在系统工程手册中明确把人因工程作为重要学科考虑,并认为人因工程就是要在充分考虑人的能力和局限性对系统性能带来影响的基础上实现对人-机界面和与人相关的系统的研究、分析、设计和评价。

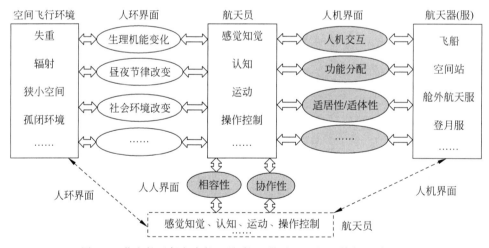

图1-4 载人航天任务中航天员-航天器(服)-空间环境相互关系图

1. 载人航天器座舱结构人因工程学设计

目前,在进行座舱结构布局工效学研究时,一般考虑航天员人体测量学的静态数据(结构尺寸)和动态数据(功能尺寸),大多数情况下,因为要考虑身体各部位的关联与影响,从而必须基于功能尺寸做出相应的设计。同时,由于空间飞行条件的限制,它又要比在地面环境中考虑更多一层的因素。总之,其研究集中在以下几点。

(1) 座舱基本尺寸的工效学设计:与飞机座舱比较类似,都以人体测量数据为基础,但由于空间失重及其他环境因素的影响,又具有自己的特点。例如,失重使人取中线体位,而穿航天服引起的肢体活动范围减小,并且微重力条件下人体运动方式为飘浮而不是立姿行走等。

(2) 航天员操作可达性的工效学研究:所有的控制装置应是航天员在正常操作位置上可达的,布置和选取要考虑航天员在各种应急过载条件下的操作能力。此外,仪表和显示器的显示面要尽量垂直于操作者的正常视线。

(3) 显示器排列和安装的工效学:需防止由于显示器周边对光线的反射而影响对其他仪表的判读,如有必要可采取屏蔽和滤光等技术措施来确保对所有仪表的判读。并且当控制装置位于其所控制的仪表附近时,这些装置的排列应使得在操作它们时,手不会影响对仪表的观察。同时,对由于错误或不小心的操作与动作(如误触、误碰)会引起重大事故的控制装置,需提供防差错设计。此外,功能上相关的仪表、显示器与控制件应排列在一起,与显示器有关的控制装置要力求布置在靠近显示器的位置。并且,使用频繁的显示器须安排在最佳视区内和最容易接近的位置。对于最佳视区的确定,一般认为,在有操纵的条件下,前方(尤其前面中左区域)目标发现较快,其次是左、右方,后方最差。

(4) 观察窗的工效学设计:设计能够获得光学质量优良的观察窗(如舷窗与光学瞄准镜),使航天员可以用视觉观察舱外环境,便于飞行操作任务的完成。

2. 载人航天飞行任务中照明的人因工程学设计

在航天员完成飞行任务的过程中,有许多操作需要通过视觉观察后再进行控制决策。为此,就应该从硬件上提供相应的照明装置,并通过照明的工效学设计满足人的观察要求。因为良好的照明会创造一个视觉环境,使航天员能够看见目标,在舱内安全地自由移动,同时能有效、精确、安全地完成视觉工作作业而不会引起不适当的视觉疲劳和不舒适,从而保障完成任务的成功率。照明设计指标包括如下 3 个方面。

(1) 视觉舒适性:航天员感到舒适。

(2) 视觉功效:航天员在困难条件和长时间工作中,也能够快速、准确地完成视觉作业。

(3) 视觉安全:能够看见舱内外作业目标周围附近的物体,防止误操作或发现异常情况。

为满足以上要求,必须考虑照明的亮度分布、照度、眩光、方向性及颜色视觉等光环境的特性参数。

3. 航天器人机界面与人机交互

航天器人机界面是航天员监视、操纵航天器完成任务的重要接口和途径,其设计的优劣直接影响操作绩效及任务成功。当前航天任务的复杂度和航天器的自动化水平不断增加,使人机界面的设计与评估技术面临更多的挑战。主要包括以下5个方面。

1）航天器人工控制工效

（1）内容：主要指航天员对航天器进行交会对接、对地定向、起飞或着陆等操作，是一个典型的人在回路、动态精细操控任务，涉及图像显示、控制手柄、飞船控制特性等航天人因工程关键问题。

（2）研究现状：美、俄等国早在20世纪60年代就开展了大量的研究，我国也在神九、神十任务中针对飞船手控交会对接任务中的关键认知特性、对接系统的靶标、操作手柄以及飞船控制特性等相关工效设计开展了大量研究，优化了靶标设计方案、多参数多自由度图形显示页面设计以及手控交会对接综合评估模型等，确保我国首次手控交会对接任务的成功。

（3）未来展望：当前NASA将人工控制的研究重点放在未来登月及登火星等星球表面探测航天器的人工控制上，针对飞船在上升及着陆中的操作控制界面开展情景意识、操控品质以及振动对操作工效影响等相关问题研究，研究结果对指导星座计划中猎户座飞船的研制起到重要的支持作用。

2）星球表面出舱活动任务

（1）内容：无论是近地轨道飞行还是未来的登月、登火星等，舱外操作任务必不可少，人机界面设计必须与航天员穿着舱外服后的操作能力相匹配，这也是舱外人机界面设计与评价的重点。

（2）现状：美、俄等国在轨道出舱相关研究上已经取得大量成果，在舱外作业区空间布局、操作力、舱外工具等方面形成了较为成熟的技术和规范，我国借助神七出舱活动任务和空间站任务，建立了出舱活动人机界面工效设计要求、地面和水下的工效评价技术。

（3）未来展望：当前NASA将舱外人机界面的研究重点放在星球表面舱外活动人因问题，构建了荒漠、水下等模拟环境下的研究与测评技术，对航天员-舱外服-星球探测车系统布局及界面设计开展了分析与评估。

3）先进交互技术中的人因工程问题

（1）内容：人机交互技术快速发展为航天员在轨信息管理、航天器操作控制等提供了新型的交互途径。

（2）面临的问题：如何建立与人的认知行为特性相匹配的交互模式，解决多通道信息的语义融合（语言、手势、眼神、身体姿势等）、多维信息的整合和协同模式等成为当前航天人因工程的关注重点，也是确保这些先进技术真正得到在轨应用的前提。

（3）未来展望：未来将针对在轨信息管理，研制非手操作的、柔性、可移动信息系统技术（mobile information system technology，MIST），并借助失重飞行开展相关人因问题研究。

4）人-机器人协同

（1）内容：机器人技术的快速发展使得未来人-机器人联合进行星际探测成为发展的必然，因此如何确保人-机器人协同高效工作成为后续人因研究的重点。

（2）现状：NASA在其研究计划中提出了人与自动机器人整合(human and automation/robotic integration, HARI)项目，在对前期空间机械臂、灵巧机械手(special purpose dexterous manipulator, SPDM)和机器人2号(Robonaut 2)等综合分析的基础上，提出了人-机器人交互技术发展的重点和差距，人机功能分配、与人的认知能力相匹配的高效交互模式，以及非侵入情景感知和负荷测试技术成为关注重点。

5) 空间适居性和维修性中的人因问题

（1）内容：座舱空间布局及视觉效果、生活设施方便性、工作任务安排合理性及睡眠等多个方面都对适居性产生影响。

（2）面临的问题：如何建立有效的在轨测试技术和方法，成为发现和提升航天器适居性的关键，NASA在ISS任务中成立了适居性运行团队，负责识别和分析执行飞行任务适居性问题。

（3）未来展望：未来对以安全性为中心的在轨维修工效研究中，重点解决操作工况苛刻、非专业维修人员、心理应激程度高等带来的人因问题，确保维修界面、程序及信息支持系统满足航天员在轨维修操作需求。

航天器人机系统代表着人类技术工程的最高水平，其人因工程设计也集成了最前沿的科技内涵，很多技术可以应用到其他交通工程领域，用于解决实际问题，提升产品的人性化功能。

1.5 本章小结

本章是全书的开篇，是关于人因工程学的概论部分。首先介绍了人因工程学的命名和定义、研究内容与目的，重点解释了几个重要且常用的概念——人的因素、人机系统、人机界面和人机交互，梳理了人因工程的发展历程并展望未来的发展趋势，最后专门总结了交通人因工程学的研究方向，包括道路交通、轨道交通、航空运输、水路运输及航天工程领域，全方位呈现了人因工程学在交通领域的应用，为全书内容的展开论述奠定基础。

本书全部10章的内容架构如图1-5所示。

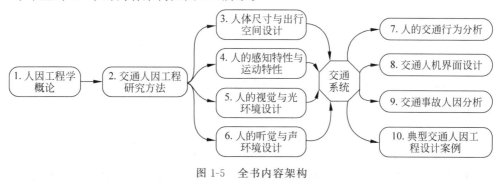

图1-5 全书内容架构

图 1-6 展示了交通人因工程的体系内涵,从人因工程基础理论方法、人的基本特性,到交通人因工程设计,最后是面向交通安全的应用,将在全书 10 个章节中进行系统论述。

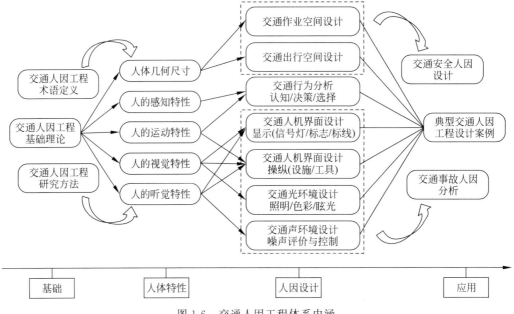

图 1-6　交通人因工程体系内涵

- **复习思考题**

1. 阐述人因工程学的定义。
2. 举例说明人因工程学的研究内容与目标。
3. 列举人的因素主要包括哪些方面。
4. 简述人机系统的构成及人机关系。
5. 什么是人机界面？举例说明人机界面有哪些基本类型。
6. 简述人机交互的发展历程。什么是人机情感交互？
7. 简述人因工程学发展的各历史阶段及其标志、特点。
8. 人因工程学的未来有哪些主要发展方向？
9. 列举人因工程学在交通工程领域的基本应用。以身边存在的人-车-路系统举例说明其中蕴含的人因工程问题。
10. 对比道路交通、轨道交通、水路运输以及航空和航天领域人因工程设计与应用的异同点。

- **课后作业**

1. 通过文献检索研读并简要介绍一个实际的人因工程相关研究案例。
2. 举实例具体说明交通工程设计中需要考虑的几个方面人体因素。
3. 对于某一设定的交通工程研究题目,提取出人因工程的问题和所涉及的人的因素。

第2章 交通人因工程研究方法

内容提要

人因工程学研究是通过对与设计对象有关的因素进行调查、观测,获得有关的特性、规律和结论,从而指导和服务于设计。这些因素大体可以分为系统级、任务级和人员级三大类。人因工程学从很大程度上说是一门实验科学,其主要任务是将与人的能力和行为有关的信息及研究结果应用于设计中,而这些知识主要来源于实验和观察。那么如何开展一项人因工程学的研究?又该用怎样的方式进行研究?本章将从它的研究方法入手,对人因工程学研究方法进行总体概述,并详细介绍数据调查、计算机仿真和驾驶模拟等常用的方法以供读者参考。

知识结构

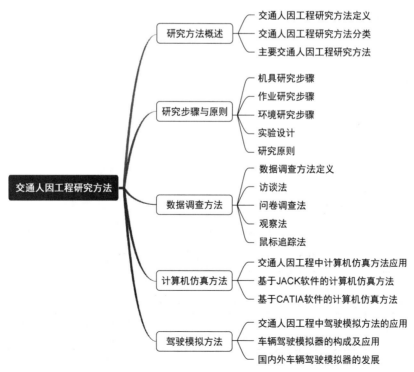

2.1 研究方法概述

2.1.1 交通人因工程研究方法定义

国际标准 ISO 13407 中提出了"以人为中心的系统设计"原则,以确保在系统设计和开发过程中的任何阶段都能对系统的潜在用户给予足够的重视。与此同时,在复杂交通环境下,人机系统的设计和使用过程中也将产生大量复杂的人因问题,通过运用交通人因工程理论可以有效避免人因问题的产生以及进一步发展。

研究方法在科学发展中具有重要作用,只有掌握科学的研究方法才会使研究工作取得预期的结果。唯物辩证法是所有科学研究的方法论基础,人因工程学的研究只有以此方法论为指导,才能正确地制定技术路线,采取科学合理的具体研究方法,并对研究结果做出客观的科学结论。

人因工程作为人机系统整合中重要的维度,拥有多个解决问题的人因工程工具,随着人因工程的研究愈加深入,现有的人因工程方法趋于复杂多样。

2.1.2 交通人因工程研究方法分类

有一部分学者将常用的人因工程研究方法统计为 11 类。
(1) 数据收集方法;
(2) 任务分析方法;
(3) 认知任务分析方法;
(4) 过程图方法;
(5) 人误识别及事故分析法;
(6) 情景意识评估方法;
(7) 脑力负荷评估方法;
(8) 团队评价方法;
(9) 界面分析方法;
(10) 设计方法;
(11) 执行时间预测方法。
上述方法类型及其包含的子方法如表 2-1 所示。

表 2-1 11 类人因工程研究方法及其子方法

方法类别	包含子方法
数据收集方法	访谈法、问卷调查法、观察法、鼠标追踪法
任务分析方法	层次任务分析法、目标,操作,方法和选择规则、口头报告分析、任务分解方法、次目标模板法、表格任务分析

续表

方法类别	包含子方法
认知任务分析方法	认知作业分析、应用认知任务分析、认知走查法、关键决策方法、关键事件技术、并行观测叙事技术、面向对象的认知任务分析与设计、同事口头报告法
过程图方法	工序图技术、操作顺序图技术、事件树分析法、决策行动图方法、故障树分析法、墨菲图法
人误识别及事故分析法	系统性人误降低和预测方法、人误模板法、认知差错的回溯性分析、针对差错识别的任务分析、危险与可操作性分析技术、人误评估技术、系统工具的人误识别、人误与恢复评价框架、预测性错误分析和降低系统、人误评估与减少技术、认知可靠性与差错分析方法、基于系统理论的事故模型和过程、人的因素分析与分类系统、事故地图法、功能共振事故模型、安全事件分析法、寻因分析法
情景意识评估方法	SA需求分析、情景意识全局评估技术、情景现状评估法、情景意识分级技术、情境意识主观工作负荷优势技术、命题网络方法
脑力负荷评估方法	主次任务绩效测量、生理学测量、美国国家航空航天局任务负荷指数、经修订库柏哈柏量表、工作负荷主观评估法、预测性工作负荷主观评估技术、主观工作负荷优势技术、防御研究中心工作负荷量表、马尔文容量评估技术、工作负荷剖面技术、贝德福德量表、瞬间自我评价、认知任务负荷分析、预测性主观工作负荷技术、脑力负荷指数
团队评价方法	行为观察量表、通信使用图、协作需求分析、决策要求练习、团体任务分析、团队层次任务分析、团队认知任务分析、社交网络分析、分布式团队交互意识评估问卷、团队任务分析、团队工作负荷评估、任务与训练需求分析法、驾驶舱管理态度问卷、生成事件/任务的目标化可接受反应、团队沟通评估
界面分析方法	检查单方法、启发式分析技术、施耐德曼的八项黄金法则、尼尔森的十项启发式原则、界面测量方法、链接分析法、空间布局分析、用户界面满意度问卷、备选网络分析、软件可用性测试量表、系统可用性量表、有效性、满意度和易用性量表、普渡大学可用性测试问卷、后研究系统可用测量问卷、用户试验、走查分析
设计方法	功能分配分析方法、焦点小组法、任务分析技术、基于场景的设计方法、以任务为中心的系统设计、绿野仙踪法、意图设计方法、多图法、情节串联图板方法、情景调查法、需求和设计的协同分析方法
执行时间预测方法	关键路径分析方法、击键级别模型、时间轴分析

另有一部分学者将人因工程研究方法统计为6类。

(1) 身体相关方法；

(2) 心理和生理相关方法；

(3) 行为和认知方法；

(4) 团队方法；

(5) 环境方法；

(6) 宏观人体工学方法。

上述方法类型及其包含的子方法如表2-2所示。

表2-2　6类人因工程研究方法及其子方法

方法类别	包含子方法
身体相关方法	PLIBEL(NIOSH使用的用于识别人体工程学危害的肌肉骨骼不适调查方法)、荷兰肌肉骨骼问卷、快速暴露清单(QEC)、用于评估工作相关的肌肉骨骼疾病(WMSD)的工作场所风险、上肢快速评估(RULA)、快速的全身评估、应变指数、使用个人数字助理(PDA)技术的姿势清单、在工作中扩展经验：感觉到的努力和困难、肌肉疲劳评估：功能性工作分析技术、心理物理表：抬起，放下，推动，拉动和携带、腰部运动监控器、职业重复行动(OCRA)方法：OCRA指数和OCRA检查表、评估在医院病房中对患者进行手动处理的风险：MAPO指数(住院患者的移动和协助)
生理和心理相关方法	皮肤电测量、肌电图(EMG)、使用心率和心率变异性估算脑力劳动、动态脑电图方法和嗜睡、评估具有事件相关电位(ERP)的脑功能和心理测时、EMG和功能磁共振成像(fMRI)、动态血压评估以评估工作量、通过眼睑闭合监测警觉性、应用人为因素和人体工学研究进行呼吸测量
行为和认知方法	观察、启发式、将访谈应用于可用性评估、口头报告分析、产品评估库网络、专门小组、层次任务分析(HTA)、功能分配、关键决策方法、应用认知工作分析(ACWA)、系统化的人为错误减少和预测方法(SHERPA)、预测性人为错误分析(PHEA)、精神工作量、多资源时间共享、多式联运活动的关键路径分析、态势感知测量和态势感知、击键级别模型(KLM)、目标、操作、方法和选择规则GOMS、链接分析、全球评估技术
团队方法	团队训练、团队分布式模拟培训、团队的综合任务环境：CERTT UAV-STE、基于事件的培训方法(EBAT)、团队建设、衡量团队知识、团队沟通分析、团队共同意识分布式评估问卷、团队决策要求练习：明确团队决策要求、针对生成的事件或任务(TARGET)的目标可接受的响应、行为观察量表(BOS)、团队情况评估培训，以进行自适应协调、团队任务分析、团队工作量、社交网络分析
环境方法	热条件测量、冷应力指数、热应力指数、热舒适指数、室内空气质量：化学暴露、室内空气质量：生物/颗粒相污染物、接触评估方法、嗅觉测定法：以人鼻为检测手段、照明实践的背景和基础、发光环境的光度表征、评估办公室照明、快速评估背景噪声的音质、噪声反应指标及评估、噪声和人类行为、职业振动：简洁的视角、航天器和地球类似物的适居性测量
宏观人体工学方法	人体工学组织问卷调查(MOQS)、面试方法、专门小组、实验室实验、实地研究和实地实验、参与式人体工学(PE)、认知演练方法(CWM)、关西工程、HITOP分析TM、顶级建模师C、CIMOP系统C、人类技术、系统分析工具(SAT)、人体工程学的结构分析(MAS)、人体工程学分析与设计(MEAD)

人因工程研究方法的范围具有一定的相似性，现有的人因工程方法的种类与数量繁多，每个方法本身均具有一定的特点。在复杂人机系统的全生命周期中，会涉及很多场景需要人因工程方法来解决人因问题。

2.1.3 交通人因工程主要研究方法

由于交通人因工程学是由多学科交叉形成的,应用领域非常广泛,因此其研究方法也很多。

下面简要介绍几种主要研究方法。

1. 调查法

调查法是获取有关研究对象资料的一种基本方法。具体包括访谈法、考察法和问卷法。

(1) 访谈法。它是研究者通过询问交谈来收集有关资料的方法。访谈可以是有严密计划的,也可以是随意的。无论采取哪种方式,都要求做到与被调查者进行良好的沟通和配合,引导谈话围绕主题展开,并尽量客观真实。

(2) 考察法。它是研究实际问题时常用的方法。通过实地考察,发现现实的人-机-环境系统中存在的问题,为进一步开展分析、实验和模拟提供背景资料。

实地考察还能客观地反映研究成果的质量及实际应用价值。为了做好实地考察,要求研究者熟悉实际情况,并有实际经验,善于在人、机、环境各因素的复杂关系中发现问题和解决问题。

(3) 问卷法。它是研究者根据研究目的编制一系列问题和项目,以问卷或量表的形式收集被调查者的答案并进行分析的一种方法。

例如,通过问卷调查某一种职业的工作疲劳特点和程度,让作业者根据自己的主观感受填写问卷调查表,研究者经过对问卷回答结果的整理分析,可以在一定程度上了解这种职业的工作疲劳主要表征和疲劳程度等。

这种方法有效应用的关键在于问卷或量表的设计是否能满足信度、效度的要求。所谓信度即可靠性;效度即有效性,是指研究结果要真实地反映所评价的内容。

问卷提问用语要通俗易懂,回答要力求简洁明了,容易被调查者理解。

2. 观测法

观测法是研究者通过观察,测定和记录自然情境下发生的现象来认识研究对象的一种方法。这种方法是在不影响事件的情况下进行的,观测者不介入研究对象的活动中,因此能避免观测者对研究对象的影响,可以保证研究的自然性和真实性。

例如,观测生产现场的照度、噪声情况,作业的时间消耗,流水线生产节奏是否合理,工作日的时间利用情况等。

进行这类研究,需要借助仪器设备,如照度计、噪声测量仪、秒表、录像机等。应用观测法时,研究者要事先确定观测目的并制订具体计划,避免发生误观测和漏观测的现象。

为了保证能够正确全面地感知客观事物,研究者不但要坚持客观性、系统性原则,还需要认真细微地做好观测的准备工作。

3. 实验法

实验法是在人为控制的条件下,排除无关因素的影响,系统地改变一定变量因素,以引起研究对象的相应变化来进行因果推论和变化预测的一种研究方法。实验法在人因工程学研究中是一种很重要的方法。它的特点是可以系统控制变量,使所研究的现象重复发生,反复观察,不必像观测法那样等待事件自然发生,从而使研究结果容易验证,并且可对各种无关因素进行控制。

实验法分为两种:实验室实验和自然实验。

(1) 实验室实验。实验室实验是借助专门的实验设备,在对实验条件严加控制的情况下进行的。

① 由于对实验条件严格控制,这种方法有助于发现事件的因果关系,并允许人们对实验结果进行反复验证;

② 缺点是人为严格控制实验条件,使实验情境带有极大的人为性质,被试意识到正在接受实验,可能干扰实验结果的客观性。

驾驶模拟方法与计算机仿真方法由于其设备及实验场地都在室内,且需要较为安静稳定的外界环境,一般由实验人员亲自操作或招募一定数量的实验人员进行分批操作,故这两种方法都属于实验室实验,对环境配置要求较高,但也在一定程度上缺少了现实环境嘈杂多元的影响,对实验结果的拟度有一定影响。这两种方法将在后续章节详细介绍。

(2) 自然实验。自然实验也称为现场实验,在某种程度上克服了实验室实验的缺点。

① 自然实验虽然也对实验条件进行适当控制,但由于实验是在正常的情境中进行的,因此实验结果比较符合实际;

② 由于实验条件控制不够严格,有时很难得到精密的实验结果。

交通人因工程研究中也有许多实车道路模拟实验,出于安全和社会影响考虑,实验大多在一个封闭的外部场所进行,也有一部分实验由于需要采集实时的驾驶数据,会在城市道路或高速公路上采用安装了实验采集设备的车辆按照实验前规划好的路径进行研究工作,这类实验称为自然实验。由于与实际环境联系紧密,采集的数据往往能更好地运用到现实中,但由于外部环境复杂、噪声太大,会造成前期研究工作困难加重。

实验中存在的变量有自变量、因变量和干扰变量三种。自变量是研究者能够控制的变量,它是引起因变量变化的原因。

(1) 自变量因研究目的和内容而不同,如因照度、声压级、标志大小、仪表刻度、控制器布置、作业负荷等的不同而不同。自变量的变化范围应在被试的正常感知范围之内,并能全面反映对被试的影响。

(2) 因变量应能稳定、精确地反映自变量引起的效应,具有可操作性;能充分代表研究对象的性质,具有有效性。同时尽可能要求指标客观、灵敏和定量描述。

鉴于以上要求,实验法一般采用三类指标:

① 操作者绩效指标,如反应时间、失误率、质量和效率等;
② 生理指标,如心率、呼吸数、血压等生理指标随劳动强度的变化情况;
③ 主观评价,是指操作者的主观感受,如监控作业,操作者的精神负荷产生的效应远大于体力负荷的效应。主观评价比绩效更能反映作业时机体的状态。

因变量根据研究的性质和条件,可选取多项指标进行测量和分析,这样可避免采用单一指标的局限性。

(3) 干扰变量按其来源可分为个体差异、环境条件干扰及实验污染3个因素。个体差异因素是指被试在实验中随时间推移而产生身心变化或选择的被试不符合取样标准而使样本出现偏差等;环境条件干扰是指环境条件对实验的影响,如听觉测试中噪声的干扰、测试仪器的系统误差等;实验污染是指由于多次对被试施加处理和反复测试而形成的交互作用影响研究结果的准确性。

实验中应采取实验控制法使干扰变量降低到最低限度。主要控制方法包括:
① 让被试在已经适应的环境下进行实验;
② 实验中使环境干扰因素保持恒定;
③ 采用随机或抵消等方法消除被试差异和测试顺序产生的干扰效应;
④ 设立实验组和控制组,除控制的自变量不同外其他条件完全相同。这样两组因变量的差异可反映自变量的效应。

4. 心理测量法

人因工程研究中,除了要测量光、声、温度、湿度、空气污染物等客观对象的量值外,还必须对人的主观感觉进行度量。

测量就是依据一定的法则使用量具对事物的特征进行定量描述的过程。心理测量的结果可以为客观、全面、科学、定量化地选拔人才提供依据。因为它可以预测个体从事某种活动的适宜性,进而提高人才选拔的效率与准确性。心理测量可以了解个体的能力、人格和心理健康等心理特征,从而为因材施教或人尽其才提供依据。如学校可以依据学生的能力水平分班分组,部队可以依据每个人的特长分配兵种,企业可以将职员安置到与其能力、人格相匹配的部门等。

人因工程中的心理测量法(也称为感觉评价法)是运用人的主观感受对系统的质量、性质等进行评价和判定的一种方法,即人对事物客观量做出主观感觉评价。客观量与主观量存在着一定差别。在实际的人-机-环境系统中,直接决定操作者行为反应的是他对客观刺激产生的主观感觉,例如人机共驾的领域中,车辆需根据驾驶员的反应以及疲劳状态,选择是否接管车辆,或是当系统判断到车辆遇到危险,而驾驶人无法及时规避风险,此时系统将在紧急情况下强制接管车辆驾驶权。因此,在对人有直接关系的人-机-环境系统设计和改进时,测量人的主观感觉非常重要。

心理测量对象可分为两类,如表2-3所示。

表 2-3　心理测量对象分类

类别	评价对象	实　例	区　别
A类	对产品或系统的特定质量、性质进行评价	如对声压级、照明的照度及亮度、空气的干湿程度、长度、重量、表面状况等进行评价	可借助计测仪器或部分借助计测仪器进行评价
B类	对产品或系统的整体进行综合评价	如对舒适性、使用性、居住性、工作性、满意度、爱好、兴趣、情绪、感觉、购物动机、消费者态度等进行评价	只能由人来评价

5. 心理测验法

在操作人员素质测试、人员选拔和培训中,广泛使用了心理测验法。心理测验法是以心理学中有关个体差异理论为基础,将操作者个体在某种心理测验中的成绩与常模做比较,用以分析被试的心理素质特点。

心理测验按测试方式分为团体测验和个体测验。

(1) 团体测验可在同一时间内测量大量人员,比较节省时间和费用,适合时间紧、待测人数较多的场合;

(2) 个体测验则个别进行,能获得更全面和更具体的信息,但时间较长。

心理测验按测试内容又分为能力测验、智力测验和个性测验。

无论何种测验,都必须满足以下两个条件。

首先,必须建立常模。常模是某个标准化的样本在测验上的平均得分。它是解释个体测验结果时参照的标准。只有把个人的测验结果与常模做比较,才能表现出被试的特点。

其次,测验必须具备一定的信度和效度,即准确而可靠地反映所测验者的心理特性。人的能力素质并非是恒常的,所以不能把测验结果看成是绝对不变的。

6. 图示模型法

图示模型法是采用图形对系统进行描述,直观地反映各要素之间的关系,从而揭示系统本质的一种方法。这种方法多用于机具、作业与环境的设计和改进,特别适合于分析人机之间的关系。

在图示模型法中,应用较多的是三要素图示模型。这是一种静态图示模型,把人、机的功能都概括为三个基本要素。人的三要素是中枢神经系统、感觉器官和运动器官;机具的三要素是机器本体、显示器和控制器。图 2-1(a)所示为三要素图示模型形式;图 2-1(b)所展示的为人-车-环境图示模型示例。图中方框的大小和要素之间连线的粗细均表示重要程度。

通过这种图示模型,可以清楚表明各个要素之间是如何连接并构成系统的。同理,可以绘出各种机具,如家电、计算机、售货机、工具、作业的图示模型,从而清楚地了解人体与机具各部位的对应关系。此外,动态图示模型有方框图和流程图等。这些模型主要以时间顺序这一动态特性为中心,对系统进行描述,用于表现人机系统的结构和时间动态特征。这些模

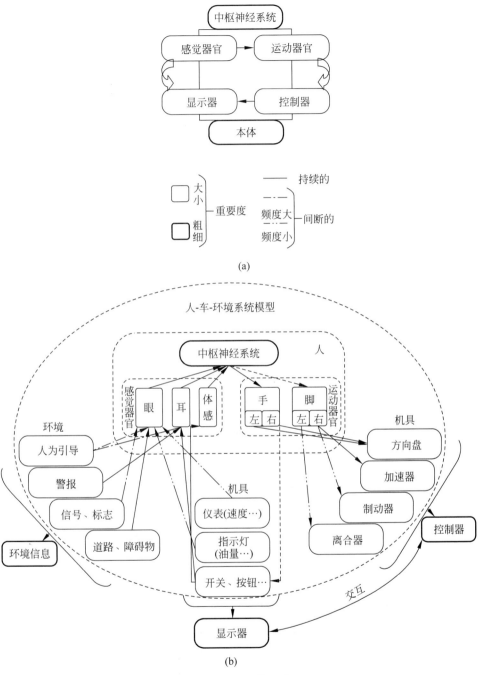

图 2-1 图示模型法
(a) 基本模型；(b) 人-车-环境模型

型都可以通过数学或计算机模拟来求得系统的动态特性,如汽车、飞机与驾驶员构成的系统动态特性。人因工程的研究方法还有很多,如工作研究(方法研究和作业测定)、模拟法、使用频率分析、设备关联性分析、系统分析评价法,以及相关学科的研究方法。

2.2 研究步骤与原则

人因工程学除对学科的理论基础进行研究外,大量的研究还集中于对与人直接相关的机具、作业、环境和管理等进行设计和改进。虽然所设计和改进的内容不同,但都应用人-机-环境系统整体优化的处理程序和方法。在实际研究中,很难做到一开始就达到理想的优化程度,一般都是对现有系统的问题进行调查分析,分阶段地进行消除这些缺点的研究改进过程。

2.2.1 机具研究步骤

机具类包括机械、器具、设备设施等。机具的设计与改进的一般步骤如图 2-2 所示。

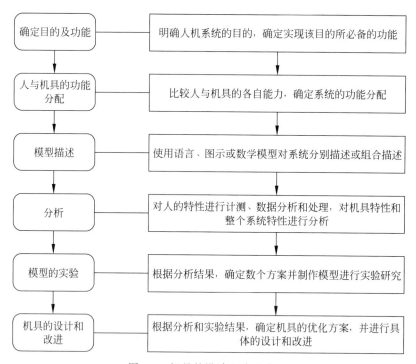

图 2-2 机具的设计和改进步骤

1) 确定目的及功能

首先确定设计和改进机具的目的,然后找出实现目的的手段,即赋予机具一定的功能。实现目的的方案越多,选择余地越大,在一定的限制条件下,容易得到更优的方案。因此,应将目的定得高一些,从广阔的视野设想出多种方案。图 2-3 为目的与功能的关系图。从图中可见,实现目的功能有多种,用 a,b,c 表示。为了实现 a,b,c 功能又必须设想出功能 a_1,a_2,a_3;b_1,b_2,b_3;c_1,c_2,c_3。

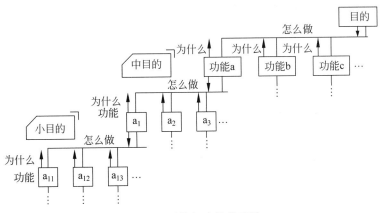

图 2-3　目的与功能关系图

作为实现的手段。如果最初目的为大目的,则功能 a,b,c 就是中目的,以此类推,更具体的功能 a_1,a_2,a_3 就是小目的。该图表述了由上至下的目的与功能构成的系统。在功能展开过程中,由目的求功能时考虑"怎么办";由功能求目的时考虑"为什么"。

2) 人与机具的功能分配

整个系统的功能确定后,就要考虑在人与机具之间如何进行功能分配。为此,必须对人和机具的能力特性进行比较,以充分发挥各自的特长。简言之,人的特长是具有智能、感觉、综合判断能力、随机应变能力、对各种情况的决策和处理能力等;而机器则是作用力强、速度快、连续作业能力和耐久性能好等。

根据实现目的的要求,对人与机器的能力进行具体分析,合理地进行功能分配。有时人分担的功能减少,机器分担的功能就相应增加;人分担的功能增加,机器分担的功能就相应减少。例如,汽车的手动变速实现了自动化,照相机的光圈和对焦实现了自动化,从而减少了人分担的功能。衣服上多些口袋来携带工具等,就会扩大手的功能。在大规模系统、运输系统以及安全、防灾设备中,应纠正单纯追求机械化、自动化的倾向,必须考虑充分发挥人的功能。

3) 模型描述

人机功能分配确定后,接着用模型对系统进行具体的描述,以揭示系统的本质。模型描述一般分为语言(逻辑)模型描述、图示模型描述和数学模型描述等,它们可单独或组合使用。语言模型可描述任何一种系统,但不够具体;数学模型很具体,便于分析和设计,但在表现实际系统时受到限制,多用于描述整个系统中的一部分;图示模型应用广泛,而且在其中可以加入语言模型和数学模型进行说明。另外,图示模型便于表示各要素之间的相互关系,特别是人机之间的关系。因此,实际研究多使用含有语言或数学式的图示模型。

4) 分析

在用模型对系统进行描述的基础上,再对人的特性、机具的特性和系统包括基本特性,如形态特性、功能特性,还包括复杂特性,如人为失误和情绪等,在分析时要进行必要的计测和数据处理。机具的特性包括性能、标准和经济性等。整个系统的特性包括功能、制造容易、使用简单、维修方便、安全性和社会效益等。

5) 模型的实验

如果需要更详细地设计或改进数据时,可以在上述分析数据的基础上制作出机具的模型,再由人使用该机具模型,反复实验研究。这样可以取得更具体的数据资料或从多个方案中选择最优方案。模型可分为实物大小模型和缩小模型。缩小模型不但经济而且易于操作。模型实验可根据实际需要采用变量不同的模型,如有汽车螺栓机具等小模具,也有核电站控制中心整体人机界面关系以及船舶设备配置与乘员之间关系这样的大规模实验模型。此外,还可以把实验的重点放在关键功能上而省略其他方面功能。

6) 机具的设计和改进

最后是确定机具的最优方案,并进行具体的设计和改进。最优方案是根据上述分析实验结果进行评价确定的。设计和改进完成后,甚至试制品出来后,还要继续进行评价和改进,以求更加完善。其中特别重要的是机具与人的功能配合是否合理的评价,因此经常采用由人直接参与的感觉评价法。

2.2.2 作业研究步骤

作业研究是指在具体的生产技术组织条件下,寻求效率最高、质量最好、成本最低的工作方法,以达到人力、物力、财力等资源的最佳利用。为了获得最佳作业,需要不断研究、设计和改进作业方法、作业量、作业姿势和作业机具及其布置等。所谓最佳作业是指最适合于人的各种特性,疲劳程度最小,人为失误最少,安全可靠,使人感到舒适而效率最高的作业。设计和改进作业的方法与机具的设计有许多相似之处,可分为以下几个步骤:

(1) 确定作业目的和实现该目的的功能。

(2) 确定作业中人员和机具的功能分配。

(3) 用作业模型表示作业对象的顺序、数量、时间、使用的机具和材料等。作业模型主要用语言模型和图示模型,例如各种工序分析图就属于图示模型。

(4) 对作业人员的特性进行计测、数据处理和分析,对作业特性进行实验研究。

(5) 提出各种方案,并对这些方案进行作业研究和评价,以确定最佳的作业方案。

(6) 对作业进行设计、改进和评价,并继续不断加以完善。

2.2.3 环境研究步骤

环境是指人生活、维持、依赖的外部世界或元素,在交通人因工程中环境泛指影响驾驶人驾驶体验和操作的一切元素。人类为了追求最佳环境,不断地对照明、颜色、声音、微气候、粉尘和气体等进行研究,以使周围的环境适于工作和生活。所谓最佳环境,是指最适宜人的各种特性,使人类能够高效率工作和舒适生活的环境。设计和改进环境的方法与机具有类似之处,可采取以下步骤:

(1) 确定目的,明确研究的重点环境因素,如照明、气候等;

(2) 通过实验和理论研究分析环境因素对人的影响,可用图示模型和数学模型来描述;

(3) 提出多种方案,在分析评价基础上,确定最佳方案,有时还需进行小规模实验;

(4) 对环境进行设计、改进和评价,并不断进行完善。

此外,组织与管理方面的研究步骤与上述几方面也大体相似,主要包括:寻找问题,确定目的,确定相关要素的功能;提出方案,分析、评价、选优;系统设计和改进;实施、总结和完善。以上概括的研究步骤对新系统的设计和现有系统的改进都是适用的。

2.2.4 实验设计

实验设计中最具有一般性的两种基本类型为组间设计和组内设计。组间设计是指每个被试只接受某自变量的一个水平处理的实验设计,即一个被试只对应于某自变量的其中一个水平的测量,又称为被试间设计、独立组设计或完全随机设计。组内设计是指每个或每组被试接受某自变量所有水平处理的实验设计,又称为被试内设计或重复测量设计。本节重点介绍单因素实验设计和多因素实验设计。

1. 单因素实验设计

根据实验中自变量数目的多少又可将实验设计分为单因素实验设计(one-factor experiment design)和多因素实验设计(multiple-factor experiment design),前者只包含一个自变量,后者包含两个或两个以上的自变量。

1) 单因素组间实验设计

单因素组间实验设计中,只有一个自变量,自变量有两个或多个水平。该自变量是组间变量,将被试随机分配给自变量的各个水平,每个被试只接受该自变量一个水平的处理,该实验设计通过随机化的方式控制误差变异。

(1) 单因素两水平的组间实验设计。

当研究的问题中包含两个处理水平的比较时,应当采取两个处理随机组的设计,把处理水平分派到随机组中。由于两组的分派是随机的,故采用独立样本 t 检验来检验实验结果所获得的差异是否显著。

(2) 单因素三水平及以上的组间实验设计。

当研究的问题中包含三个及以上水平的比较时,应当采用三个以上处理水平的随机组设计。把不同处理水平分派到各随机组。该设计所获得的数据一般可采用单因素方差分析方法(one-way ANOVA)进行分析。

(3) 组间实验设计的优点和缺点。

组间实验设计的优点主要如下：

① 由于每个被试只接受一种实验处理，故每个被试能够在短时间内完成实验，避免由于实验时间过长而使被试厌烦或失去兴趣。

② 排除了组内实验设计中由于被试接受几种水平的实验处理而导致的练习效应。

③ 实验处理之间不会相互干扰，即一种自变量之间和自变量的不同水平之间不会产生相互干扰。

组间实验设计的缺点主要如下：

① 组间实验设计是将不同的被试分配到不同的实验处理，因而需要更多的被试，需要花费更多的时间和人力。

② 分配到各实验处理的被试之间仍可能存在差异，被试差异易与实验条件混淆。

③ 由于不同实验处理条件下的被试不同，实验处理的残差增大，使得实验处理的效应不敏感。

组间实验设计消除误差的方法如下：

① 随机分配被试：随机化分组是保证被试组之间同质的一种有效方法。一般来说，随机化的方法可以采用抽签法、掷币法、随机数字表法等。随机化分配被试是组间实验设计被试分组的一种常用方法。

② 匹配被试：依据预备实验测试分数的高低将特征最相近的被试分配到不同的实验处理组，尽可能地将被试的个体差异对实验结果的影响最小化。该方法需要被试进行与正式实验相关的预备实验，比较耗时，因而不适用大样本实验，且可能引起被试的练习效应而影响正式实验的结果。

2) 单因素组内实验设计

单因素组内实验设计中，只有一个自变量，自变量有两个或多个水平。该自变量是组内变量，每个被试接受所有水平的处理，该实验设计消除了由于被试组不平衡带来的误差。

(1) 单因素两水平的组内实验设计。

单因素两水平的组内实验设计中，一组被试需要接受两种水平处理的测量，所得的实验数据很可能是具有相关性的两份数据样本，因此需要采用配对样本 t 检验方法进行分析。配对样本 t 检验是统计学中参数检验的一种有效方法，可以用来检验两组具有相关性的样本数据是否源自同均值的正态分布总体，即推断两个相关的样本总体均值有无显著差异。如果所得到的数据是离散变量或有其他不符合参数检验条件的，也可以采用卡方检验等非参数检验方法。

(2) 单因素三水平及以上的组内实验设计。

单因素组内实验设计也可应用于三个及以上水平处理，此时需要采用单因素重复测量方差分析方法进行分析。采用组内实验设计，每组样本数据之间存在相关性，因而不能简单地使用方差分析方法进行研究，而需要使用重复测量方差分析方法。当需要检验两个相关样本组时采用配对样本 t 检验,而重复测量组,是配对样本 t 检验,重复测量方差分析方法将两个相关样本组的均值差异检验方法扩展到三个及以上相关样本,是配对样本 t 检验的扩展。重复测量方差分析方法除了要满足样本组之间相互独立并符合多元正态分布等一般方差分析的前提假设之外,还需要满足球形检验假设。单因素重复测量方差分析方法是最简单的重复测量方差分析方法。

(3) 组内实验设计的优点和缺点。

组内实验设计的优点主要如下:

① 节省被试,可以获得每个被试多个实验处理的数据。

② 由于节省了大量的被试,因而节省了实验时间和人力。

③ 由于每个被试都在所有的实验处理条件下进行实验,因而有效地避免了被试的个体差异对实验结果的影响。

组内实验设计的缺点主要如下:

① 由于每个被试接受所有的实验处理,可能导致被试的疲劳和厌倦,影响实验结果的可靠性。

② 被试接受各实验处理的顺序是不可逆的,因而在过程中会产生经验或练习效应,使得实验处理之间相互干扰,即一种自变量之间和自变量的不同水平之间会产生相互干扰。

③ 实验处理之间的先后顺序会给实验带来顺序效应。ABBA 法可以平衡由于实验顺序带来的系统误差。A 和 B 代表两种实验处理,每一种实验处理都以正反两种顺序呈现给被试,被试接受不同实验处理的先后顺序的机会是相等的。多个处理的实验平衡方法可参考后续介绍的拉丁方实验设计。

3) 单因素随机区组实验设计

方差分析是将所有观测值的总体变异分解为自变量的效应和残差,然后将自变量效应和残差方差做比较求得 F 值,F 值越大,表明自变量的效应越明显。因此残差越大,F 值越小,越不利于显示出自变量的效应,而随机区组实验设计和匹配组实验设计则可以通过减少未知因素带来的误差而将自变量的效应更灵敏地显示出来。

(1) 单因素随机区组实验设计。

随机区组实验设计是将被试按照对实验结果产生影响的某些特质分配到不同的区组中,使得每个区组内被试的差异性尽可能小,区组内的被试具有同质性。然后将每个区组内的被试随机、均等地分配到不同的实验处理中接受测量,并将因变量的观测值分开记录,这样就可以计算不同区组之间因变量的变异量,从而将由于区组差异带来的数据变异从残差项中分离出来,达到降低残差项的目的。

随机区组实验设计不仅考虑了自变量的影响,还考虑了区组变量的影响。将被试间的某种差异作为一个区组变量,至少可以部分地把由被试间差异引起的因变量的数据变异从残差中分离出来,消除区组因素对观测结果的干扰和影响,从而更科学地评价自变量对实验结果的影响。需要说明的是,区组变量不是研究者拟考察的自变量,而是要进行平衡的额外变量。一般来说,作为区组变量的额外变量与自变量之间不存在交互作用,如果存在交互作用,那么它就不适合作为区组变量,而应作为自变量或控制变量。只有一个自变量的随机区组实验设计为单因素随机区组实验设计。

(2) 单因素匹配组实验设计。

当研究变量只有一个且研究设计中又要考虑到对被试进行匹配分组时,应采用单因素匹配组实验设计。单因素匹配组实验设计可以看作是单因素完全随机区组实验设计的一个特例,即每一区组的被试数正好等于实验处理数,在每一区组中一种实验处理只对应一位被试。

单因素匹配组实验设计在本质上与单因素组内实验设计是一致的,因为匹配组之间可被看作相互映射或相互替代的,故匹配组实验设计的数据分析方法与单因素组内实验设计的数据分析方法相同,即当对两个匹配组进行比较时,采用配对样本 t 检验进行差异性检验,当有3个或3个以上匹配组进行比较时,采取单因素重复测量方差分析方法进行差异性检验。

2. 多因素实验设计

单因素实验设计相对简单,易于理解。大多情况下,只研究一个自变量,而要求其他条件在实验组与控制组之间、不同的实验组之间均相等或平衡是存在一定难度的,因而往往需要考虑多变量之间的交互作用。因此,要深入研究多个自变量同时发生变化的实际情况,就需要进行多因素实验设计。

多因素实验设计,就是同时研究两个或两个以上的因素影响以及这种影响的交互性。在多因素实验设计中,处理效应是指由自变量引起的效应,包含主效应(main effect)和交互效应(interaction)。主效应是指一个因素几个水平之间的差异程度,即不考虑其他变量,只考虑单个变量对因变量的影响。交互效应是考虑几个因子之间对因变量共同作用的影响,当一个因素的水平在另一个因素的不同水平上变化趋势不一致时,称这两个因素存在交互作用。

多因素实验设计的形式很多,根据被试的分组方法和实验处理的分配,可分为多因素完全随机实验设计、多因素重复测量实验设计、多因素混合实验设计、多因素区组实验设计和拉丁方设计。

1) 多因素完全随机实验设计

在多因素完全随机实验设计中,对被试进行完全随机分组,随机地将每一个独立的被试组安排在一个实验处理上接受观测,对得到的多个独立样本数据进行差异性比较,采用多因素方差分析方法评估各个自变量的主效应以及自变量之间的交互效应。多因素方差分析方法是检验两个或两个以上因素的不同水平是否对因变量造成之间的交互显著差异的分析方法,其目的是分析各个自变量的独立作用、各个自变量之间的交互作用和其他随机变量对因变量的影响。

对于多因素完全随机实验设计来说,有多少种实验处理就要有多少个独立的实验被试组,随着自变量数和自变量水平数的增加,被试样本数不断增加,给实验操作带来挑战,在实际研究中,当自变量数达到3个以上时,研究者很少采用多因素随机实验设计。

2) 多因素重复测量实验设计

在多因素重复测量实验设计中,每个被试要接受自变量水平组合构成的所有实验处理的测试。对于该实验得到的数据需采用重复测量的多因素方差分析方法进行分析,可以在相当程度上将被试差异带来的数据变异从误差项中分离,使自变量的效应更易于显示出来。

3) 多因素混合实验设计

有的研究者在研究中倾向于采用组内变量以使用较少的被试,而有些自变量作组内变量时会导致较大的顺序效应因而宜作为组间变量。混合设计是指既有组间变量,又有组内变量的实验设计类型。因此,混合设计是一种结合了组间设计和组内设计的优点而具有实用价值的设计类型。

4) 多因素随机区组实验设计和拉丁方实验设计

在单因素实验设计中,随机区组实验设计由于减少了方差分析中的残差部分,使得自变量的效应更灵敏地显现出来。同样,在多因素实验设计中,可以通过多因素随机区组实验设计和拉丁方实验设计减少未知因素带来的残差。

(1) 多因素随机区组实验设计。

实验中的个体差异必然会带来因变量测量数据的变异,当这些变异无法从残差中分离时,方差分析的敏感度就大大降低了,自变量的效应也因此很难显现出来。随机区组实验设计可将个体差异带来的数据变异从残差中分离出来,当研究多变量且需考虑区组变量的时候,就需要采用多因素随机区组实验设计,该实验设计划分被试区组的方法与单因素随机区组实验设计的方法相同。

(2) 拉丁方实验设计。

随机区组实验设计在考察自变量影响效应时只考虑了一个额外变量的影响,将该额外变量作为区组变量,对其他各种实验处理下的影响进行平衡,同时将该区组变量引起的变异从残差中分离出来。如要考虑两个额外变量的影响,就需要采用拉丁方实验设计。

在拉丁方实验设计中,每种实验处理都能等概率出现在实验顺序的每个位置,能保证不同实验处理所受的顺序效应的影响均等。首先把两个额外变量的各个水平结合在一起构成一个方格,然后将不同处理平衡地排在方格中,其结果要保证自变量的每一个处理在拉丁方方格的每一行和每一列都出现且只出现一次。一般来说,如果将首行的顺序排定后,其后每一行的排列只要将上一行的顺序减去1或加上1即可,以此类推,就可以排成一个拉丁方。表2-4是一个5×5拉丁方示例。

拉丁方实验设计的优势在于可以平衡分离出两个额外变量的影响,从而减小实验误差。其缺点是额外变量不能与自变量之间存在交互效应,两个额外变量之间也不能存在交互效应。此外,拉丁方实验设计要求每个额外变量的水平数与实验处理数相等,这在一定程度上限制了拉丁方实验设计的使用。

表 2-4　5×5 拉丁方示例

A	B	E	C	D
B	E	C	D	A
E	C	D	A	B
C	D	A	B	E
D	A	B	E	C

实验设计的选择受到多种因素的制约,研究者应根据研究问题、变量的性质、实验任务大小以及实验目的等方面,综合考虑后选择最适宜的实验设计。

2.2.5　研究原则

1. 考虑的因素

选择研究方法时应考虑的因素有:

(1) 效果:该方法能达成研究目的的程度;

(2) 方便:研究方法运用上的简便性;

(3) 成本:研究方法在经济、资料要求、设备、人力与时间上所付出的代价;

(4) 弹性:研究方法能适应于不同场合与情况的程度;

(5) 范围:研究方法所测量的现象、行为与事件的数量;

(6) 效度:研究方法所获得资料与真实生活中所发生者的相似度和可信度,研究方法所获得资料与历经时间迁移及多次应用之间的一致程度;

(7) 客观:研究方法的运用结果是依凭据、程序资料,不因研究者的不同而异;

(8) 保密、伦理、道德等因素也应适当考虑。

同时,根据方法论基础及人因工程学科自身特点,在研究中要特别注意客观性和系统性。客观性是指研究者在工作中应坚持实事求是的科学态度,根据客观事实的本来面目去揭示事物内在的规律性,不能以个人主观臆断解释客观事实。这就要求研究人员要根据科研和生产实际需要选择研究课题;在研究过程中,要全面、真实、具体地记录情境条件和研究对象的各种反应;在分析结果时,一定从客观事实出发得出结论。

系统性是指把研究对象放到系统中加以研究和认识。20 世纪 40 年代以来发展起来的系统论、信息论和控制论等系统科学理论为人因工程学科的研究提供了新思想、新观点。人因工程学的主要研究对象是人-机-环境系统。系统中人、机器、环境这三大要素之间存在着相互制约和相互协同的关系,整个系统的性能不同于各要素性能的简单相加,同时,人、机器、环境各自构成了自己的系统。用系统观点研究人-机-环境系统时,必须从系统的整体出发去分析各子系统的性能及其相互关系,再通过对各部分相互作用的分析来认识系统整体。在研究设计和改进系统功能的过程中,要寻求各要素之间最合理的配合,以取得最好的效果。

2. 遵守原则

在人-机-环境系统中,人的行为受很多因素影响,所以不容易测试。而人因工程学的研究成果大多直接或间接地应用于生产和生活实际,其研究质量将对实践产生显著的影响。因此,要准确地揭示人-机-环境系统的规律性,必须使所用的研究方法具有可靠性(信度)和有效性(效度)。

研究方法的效度和信度也是评价研究方法科学性的重要标准。在开展研究的同时,要注意所选研究方法的效度和信度,并对研究结果进行总结、评价和改进。

1) 效度

效度是指研究结果能真实地反映所评价的内容。可从不同角度研究效度,应用比较广泛的是内部效度和外部效度。

(1) 内部效度。内部效度是指研究中各变量间确实存在着一定的因果关系。譬如在研究中,研究者发现,随着目标亮度的增大,观察者的效绩(反应时间、判读正确率等)也在提高,并且排除了其他因素作用的可能性。这种研究就具有内部效度,即其效绩的改变的确是由于照明水平的变化引起的,两者之间存在着因果关系。

(2) 外部效度。外部效度是指某一研究的结论能够在多大程度上推广和普及到其他的人和背景中。例如,在实验室条件下研究得到的学习曲线是否能应用于实际生产作业中,若是,则表明该研究有较高的外部效度。

一项良好的人因工程学研究应满足上述两方面的效度要求。

2) 信度

信度是指研究方法和研究结果的可靠性,即多次测量的结果保持一致性的程度。如果一个测验的可靠度高,那么,同一个人多次接受这个测验时,就应得到相同或大致相同的成绩。实际研究中通常用三种方法估计信度。

(1) 稳定性系数法,指用同样的方法在不同的时间先后对研究对象进行测量所得结果之间的一致性;

(2) 等值性系数法,指用两种基本相同的测量方法(指测量内容性质相似,形式相同),在极短的时间内对研究对象进行测量得到的结果的一致性;

(3) 内部一致性系数法,指一次测量中各部分测量结果之间的一致性。

3. 样本的选择分析

在人因工程研究中,通常采用抽样的方法进行观察和测量。因此,样本的选择及对测量结果的统计处理直接影响研究的效度和信度。

(1) 研究样本的选择。在人因工程学研究中,通常要求选择的研究对象满足研究问题所需要的素质。除此之外,要保证样本数量能代表所要研究对象的全体。当研究对象的总体很大,或观察值较为分散时,通常把样本选得大一些,例如,工程人体测量研究就常采用大样本。当研究的问题比较简单、个体间差异不太大时,如在有关感觉、知觉、记忆等研究中,一般可选用较少的研究对象做多次的测试来进行研究。

抽样的具体方式包括随机抽样和非随机抽样。随机抽样方法又包括分层抽样、简单随机抽样、系统抽样、整群抽样、多级抽样等。人因工程研究中常用的为分层抽样方法。它是从一个可以分成不同子总体（或称为层）的总体中，按规定的比例从不同层中随机抽取样本（个体）的方法。例如，人体尺寸测量，用分层抽样的方式，可以根据年龄、性别、地域等变量将总体划分成不同层，然后从不同的层中按比例随机抽取样本，这样就可以从样本的测量结果来推断总体的人体尺寸数据。

（2）统计分析的正确性。统计分析的正确性取决于良好的数据质量和所选择的统计方法的正确性。人因工程学研究中常需要对测量的结果进行统计分析，并需要不同的分析方法。有对数据进行组织和概括的描述性统计方法，如表示数据集中程度的平均数、中位数和众数，以及表示数据离散趋势的方差、标准差等；也有在数据分析的基础上做出统计推论的推断统计方法，如 t 检验、F 检验和 χ^2 检验等。不同的统计方法适用于特定的研究设计，它们对数据的质量也有一定要求，所以，研究者在进行数据分析时，应根据具体的研究要求选择正确的统计方法。

2.3 数据调查方法

2.3.1 数据调查方法定义

数据调查是为了对现有的运行中的系统进行评估和数据收集（如可用性分析、错误分析和任务分析），并相应地进行提升优化。因此，数据收集方法是任何人因工程分析工作的基石。这些方法被人因工程领域的从业者用来收集被分析系统、活动或人工制品的具体信息，包括在系统内进行的活动的性质、执行活动的个人、实施任务的步骤和顺序、系统及其人员在执行任务时使用的技术（控制、显示、通信技术等）以及系统环境和组织环境等。

此外，对分析的系统或活动的准确表述是极其重要的，它是任何进一步分析工作的必要前提条件。设计未来系统的起点是对当前或类似系统的描述，而描述中的任何不准确都有可能阻碍设计工作。数据收集方法是用来收集相关信息的，这些信息描述了所分析系统或活动的具体情况。有许多不同的数据收集方法可供人因工程分析从业者使用，包括观察法、访谈法、问卷调查法、鼠标追踪法、可用性指标和性能分析法。通常，通过这些方法收集的数据可以作为另一种人因工程方法的起点或输入，如人为错误识别（HEI）、任务分析和图表技术。

利用数据收集方法的应用的主要优势是所收集的数据量大且实用，分析人员对数据收集过程也有高度的控制权，能够按照既定的方式主导数据收集。尽管数据收集方法很有用，但使用这些方法也有一些潜在的问题，举例如下。

（1）利用数据收集方法（如访谈、观察研究和问卷调查）特别是在设计数据收集程序时会产生大量的资源使用。

(2) 访谈和问卷的设计是一个漫长的过程,涉及无数次的试运行和重构。

(3) 此外,在收集到大量的数据后,冗长的数据分析程序也很繁琐。例如,在分析观察性研究工作中获得的数据时会花费大量时间和精力,即使有Observer™这样的计算机辅助软件,分析也可能持续数周而不是数小时或数天。

(4) 除了会产生大量的资源占用外,数据收集技术还需要对被分析的系统和人员进行访问,而这往往是非常困难和耗时的。

(5) 如果数据需要在操作场景中收集,让所需人员参加访谈也很困难,而且问卷调查的回报率往往很低,邮寄问卷的回收率通常为10%。

以下是对每种数据收集方法的简要描述。

2.3.2 访谈法

访谈(interviews)提供了一种灵活的数据收集方法,因此被大量应用于不同目标的研究。利用访谈可以收集各种各样的数据,从用户的看法和反应到可用性和错误相关的数据。有三种类型的访谈可供人因工程从业人员使用:结构化、半结构化和非结构化或开放式访谈。不同类型访谈法的定义及优缺点如表2-5所示。通常情况下,参与者以一对一的方式接受采访,访谈者使用预先确定的问题来获得所需的信息。

表2-5 不同类型访谈法的定义及优缺点

名 称	定 义	优 点	缺 点
结构化访谈 (structured)	在结构化访谈中,访谈者使用一组预定义的问题来调查参与者,以引出有关被分析主题的具体信息。面试的范围(问题及其顺序)是预先确定的,不允许有进一步讨论的范围	只有严格定义了数据所需的数据类型,并且不需要额外的数据时才使用	由于其僵化的性质,结构化访谈是最不受欢迎的面试类型
半结构化访谈 (semi-structured)	使用半结构化访谈时,一些问题及其顺序是预先确定的,但半结构化访谈是灵活的	因为采访者可以突出访谈的重点,也允许使用除计划之外的问题,半结构化访谈是最常用的面试类型	对采访者的素质要求很高
非结构化访谈 (unstructured)	使用非结构化访谈时,没有预先定义的结构或问题,访谈者可以"盲目"地进入访谈	这使得访谈者可以在特定的基础上探索所分析的主题的不同方面	尽管非结构化访谈的灵活性很有吸引力,但却不常使用,因为缺乏结构性,可能会导致关键信息被忽视或忽略

一些基于访谈的技术也已经被开发出来,包括关键决策法(CDM)(Klein and Armstrong, 2004)和应用认知任务分析技术(ACTA)(Militello and Hutton, 2000)。这两种方法都是基于认知任务分析方法的半结构化访谈,用于获取有关操作者在复杂动态环境中的决策信息。

访谈涉及使用问题或探针,旨在获取有关被分析对象的信息。在访谈过程中,访谈者通常会采用三种不同类型的问题:封闭式问题、开放式问题和试探性问题。下面对每一种访谈问题类型进行简要描述。

(1) 封闭式问题:封闭式问题用于收集特定的信息,通常设计是或否的答案。一个封闭式问题的例子是:"您认为系统 X 是可用的吗?"该问题被设计为收集是或否的回答,受访者不用详细说明他们选择的答案。

(2) 开放式问题:开放式问题是用来获取除封闭式问题之外受访者更多的信息。它允许受访者以任何方式回答,并对他们的答案进行阐述。例如,对于系统 X 的可用性这一主题,一个开放式问题是这样的:"您对系统 X 的可用性有什么看法?"开放式问题通常比封闭式问题收集到更多的数据。然而,开放式问题的数据比封闭式问题的数据需要更多的时间来分析,因此封闭式问题更常被使用。

(3) 试探性问题:试探性问题通常用于开放式或封闭式问题之后,以收集有关受访者之前回答的更具体的数据。试探性问题的典型例子是:"为什么您认为系统 X 没用?"或"当您在系统中犯了那个错误时,您有什么感觉?"

以下对访谈法的优势和劣势进行对比总结。

优势:
① 访谈法可以大范围收集各式主题的有关数据。
② 访谈法提供了一种非常灵活的收集大量数据的方式。
③ 收集到的数据可用性潜力十足。
④ 访谈者对访谈有完全的控制权,可以用任何方式指导访谈。
⑤ 访谈数据可以被统计处理。
⑥ 结构化访谈提供了一致性和彻底性(Stanton and Young, 1999)。
⑦ 访谈已被广泛用于一些不同类型的分析。
⑧ 具体化和结构化的人因工程技术已普及应用,如 CDM。

劣势:
① 访谈技术中的构建和数据分析过程十分耗时。
② 访谈技术的可靠性和有效性难以提升。
③ 访谈很容易受到访谈者和被访谈者偏见的影响。
④ 转录数据是一个费力、费时的过程。
⑤ 正确地进行访谈是相当困难的,需要访谈者有高超的技巧。
⑥ 收集到的数据质量完全基于访谈者的技能和被访谈者的素质。

访谈法的具体实施方法如图 2-4 所示。

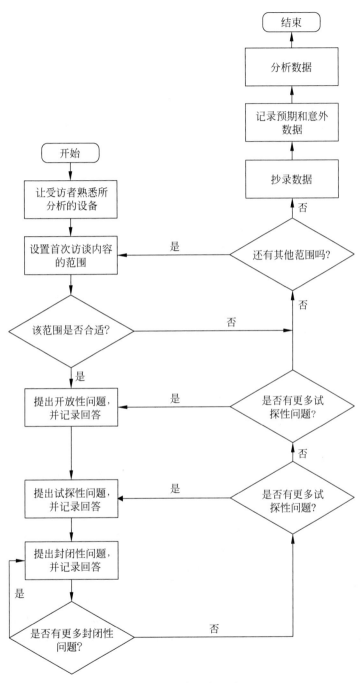

图 2-4 访谈法流程图

2.3.3 问卷调查法

问卷调查(questionnaires)提供了一种非常灵活的手段,可以快速地从大量的参与者中收集全面的反馈数据。它们可以采用多种形式来收集有关人因工程技术评估的许多问题,并且可以收集几乎任何方面的信息,包括可用性、用户满意度、意见和态度。具体地说,它们可以用于整个设计过程,用来评估设计概念和原型,探究用户的看法和反应,以及评估现有的系统。已有的调查问卷,如系统可用性量表(SUS)、用户界面满意度调查表(QUIS)和软件可用性测量清单(SUMI)等成熟的调查问卷,可供从业人员应用于设计或提升现有系统。另外,也可以在设计过程中设计和管理特定的调查问卷。

问卷设计中的问题类型如表 2-6 所示。

表 2-6 问卷设计中的问题类型

问题类型	问题举例	用途
多项选择	您大约在多少个场合目睹这个系统出现错误的情况?(0~5,6~10,11~15,16~20,超过 20)	当参与者被要求选择一个特定的回答时
评分表	我发现这个系统有不必要的复杂性(非常同意(5),同意(4),不确定(3),不同意(2),非常不同意(1))	当需要关于参与者意见的主观数据时
两级选择	A+B 的哪两个任务给你造成了最大的精神负荷?(A 或 B)	当有两种选择可供选择时
排名表	排名,在 1(非常差的可用性)~10(优秀的可用性)的范围上,评估该设备的可用性	当需要一个数字评级时
开放式问题	您认为这个系统的可用性如何?	当需要关于参与者自己对某一主题的看法的数据时,即参与者组成他们自己的答案
封闭式问题	在使用现有系统时,您犯过或目睹了以下哪些错误(省略操作步骤,错误操作,操作时间错误,操作重复,操作程度小,操作步骤过多)	当参与者被要求选择一个特定的回答时
筛选问题	您在使用当前的系统界面时是否犯过错误?(是或否;如果是,转到问题 10,如果否,转到问题 15)	确定参与者是否有特定的知识或经验;指导参与者跳过多余的问题

以下对问卷调查法的优势和劣势进行对比总结。

优势:

① 问卷调查提供了一种非常灵活的方式从大量的参与者样本中收集大量的数据。

② 如果问卷设计得当,数据分析阶段相对会快速而直接。

③ 一旦问卷设计完成,所需的资源非常少。

④ 人因工程技术相关的问卷已经存在(QUIS、SUMI、SUS 等),分析者可借此为自己的研究目的选择最合适的问卷,同时也减少了设计问卷的时间。使用问卷模板还可以与过去使用相同问卷模板的研究所得到的结果进行比较。

⑤ 问卷调查非常容易管理大量参与者。

⑥ 熟练的问卷设计者可以用问题来引导数据的收集。

劣势:

① 设计、实验、管理和分析问卷是很耗时的。

② 问卷的可靠性和有效性是难以获得信任的。

③ 问卷的设计过程费时费力,需要分析人员有很高的技巧。

④ 通常情况下,答复率很低(邮寄问卷的答复率约为 10%)。

⑤ 问卷提供的答案往往是模棱两可的。

⑥ 问卷调查容易产生一些不同的偏见,如声望偏见。

⑦ 问卷调查只能提供有限的产出。

问卷调查法的具体实施方法如图 2-5 所示。

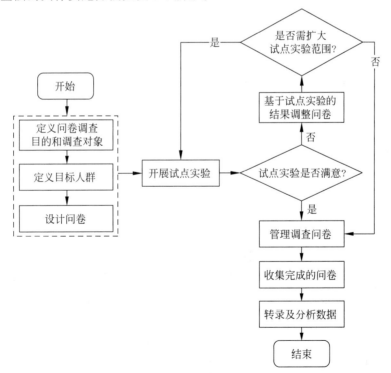

图 2-5 问卷调查法流程图

2.3.4 观察法

观察法(observation)被用来收集有关任务或场景的物理和口头方面的数据。这些数据包括系统创造的任务、执行任务的个人、任务本身(任务步骤和顺序)、出现的错误、个体之间的交流、系统在执行任务时使用的技术(控制、显示、通信技术等)、系统环境和组织环境。观察法已经被广泛使用,通常被当作分析工作的起点。最受到广泛使用的观察技术形式是直接观察,即分析人员直观地记录特定的任务或场景。然而,还存在一些不同形式的观察,包括间接观察、参与观察和远程观察。Drury(1990)认为,在观察技术中有 5 个点要注意:①观察的顺序;②观察持续时间;③观察的频率;④观察所花费的总时间;⑤观察对象的空间移动。

除了物理(或视觉数据)数据外,还可以记录语言数据,特别是场景内各人员之间的语言互动。观察技术可以在设计实验过程的任何阶段使用,以便收集有关的现有信息和决定未来实验走向的信息。

有许多不同的观察技术,包括间接观察、参与观察和远程观察。利用观测技术得到的数据可作为许多人因工程技术的输入,包括任务分析、认知任务分析、图表分析和人为错误识别技术。

以下对观察法的优势和劣势进行对比总结。

优势:

① 观察数据提供了对复杂系统中所进行活动"真实生活"的记录。

② 从观察性研究中可以获得各种数据,包括任务序列、任务分析、错误数据、任务时间、言语互动和任务表现。

③ 观察法已被广泛地应用于各个领域。

④ 观察法可以提供客观的信息。

⑤ 物理任务的性能数据可以被全面地记录,包括社会交互影响和任何环境任务的影响(Kirwan and Ainsworth,1992)。

⑥ 观察分析法可以突出现有操作系统的问题,以便为新系统或设备的设计提供改进信息。

⑦ 在"真实世界"的环境中观察特定场景。

⑧ 观察法通常是任何人因工程技术的起点,观察数据可当作许多人因工程技术的输入,如人为错误识别技术(SHERPA)、任务分析(HTA)、通信分析(通信使用图)和图表技术(操作员序列图)。

劣势:

① 观察法对任务的正常运作有一定干扰性。

② 观察数据很容易产生各种偏差。假如参与者知道自己正在被观察,往往会造成干

扰。例如,在观察控制室安排实验人员实验时,他们可能会按照固有的程序来执行。然而,当没有观察时,同样的控制室中的实验人员可能会有完全不同的表现。

③ 观察法的实验应用比较耗时,时间大多集中在数据分析程序模块。Kirwan 和 Ainsworth(1992)建议,在进行转录过程操作时,1h 的录音数据需要一名分析员花费大约 8h 来转录。

④ 观察法不适合任务中的认知部分,比如口头交流更适合收集任务执行中认知方面的数据。

⑤ 观察性研究在建立和进行时可能既困难又花费太大代价。想得到需要的数据往往是非常困难的,而且非常耗时。观察技术也很昂贵,因为它们需要使用昂贵的记录设备(数字摄像机、录音设备)。

⑥ 因果关系是一个问题。在观察过程中,可以观察和记录错误,但错误发生的原因可能并不清楚。

⑦ 分析师有限的实验控制水平。

⑧ 在大多数情况下,需要一个分析团队来进行观察研究。一般很难找到一个合适的、有足够经验的观察研究团队。

观察法的具体实施方法如图 2-6 所示。

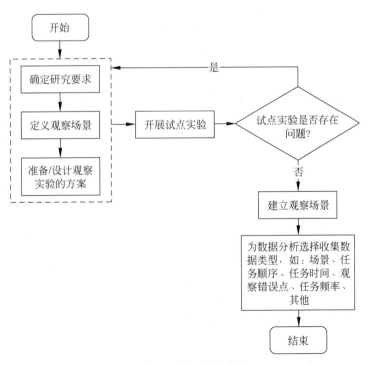

图 2-6　观察法流程

2.3.5 鼠标追踪法

鼠标跟踪法(mouse tracking)即利用软件来捕获有关用户与界面互动的数据,特别是基于鼠标移动和鼠标点击的数据。一个界面,特别是基于鼠标移动和鼠标点击的数据(Arroyo,Selker and Wei,2006;Atterer,Wnuk and Schmidt,2006)。用户与界面的交互可以通过热力图展示,热力图可以清晰地说明鼠标高频率和低频率移动的区域。软件还提供了一个汇总表,表示在任务场景中发生的所有鼠标移动距离和鼠标点击率。

该方法基于这样的假设:鼠标移动与心理处理相关,即用户会移动鼠标来完成任务,用户会将鼠标移动到自己需要考虑的区域(Chen,Anderson and Sohn,2001;Rodden and Fu,2007)。以下为一些相关研究。

(1) Arroyo、Selker 和 Wei(2006)的研究认为,鼠标追踪是视觉注意力的一种表现或视觉注意力的指示,它可以映射出用户在系统界面中移动时考虑的不同路径。

(2) Rodden 和 Fu(2007)以及 Arroyo,Selker 和 Wei(2006)认为该技术可以获得网页或软件等界面元素吸引力的数据,为界面设计提供有价值的信息。

(3) Atterer,Wnuk 和 Schmidt(2006)的研究提出鼠标跟踪数据可以被用于用户界面的评估、用户档案的开发以及用户资料库的更新当中。

(4) Atterer,Wnuk 和 Schmidt(2006),Chen,Anderson 和 Sohn(2001)以及 Rodden 和 Fu(2007)建议鼠标跟踪法在未来或许可以替代眼动跟踪法,因为鼠标追踪法可以提供类似的数据,而且经济成本较低,采购成本低,能够远程收集数据,并且避免了设置成本(财务和时间)。

为了展现鼠标跟踪法的输出类型,应用 Odo Plus 软件记录用户在 2.5h 的时间段内使用 Web 资源创建一个微软的 Word 文档。

以下对鼠标跟踪法的优势和劣势进行对比总结。

优势:

① 简单易懂的数据索引(Arroyo,Selker and Wei,2006)。

② 对任务的正常运行没有干扰(Arroyo,Selker and Wei,2006;Atterer,Wnuk and Schmidt,2006)。

③ 不需要培训或专业知识(Rodden and Fu,2007)。

④ 由于实验可以远程进行,所以参与者不需要去现场(Atterer,Wnuk and Schmidt,2006;Chen,Anderson and Sohn,2001)和在自然环境中进行(Arroyo,Selker and Wei,2006)。

⑤ 比眼动跟踪法的成本低(Atterer,Wnuk and Schmidt,2006;Chen,Anderson and Sohn,2001;Rodden 和 Fu,2007)。

⑥ 得出的数据可以用来建立用户档案(Atterer,Wnuk and Schmidt,2006),且可以对用户行为进行分类(Arroyo,Selker and Wei,2006),并识别潜在的可用性问题(Arroyo,

Selker and Wei,2006)。

劣势：

该方法仅可提供有关身体运动的信息,而身体运动和认知之间的联系只得到相对较少的研究支持(Chen,Anderson and Sohn,2001)。

鼠标追踪法的具体实施方法如图 2-7 所示。

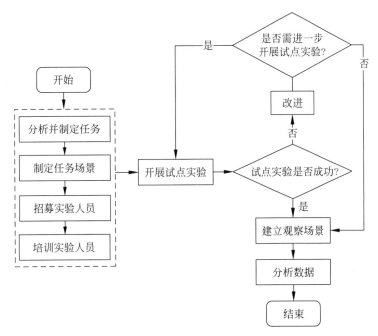

图 2-7 鼠标追踪法流程

2.4 计算机仿真方法

2.4.1 交通人因工程中的计算机仿真方法应用

人因工程的核心目标是在系统中实现人、机、环境的最佳匹配。常用的方法是对人机系统进行人因工效分析,即判断人机系统是否符合使用者的生理、心理特性。传统的人因工效分析是通过观察真实的实验人员对现实的工作或者产品进行操作来分析。这种分析方法虽然真实可靠,但是需要消耗大量的资金和时间。

自 20 世纪 80 年代计算机仿真运用于生产行业以来,虚拟仿真的思想逐渐深入各个专业领域,利用计算机仿真软件进行人因分析逐渐成为主流趋势。利用人因仿真分析软件不仅可以节约 50% 以上产品分析的时间和费用,而且利用该技术分析得出的结果与实物分析结果相似性很高。本节将基于当前较为流行的两款软件 JACK 软件和 CATIA 软件中的人因工程模块来讲述交通人因工程中计算机仿真方法的应用。

2.4.2 基于JACK软件的计算机仿真方法

1. 软件介绍

JACK软件基于人因工程的思想,集三维仿真、虚拟人体建模、人因工效分析于一体。它能够创建仿真环境、引入具有生物力学特性的三维人体模型、给虚拟人体指派任务、对环境和产品进行人因评估,判断产品是否符合用户需求和人因规律。

JACK软件包含了基础人体测量数据、关节的柔韧性、人的健康状况、劳累程度和视力限制等医学及生理学参数。导入外部CAD三维实体模型和创建用户自定义尺寸的虚拟人体是实现三维仿真环境的关键技术;可控性的虚拟人体,以及实体和场景的移动则是创建静态和动态仿真任务的基础。

2. 仿真及工效分析的基本流程

以任意类型的人机系统为研究对象进行虚拟仿真及人因工效分析的基本流程如图2-8所示。

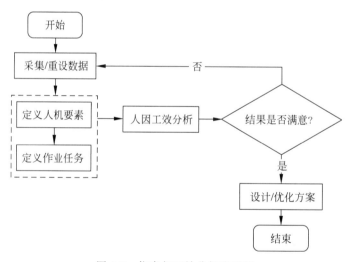

图2-8 仿真与工效分析流程图

3. 建模过程

JACK软件可以创建满足用户不同需求的三维仿真环境,导入由UG、CAD、3D-MAX、Pro-E等建模软件绘制的三维实体模型,通过定义虚拟人体和实体在三维仿真环境中的任务实现静态及动态的仿真。

(1)数据采集。用人体测量专用仪器,如人体测高仪、测量用直脚规和弯脚规测量使用者的人体尺寸,用软尺测量相关设施的基本尺寸。

(2)定义人-机要素。设定虚拟人体(human)和实体(object)。JACK软件提供了美国、加拿大、中国、印度、德国、日本、韩国等多个国家的三维人体模型数据库,可以根据人体尺寸对应的百分位数直接调用相关数据,也可以根据实测的人体数据进行虚拟人体参数设定。通过精确定义,用户可以修改人体的 26 个部位的尺寸,以及 25 个关节的自由度,以创建出合适的三维人体模型。JACK 软件自身提供了实体数据库,但数量有限,为满足用户多样化的需要,JACK 软件提供了 CAD 三维实体模型导入的功能。

(3)定义虚拟仿真作业任务。这里指的是给虚拟人体分配作业任务。JACK 软件可实现静态仿真和动态仿真,静态仿真适用于产品设计的宜人性分析,动态仿真适用于作业全过程的工效学评估。

图 2-9 为基于 JACK 软件的车辆人机系统建模流程。

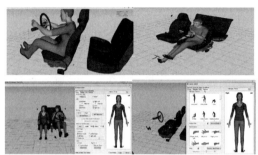

图 2-9　基于 JACK 软件的车辆人机系统建模流程

4. 工效分析及结果分析

JACK 软件具有很多的分析模块,详见表 2-7。对人机系统进行工效分析时,不必应用所有的模块,可以根据人机系统和分析模块的特点进行选择。

表 2-7　JACK 软件工效分析模块内容

分 析 模 块	主 要 特 点
可达域分析	确定虚拟人体双肩和腰部联合驱动的最大可触及范围
舒适度分析	设计让用户更为舒适的产品
可视域分析	分析特定情况下虚拟人体视角内的区域和物体
下背部分析	分析特定环境下虚拟人体脊椎受力对下背部的影响
静态强度预测	主要分析缓慢移动的任务
搬运受力分析	确定特定姿势下虚拟人可以安全举起的重量
新陈代谢分析	确定虚拟人持续不断工作时的工作强度
疲劳恢复分析	分析工人的休息时间是否充足
工作姿势分析	确定特定姿势的级别
快速上肢分析	分析上肢动作中的危险性
受力分析	特定姿势下操作者的手部最大受力情况

JACK 软件的工效分析模块以报告和图表的形式提供工效评估结果,对不符合人体生物力学的作业姿势、受力等给予警示,有些模块甚至能够提出纠正意见。依据工效分析的结果,进行人机系统的优化设计,改善后再次进行仿真分析、评价,如此循环,直至人机系统的人因缺陷得到改善。

2.4.3 基于 CATIA 软件的计算机仿真方法

鉴于 CATIA 软件在汽车行业内的地位和影响,本节以 CATIA 软件中的人因工程模块为主讲述汽车人因工程虚拟仿真方法。

1. 软件介绍

CATIA(computer aided tri-dimensional interface application)是法国 Dassault System 公司开发的世界主流产品 CAX/PDM/PLM 一体化软件系统,其集成解决方案几乎覆盖所有的产品设计与制造领域。CATIA V5 版本是 IBM 和 Dassault System 公司在为数字化企业服务过程中不断探索的结晶,对产品概念设计、详细设计、工程分析、工艺和制造,以及产品整个生命周期中的使用和维护提供了一整套解决方案。CATIA V5 中的人因工程模块是商业人因工程软件 Safework 的简化版本。根据一般应用要求,该软件分成了以下 4 个部分:

(1) 人体建模(human builder)。在虚拟环境中建立和管理虚拟人体模型,并对产品进行简单的人因工程分析。

(2) 人体模型尺度编辑(human measurements editor)。通过对人体测量学参数进行编辑,使人体模型的尺度(群体、性别、人体尺寸、质量)符合用户使用要求。

(3) 人体姿势分析(human posture analysis)。对关节自由度范围和当前姿势进行编辑,设置首选角度及其得分,并对姿势进行分析和优化。

(4) 人体活动分析(human activity analysis)。对人体从事某种工作的特定活动行为进行分析。

2. 仿真的基本流程

1) 人体模型建立

建立能够用于人因工程学分析的人体模型,包括建立和选择目标群体、建立用于分析的人体模型和设置人体模型的属性 3 方面内容。

建立目标群体人体数据,在默认情况下,CATIA 人因工程模块中包含美国、加拿大、法国、日本和韩国的人体数据。如果产品面向的目标群体是其他的国家和地区,并且目标群体与上述国家的人体数据有明显差别,则应该根据目标群体的人体数据建立人体数据文件,并将其加入到 CATIA 系统中。

2) 建立用于分析的人体模型

在进行产品的人因工程分析时,建立合适的人体模型至关重要。考虑一般应用情况,通常将群体分为男子和女子两部分。对于每种性别,则根据身高的百分位、坐高和腰围划分为不同的类型,据此建立一组用于分析的人体模型。例如,典型情况下,RAMSIS 人因工程分析软件将每种性别的人分为 5th、50th 和 95th 百分位 3 种身高(甚至是 5 种),将坐高(躯干长度)分为高、中等、矮 3 种,将腰围分为大、中、小 3 种,单一性别的群体总共生成 27 个(或 45 个)人体模型。但是在任务分析内容和目的明确的条件下,从中能够进一步选出用于分析的人体模型,以减少分析工作量。例如,分析轿车前方视野和头部空间所采用的人体模型见表 2-8。

表 2-8　分析轿车前方视野和头部空间的人体模型

分析内容		人体模型		
		性别	身高等级	坐高
前方视野	上视野	男	95th 百分位	高
	下视野	女	5th 百分位	矮
头部空间		男	95th 百分位	高

3) 设置人体模型属性

为了应用方便以及功能上的需要,通常要设置人体模型的属性。在 CATIA 图形界面内,鼠标右击产品树上的某个人体模型,弹出右键菜单,选择"属性命令",弹出"属性"对话框。该对话框中的人体模型属性包括名称、外观颜色、显示、视野、人体测量学、基准点、IK 特性、关节角度极限、首选关节角度、绑定等。表 2-9 为人体模型的属性。

表 2-9　人体模型的属性

属性		内容和选项
显示	渲染	杆状肢体段、椭圆断面线、曲面、分辨率
	视野显示	视线、视野、视锥
	其他	显示重心、显示基准点
视野	视野类型	双眼、左右单眼总视野、左单眼、右单眼、立体
	视野极限	水平双眼、水平左右单眼总视野、垂直上极限、垂直下极限、视锥
	视野距离	焦距
人体测量学	人群	美国、加拿大、法国、日本、韩国
	性别	男、女
	身高百分位	—
	体重百分位	—
	视线和头部	保持视线方向
IK 特性	脊椎	胸椎、腰椎
	骨盆	水平移动、垂直移动、横向移动、纵向移动
	优化	姿势得分、RULA 得分
	注视	手
	平衡	骨盆运动

"显示"命令用于控制屏幕上的人体模型外观显示效果,例如,可以将骨骼系统显示出来,也可以将每段肢体断面母线(椭圆断面线)显示出来。通过调节显示分辨率,可以控制人体模型外观显示的精细度。可以打开/关闭视野范围显示,可以将定位的基准点和人体质心显示出来。

在人体建模模块环境中,用鼠标单击人体模型工具栏(Manikin Tools)中的打开视野窗(Open Vision Window)按钮,就将视野显示窗口打开了。该窗口可以显示的视野类型包括左右单眼总视野、双眼视野、单眼视野、立体视野(同时显示左、右单眼视野)。在视野类型选项中,可以选择要显示的视野类型。在视野极限选项中,可以根据不同群体的视觉特点来设置相应的视野参数,包括双眼水平视野范围、水平左右单眼总视野范围、垂直上视野范围、垂直下视野范围和视锥角度。如图2-10、图2-11为车辆人机系统的仿真建模流程。

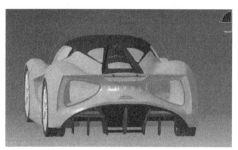

图2-10 基于CATIA的车辆建模流程

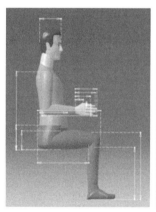
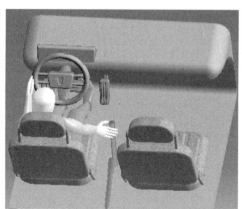

图2-11 基于CATIA的人体模型及人机系统仿真

IK的含义是反向运动学(inverse kinematics),是人体姿势的主要解算方法之一。设定末端肢体(手、脚)的位姿后,通过IK方法能够将其他部位肢体的位姿计算出来。由于末端肢体位姿等约束条件的数目远小于肢体运动链上的自由度数目,IK求解的结果不唯一,即存在自由度冗余问题。解决自由度冗余问题的办法通常是添加一些约束条件,或者采用一些优化算法来实现。在 CATIA 人因工程模块中,利用 IK 求解姿势时同样可以指定一些边界条件来获得满意的求解结果,例如,保持眼睛的注视点或观察方向、胸椎或腰椎参与姿势计算、骨盆可以平移或转动、优化姿势的得分、优化 RULA 得分、考虑全身的平衡等。

4) 人体模型的定位和姿势评估

人体模型的位置和姿势是影响工效分析结果的重要因素。一方面,位置和姿势要根据设计参数来定位,并与设计要求和意图相符,不合适的人体位置和姿势描述的作业空间会与设计意图不符;另一方面,姿势的差异导致分析结果可能大相径庭,不准确的姿势会使视野、操作力等分析结果和优化方向偏离正确的方向。此外,姿势还必须与真人的姿势和习惯接近。

姿势评估之前,首先定义要评估的身体部位各关节自由度的首选角度(preferred angle)及其得分值。在评估该部位姿势的时候,CATIA 姿势分析模块会根据当前姿势下各自由度所处的角度及其分值进行插值和加权运算,最后得出各部位的评估分数。

3. 结果分析及调试

对软件给出的结果进行实际分析和工效分析,对不符合人因工程学理论的模块进行重做和优化,改进后继续构建虚拟人体模型进行仿真模拟、工效分析等,直至基本符合人因工程学和人体生物学的理论。

计算机仿真方法可以很好地将人与机器结合起来,可以针对性地开发出适合人身体结构以及符合人心理预期的产品,使交通工具个性化、人性化以及智能化。在计算机仿真的过程中需根据评估结果,反复校对优化参数,然后再进行仿真,这是一个重复枯燥且费时费力的过程,需有一定水平的团队分工合作完成。

2.5 驾驶模拟方法

2.5.1 交通人因工程中驾驶模拟方法的应用

1. 驾驶模拟器的概念

驾驶模拟器是在实验室中使用的由计算机控制的用于研究、测试、分析和再现车辆与外部环境在实际车辆驾驶过程中的相互关系与相互作用的设备和工具。驾驶模拟器一般由车辆动力学装置、驾驶座舱、图像生成系统(显示屏等)及声音合成系统等构成。

2. 驾驶模拟器的分类

驾驶模拟器按功能可分为训练型和科研型两种。训练型驾驶模拟器主要面向安全教育和驾驶训练,其功能相对较为简单,无法实现复杂的动力学和车辆控制系统的仿真。训练型驾驶模拟器能正确模拟汽车驾驶操作,并能在主要性能上获得与实车相同感觉的汽车驾驶训练,主要用于装备各类汽车驾驶学校和驾驶培训中心,以提高驾驶人的培训质量和效率。训练型驾驶模拟器主要由虚拟驾驶场景管理平台、场景模型库、虚拟驾驶人机交互系统、汽车动力学模型、汽车运动仿真模型、音响模拟系统、训练结果评价系统等组成。而科研型驾驶模拟器可用于新技术的实验、开发、研究,其系统结构复杂、功能全、精度高、价格较高。科研型驾驶模拟器一般由运动模拟系统、视景模拟系统、控制操纵系统、音响模拟系统、触感模拟系统及性能评价系统组成。根据运动结构和沉浸感水平,科研型驾驶模拟器可分为低等级、中等级、高等级。低等级驾驶模拟器结构比较简单,通常由固定的座椅、固定的屏幕、带有力反馈的转向盘和踏板、声光系统等组成。中等级驾驶模拟器的运动系统通常具有较少的自由度,其驾驶舱通常采用全尺寸或者半尺寸舱。高等级驾驶模拟器的运动自由度一般不少于6个,采用主动式视景系统,可呈现200°及以上的视觉场景。

3. 驾驶模拟器的优点

驾驶模拟器的优点主要如下:

1) 安全性高

用驾驶模拟器可以安全地进行高速、极限行驶以及非常危险的安全性实验。例如,研究手机干扰、疲劳、酒精、药物等因素对驾驶绩效的影响。

2) 再现性好

由于车辆状态和实验条件等因素很难控制,实车实验再现性较差,使用驾驶模拟器则可以方便地进行数据采集、车辆模型的选择和模拟环境的设定,且再现性好,尤其是可以方便地创造重复或循环的实验场景或情景。例如,通过驾驶模拟器几分钟就可以完成现实生活中几个月才能完成的工作,这是驾驶模拟器无法被替代的绝对优势。

3) 可方便地设定各种条件,经济性高

与实车实验相比,驾驶模拟器在软件环境中可更便利地设定各种实验条件和实验参数;相反,在实车实验中,难以实现对参与者的指示、实验条件的排序和事件触发的控制等实验因素的设置。

由于人因工程面向一些复杂的人体建模,在实验过程中需要实时反馈驾驶参数用来更新虚拟人体数据模块,而利用实物去采集这些数据代价大,耗时长且浪费的人力物力也是巨大的,而驾驶模拟器可在虚拟场景中构建虚拟人体模块并将该模块与车流、道路环境相结合,更贴合实际应用环境,对各种参数的采集也有相应端口可供使用,故驾驶模拟方法在交通人因工程领域占有重要地位。

2.5.2 车辆驾驶模拟器的构成及应用

1. 车辆驾驶模拟器的构成

对于不同用途的模拟装置,系统构成稍有不同,不过都包括主要的两个组成部分:运动系统和视景系统。运动系统主要是对于自身车辆和周边环境物理运动的仿真模拟,能较好地呈现真实驾驶时驾驶人的驾驶体验感,例如对于车辆速度、加速度、转向时车辆的偏移感、离心感等的模拟。视景系统主要对应于人的视觉系统,对真实驾驶环境下驾驶人视觉可观测到的东西进行模拟,以增加实验时实验人员的操作拟真度。其他系统还有音响系统、触感模拟系统,以及外观模拟系统等都是为了模拟驾驶人在真实驾驶环境下的驾驶体验感,以便收集偏好等参数进行个性化设计,或判断车内系统对驾驶员的适应度,判断车内系统是否会干扰到驾驶员的正常驾驶,确定干扰阈值,改进设计。具体内容如图 2-12 所示。

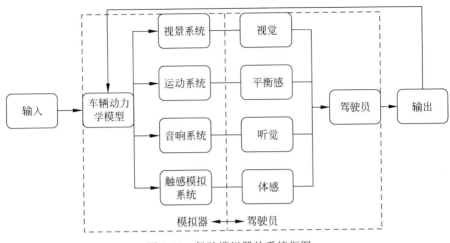

图 2-12　驾驶模拟器的系统框图

2. 车辆驾驶模拟器的研究应用

1) 驾驶行为

驾驶模拟器使驾驶人在特定的模拟驾驶环境中行驶,代替实车进行实验,通过车辆上的检测器和传感器检测评价指标,得到车辆控制数据、驾驶人的操作和生理变化等客观数据,并辅以驾驶人的主观评价分析结果,对驾驶行为和心理的影响因素进行综合评价。

驾驶模拟器可以采集多种车辆运动学参数数据,因此许多学者利用驾驶模拟器开展疲劳驾驶实验,提取疲劳驾驶状态的特征指标,建立疲劳驾驶识别算法。车辆运动学数据也为研究驾驶分心对驾驶行为的影响提供了客观的依据。

驾驶模拟器也可以研究不同类型驾驶人的行为,例如新(老)驾驶人在复杂交叉口的驾驶行为特性、老龄驾驶人的驾驶行为研究等,基于这些研究成果能进一步改善交通法律法规、驾驶辅助系统、交通设计等诸多方面,从而提高驾驶人行车安全。

驾驶模拟器凭借其低成本和安全性可以模拟重现各种接近现实生活的危险场景,如分心驾驶、突遇行人等突发交通事件,并且可以详细采集到实验人员在各种场景下的操作信号和车辆状态参数,考察驾驶人在特殊情况下的反应与操作,测试不同道路要素在交通安全中的作用与影响,以此分析交通事故发生前后的驾驶行为变化以及引起交通事故的影响因素等。

2) 车辆设计

在设计开发新的车辆部件时,驾驶模拟器可以通过对转向、制动、车架、悬架以及动力系统以建模的方式加以模拟。新开发的部件可以单独检验,也可以通过部件间的相互作用予以验证。新的部件在开发时,需要将数据反馈到模型中,对部件的试验与评估和常规驾驶试验方式相同。综合试验场地由不同操纵模式组成,以满足操纵稳定性测试要求,包括侧滑台面、直线跑道、蛇形路径等。驾驶模拟器还能提供现实中无法创造的试验场地,并可快速地提供表面不平、坡度、车道间过渡、道路外倾和扭曲以及障碍等,对侧向风或其他干扰等也可以进行模拟,所有这些环境因素的影响在模拟试验中都可以给予考虑,这是实际试验难以达到的。驾驶模拟器还可以研究干扰、驾驶人动作、车辆响应和车辆设计之间的关联程度,并应用于车辆部件开发工作中。

驾驶模拟器在新的驾驶室的设计与开发方面有一定的作用。驾驶模拟器的驾驶室具有"驾驶人-车辆系统"的界面,人因工程设计、尺寸、功能概念和仪表控制类型及尺寸、形状等工作都可以在驾驶模拟器上进行。通过设置不同的参数,系统可以仿真不同的车辆性能状态,实现动态的模拟驾驶,也可以从人的角度进行人机界面设计及布局研究、汽车刹车系统与反应时间等汽车主动安全研究。因此,可以借助这一平台,广泛开展汽车工程领域的研究。

驾驶模拟器也广泛应用于汽车主动安全技术研究,例如汽车电子稳定系统(ESC)、主动转向技术(AFS)、行人避撞系统、盲点警示系统、驾驶人疲劳及分心主动告警系统等。驾驶模拟技术可以作为各种主动安全技术开发过程中的验证工具,对相关技术进行主客观评价、验证算法的有效性和系统的实际功效。

3) 驾驶模拟器在道路交通方面的应用

在驾驶模拟器中,首先要根据设计图纸或真实路景按照设计标准建立道路模型,再制作虚拟视景,虚拟视景除道路线形外,一般还应包括道路上的各类交通设施、交通流量等。基于驾驶模拟器,设计人员可以对新建道路设计成果进行检验和评价,驾驶"汽车"行驶在所设计的道路上,从而进行主观的检验和修改,也可以让与道路设计者无关人员参与实验,从而对所设计道路进行客观的评价和检验。

驾驶模拟器也可以进行交通控制和管理方面的研究,该研究需要建立一定的交通流模型和车速控制系统、交通信号控制系统等,研究人员可以通过驾驶模拟器行驶在设计好的交通流中,既可以对交通流模型进行检验,又可以评价交通的控制和管理系统。

总的来说,驾驶模拟器在道路交通方面有两方面的应用:

(1) 对道路交通进行主观评价,包括设计中的道路线形、交通标志、交通设施、交通安全、汽车性能以及智能运输系统(ITS)的评价等,例如,通过研究不同的道路景观对驾驶人生理、心理的影响,来选择合适的路侧景观。

(2) 对道路交通的特殊现象进行模拟再现,以及探究道路环境中交互影响对驾驶的影响,如交通道路服务水平等。

2.5.3 国内外车辆驾驶模拟器的发展

国外的驾驶模拟装置起步早、技术条件优越,尤其以日本为代表,在高新技术产业的支持下,日本的驾驶模拟装置发展迅速,且仿真度高、操作简便、人性化以及拥有极高的自由度和端口可供各类用户自由使用。接下来分别介绍日本、美国、欧洲以及中国等国家的代表性驾驶仿真设备,如表 2-10、图 2-13～图 2-16 所示。

表 2-10 各驾驶模拟器装置的介绍和特点

国 家	制造商	介 绍	特 点
日本	马自达公司	1991 年,马自达公司的驾驶模拟器采用了高级的硬件平台,包括高性能的仿真计算机系统和高性能的图形处理硬件系统,其车辆动力学模型非常完善,运动系统可模拟 6 自由度姿态,生成的视景也十分复杂逼真	6 自由度,生成场景复杂逼真
日本	丰田公司	2007 年,丰田东富士研究所投入使用的驾驶模拟器直径 1.7m、高 4.5m,圆顶实验室内可以放置实车,360°球面屏幕呈现逼真的视景,其驾乘感受十分接近实际状况。该驾驶模拟器用来研究和分析各种行车安全	360°球面屏幕,其驾乘感受十分接近实际状况
日本	FORUM8	FORUM8 公司的驾驶模拟器具有 8 个自由度,3D 视觉与虚拟场景交互,并支持使用 CarSim 或者 TruckSim 软件。该驾驶模拟器主要用于道路安全研究、驾驶培训、驾驶员因素研究,以及车辆开发	8 个自由度,3D 视觉与虚拟场景交互
美国	通用公司	通用公司最初研制计划始于 1989 年,至今已开发出第二代产品,其性能指标居世界领先水平。于 2009 年投入的新驾驶模拟器采用了 7 台高分辨率的投影机,用以在 360°大型影院式银幕上显示虚拟路面和周边环境。置于放映区中央的汽车配备有 1 套可重构的内饰系统,由多块 LCD 屏幕组成	360°大型影院式银幕,1 套可重构的内饰系统
美国	福特公司	福特汽车公司于 2008 年研制了 VIRTEX 驾驶模拟器,采用 QUANTUM3D 提供的图像生成技术,测试人员借助三维虚拟现实技术模拟驾驶环境;模拟器内装有摄像头和生理测试仪,升级后采用了更先进的图像渲染技术,可对实验进行水平 360°视野的高清数码投影,并能够测量如驾驶员加速、制动的驾驶行为	模拟器内装有摄像头和生理测试仪,水平 360°视野的高清数码投影
美国	爱荷华大学	爱荷华大学开发的驾驶模拟器最引人注目的是它的第 1 等级驾驶模拟器,是当今世界上精度最高的模拟器,具有 13 个自由度,独立的运动系统使其能够精确地重现持续性加速度、刹车操作、多车道运动以及与道路表面进行交互等动作,此外,它配备了 8 个 LCD 屏幕,提供了 360°真实全景视景	第 1 等级驾驶模拟器,13 自由度,8 个 LCD 屏幕,提供了 360°真实全景视景

续表

国家	制造商	介绍	特点
欧洲	瑞典	瑞典最新的第四代驾驶模拟器具有先进的运动系统,拥有210°前向视景,并且允许在X轴和Y轴方向进行显著性线性运动,卡车驾驶舱和汽车乘客舱两者之间可以进行快速切换	210°前向视景,并且允许在X轴和Y轴方向进行显著性线性运动
	德国奔驰公司	奔驰2010年推出1个类似于飞行仿真器的球体驾驶模拟器,具有360°视景屏幕,其仿真器的计算机以超过1000次/s运算,不论驾驶者如何操作车辆,它都能真实地反应出该有的动作,例如,逼真的急加速的噪声和振动,以及急刹车时的车头下沉,如果车辆打滑,它也能靠液压系统及电动机来做出一些横移的动作	360°视景屏幕,可逼真还原车辆急刹车等情景
	英国利兹大学	2006年,利兹大学投入名为UoLDS的驾驶模拟器,该驾驶模拟器具有8个自由度,250°视景屏幕,8通道的视觉信道以60Hz频率更新,内置5个眼睛跟踪仪	8自由度,250°视景屏幕,5个眼睛跟踪仪
	法国雷诺公司	雷诺公司有2个驾驶模拟器:CARDS和ULTIMATE。CARDS拥有6自由度,ULTIMATE拥有6自由度和200°视景	CARDS拥有6自由度,ULTIMATE拥有6自由度和200°视景
中国	吉林大学	吉林大学于1996年建成我国首台汽车性能模拟器,拥有6个自由度,包括实时计算机系统、实时计算机成像系统、数据采集系统、触感模拟系统、电液伺服控制及油源、液压作动器、模拟舱、中央控制台、投影仪、图像开发系统	6自由度,各种集成系统
	同济大学	同济大学的高仿真驾驶模拟器拥有8自由度电动运动系统,驾驶舱为球穹顶封闭刚性结构,仿真轿车车型为Renault MeganeⅢ,去除发动机,保留轮胎,加载其他设备(如转向盘刹车换挡的力反馈系统和数据的输入输出设备),后视镜由3块LCD屏幕组成。投影系统有5个投影仪内置于驾驶舱,刷新率为60帧/s,球形屏幕的水平视角为250°。控制软件为法国OKTAL公司开发的商业软件SCANeR	8自由度电动运动系统,球形屏幕水平视角250°

图 2-13 丰田公司驾驶模拟器图

图 2-14　福特公司驾驶模拟器图

图 2-15　德国奔驰公司驾驶模拟器图

图 2-16　东南大学驾驶模拟器图

驾驶模拟器装置可应用到人因工程的各个领域,如研究驾驶心理、多情境下驾驶员行为研究、交通安全与人为因素、车辆设计、道路设计以及车辆的自动操作等,也有像通用公司开发的驾驶模拟器一样可实现车辆内饰的模拟,探究不同车辆内饰给驾驶员带来的心理舒适度以及满意度,为实车的人因工程性能改进提供依据。

2.6 本章小结

本章阐述了交通人因工程的研究方法、研究步骤和原则,无论是哪种研究方法都需以人为本,以数据为导向,以评估为优化指标,并在每次开展研究前进行丰富的数据调查及周密的任务规划。最常用的数据调查方法往往是费时费力的工作,需合理安排步骤和进程,并且需要一支合作默契、经验丰富的团队。计算机仿真方法也是人因工程设计必不可少的手段,是基于人体模型的人机系统建模环节,为系统设计和评价提供重要的虚拟环境。对于交通人因工程而言,驾驶模拟方法可以对交通人-机-环境系统进行真人参与和虚拟环境结合的零风险模拟实验。方法多种多样,研究人员可根据实际的研究方向选择适合的工具方法及其组合。

- **复习思考题**

1. 阐述交通人因工程研究方法的定义。
2. 阐述交通人因工程主要的研究方法。
3. 简述交通人因工程中机具、作业、环境的研究步骤。
4. 列举交通人因工程实验设计的基本类型。
5. 什么是数据调查方法?使用数据调查方法会遇到哪些潜在的问题?
6. 对比四种数据调查方法的优缺点。
7. 简述基于JACK软件和CATIA软件的人因工程仿真的基本流程。
8. 未来车辆驾驶模拟器在交通人因工程领域的应用有哪些方面?

- **课后作业**

1. 在L3级的智能车辆中,车辆的设计目的和功能是什么?人与车辆的功能分配是静态还是动态的?请查阅文献资料后进行阐述。
2. 在对城市的出行生成源和停车需求进行调查时,分别会用到哪几种数据调查方法,阐明理由。

第3章 人体尺寸与出行空间设计

内容提要

何为"以人为中心"的设计？本质上说，是在空间上以人体尺寸为基础的设计，保障足够的生存和活动空间，满足人的安全性、舒适性和便利性。本章分为相互关联的三个部分，第一部分是人体尺寸：首先介绍人体尺寸数据的测量，在此基础上介绍中国成年人的人体结构尺寸和功能尺寸、人体尺寸的统计特征，中国未成年人的人体尺寸，并进一步介绍基于人体尺寸的设计应用原则；第二部分是关于作业空间设计，包括人体尺寸的应用原则、作业空间范围设计、作业空间布置设计；第三部分是关于出行空间设计，包括行人活动空间、非机动车等慢行交通出行空间及辅助活动空间设计。综上，本章内容是交通空间人性化布置设计的基础，将为人的作业、出行提供空间维度的标准数据、基本设计方法和应用规则。

知识结构

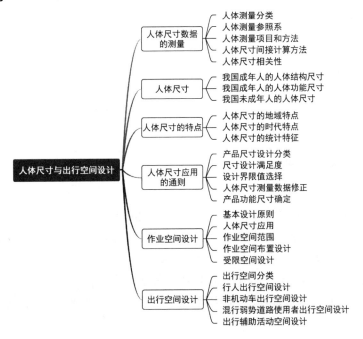

3.1 人体尺寸数据的测量

为研究人机系统,必须首先了解人体的外观形态特征及各项测量数据。我国国家标准《人体测量术语》(GB 3975—1983)中规定了人因工程学使用的人体测量术语和人体测量方法。

3.1.1 人体测量的分类

(1) **静态人体尺寸测量**:指被测者静止时进行测量的方式,用以设计工作区间的大小。

(2) **动态人体尺寸测量**:指被测者处于动作状态下所进行的测量,如人体基本活动的空间范围。

(3) **生理学参数的测量**:人体的主要生理指标,如心率、疲劳、触觉反应等的测量。

(4) **生物力学参数的测量**:人体的主要力学指标,如人体各部分的质心位置、惯量、出力特点等参数的测量。

3.1.2 人体测量的参照系

图 3-1 所示为人体测量的基准面和基准轴。

1. 测量基准轴

(1) 铅垂轴;

(2) 矢状轴;

(3) 冠状轴。

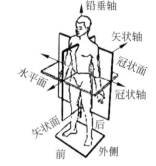

图 3-1 人体测量的基准面和基准轴

2. 测量基准面

(1) 矢状面(sagittal plane);

(2) 冠状面(vertical plane);

(3) 水平面(horizontal plane);

(4) 眼耳平面:通过左、右耳屏点及右眼眶下点的平面,称为眼耳平面或法兰克福平面。

3.1.3 人体测量的项目和方法

1. 测量姿势

(1) 立姿:被测者挺胸直立,头部以眼耳平面定位,眼睛平视前方,肩部放松,上肢自然下垂,手伸直,手掌朝向体侧,手指轻贴大腿侧面,膝部自然伸直,左、右足后跟并拢,前端分开,使两足大致呈 45°夹角,体重均匀分布于两足。

(2) 坐姿:被测者挺胸坐在被调节到腓骨头高度的平面上,头部以眼耳平面定位,眼睛平视前方,左、右大腿大致平行,膝弯曲大致成直角,足平放在地面上,手轻放在大腿上。

2. 测量方向

(1) 人体上下方向：上方称为头侧端，下方称为足侧端。

(2) 人体左右方向：靠近正中矢状面的方向称为内侧，远离正中矢状面的方向称为外侧。

(3) 四肢方向：靠近四肢附着部位的方向称为近位，远离四肢附着部位的方向称为远位。

(4) 上肢方向：指向桡骨侧的方向称为桡侧，指向尺骨侧的方向称为尺侧。

(5) 下肢方向：指向胫骨侧的方向称为胫侧，指向腓骨侧的方向称为腓侧。

3. 测量项目

我国国家标准《用于技术设计的人体测量基础项目》(GB/T 5703—2010)中规定了人体测量参数的测点和测量项目，其中，头部测点13个、测量项目16项；躯干和四肢部位的测点27个、测量项目100多项(包括：立姿的测量项目70项、功能项目9项；坐姿的测量项目3项、功能项目2项；手部13项和足部3项，体重1项)。GB/T 5703—2010对上述100多个测量项目的具体测量方法都进行了详细说明，必须严格按照标准规定的方法进行测量，其测量结果才有效。

4. 测量工具

《人体测量仪器》(GB/T 5704—2008)中规定了部分人体测量工具，包括人体测高仪、人体测量用直角规、弯角规、三脚平行规、角度计、软尺、体重计等，见图3-2。

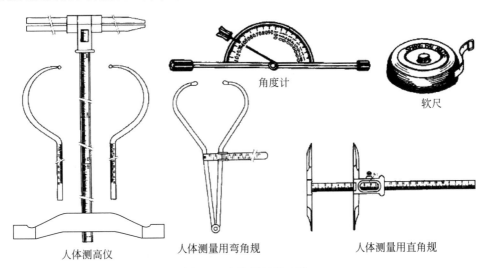

图3-2　人体测量用工具

当前采用三维扫描设备进行非接触式人体尺寸测量具有快速、准确、方便等优点，能实现获取人体三维外形轮廓、建立三维数字模型、进行全方位测量和局部细节扫描等功能，已广泛用于科学精密的人体测量，参见《三维扫描人体测量方法的一般要求》(GB/T 23698—2009)。

3.1.4 人体尺寸的间接计算方法

人体的身高、体重与各部位的尺寸之间存在相关性。设计中所必需的人体数据,当无条件测量、直接测量有困难或为了简化人体测量过程时,可根据人体的身高、体重等基础测量数据,利用经验公式计算出所需的其他各部分数据。取基本人体尺寸之一作为自变量,其他人体尺寸可以表示为该自变量的线性函数。我国成年人各部位尺寸与身高的统计关系见图 3-3 和表 3-1。

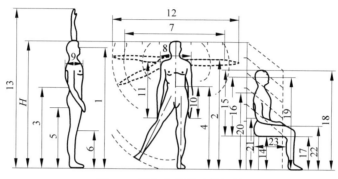

图 3-3 部分人体尺寸的标号

表 3-1 部分人体尺寸与身高的近似比例关系

序号	名称	男		女	
		亚洲人	欧美人	亚洲人	欧美人
1	眼高	0.933H	0.937H	0.933H	0.937H
2	肩高	0.844H	0.833H	0.844H	0.833H
3	肘高	0.600H	0.625H	0.600H	0.625H
4	脐高	0.600H	0.625H	0.600H	0.625H
5	臂高	0.467H	0.458H	0.467H	0.458H
6	膝高	0.267H	0.313H	0.267H	0.313H
7	腕-腕距	0.800H	0.813H	0.800H	0.813H
8	肩-肩距	0.222H	0.250H	0.213H	0.200H
9	胸深	0.178H	0.167H	0.133~0.177H	0.125~0.166H
10	前臂长(包括手)	0.267H	0.250H	0.267H	0.250H
11	肩-指距	0.467H	0.438H	0.467H	0.438H
12	双手展宽	1.000H	1.000H	1.000H	1.000H
13	手举起最高点	1.278H	1.259H	1.278H	1.250H
14	座高	0.222H	0.250H	0.222H	0.250H
15	头顶-座距	0.533H	0.531H	0.533H	0.531H
16	眼-座距	0.467H	0.458H	0.467H	0.458H
17	坐姿膝高	0.267H	0.292H	0.267H	0.292H
18	坐姿头顶高	0.733H	0.781H	0.733H	0.781H

续表

序号	名称	男		女	
		亚洲人	欧美人	亚洲人	欧美人
19	坐姿眼高	0.700H	0.708H	0.700H	0.708H
20	坐姿肩高	0.567H	0.583H	0.567H	0.583H
21	坐姿肘高	0.356H	0.406H	0.356H	0.406H
22	坐姿腿高	0.300H	0.333H	0.300H	0.333H
23	坐深	0.267H	0.750H	0.267H	0.275H

注：H 表示身高。

3.1.5 人体尺寸的相关性

人体尺寸主要决定人机系统的操纵是否方便、舒适。因此，各种工作面高度、设备和用具的高度（如操纵台、工作台、操纵件的安装高度以及用具的设置高度等），都要根据人的身高来确定。以身高为基准确定工作面高度、设备和用具高度的方法，通常是将设计对象归类成若干典型的类型，建立设计对象的高度与人体身高的比例关系，以供设计人员选用。

表 3-2 给出一些以身高为基准的设备高度尺寸的参考数据，各代号的定义见图 3-4。

表 3-2 基于人体身高的设备尺寸

代号	工作台面或设备高度的定义	工作台面或设备高度与人体身高之比
1	眼睛能够望见设备的高度（上限值）	10/11
2	能够挡住视线的高度	33/34
3	立姿手上举能够抓握的高度	7/6
4	立姿用手能放进和取出物品的台面高度	8/7
5	立姿工作台高度上限	9/11
6	立姿工作台高度下限	4/9
7	操作用座椅高度	4/17
8	坐姿控制台高度	7/17

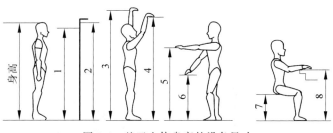

图 3-4 基于人体身高的设备尺寸

具体的应用实例包括居室内部的桌椅、屏风，汽车驾驶室的中控台，交通工具内的拉手、扶手，装配线的工作台等。

3.2 人体尺寸

3.2.1 中国成年人的人体结构尺寸

人体尺寸包括结构尺寸和功能尺寸,结构尺寸反映的是基本的人体结构尺度,如身高、臂长等;功能尺寸是人体实现某种动作和功能所达到的尺寸,如坐姿手臂前伸距离等。

国家标准《中国成年人人体尺寸》(GB 10000—1988)按照人因工程学的要求提供了我国成年人人体尺寸的基础数据。标准中成年人的年龄范围界定为:男 18~60 岁;女 18~55 岁。人体尺寸按男、女性别分开列表,且各划分为 3 个年龄段:18~25 岁(男、女),26~35 岁(男、女),36~60 岁(男),36~55 岁(女)。

标准中用 7 幅图分别表示项目的部位,相应用 13 张表分别列出各年龄段、各常用百分位的各项人体尺寸数据。共给出 7 类 47 项人体尺寸基础数据。在此归纳列举为图 3-5~图 3-9 和表 3-3~表 3-7。

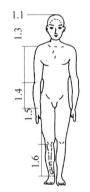
图 3-5 人体主要尺寸

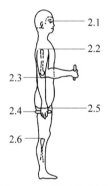
图 3-6 立姿人体尺寸

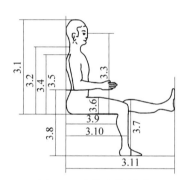
图 3-7 坐姿人体尺寸

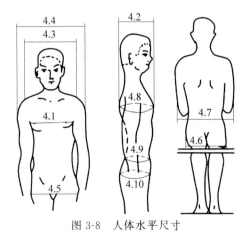
图 3-8 人体水平尺寸

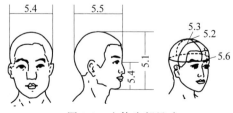
图 3-9 人体头部尺寸

表 3-3　人体主要尺寸（对应图 3-5） mm

测量项目 \ 百分位数	男(18~60岁)							女(18~55岁)					
	1	5	10	50	90	95	99	1	5	10	50	90	95	99
1.1 身高	1543	1583	1604	1678	1754	1775	1814	1449	1484	1503	1570	1640	1659	1697
1.2 体重/kg	44	48	50	59	70	75	83	39	42	44	52	63	66	72
1.3 上臂长	279	289	294	313	333	338	349	252	262	267	284	303	302	319
1.4 前臂长	206	216	220	237	253	258	268	185	193	198	213	229	234	242
1.5 大腿长	413	428	436	465	496	505	523	387	402	410	438	467	476	494
1.6 小腿长	324	338	338	344	396	403	419	300	313	319	344	370	375	390

表 3-4　立姿人体尺寸（对应图 3-6） mm

测量项目 \ 百分位数	男(18~60岁)							女(18~55岁)						
	1	5	10	50	90	95	99	1	5	10	50	90	95	99
2.1 眼高	1436	1474	1495	1568	1643	1664	1705	1337	1371	1388	1454	1522	1541	1579
2.2 肩高	1244	1281	1299	1367	1435	1455	1494	1166	1195	1211	1271	1333	1350	1385
2.3 肘高	925	954	968	1024	1079	1096	1128	873	899	913	960	1009	1023	1050
2.4 手功能高	656	680	693	741	787	801	828	630	650	662	704	746	757	778
2.5 会阴高	701	728	741	790	840	856	887	648	673	686	732	779	792	819
2.6 胫骨点高	394	409	417	444	472	481	498	363	377	384	410	437	444	459

表 3-5　坐姿人体尺寸（对应图 3-7） mm

测量项目 \ 百分位数	男(18~60岁)							女(18~55岁)						
	1	5	10	50	90	95	99	1	5	10	50	90	95	99
3.1 坐高	836	658	870	908	947	958	979	789	908	819	855	891	901	920
3.2 坐姿颈椎点高	599	615	624	657	691	701	719	563	579	587	617	648	657	675
3.3 坐姿眼高	729	749	761	798	836	847	868	678	695	704	739	773	783	803
3.4 坐姿肩高	539	557	566	598	631	641	659	504	518	526	556	585	594	609
3.5 坐姿肘高	214	228	235	263	291	298	312	201	215	223	251	277	284	299
3.6 坐姿大腿厚	103	112	116	130	146	151	160	107	113	117	130	146	151	160
3.7 坐姿膝高	441	456	461	493	523	532	549	410	424	431	458	485	493	507
3.8 小腿加足高	372	383	389	413	439	448	463	331	342	350	370	399	405	417
3.9 坐深	407	421	429	457	486	494	510	388	401	408	433	461	469	485
3.10 臀膝距	499	525	24	554	585	585	613	481	495	502	529	561	570	587
3.11 坐姿下肢长	892	921	937	992	1046	1063	1096	826	852	865	912	960	975	1005

表 3-6　人体水平尺寸（对应图 3-8） mm

测量项目 \ 百分位数	男(18~60岁)							女(18~55岁)						
	1	5	10	50	90	95	99	1	5	10	50	90	95	99
4.1 胸宽	242	253	259	280	307	315	331	219	233	239	260	289	299	319
4.2 胸厚	176	186	191	212	237	245	261	159	170	176	199	230	239	260
4.3 肩宽	330	344	351	375	397	403	415	304	320	328	351	371	377	387

续表

百分位数 测量项目	男(18~60岁)							女(18~55岁)						
	1	5	10	50	90	95	99	1	5	10	50	90	95	99
4.4 最大肩宽	383	398	405	431	460	469	486	347	363	371	397	428	438	458
4.5 臀宽	273	282	288	306	327	334	346	275	290	296	317	340	436	360
4.6 坐姿臀宽	284	295	300	321	347	355	369	295	310	318	344	374	382	400
4.7 坐姿两肘间宽	353	371	381	422	473	489	518	326	348	360	404	460	378	509
4.8 胸围	762	791	806	867	944	970	1018	717	745	760	825	919	949	1005
4.9 腰围	620	650	665	735	859	895	960	622	659	680	772	904	950	1025
4.10 臀围	780	805	820	875	948	970	1009	795	824	840	900	975	1000	1044

表 3-7　人体头部尺寸(对应图 3-9)　　　　　　　　　　　　　mm

百分位数 测量项目	男(18~60岁)							女(18~55岁)						
	1	5	10	50	90	95	99	1	5	10	50	90	95	99
5.1 头全高	199	206	210	223	237	241	249	193	200	203	216	228	232	239
5.2 头矢状弧	314	324	329	350	370	375	384	300	310	313	329	344	349	358
5.3 头冠状弧	330	338	344	361	378	383	392	318	327	332	348	366	372	381
5.4 头最大宽	141	145	146	154	162	164	168	137	141	143	149	156	158	162
5.5 头最大长	168	173	175	184	192	195	200	161	165	167	176	184	187	191
5.6 头围	525	536	541	560	580	586	597	510	520	525	546	567	573	585
5.7 形态面长	104	109	111	119	128	130	135	97	100	102	109	117	119	123

3.2.2　中国成年人的人体功能尺寸

在成年人的人体结构尺寸数据基础上,可以进一步获取成年人的人体功能尺寸。同济大学的丁玉兰教授对 GB 10000—1988 标准中的人体测量基础数据进行了分析研究,并在此基础上导出了几项常用的人体功能尺寸及人在作业位置上的活动空间尺度的数据,见《工作空间人体尺寸》(GB/T 13547—1992)。包括活动空间尺寸(立姿、坐姿、跪姿、卧姿和爬姿)和肢体活动角度范围(头部、四肢等部位的旋转、伸收和弯曲)。

3.2.3　中国未成年人的人体尺寸

中国于 1987 年开展的全国成年人人体尺寸测量调查中,未包括未成年人和老年人的数据,而只包含了从成年(18 岁)直到退休年纪(男 60 岁,女 55 岁)人体的尺寸,即在工作年限以内成年人的人体尺寸。但未成年人和老年人的人体尺寸也非常重要。根本上说,这两部分人群在生活中所需要的建筑、服装、桌椅、器具和交通工具等因缺少对应的数据而没有设计依据,造成使用中的不便;此外,少年儿童处在成长发育过程,身体尺寸不断变化,与之相反,老年人由于日渐衰老而引起身体尺寸一定程度的衰减,在设计中都应该相应考虑。于 2006 年开展的第二次全国人体尺寸测量调查首先针对未成年人,以填补我国在未成年人人体尺寸国家标准领域内的空白,增强各行业在设计多元化的未成年人用品时的自主创新能力。

《中国未成年人人体尺寸》(GB/T 26158—2010)参考《中国成年人人体尺寸》和《建立人体测量数据库的一般要求》,给出了未成年人(4~17岁)72项人体尺寸所涉及的11个百分位数。该标准适用于未成年人用品的设计与生产,以及与未成年人相关设施的设计和安全防护,弥补了1987年我国人体尺寸测量调查未包含未成年人数据的空缺。

该标准将未成年人分为5个年龄组:4~6岁、7~10岁、11~12岁、13~15岁、16~17岁,每个年龄组分性别给出了72项人体尺寸的11个百分位数。72项人体尺寸在《中国成年人人体尺寸》47项的基础上进行了更详细的统计,如图3-10~图3-13所示。

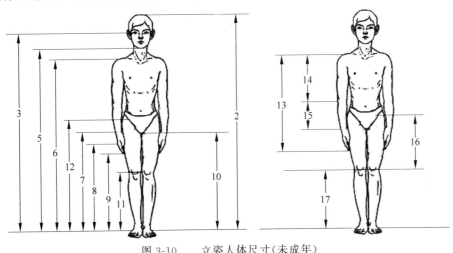

图3-10　立姿人体尺寸(未成年)

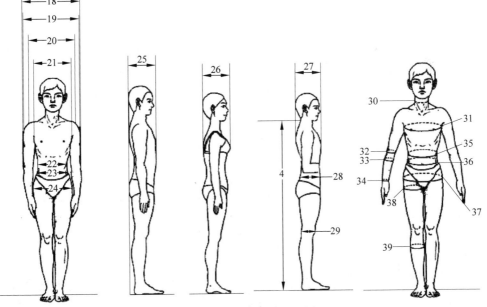

图3-11　人体水平尺寸(未成年)

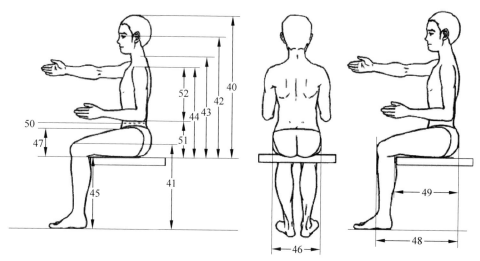

图 3-12　坐姿人体尺寸(未成年)

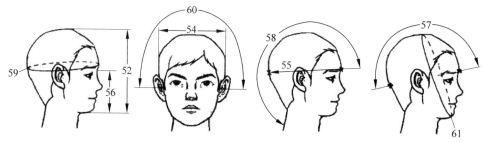

图 3-13　头面部尺寸(未成年)

该标准相比于《中国成年人人体尺寸》(GB/T 10000—1988),对于立姿,新统计了中指指尖点高、髂前上棘点高等数据;对于水平尺寸,新统计了颈围、腕围、大腿围、腹厚、膝厚等数据;对于坐姿,新统计了肩肘距、臀-腘距等数据;对于头面部尺寸,新统计了头矢状弧、眉间顶颈弧长、耳屏间围、头冠状围等数据;对于手部尺寸,新统计了食指外各手指长度等数据。因为未成年人年龄组间的数据差异较大,该标准只分年龄组给出了数据,没有统计总体数据。在此列出部分数据,见表 3-8～表 3-13。

表 3-8　4～6 岁未成年男子人体尺寸百分位数

测量项目		百分位数									
		P1	P2.5	P5	P10	P25	P50	P75	P90	P95	P97.5	P99
立姿测量项目												
1	体重/kg	13.5	14.4	15	15.7	17.1	18.9	21.3	23.9	25.9	29	32.1
2	身高/mm	971	986	1000	25	1066	1113	1170	1210	1237	1258	1280

续表

测量项目		百分位数									
		P1	P2.5	P5	P10	P25	P50	P75	P90	P95	P97.5	P99
3	眼高/mm	854	865	880	900	942	988	1042	1081	1104	1123	1146
4	颈椎点高/mm	773	787	797	815	854	897	945	984	1003	1024	1048
5	颏下点高/mm	771	782	794	814	854	898	948	988	1069	1027	1046
6	肩高/mm	730	742	754	772	808	851	899	931	954	974	1001
7	桡骨茎突点高/mm	432	443	450	461	483	508	537	560	573	583	596
8	中指指点高/mm	376	385	392	401	421	444	472	492	504	512	519
9	中指指尖点高/mm	324	335	342	349	367	388	411	432	443	450	463
10	会阴高/mm	359	373	380	393	417	449	478	503	516	528	542
11	胫骨点高/mm	208	215	221	228	241	259	277	292	302	309	316
12	髂前上棘点高/mm	468	479	492	506	535	569	602	630	646	661	683
13	上肢长/mm	396	402	411	421	441	466	491	509	524	538	540
14	上臂长/mm	163	169	171	177	188	199	213	220	226	231	238
15	前臂长/mm	112	116	123	126	137	145	155	166	173	180	184
16	大腿长/mm	246	255	263	272	289	308	328	346	357	366	381
17	小腿长/mm	175	182	188	193	206	224	239	254	264	271	278
18	最大体宽/mm	265	270	274	280	291	304	318	335	349	364	377

表3-9 4～6岁未成年女子人体尺寸百分位数

测量项目		百分位数									
		P1	P2.5	P5	P10	P25	P50	P75	P90	P95	P97.5	P99
1	体重/kg	13	13.6	14.2	14.9	16.2	18.1	20.2	22.5	24.4	25.8	28.9
2	身高/mm	957	972	994	1014	1054	1109	1158	1194	1225	1241	1271
3	眼高/mm	837	858	875	898	934	985	1035	1077	1097	1114	1139
4	颈椎点高/mm	760	774	793	811	848	891	941	978	997	1017	1051
5	颏下点高/mm	755	774	790	812	849	895	945	981	1002	1024	1046
6	肩高/mm	710	725	746	765	803	844	895	930	950	966	1005
7	桡骨茎突点高/mm	425	439	451	462	485	510	538	560	573	584	606
8	中指指点高/mm	373	385	396	404	424	447	472	495	505	516	534
9	中指指尖点高/mm	324	334	342	352	370	392	414	432	443	454	475
10	会阴高/mm	364	376	387	399	421	452	481	506	521	531	549
11	胫骨点高/mm	206	215	222	228	242	258	277	291	299	304	314
12	髂前上棘点高/mm	472	483	495	507	533	566	602	628	644	654	671
13	上肢长/mm	386	394	405	415	433	459	484	505	516	527	560
14	上臂长/mm	161	166	170	175	184	195	208	217	224	228	235
15	前臂长/mm	112	116	123	126	134	144	155	166	170	177	181

续表

测量项目		百分位数									
		P1	P2.5	P5	P10	P25	P50	P75	P90	P95	P97.5	P99
16	大腿长/mm	249	259	266	272	288	308	329	346	353	364	374
17	小腿长/mm	173	181	190	197	209	224	242	255	264	271	282
18	最大体宽/mm	258	262	267	272	283	296	311	325	339	349	367

表 3-10 7～10 岁未成年男子人体尺寸百分位数

测量项目		百分位数									
		P1	P2.5	P5	P10	P25	P50	P75	P90	P95	P97.5	P99
坐姿测量项目/mm												
40	坐高	625	639	653	664	686	715	740	765	776	791	808
41	膝高	325	335	343	353	371	393	417	436	449	457	468
42	眼高	509	524	535	548	570	596	621	645	659	672	684
43	颈椎点高	414	427	437	448	466	488	513	531	543	555	570
44	肩高	372	386	396	405	426	448	473	491	505	516	531
45	小腿加足高(腘高)	263	272	280	288	302	324	342	360	371	378	389
46	臀宽	200	206	212	218	231	247	269	292	306	317	331
47	大腿厚	76	79	83	87	97	108	119	130	134	141	145
48	臀-膝距	358	372	381	391	413	440	466	492	509	519	535
49	臀-腘距	292	302	311	322	341	364	388	409	423	435	446
50	腹围	514	526	535	549	580	631	710	805	859	898	939
51	肘高	137	147	152	159	173	188	202	217	227	235	249
52	肩肘距	217	220	227	231	246	260	274	285	293	300	310

表 3-11 7～10 岁未成年女子人体尺寸百分位数

测量项目		百分位数									
		P1	P2.5	P5	P10	P25	P50	P75	P90	P95	P97.5	P99
坐姿测量项目/mm												
40	坐高	621	632	645	657	679	708	737	762	780	802	827
41	膝高	323	328	338	350	367	389	411	432	446	457	469
42	眼高	498	514	525	538	561	589	617	643	661	679	701
43	颈椎点高	408	419	427	440	459	480	506	527	545	561	584
44	肩高	368	383	388	397	419	440	466	488	502	517	534
45	小腿加足高(腘高)	263	269	277	285	300	320	339	357	368	380	387
46	臀宽	195	201	209	216	227	244	263	282	299	312	323
47	大腿厚	74	79	83	87	94	101	116	123	130	134	144

续表

测量项目		百分位数									
		P1	P2.5	P5	P10	P25	P50	P75	P90	P95	P97.5	P99
48	臀-膝距	362	372	382	394	413	439	465	490	508	522	538
49	臀-腘距	296	308	316	326	345	366	391	413	428	441	456
50	腹围	485	503	517	533	566	612	668	744	790	826	882
51	肘高	137	145	152	159	170	184	199	213	224	235	246
52	肩肘距	209	217	224	228	242	253	271	282	293	300	307

表 3-12 13～15 岁未成年男子人体尺寸百分位数

测量项目		百分位数									
		P1	P2.5	P5	P10	P25	P50	P75	P90	P95	P97.5	P99
手部测量项目/mm												
62	手长	151	156	160	164	172	180	187	193	196	199	202
63	手宽	68	70	71	73	77	80	83	86	88	89	91
64	拇指长	47	48	50	51	55	58	61	64	65	66	68
65	食指长	57	59	61	63	66	69	73	76	78	79	81
66	中指长	64	66	68	71	74	78	82	85	87	88	90
67	无名指长	60	62	64	66	69	73	76	79	81	83	84
68	小指长	46	48	49	51	54	57	60	63	64	65	67
69	食指近位宽	15	15	16	16	17	19	20	21	21	22	22
70	食指远位宽	13	14	14	15	15	16	17	18	19	20	20

表 3-13 13～15 岁未成年女子人体尺寸百分位数

测量项目		百分位数									
		P1	P2.5	P5	P10	P25	P50	P75	P90	P95	P97.5	P99
手部测量项目/mm												
62	手长	151	154	156	159	164	169	174	179	182	184	188
63	手宽	66	67	68	69	71	74	76	78	79	81	83
64	拇指长	46	47	49	50	52	54	57	59	61	62	63
65	食指长	57	59	61	62	64	67	69	72	73	75	77
66	中指长	64	66	68	69	71	74	77	79	81	83	84
67	无名指长	60	61	62	64	66	69	71	74	76	77	79
68	小指长	43	46	47	49	51	54	56	58	60	61	62
69	食指近位宽	14	15	15	16	17	17	18	19	20	20	21
70	食指远位宽	12	13	13	14	15	15	16	17	18	18	19

该标准还列出了我国6个区域未成年人身高、胸围和体重的均值及标准差,表3-14、表3-15。

表3-14 6个区域未成年女子身高、胸围和体重的均值及标准差

年龄	项目	东北/华北		中西部		长江下游		长江中游		两广福建		云贵川	
		均值	标准差	均值	标准差	均值	标准差	均值	标准差	均值	标准差	均值	标准差
4~6岁	体重/kg	19.1	3.5	18.4	3.2	18.7	3.5	18.1	3.1	19.5	3	18.1	2.8
	身高/mm	1115	78	1106	80	1113	67	1094	63	1121	64	1102	75
	胸围/mm	568	43	574	55	569	48	562	39	591	36	563	37
7~10岁	体重/kg	29	7.5	28.3	7.3	27.5	7.1	26.9	6.8	27.2	6.4	26.5	6
	身高/mm	1328	88	1322	91	1313	86	1291	95	1311	92	1299	83
	胸围/mm	656	78	658	76	656	72	631	74	656	59	647	58
11~12岁	体重/kg	42.7	11	39.9	9	40.3	9.8	37.7	8	38.2	7.5	36.9	7.9
	身高/mm	1507	77	1494	81	1502	75	1469	69	1489	71	1469	71
	胸围/mm	767	97	749	84	750	90	718	78	738	68	730	76
13~15岁	体重/kg	51.9	11.5	48.6	9.6	47.7	8.7	46.1	8.3	47.9	9.2	46.8	8.6
	身高/mm	1592	61	1578	56	1582	60	1555	53	1575	59	1554	60
	胸围/mm	838	91	819	82	817	80	797	71	817	78	816	75
16~17岁	体重/kg	54.3	8.5	51.7	6.8	51.3	8	51.3	7	48.8	6.1	50.3	7.2
	身高/mm	1611	54	1597	55	1602	52	1572	52	1577	52	1577	55
	胸围/mm	858	71	855	63	848	74	840	66	828	55	841	75

表3-15 6个区域未成年男子身高、胸围和体重的均值及标准差

年龄	项目	东北/华北		中西部		长江下游		长江中游		两广福建		云贵川	
		均值	标准差	均值	标准差	均值	标准差	均值	标准差	均值	标准差	均值	标准差
4~6岁	体重/kg	19.9	4.1	19.2	3.4	20.3	7.8	19.2	3.4	21.3	4.3	18.9	3.2
	身高/mm	1124	74	1122	73	1121	60	1106	75	1130	73	1108	75
	胸围/mm	585	51	588	39	589	41	579	41	621	53	578	39
7~10岁	体重/kg	31.4	9.4	30.8	8.6	30.4	8.4	28.3	7.2	30.5	7.8	27.6	6.2
	身高/mm	1335	86	1335	90	1332	83	1302	84	1321	79	1307	76
	胸围/mm	682	90	695	86	691	81	656	74	698	79	653	67
11~12岁	体重/kg	44.6	13.8	41.7	10.8	40.8	10.8	38.9	9.1	38.5	8.2	37.3	9.2
	身高/mm	1494	86	1483	75	1486	82	1461	78	1458	69	1453	79
	胸围/mm	780	109	773	92	757	94	731	86	754	75	735	81
13~15岁	体重/kg	56	14.5	52.8	12.8	53.9	12.6	49.5	11	53	13.6	49.3	11.4
	身高/mm	1651	91	1632	89	1650	83	1607	90	1637	93	1611	86
	胸围/mm	836	106	832	95	828	96	804	91	824	96	805	88
16~17岁	体重/kg	64.5	13.6	57.4	9.6	60.2	11	55.4	8.4	58.6	11.4	56.2	8.3
	身高/mm	1733	59	1703	62	1723	59	1679	59	1712	63	1684	59
	胸围/mm	890	97	859	76	877	81	840	63	857	84	853	72

从标准可看出,我国各地区的未成年人人体尺寸均值存在显著差异,如东北/华北区与长江中游区13~15岁未成年男子身高均值差异为:

$$1651-1607=44(\mathrm{mm})$$

东北/华北区与长江中游区 13~15 岁未成年女子身高均值差异为：

$$1592-1555=37(\mathrm{mm})$$

地区性的未成年人人体尺寸数据差异特点与成年人数据相近，但随着人口流动的增加，以及生活水平的提高，均值的差异会逐渐减小，表现在 16~17 岁的未成年人身高均值已高于《中国成年人人体尺寸》对成年人身高均值的统计。另一个特点在于标准差的增大，16~17 岁男子身高标准差高于《中国成年人人体尺寸》中成年男性身高的标准差，说明年轻一代在均值增长的情况下有了更大的差异，这会给非标准化、个性定制的人机界面设计带来了更大的需求。

3.3 人体尺寸的特点

人体尺寸是国家的大数据资源，具有一定的时代特征和地域特点，需要关注和考虑。与此同时，人体尺寸的数值应具有一定的统计特征规律，为设计应用提供标准化的数据参考。

3.3.1 人体尺寸的地域特点

1. 人体尺寸的地区差异

我国的人体尺寸按地域分区，包括东北/华北、西北、东南、华中、华南、西南 6 个区域，各区域的人体尺寸有着显著差异，如东北/华北与西南男子的身高均值差异为：

$$1693-1647=46(\mathrm{mm})$$

东北/华北与西南女子的身高均值差异为：

$$1586-1546=40(\mathrm{mm})$$

我国 6 个区域主要人体尺寸（体重、身高和胸围）的均值和标准差列于表 3-16 中。

表 3-16 中国 6 个区域人体尺寸的均值和标准差

年龄	项目	东北/华北		西北		东南		华中		华南		西南	
		均值	标准差	均值	标准差	均值	标准差	均值	标准差	均值	标准差	均值	标准差
男(18~60岁)	体重/kg	64	8.2	60	7.6	59	7.7	57	6.9	56	6.9	55	6.8
	身高/mm	1693	56.6	1684	53.7	1686	55.2	1669	56.3	1650	57.1	1647	56.7
	胸围/mm	888	55.5	880	51.5	865	52.0	853	49.2	851	48.9	855	48.3
女(18~55岁)	体重/kg	55	7.7	52	7.1	51	7.2	50	6.8	49	6.5	50	6.9
	身高/mm	1586	51.8	1575	51.9	1575	50.8	1560	50.7	1549	49.7	1546	53.9
	胸围/mm	848	66.4	837	55.9	831	59.8	820	55.8	819	57.6	809	58.8

2. 人口地理迁移对人体尺寸的影响

改革开放以来，人口迁移日趋活跃，表现为流动人口大量增加。其流动方向为：一是从农村到城市；二是从内地省、自治区到沿海城市和工矿地区。人口迁移的目的主要是务工和经商。因学习和分配工作的迁移人数也逐步增多。出现很多移民城市,如北京市、上海市、深圳市。

人口的流动性(如旅游、探亲、求学、经商、工作等),不同地区人口的结合以及生活水平的改善提高,使得年轻一代的身高尺寸及体重等人体参数特征发生显著的变化,与此同时,人们对舒适度的追求日益提高,因此对人因工程设计提出了更高的要求。比如公共交通(飞机、高铁、客运、地铁、公交等)、旅游巴士、出租汽车等的尺寸设计、人机界面、语音提示和道路设施等方面应满足通用的标准化需求。

3. 人体尺寸的国际差异

不同人种的体态特征有着较显著的差异,体现在人体尺寸方面,如身高、体段比例等。比如,我国属于黄色人种,与欧美白色人种相比,我国人体身高总体上相对较低,而上身体段所占比例略大;同为黄色人种,我国人体与日韩相比,总体尺寸数值略大。表 3-17 为 20 世纪 70 年代一些国家和地区人体身高数据的比较。

表 3-17 不同国家人体身高的差异

国家和地区 身高数据	美国		日本		法国		意大利		非洲	
	男	女	男	女	男	女	男	女	男	女
均值/mm	1755	1618	1651	1544	1690	1590	1680	1560	1680	1570
标准差/mm	72	62	52	50	61	45	66	71	77	45

改革开放以来,我国与国际交往日益密切,华人分布在世界各地,但是起居出行并没有在人体尺寸方面感到不适宜,一方面说明全球国际化的发展趋势,如美国就是一个移民国家,融合了多种族之间的共处;另一方面也表明人体尺寸的国际差异不会特别显著。

3.3.2 人体尺寸的时代特点

随着时代的发展人体尺寸也在发生变化,如今的人体尺寸相对于过去有着明显增加,尤其是改革开放以来,中国人民的物质生活水平显著提高,人的身高体重都在增长。如上海市的一项调研表明,1995—2002 年,12～17 岁青少年身高体重呈增加趋势,其中,男生的身高增加 69mm,体重增长 5.5kg,女生的身高增加 55mm,体重增长 4.5kg。

由于人体尺寸动态变化的特点,我国的人体数据亟待更新,新的标准目前正在调查和建立过程中。

3.3.3 人体尺寸的统计特征

任何产品都必须适合一定范围的人群使用,产品设计中需要的是一个群体的人体测量数据。通常的做法是通过测量群体中较少量的个体样本的数据,再进行统计处理而获得所需群体的人体测量数据。

对一定数量的个体样本进行人体测量所得到的测量值,是离散的随机变量,可以根据概率论与数理统计理论对测量数据进行统计分析,求得所需群体的人体测量数据的统计规律和特征参数。常用的统计特征参数有均值、方差、标准差、百分位数等。

人体测量的数据常以百分位数来表示人体尺寸的等级,百分位数是一种位置指标、一个界值,以符号 P_K 表示。一个百分位数将总体或样本的全部测量值分为两部分,有 $K\%$ 的测量值等于或小于此数,有 $(100-K)\%$ 的测量值大于此数。最常用的是第 5、50、95 三个百分位数,分别记作 P_5、P_{50}、P_{95}。

一般静态人体测量数据近似符合正态分布,因此,可以根据均值和标准差计算百分位值,也可以计算某一人体尺寸所属的百分位数。若已知某项人体测量数据的均值和标准差,则任一百分位的人体测量尺寸可按下式计算:

$$P_x = \bar{x} \pm \sigma K$$

当计算第 1~50 百分位之间的百分位值时,式中取"—"号;当计算第 50~99 百分位之间的百分位值时,式中取"+"号。K 为转换系数,设计中常用的百分位数和对应的转换系数 K 值列于表 3-18 中。

表 3-18 百分比与变换系数 K

百分比/%	K	百分比/%	K	百分比/%	K
0.5	2.576	25	0.674	80	0.842
1.0	2.326	30	0.524	85	1.036
2.5	1.960	40	0.25	90	1.282
5	1.645	50	0.000	95	1.645
10	1.282	60	0.25	97.5	1.960
15	1.036	70	0.524	99	2.326
20	0.842	75	0.674	99.5	2.576

例:计算华北地区女子(18~55 岁)身高的第 95 百分位数 P_{95} 和第 5 百分位数 P_5。
由 GB/T 10000—1988:均值 $x=1586\text{mm}$,标准差 $\sigma=51.8\text{mm}$
查表得 $K=1.645$

$$P_{95} = x + K\sigma = 1586 + 1.645 \times 51.8 = 1671(\text{mm})$$
$$P_5 = x - K\sigma = 1586 - 1.645 \times 51.8 = 1501(\text{mm})$$

3.4 人体尺寸的应用通则

当产品设计或工程设计中需要用到人体尺寸数据时,设计者必须正确理解各项人体测量数据的定义、适用条件、人体百分位的选择等方面的内容,才能恰当选择和应用各种人体参数。否则,有的数据可能被误解,如果使用不当,甚至可能导致严重的设计错误。《在产品设计中应用人体尺寸百分位数的通则》(GB/T 12985)中提供了重要的设计应用依据。

3.4.1 产品尺寸设计的分类

人们工作、学习、生活所需要的场所及用品,各种机器设备、交通工具、公共设施、办公用品、健身器材等方面的设计都需要根据人体尺寸进行分类。从人因工程学的角度出发,设计人员为了使自己设计的产品或系统能适合于使用者,必须以特定使用者群体的有关人体尺寸测量数据作为设计的依据。按照所使用人体尺寸的设计界限值的不同,可将产品尺寸设计任务分为三种基本类型。

1. Ⅰ型产品尺寸设计

需要同时利用两个人体尺寸百分位数作为尺寸上限值和下限值的依据的设计,称为Ⅰ型产品尺寸设计,又称双限值设计。

例如,汽车驾驶座椅设计就是一种典型的Ⅰ型产品尺寸设计。座椅的上下、前后可调,由此满足不同尺寸驾驶员的视野和可达性要求。座椅高低方向调节的依据是人体的坐姿眼高,如选择第90、10百分位或第95、5百分位作为上下限,则对应的座椅高低调节范围是695~847mm。前后方向的依据是人体的坐姿臀膝距,对应的尺寸范围是495~595mm。

2. Ⅱ型产品尺寸设计

只需要利用一个人体尺寸百分位数作为尺寸上限值或下限值的依据的设计,称为Ⅱ型产品尺寸设计,又称单限值设计。例如居民住宅门的设计,就只需参照上限人体尺寸参量即可。

Ⅱ型产品尺寸设计任务,又分为两类:

(1) ⅡA型产品尺寸设计,只需要利用一个人体尺寸百分位数作为尺寸上限值的依据的设计,称为ⅡA型产品尺寸设计,也称大尺寸设计。

例如,设计公共汽车的车厢高度。可取第95百分位的人体身高作为设计的上限值。

(2) ⅡB型产品尺寸设计,只需要利用一个人体尺寸百分位数作为尺寸下限值的依据的设计,称为ⅡB型产品尺寸设计,也称小尺寸设计。

例如,设计工作场所、交通设施的栅栏结构、网孔结构等安全防护装置,防止人的手等部位进入危险区域。居室防盗窗的栅栏结构、道路护栏缝隙,可取相应肢体部位厚度(胸厚)的第1百分位,也即小于159mm。

3. Ⅲ型产品尺寸设计

只需要人体尺寸的第50百分位尺寸数据作为产品尺寸设计依据的设计,称为Ⅲ型产品尺寸设计,也称折中设计。

例如,门的把手或锁孔距地面的高度、照明开关在房间墙壁上的安装位置的距地高度设计。门拉手、锁孔位置、电梯按键、照明开关的距地高度可取第50百分位的人体立姿肘高,将男女尺寸进行平均即可,也即960mm和1024mm的平均值为992mm。此外,当工厂的生产能力有限,或成年人体尺寸的变化对场所或产品的使用影响不显著时,可进行折中设计。

设计人员进行产品或工程系统设计时,首先必须正确判断设计任务应属于哪一种类型,然后恰当选取作为尺寸设计依据的人体相应部位的百分位数。

3.4.2 满足度

所设计的产品或系统,在尺寸上能满足的适合使用者的人数,占特定使用者群体的百分率,称为满足度。满足度的取值应根据设计该产品或工程系统所依据的使用者群体的人体尺寸的变异性、生产该产品或实现该工程系统的技术可能性以及经济上的合理性等因素,综合权衡选定。

人体尺寸的变异性往往要比机械产品尺寸的变异性大好几个数量级。基于人体尺寸变异性大的特点,设计人员应当充分认识到,所设计的产品或系统,绝对不是仅供中等身材的人使用的,而是为满足占特定使用者群体中相当大百分率的人使用而设计的。不同的人体测量项目的尺寸变异性往往差别很大,对于变化范围小的,可用一个尺寸规格的产品去覆盖整个变化范围;而对于变化范围大的,则需要用几个尺寸规格的产品去覆盖整个变化范围。当然,设计人员也可以通过制造产品材料的选择或产品的结构设计来解决后一个问题,例如,为了使驾驶员的座椅能适合高身材和低身材的使用者,可将驾驶座椅设计成高度方向和前后方向都可调节的结构。

设计人员当然希望所设计的产品或工程系统能够满足特定使用者群体中所有的人使用,但是要想达到100%的满足度,技术上或经济上往往是不可能实现,或者是不合理的。因此,在实际设计中,通常以满足度达到90%作为设计目标。

例如,在设计汽车车厢高度时,取90%满足度较为合适,因为要是为了满足其余10%的人(即身材特别高的人)的需要而将车厢设计得更高些,虽然技术上是可行的,但经济上却是不合算的。类似的问题在军用飞机或坦克的设计中显得更加突出,因为要是为了高身材驾驶员的需要而将飞机驾驶舱或坦克驾驶舱的高度设计得更高一些,则不仅经济上不合算,从技术角度和战术要求看也不可取。相应的弥补方法是,在选拔军用飞机或坦克驾驶员时,将人员身高的录取标准严格限制在一定的身高尺寸范围内,从而使驾驶员的身高同飞机或坦克驾驶舱的尺寸得到更好的匹配。

关于满足度的计算,对于面向单一性别的产品设计来说,满足度为

$$A = \frac{K_{max} - K_{min}}{100}$$

式中,K_{max}和K_{min}分别为所选取百分位数的上限值和下限值(图3-14)。如取男子第95百分位和第5百分位,则其满足度为90%。

如考虑面向男女性别的产品设计,则实际满足度的计算应为

$$A' = \frac{M \times (K_{max} - y)\% + F \times (x - K_{min})\%}{M + F} \times 100\%$$

式中，K_{max} 和 K_{min} 分别为所选取百分位数的男性上限和女性下限值；y 为该区域所包含的男性百分位数下限值；x 为该区域包含的女性百分位数上限值；M 为男性人数总量；F 为女性人数总量(图 3-15)。如取男子第 95 百分位和女子第 5 百分位，则其满足度为大于 90%，小于 95%。

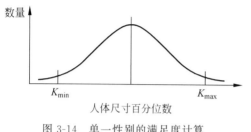
图 3-14　单一性别的满足度计算

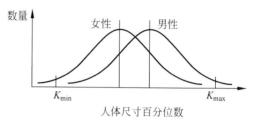
图 3-15　分别考虑男性女性的满足度计算

3.4.3　设计界限值的选择

设计界限值的选择与设计目标(即满足度)的取值密切相关。

对于 I 型产品尺寸设计，如果产品或工程的设计不仅涉及使用方便和舒适，而且涉及使用者的安全和健康，则应将满足度取为 98%，于是应选用第 99 百分位和第 1 百分位的人体尺寸数据作为尺寸设计上、下限值的依据。如果产品或工程的设计只涉及使用方便和舒适，而不涉及使用者的安全和健康，则通常可将满足度取为 90%，于是应选用第 95 百分位和第 5 百分位的人体尺寸数据作为尺寸设计上、下限值的依据。

对于 II A 型产品尺寸设计，如果产品或工程的设计不仅涉及使用方便和舒适，而且涉及使用者的安全和健康，则应将满足度取为 98% 或 95%，于是应选用第 98 百分位或第 95 百分位的人体尺寸数据作为尺寸设计上限值的依据。如果产品或工程的设计仅涉及使用方便和舒适，而不涉及使用者的安全和健康，则通常可将满足度取为 90%，于是应选用第 90 百分位的人体尺寸数据作为尺寸设计上限值的依据。

对于 II B 型产品尺寸设计，如果产品或工程的设计不仅涉及使用方便和舒适，而且涉及使用者的安全和健康，则应将满足度取为 98% 或 95%，于是应选用第 2 百分位或第 5 百分位的人体尺寸数据作为尺寸设计下限值的依据。如果产品或工程的设计仅涉及使用方便和舒适，而不涉及使用者的安全和健康，则通常可将满足度取为 90%，于是应选用第 10 百分位的人体尺寸数据作为尺寸设计下限值的依据。

对于 III 型产品尺寸设计，必须以第 50 百分位的人体尺寸数据为依据。

对于成年男、女通用的产品尺寸设计，可分别根据上述原则，选用男性的第 99、98、95 或 90 百分位的人体尺寸数据作为尺寸设计上限值的依据；选用女性的第 1、2、5 或 10 百分位的人体尺寸数据作为尺寸设计下限值的依据；选用男性第 50 百分位和女性第 50 百分位的人体尺寸数据的平均值作为产品尺寸设计的依据。

对于军用装备及某些特种产品或系统,如果基于功能要求、技术可行性、经济合理性等方面的综合考虑,对操作人员的选拔规定了人体尺寸(通常主要是身高和性别)上的严格限制,则其满足度的取值和设计界限值的选择,须作特殊论证。

3.4.4 人体尺寸测量数据的修正

1. 功能修正量

为了保证实现产品或系统的某项功能而对作为产品或工程尺寸设计依据的标准人体尺寸测量数据所进行的尺寸修正量,称为功能修正量。

1) 着装修正量

采用 GB 10000—1988 中的数据或其他有关的人体测量尺寸数据时,必须考虑由于穿着鞋帽引起的高度变化量、由于着装引起的围度、厚度变化量和由于戴手套引起的手部尺寸变化等,考虑着装的因素而给出的修正量,称为着装修正量。着装修正量随气候、环境、作业要求、人的年龄和性别、服装和鞋帽式样、风俗习惯等条件的不同而变化。

例如:若衣厚为 5mm,裤厚为 4mm,则可将坐姿时的坐高、眼高加 4mm,肩高加 9mm,胸厚加 10mm,臀-膝距加 8mm;穿鞋修正量主要依据鞋高来确定,若鞋高为 25mm,则可将立姿时的身高、眼高、肩高、肘高附加 25mm。

2) 姿势修正量

人体测量时要求人体躯干呈挺直姿势,而人在正常作业时,躯干呈自然放松姿势,考虑由于姿势不同所引起的变化量而给出的修正量,称为姿势修正量。姿势修正量一般可将立姿时的身高、眼高等尺寸减小 10mm;坐姿时的坐高、眼高等尺寸减小 40mm。

对于人体某部分直接穿戴的产品,如服装、鞋、帽、手套等,其尺寸设计通常要比穿戴它的人体部分的结构尺寸多出适当的放余量,放余量就是功能修正量。功能修正量通常为正值,但有时也可能为负值。如针织弹力衫胸围的功能修正量应取负值。

此外,还有操作修正量,也即考虑人体动作的特点及幅度对尺寸数据进行修正;考虑座椅曲面及坐垫弹性对人体参数的影响等。

2. 心理修正量

为了消除空间压抑感、恐惧感或为了追求美观等心理需要,而对作为产品或工程尺寸设计依据的标准人体尺寸测量数据所进行的尺寸修正量,称为心理修正量。

心理修正量通常针对具体设计对象,用心理学实验的方法来确定。例如,在设计护栏高度时,对于 3~5m 高的工作平台,只要栏杆高度略微超过人体重心高度,就不会发生因人体重心高所致的跌落事故;但对于更高的工作平台,操作者在高平台的栏杆旁边,可能因恐惧心理而发生恐慌,因此,必须将栏杆高度进一步加高,才能克服上述心理障碍。这项附加的高度参数就属于心理修正量。

3.4.5 产品功能尺寸的确定

产品功能尺寸是指为了确保实现产品的某项功能而在设计时规定的产品尺寸。产品功能尺寸通常以选定的人体尺寸百分位静态测量数据作为设计界限值,在此基础上考虑为了确保实现产品某项功能所必需的修正量而定。

1. 最小功能尺寸

为确保实现产品的某项功能而在设计时规定的产品最小尺寸,称为产品最小功能尺寸。

$$产品最小功能尺寸 = 人体尺寸百分位数 + 功能修正量$$

需要特别指出,设计所追求的目标是必须"确保"功能实现的"最小"尺寸。例如,坦克的设计,通常总是追求尽可能将各项内尺寸规定得"最小",但又必须以"确保"乘员能以合适的姿势进行有效的操作为前提。这样设计出的作业空间尺寸对乘员来说是谈不上舒适的。

2. 最佳功能尺寸

为了更加方便、舒适地实现产品的某项功能而设定的产品尺寸,称为产品最佳功能尺寸。

$$产品最佳功能尺寸 = 人体尺寸百分位数 + 功能修正量 + 心理修正量$$

人因工程学以追求安全、健康、舒适、高效为目标,只要客观上许可,就应当按最佳功能尺寸进行设计。以设计船舶居住区的层高为例,若以男子身高第 90 百分位尺寸 1754mm 作为设计界限值,取鞋跟高修正量为 25mm,高度的最小余量为 90mm,高度的心理修正量为 115mm,则:

$$最低层高 = 1754 + (25 + 90) = 1869 \approx 1900(\text{mm})$$
$$最佳层高 = 1754 + (25 + 90) + 115 = 1984 \approx 2000(\text{mm})$$

在交通工具中,飞机的头等舱和经济舱、高铁的一等座和二等座之间的差别也可视为最小功能尺寸和最佳功能尺寸差异的范例。

3.5 作业空间设计

3.5.1 基本设计原则

作业空间设计的基本目标是使人机系统以最有效、最合理的方式满足作业要求,作业空间安全、舒适、经济、合理。

作业空间设计的人因工程学原则:

(1) 作业空间设计必须从人的要求出发,保证人的安全、健康、舒适、方便。

(2) 从客观条件的实际出发,处理好安全、健康、舒适、高效、经济诸方面的关系。从人因工程学的角度看,一个理想的设计方案只能是考虑了各方面因素的折中方案,不可能每个单项都是最优的,但应最大程度地减少操作者的不便和不适。

(3) 根据人体生物力学、人体解剖学和生理学的特性,合理布置操纵装置和显示装置,做到既能使操作者进行高工效的操作,又能使操作者感到舒适和不易疲劳。

(4) 按照操纵装置和显示装置的重要程度进行布置,将重要的操纵装置布置在最优作业范围内,将重要的显示装置布置在最优视区。

(5) 按操纵装置的使用频率和操作顺序进行恰当布置,将使用频率高的操纵装置尽可能也布置在最优作业范围内,并依据操作顺序的先后,把功能相互联系的操纵装置安排得相互靠近,形成合理的顺序。布置时对于使用频率不高但功能重要的操纵装置,或使用频率很高但并不非常重要的操纵装置,需要特别注意进行全面的衡量,加以统一安排。

(6) 按操纵装置和显示装置的功能,将功能相同或相互联系的装置布置在一起,以利于操作者进行操作和观察。

(7) 作业面的布置要考虑人的最适宜的作业姿势、操作动作及动作范围。

(8) 注意安全及人流、物流的合理组织。

应当注意,以上原则往往难以同时得到满足,在实际运用时,要根据实际人机系统的具体情况,统一考虑,全面权衡,从总体合理性上加以恰当布置。

3.5.2 人体尺寸应用

人从事各种作业均需要有足够的活动空间。活动空间与工作过程、工作设备、作业姿势以及各种作业姿势下工作持续时间等因素有关。

作业中人们所采用的各种操作姿势称为作业姿势。常用的作业姿势有坐姿、立姿、蹲姿、卧姿和坐立交替等,其中最常用的是坐姿和立姿。人体的作业姿势是由各种作业要求制约的,作业姿势要方便更换调整,避免使得操作者产生疲劳和不适。作业姿势的影响因素主要包括:①作业空间的大小;②身体负荷的大小及用力方向;③作业空间中"机"的布置。

设计作业空间时,必须考虑人体尺寸的约束条件,以我国成年男性第 95 百分位身高为基准,女性身高约为男性的 0.9346 倍。设计作业空间时,人体测量的静态数据(结构尺寸)与动态数据(功能尺寸)都有用处。对大多数设计而言,因为要考虑身体各部位的关联与影响,所以必须基于功能尺寸进行设计。利用人体测量数据时,数据必须充分反映设计对象的使用者群体的特征。

运用人体测量数据的步骤要点:

(1) 确定对于设计至为重要的人体尺度(如座椅设计中,人的坐高、大腿长等)。

(2) 确定设计对象的使用者群体,以确定必须考虑的尺度范围。

(3) 确定数据运用准则。

① 个体设计准则:按群体某特征的最大值或最小值进行设计。

② 可调设计准则：对于重要的设计尺寸给出范围，使操作者群体的大多数能舒适地操作或使用。

③ 均设计原则：尽管"平均人"的概念是错误的，但某些设计要素按群体特征的平均值考虑还是比较合适的。

(4) 数据运用准则确定后，如有必要，还应选择合适的设计定位群体的百分位（例如，按第 5 百分位或按第 95 百分位设计）。

(5) 查找与定位群体特征相符合的人体测量数据表，选择有关的数据值。

(6) 如有必要，对数据做适当的修正。群体的尺寸是随时间而变化的；有时，数据的测量与公布相隔好几年，差异会比较明显。设计时，应尽可能使用近期测得的数据。

(7) 考虑测量的衣着情况。

设计时，为了确定实际使用的作业空间或设备的尺度，必须充分考虑着装的容限。

(8) 考虑人体测量数据的静态和动态性质。

手操纵的作业域一般取决于操作者的臂长，但实际作业范围可以超出臂长所及区，因为其中包含肩部和身躯的运动。手抓握式操作比手指触摸式操作的作业域要小，因为需要减去手指长度所及的部分。人体的功能尺寸是针对特定的作业而言的，有时即使作业性质的差异很小，不同的作业也可能要求不同的作业姿势和所需空间。有些功能尺寸可以很舒适、很容易达到，而有的功能尺寸却需费很大力气才能实现。因此，运用人体尺寸数据时，必须对实际的作业情况进行具体的分析。

人机系统的空间与环境设计的基本目标是使人机系统以最有效、最合理的方式满足作业要求和人的需求，实现作业空间的安全、舒适、经济、合理。

3.5.3 作业空间范围

操作者以坐姿或立姿作业时，手和脚在水平面和垂直面内所能触及的运动轨迹范围，称为作业范围。作业范围是构成作业空间的主要部分，它有平面作业范围和空间作业范围之分。当需要连续和较长时间操作、需要精确而细致操作、需要手足并用操作时，宜采用坐姿。

坐姿近身作业范围是指作业者在坐姿操作时，其四肢所及范围的静态尺寸和动态尺寸。近身作业范围的尺寸是作业空间设计与布置的主要依据。它主要受功能性臂长的约束，而臂长的功能尺寸又由作业方位及作业性质决定。近身作业范围还受衣着的影响。

坐姿作业通常在作业面以上进行，其作业范围为操作者在正常坐姿下，手和脚可伸及的一定范围的三维空间。随作业面高度、手偏离身体中线的距离及手举高度的不同，其舒适的作业范围也发生变化。

若以手处于身体中线处考虑，直臂作业区域由两个因素决定：肩关节转轴高度及该转轴到手心（抓握）的距离（若为接触式操作，则到指尖）。

如图 3-16 所示，坐姿操作时，操作者的手臂运动在水平面上所形成的运动轨迹范围，称为水平平面作业范围;手向外伸直、以肩关节为轴心在水平面上所划成的圆弧范围,称为最大平面作业范围(图中虚线所示);手臂自如弯曲(一般弯曲成手长的3/5),以肘关节为轴心在水平面上所划成的圆弧范围,称为正常平面作业范围(图中细实线所示)。由于操作者在作业时肘部也是移动的,所以实际上的水平平面作业范围是图中粗实线所围成的区域。

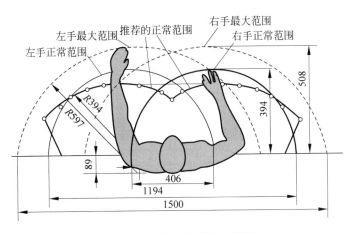

图 3-16 坐姿的手部作业范围

脚的作业范围以脚能够移动的距离来确定。男子坐姿操作时手和脚在垂直平面内的最优作业范围如图 3-17 中阴影线区域所示。

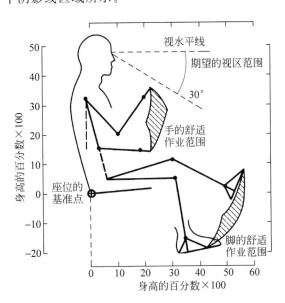

图 3-17 手和脚在垂直平面内的最优作业范围

坐姿操作时手的空间作业范围如图 3-18 所示,图中圆弧实线表示正常作业范围,圆弧虚线表示最大作业范围,阴影线表示右手的最优作业范围。

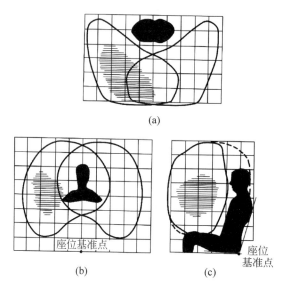

图 3-18　手的空间作业范围(每格代表 152mm)
(a) 水平平面；(b) 正面垂直平面；(c) 侧面垂直平面

3.5.4　作业空间布置设计

1. 作业空间的布置

作业空间的布置是指在作业空间范围限定之后,确定合适的作业面及显示装置、操纵装置的位置。人机系统中,作业空间的布置不仅要考虑人与机之间的关系,还要考虑机与机、人与人之间的关系。

1) 作业空间布置的原则

(1) 重要性原则：优先考虑对于实现系统目标最为重要的元件,即使使用频率不高,也要将其中最重要的元件布置在离操作者最近或最方便的位置。这样可以防止或减少因误操作引起的意外事故或伤害。

(2) 使用频率原则：显示装置与操纵装置应按使用频率的大小划分优先级。经常使用的元件应置于作业者易见、易及的部位。

(3) 功能原则：在系统作业中,应按功能性相关关系对显示器、操纵器以及机器进行适当的分区排列。

(4) 使用顺序原则：在机器或设备的操作中,为完成某动作或达到某一目标,常按顺序使用显示器与操纵器。这时,元件应按使用顺序排列布置,以使作业方便、高效。

进行系统中各元件布置时,不可能只遵循一个原则。通常,重要性原则和使用频率原则主要用于作业场所内元件的区域定位,而使用顺序原则和功能原则侧重于某一区域内各元件的布置。在上述原则都可使用的情况下,按使用顺序原则布置元件执行时间最短。

2) 作业空间布置的顺序

对于包含显示器与操纵器的个体作业空间,还可以按一定的先后顺序考虑布置问题,以便于给出合适的折中方案。

对不同类型的元件,推荐按以下顺序进行布置:

主显示器→与主显示器相关的主操纵器→有协调性要求的操纵器与显示器→按顺序使用的元件→将使用频繁的元件置于方便观察、操纵的部位→按布局一致的原则协调本系统内及其他相关系统的布置方案之间的关系。

2. 工作台设计

工作台是包含操纵装置和显示装置的作业单元,主要用于以监控为目的的作业场所。如汽车的中控台等。图 3-19 所示为一种推荐的工作台作业面布置区域,是依据第 2.5 百分位的女性操作者的人体测量数据得出的。按照图中的阴影区的形状设计工作台,可使操作者具有良好的手眼协调性能。

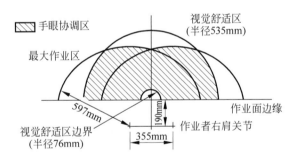

图 3-19 一种推荐的工作台作业面布置区域

3.5.5 受限空间设计

作业者有时必须在限定的空间中进行作业,有时还需通过某种狭小的通道,虽然这类空间大小受到限制,但在具体设计时,还必须使作业者能在空间中进行作业或经过通道。为此,应根据实际的作业特点和人体尺寸确定受限作业空间的最低尺寸要求。为防止受限作业空间设计过小,其尺寸应以第 95 百分位或以上的百分位数人体测量数值为依据,并应考虑冬季着装等尺寸修正量进行调整。

图 3-20 为几种受限的作业空间尺度,图中代号对应的尺寸见表 3-19。

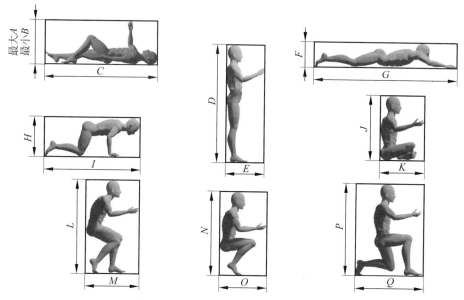

图 3-20 受限作业空间人体尺寸描述

表 3-19 受限作业空间人体尺寸数值　　　　　　　　　　　　mm

代号	A	B	C	D	E	F	G	H	I	J	K	L	M	N	O	P	Q
高身材男性	640	430	1980	1980	690	510	2440	740	1520	1000	690	1450	1020	1220	790	1450	1220
中身材男性及高身材女性	640	420	1830	1830	690	450	2290	710	1420	980	690	1350	910	1170	790	1350	1120

3.6 出行空间设计

3.6.1 出行空间分类

根据交通出行方式的特点、运动速度及安全设施等,出行空间主要划分为慢行交通出行空间和机动交通出行空间,如图 3-21 所示。慢行交通是以步行、自行车、电动自行车为主体,以低速环保型助力车为补充的非机动车交通系统。这里的出行空间,主要指慢行交通空间。

中国是人口大国,从交通方面来看是自行车大国,慢行交通是城市居民普遍使用的交通方式。需要从人因工程的角度对步行道、人行横道、非机动车道等进行专门的尺寸设计,满足各种模式的慢速出行需求。

本书重点考虑慢行交通空间的人因工程设计。慢行交通空间分类如表 3-20 所示。

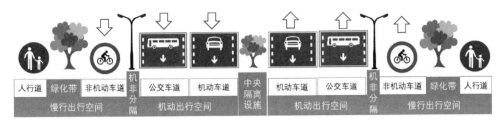

图 3-21 典型道路出行空间划分

表 3-20 慢行交通空间设计分类

类 型	功 能 列 举	具 体 尺 寸 要 求	主 要 功 能
步行	健步走、跑步	人体功能尺寸	出行、健身、商业、休闲、观光等
自行车	代步工具、自行车运动	人体功能尺寸、自行车尺寸	
电动自行车	交通代步工具		
其他非机动车	代步工具、运输工具	车辆尺寸为主	

慢行出行空间的设计原则包括如下几个方面：

1）安全性原则

慢行交通设计应首先保障慢行交通使用者的通行安全。具体而言，要保障慢行交通出行空间，不得通过挤占慢行通道的方式拓宽机动车道或设置停车带。同时，应采取各种措施保障慢行通道与机动车道隔离。

2）连续性原则

应根据不同等级的城市道路布局与两侧用地功能，结合滨水、公园、绿地空间等，形成由城市道路两侧步行道、非机动车道与步行专用路、非机动车专用路构成的慢行交通网络，保证行人和非机动车通行的连续、通畅。在穿越公园以及道路交叉口时，应特别注意慢行通道的连续性，避免出现断点。

3）方便性原则

在设计时，既要完善慢行交通网络，又要考虑慢行交通系统在特殊时期、特殊地区及特殊人群使用时的便利性。在重大项目施工期，应充分考虑慢行交通系统的设施布局，保障其通道与城市公共空间节点、公共交通车站等吸引点的紧密衔接。同时，应鼓励结合城市水体、山体、绿地、大型商圈和文体活动区等，建设慢行交通专用道路或步行街区。此外，还应特别注意步行和自行车系统的无障碍设计，以方便老人、儿童及残障人士出行。

4）舒适性原则

慢行交通设计除满足基本通行需求外，应根据不同城市分区特点，结合周围建筑及自然景观，建设完善的林荫绿化、照明排水、易于识别的标志及无障碍等配套设施，尽量提供遮阳遮雨设施，提高舒适程度和服务水平。应与城市景观、绿地、旅游系统相结合，将慢行通道与城市景观廊道、绿色生态廊道、休闲旅游热线合并设置，尽可能串联城市重要景观节点和公共开放空间,提升环境整体品质。

3.6.2 行人出行空间设计

1. 行人交通特性

1)基本特点

(1)无序性。行人步行时会随时根据自己周围动态的障碍分布确定自己的步骤、频率及现实动向,采取直行、绕行、急行、侧身等行为来避开障碍物前行,并可能因多种因素(如遇到有兴趣的景致、熟悉的人、天气变化、临时调整路线等)而在行走时突然停留甚至折返,而发生改变。

(2)自主性。步行者作为人行道上的动态个体,始终在收集周围物体的动态,并将这些动态传递到大脑进行分析判断,以此确定下一步的行动方案,如行走路线、速度、步幅、身体姿态等。

(3)外扩性。行人会因身材、着装、携带物品、人数组合等因素而动态占用不同的人行道宽度,所需空间外扩,从而在与其他行人交错时产生一定的影响。

2)运动特点

(1)速度特点。

步行速度分布范围较宽,为 0.5~1.5m/s,成人一般集中在 1.0~1.3m/s。步行速度有如下多种影响因素:

① 年龄和性别:青年的速度比中老年快,男性速度比女性快。

② 出行目的:换乘人员的速度较快,为 1.49m/s 左右,商业区的行人速度一般在 1.15m/s,以休闲为目的的行人速度一般在 1.1m/s。

③ 心理因素:心情闲暇时的速度正常,心情紧张、烦躁时速度较快。

④ 路面状况和周围环境:上坡速度较慢,下坡速度较快;路面不平时速度相对较慢。

⑤ 交通状况:道路流量情况和道路通畅情况影响行人的速度。

⑥ 时间因素:白天和夜晚,速度不同。

⑦ 天气因素:速度受到气温、风速和恶劣天气的影响。

(2)步幅特点。

步幅为步行者两脚先后着地,脚跟至脚跟,或脚尖至脚尖的距离。步幅因性别、年龄而稍有差异,95%的男性和94%的女性在 0.5~0.8m。老人和儿童的步幅较小,而男性中青年人的步幅较大。步幅随着年龄的增长呈波峰状分布,即中青年的步幅是所有年龄段中最大的。

2. 行人的空间要求

1)静态空间需求

是指行人在静止状态下所占用的空间,身体前后方向的厚度和两肩宽度是人行道空间和有关设施设计中需要的基本尺寸。由对我国男性的调查得出,95%的男性肩宽小于

57.9cm,胸厚小于 33cm。当行人携带行李物品时,所占用的空间相应增加。设计中的肩宽、胸厚数值一般为 59.5cm 和 33cm。

2) 动态空间需求

行人动态空间需求可分为步幅区域(64cm)、感应区域(行人知觉、心理和安全等因素影响)、行人视觉区域(2.1m)以及避让与反应区域(0.48~0.6m)等,如图 3-22 所示。

3) 心理空间需求

个人心理缓冲空间的最低要求范围是 0.22~0.26m²。相关研究认为,人在步行空间足够(如大于 4m)时才能自由行走;当空间不足时,则无法以正常的速度行走。《城市道路工程设计规范》(CJJ 37—2012)以步行空间为人行道的一项服务水平标准见表 3-21。

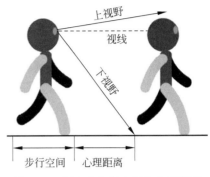

图 3-22 行人的步行空间与心理距离

表 3-21 人行道服务水平

服务水平 指标	一级	二级	三级	四级
人均占用面积/m²	>2.0	1.2~2.0	0.5~1.2	<0.5
人均纵向间距/m	>2.5	1.8~2.5	1.4~1.8	<1.4
人均横向间距/m	>1.0	0.8~1.0	0.7~0.8	<0.7
步行速度/(m/s)	>1.1	1.0~1.1	0.8~1.0	<0.8
最大服务交通量/[人/(h·m)]	1580	2500	2940	3600

3. 行人出行空间设计内容

1) 人行道设计

人行道设计主要包括人行道的布置、人行道宽度设计、人行道坡度设计、人行道铺面设计、人行道净空设计、人行道连续性设计等。

人行道宽度必须满足行人安全顺畅通过的要求,并应设置无障碍设施,见表 3-22。

表 3-22 人行道宽度   m

项 目	人行道宽度	
	一般值	最小值
各级道路	3.0	2.0
商业或公共场所集中路段	5.0	4.0
火车站、码头附近路段	5.0	4.0
长途汽车站	4.0	3.0

2) 行人过街及通道设计

行人过街及通道设计主要分为立体过街设计及平面过街设计。立体过街设计主要包括过街天桥设计和地下通道设计;平面过街设计包括路段过街设计和交叉口过街设计,主要关注人行横道设计、安全岛设计、行人优先区设计、交叉口路缘石转弯半径设计等内容。

路段人行横道是设计的重点。路段人行横道既要保障行人过街的安全性和便捷性,又要尽量减少行人过街对机动交通的干扰。路段人行横道的设置应遵循以下原则:

(1) 人性化原则:充分尊重大多数行人的心理与行为选择,使行人自然地利用过街设施,而不是强迫行人利用不合理过街设施。

(2) 便捷性原则:应注重过街设施的舒适性与便捷性,充分考虑老年人、儿童和残疾人等弱势人群的通行权利和交通需求,提供宜人的步行环境。还应特别注意处理好换乘公共交通的慢行交通对通行便利性的要求。

(3) 安全和效率并重的原则:充分利用道路条件和车流规律,选择类型合适的过街设施,采用恰当的控制与管理方式,最大限度地确保行人的通行时间和空间以及过街的安全,并减少行人过街对机动车交通的影响。

3) 步行街区设计

步行街区通常是一个由各种类型的步行通道将人们前往商业中心的目的地(如购物中心、办公大楼、娱乐场所等)连接在一起,与机动车道交通相隔离的庞大步行系统。其设计的主要内容是步行区域设计、机动车隔离设施设计、与其他交通系统换乘设计、景观设计等。

3.6.3 非机动车出行空间设计

非机动车的出行空间需要进行专门设计。非机动车道是指城市道路中用物理设施或标线分离出来的供非机动车行驶的道路,包括专用非机动车道和混行非机动车道。有些地方非机动车通行权及停放空间被忽视,"机非混行"现象较为严重,影响交通安全状况。为保障非机动车安全、有序、快速通行,需要对非机动车道进行系统的设计。

1. 非机动车交通特性

1) 交通流特性

(1) 运行特性。

非机动车具有体积小、便于存放、机动灵活等优点,在我国拥有很大的用户群体。非机动车的运行特性具有群体性、潮汐性、离散性、赶超现象、并排骑行、不易控制等特性。

① 群体性:由于非机动车众多,在多车道高峰期间常常首尾相连、成群结队,甚至连绵不断。

② 潮汐性:在信号控制交叉口,非机动车流由于受到交叉口红灯的阻断,呈现出一队一队如潮汐般前进的现象。

③ 离散性:在车辆不多时,为了不受其他骑行者的干扰,骑车人通常选择车辆少、空当大的路段骑行。

④ 赶超现象：青年骑行者喜欢赶超其他骑行者，甚至相互追逐。

⑤ 并排骑行：青年骑行者三五成群并肩骑行，形成压车现象。

⑥ 不易控制：非机动车非常灵活，尤其在机非混行车道上，容易钻空，常不遵守交通规则，闯红灯或逆行时有发生。

（2）聚集特性。

在信号控制交叉口红灯期间，非机动车会聚集在进口道。当交通量较小时，非机动车与机动车互不干扰。然而在高峰时段，非机动车常占用机动车道，穿插于机动车的间隙，干扰机动车运行。与机动车在进口道排队等候不同，非机动车在平面交叉口的聚集只是无序、混乱的简单集中，因此可用非机动车占有的停车面积来衡量其聚集特性。非机动车的单位停车面积呈现不稳定状态，随着非机动车数量的增加，其单位停车面积逐渐减小，直至趋于稳定。

（3）膨胀特性。

非机动车在红灯期间大量聚集在进口道停止线后，当绿灯启亮时，直行的非机动车会迅速移动，希望以最少的时间通过平面交叉口；而左转非机动车或等待左转专用相位，或采取二次过街方式。另外，非机动车启动更快，在绿灯启亮时会率先进入交叉口。非机动车在前进过程中沿曲线行驶，导致其行驶时的占用面积要比停车时占用的面积大得多，骑行者对行驶空间有更高的要求，因此当非机动车越过停止线进入交叉口内部时，往往表现出离散膨胀特性，如图 3-23 所示。

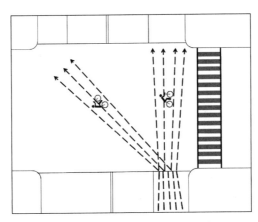

图 3-23　自行车交通流特性示意

2）速度特性

非机动车速度主要与出行目的、个人身体素质和车辆性能有关。近年来，电动自行车出行比例逐渐增加，研究其速度特性对保障交通安全有重要意义。据调查数据显示，不同机非分隔类型下非机动车速度不同，如表 3-23 和表 3-24 所示。

表 3-23　物理隔离路段非机动车速度　　　　　　　　　　　　　　km/h

非机动车	中位数	最小车速	最大车速	85%位车速	标准差	平均速度
自行车	14.04	7.0	12.13	17.64	3.48	14.41
电动自行车	21.36	12.83	17.46	25.72	4.13	21.67

表 3-24　划线隔离路段非机动车速度　　　　　　　　　　　　　　km/h

非机动车	中位数	最小车速	最大车速	85%位车速	标准差	平均速度
自行车	13.22	5.23	12.78	16.94	3.50	13.50
电动自行车	19.6	9.78	19.56	24.27	4.31	19.95

2. 非机动车出行空间设计内容

非机动车道是指城市道路中用物理设施或标线分离出来的供非机动车行驶的道路,包括专用非机动车道和混行非机动车道。为保障非机动车安全、有序、快速通行,需要对非机动车道进行系统的设计。

1)路段非机动车道设计

(1)宽度。

非机动车道宽度对提高非机动车骑行的舒适性和安全性极为重要,相关国家规范中对非机动车道的宽度规定为:自行车道1.0m,三轮车道2.0m。

非机动车道路面宽度应为非机动车道宽度及两侧各0.25m路缘带宽度之和。一条非机动车道最小宽度应不小于规定的数值。非机动车道数宜根据非机动车设计交通流与每条非机动车道设计通行能力计算,与机动车道合并设置的非机动车道,单向车道数不宜小于2条,宽度不宜小于2.5m。非机动车专用道路路面宽度单向不宜小于3.5m,双向不宜小于4.5m。

(2)布置方式。

非机动车道的布置方式包括如下3种:

① 与步行道合并设置:为了使非机动车道脱离机动车道的干扰,与步行道位于同一平面,可将非机动车道与步行道合并设置。一方面有利于提高非机动车的路权,另一方面保证非机动车的通行安全。

② 与机动车道合并设置:主要是在车行道中采用标线或设置隔离带的方法,确定非机动车道范围。城市主次干路和快速路辅路的非机动车道,应采用机非物理隔离。城市支路上的非机动车道,可采用非连续式物理隔离。

③ 混合型布置:机动车与非机动车在同一平面内行驶,其间无分隔标记。

(3)铺设材料选择。

非机动车道路面结构设计视路面上行驶的交通工具(自行车、电动车、三轮车及其他等)

不同而有所区别,其设计应按使用功能要求,根据筑路材料、施工最小厚度、路基土类型、水文地质条件及当地经验,确定结构层组合与厚度,达到要求的强度和稳定性。

2) 交叉口非机动车道设计

交叉口是影响非机动车在整个路网中运行效率的重要节点。非机动车在道路路段上与机动车相互干扰较小,但在交叉口处与机动车的冲突无可避免。路段上非机动车道通过物理隔离设施包括绿化带、分隔墩、分隔栏等设施可在一定程度上缓解机非干扰问题。但是交叉口处,机动车、非机动车、行人之间相互干扰,可根据实际情况,采用相应的处理方式减少交通冲突,如左转非机动车二次过街、非机动车停止线提前设置、设置非机动车左转待转区、设置非机动车右转专用道等。

3.6.4 混行弱势道路使用者出行空间设计

1. 混行弱势道路使用者交通特性

我国城市混合交通中的弱势道路使用者(VRU)种类繁杂、数量众多,且其行为具有高度的动态不确定性。在我国复杂的混合道路交通环境中,VRU 的行为特性与欧美等国家不同,主要包括以下几个特点:①种类繁多,包括行人、骑车人(可以具有不同骑行工具,如自行车、电动自行车、摩托车和三轮车等);②安全意识薄弱,闯红灯、逆行、载人、使用手机和进入机动车道等违规现象频繁;③集群出现,运动多变,个体行为具有高度的随机性和不确定性。这些 VRU 特有的行为属性使得现有主动安全系统难以快速、准确地实现多目标感知、行为认知和风险决策。

2. 行人与骑车人的交通特性差异

行人与骑车人混行的交通模式在城市中较普遍存在,也增加了交通安全风险和安全管理的难度。根据前面两节内容,行人、普通自行车骑车人和电动自行车骑车人的交通特性有显著差别,主要包括运动速度、空间尺度及安全防护等方面,因而对他们进行事故预防的手段也有较大差异。VRU 交通特性的主要特征差异总结如表 3-25 所示。

表 3-25 弱势道路使用者的交通特性差异

	运动速度	空间尺度/m	安全防护	特征风险行为
行人	0.5~1.5m/s	0.76	无	横穿道路、使用手机等
自行车骑车人	5~14km/h	1.0	无	载人、逆行、闯红灯、闯入非机动车道等
三轮车骑车人	10~20km/h	2.0	无	
电动自行车骑车人	10~20km/h	1.0	安全头盔	

3. 混行弱势人群出行空间设计

针对行人与骑车人的交通特性差异,有条件的道路应进行隔离设计,包括划线隔离和物理隔离两种模式,如图 3-24 所示,建立行人和自行车的专属空间,避免行人和自行车之间的相互干扰和冲突风险。在混行路段,尽量优先考虑弱势人群,如弱势的行人和残疾人士的出行。

在城市慢行交通繁忙的路口和主要商业区,应设置音响交通信号;残疾人通过街道所需的绿灯时间,应按残疾人步行速度 0.5m/s 计算;带按钮的行人过街信号灯的按钮高度应考虑残疾人的高度要求,一般不高于 1.4m。

图 3-24 交叉口行人与自行车道分离示例

3.6.5 出行辅助活动空间设计

为满足人们的出行活动需求,在居住区、商业区、工作及娱乐场所等区域内部涉及一些出入口、通道、走廊等辅助性活动空间的设计,同样需要基于人体尺寸,结合安全、方便和舒适等功能进行专门考虑。

1. 出入口空间设计

封闭的工作区域要设置供人员和车辆日常通行的常规出入口。出入口的位置应保证畅通无阻,避免发生意外堵塞,其大小视具体使用情况而定。

一般仅供人员出入的进出口应大于 810mm×2100mm。封闭的工作场所还要有必要的应急出口,应急出口的设计应保证人员的迅速撤离,还要考虑救援装备和防护服的尺寸。应急出口的设计参考尺寸见表 3-26。

表 3-26 应急出口的设计参考尺寸

出口形状	特征参量	参考尺寸/mm	
		最小	最佳
矩形	长宽	405×610	510×710
正方形	边长	460	560
圆形	直径	560	710

2. 通道和走廊空间设计

工作区域等空间经常存在通道和走廊,其中有主通道和辅助通道,在设计它们的高度、宽度和位置时,都应考虑到该区域预定的人流和物流的大小和方向。通道和走廊应遵循最小空隙的原则。图 3-25 和表 3-27 所示为各种情况下的常见出行通道所需空间尺寸。

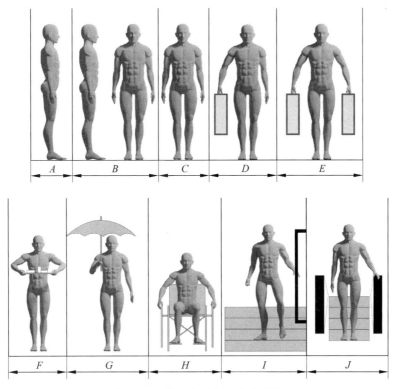

图 3-25 常见出行空间尺寸描述

表 3-27 常见出行空间尺寸数值   mm

代　　号	A	B	C	D	E	F	G	H	I	J
静态尺寸	300	900	530	710	910	910	1120	760	单向 760	610
动态尺寸	510	1190	660	810	1020	1020	1220	910	双向 1220	1020

为了保证作业者在通道和走廊的安全通行,设计还要遵循下列原则。

(1) 通道和走廊应避免盲区,保证视线良好。

(2) 在地面、墙壁、顶棚等处设置导向标志。

(3) 通道内应避免人员随意占道、挪动设备、无意触及开关等不安全的活动。

(4) 保证通道畅通,避免生产设备、交通工具占用通道。

(5) 尽量设计双向通道,避免设计单向通道。

3.7 本章小结

本章介绍人体测量学的特性、人体尺寸的特点、人体尺寸的应用通则、作业空间以及交通出行空间的设计,这是从事人因工程学研究和应用必须掌握的基础知识,无论是人体测量学,还是作业空间,乃至人机系统的设计,都必须考虑人、机与所共处的环境的合理布置安排,即:人-机-环境的优化匹配,使人与机器发挥出最佳效能。而人是系统的中心,人体尺寸是人机系统空间布置设计最重要的依据和最基本的参量。

本章中的基本人体尺寸数据、特点及设计应用通则均来源于现行的国家标准,在此基础上展开的作业空间设计来自传统的人因工程学理论,之后特别补充梳理了关于交通出行、空间设计的内容和原则,是交通人因工程设计的特色部分。

- **复习思考题**

1. 讨论人体尺寸数据的重要性。
2. 如何理解人体测量的重要性?阐述未成年人和老年人尺寸测量的意义。
3. 结合人体尺寸数据分析教室里座椅尺寸是否符合人因工程学要求。
4. 以汽车中具体部件设计为例分别说明三种基本产品尺寸设计类型的区别。
5. 为保证使用人员的安全和健康,在Ⅰ、Ⅱ型产品设计时如何选择满足度和设计界限值?
6. 作业空间设计需遵循哪些人因工程原则?
7. 作业空间布置及设计的步骤有哪些?
8. 人机界面与作业空间的关系如何?
9. 简述对出行空间的分类及定义。
10. 简述行人的交通行为特性及出行空间设计要求。
11. 简述非机动车的交通行为特性及出行空间设计要求。
12. 初步理解什么是"以人为中心"的设计,在交通工程领域有何实用价值?

- **课后作业**

1. 小客车座椅可调节尺寸调研考察:调研一款车的驾驶员座椅,实测其可调范围,分析其设计界限。
2. 大客车的车厢高度调研及设计:设计一款面向华北市场的大客车车厢高度。
3. 自行车的车座高度设计:设计一款共享自行车的车座可调节高度。
4. 公交车厢内的横杆拉手高度设计:为公交或地铁设计横杆拉手的高度。
5. 设计人行便道和自行车道的宽度;设计步行街入口处的栅栏宽度尺寸。
6. 调研居住地点周边的过街人行横道,对其宽度及通行时间进行分析与设计改进。

第4章 人的感知特性与运动特性

内容提要

从感知、决策到运动控制,是人的各种交通活动的基本生理和心理过程,也是人的交通行为基础。本章主要包括相互关联的三个部分,首先是关于人的神经系统与信息传递,在此基础上介绍人的感知特性和人的运动特性。人脑是神经系统的决策中枢,所有的感知觉都被中枢神经控制,感知觉的基本特性具体表现在视觉、听觉、触觉等方面,特别是人的视觉和听觉特性,对于人机系统的设计和应用效果具有重要的影响。人的感知特征参数,是交通系统人机交互的设计及评价的关键性能,是交通工具、交通设施和交通信号设计的基础参数,特别是关乎交通安全的重要指标。人的运动特性是另一重要生理特性,是交通设施和交通工具的操纵装置设计的基础。

知识结构

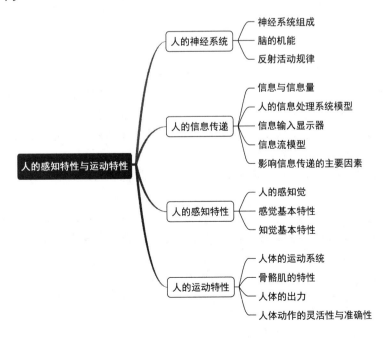

4.1 人的神经系统

4.1.1 神经系统组成

人的神经系统由包括脑和脊髓的中枢神经以及遍布全身各处的周围神经所组成。具体如图 4-1 所示。

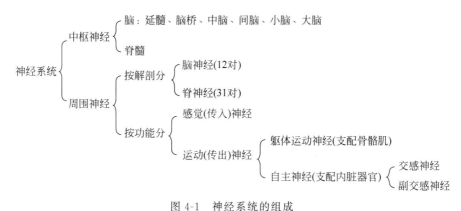

图 4-1 神经系统的组成

神经元又称神经细胞,是构成神经系统结构和功能的基本单位。神经元是具有长突起的细胞,它由细胞体和细胞突起构成,长度是 $5\sim150\mu m$。

神经元包括树突和轴突两个部分。树突是传入神经末梢,轴突是传出神经末梢。神经元的功能是接收、整合、传递信息。据估计,人体中枢神经系统中包含约 1000 亿个神经元。

4.1.2 脑的机能

脑是神经系统的中枢,大脑皮层是人体最高级的调节机构。人脑是一种结构上极其复杂、机能上特别灵敏的物质。成人的脑,平均质量为 1400g,由延髓、脑桥、中脑、间脑、小脑和大脑所组成。大脑皮层大约包含 140 亿个神经元,神经元间有形态上的差别。各种神经元在皮层中的分布具有严格的层次。大脑皮层各个部分在功能上有不同的分工,相互形成一个整体,它既能对各个感觉器官所接收的信息加以分析、综合,形成映像的认识中枢,又能控制调节人的机体,成为对外界刺激做出适宜反应的最高机构,是人的心理活动最重要的物质基础。

大脑皮层可分成体表感觉区、运动和位置感觉区、视觉区、听觉区、嗅觉和味觉区、感觉联合区、运动联合区、前额联合区等不同的功能区域。大脑从外形上分左、右两个半球,两个半球的形态相似,相互对称,左半球比右半球略大,左半球的主要功能是言语、抽象逻辑思维和数学计算,右半球的主要功能是空间感知和形象加工。

4.1.3 反射活动规律

1. 反射的概念

反射是指在中枢神经系统参与下,人的机体对来自体内、外刺激的规律性反应。从生物学观点看,人的一切活动都是反射活动。

反射活动分为非条件反射与条件反射两大类。先天生成、出生后无须训练就具有的反射活动,称为非条件反射,如膝跳反射、眨眼反射、缩手反射等;出生后通过训练而形成的反射活动,称为条件反射,如驾驶员的刹车反射。

非条件反射的最大特点在于它是由先天生成的反射弧实现的,因而其表现形式一成不变。非条件反射活动是低等动物生存活动的主要方式,不能适应环境的变化。条件反射的最大特点在于它的可变性,它在一定的条件下形成,又在一定的条件下变化或消失。条件反射活动是高等动物和人类的主要活动方式,能够适应生存和生活条件的变化。

2. 反射弧

反射活动的结构基础称为反射弧。如图 4-2 所示,一个反射弧由感受器、传入神经元、神经中枢、传出神经元、效应器五部分组成,反射活动从刺激作用开始,一定的刺激被一定的感受器所感受,引起感受器内的神经末梢产生兴奋,兴奋以神经冲动的形式经过传入神经纤维传向中枢,引起中枢神经系统神经元复杂的分析与综合活动,中枢产生兴奋过程,中枢的兴奋过程又经过一定的传出神经纤维到达效应器,使效应器发生相应的活动。如果反射弧中任何一个环节中断,反射即不能发生。

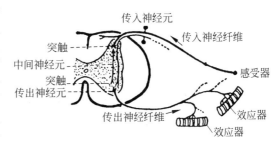

图 4-2　反射弧的结构

感受器一般是神经组织末梢的特殊结构,它能把内、外刺激的信号转变为神经的兴奋活动变化。某一特定反射往往是在刺激其特定的感受器后发生的,此特定感受器所在的部位称为该反射的感受野。

中枢神经系统由大量神经元组成,这些神经元组合成许多不同的神经中枢。神经中枢是指调节某一特定生理功能的神经元群。作为某一简单反射的中枢,其范围较窄,例如膝跳反射的中枢在腰脊髓。而作为调节某一复杂生命活动的中枢,其范围很广,例如调节呼吸运动的中枢分散在延髓、脑桥、下丘脑以至大脑皮层等部位内。

神经中枢的活动可以通过神经纤维直接作用于效应器,在某些情况下也可以通过体液的途径间接作用于效应器,此体液环节是指内分泌调节。

在这些情况下,反射的过程是:感受器→传入神经纤维→神经中枢→传出神经纤维→内分泌腺→激素在血液中转运→效应器。

反射效应在内分泌腺的参与下,往往变得比较缓慢、广泛而持久。

3. 中枢抑制

在任何反射活动中,中枢内既有兴奋活动又有抑制活动。在某一反射进行过程中,某些其他反射则受到抑制。

反射活动有一定的次序、一定的强度,并有一定的适应意义,是反射协调功能的表现。反射活动之所以能协调,就是因为中枢内既有兴奋活动又有抑制活动,如果中枢抑制受到破坏,则反射活动就不可能协调。如过度饮酒影响正常的反射活动,影响人的感知觉和反应特性。

4. 反射活动的反馈调节

当一个刺激发动一个反射后,效应器的活动必然又刺激本身或本系统内的感受器,发出冲动进入中枢,这个继发性的传入冲动,对维持与纠正反射活动的进行有重要作用。除了效应器本身的感受装置发出的传入冲动对反射活动有协调作用外,其他能感知反射效应的感觉器官也发出传入冲动进入中枢,以纠正反射活动的进行。

例如,视觉和内耳平衡感觉能不断感知躯体运动反射效应的结果,不断发出传入冲动来调整反射活动,当失去这些传入冲动作用后,反射活动的进行将受到很大影响。

神经系统对机体的反射调节功能与工程技术上的自动调节装置的功能有相似之处。

反馈联系包括负反馈和正反馈两种。在反射活动过程中负反馈联系表现很突出,正反馈联系在反射活动过程中也有表现。

5. 中枢对感觉传入冲动的反馈控制

中枢不但接收感觉器官的传入冲动,而且也发出传出冲动来改变感觉器官的活动,以调节感觉器官的敏感性。

例如,瞳孔对光的反射就是中枢调节视觉器官敏感性的一个反射,当强光照射眼睛时,视觉传入冲动明显增加,由此发生的瞳孔对光的反射,使瞳孔缩小,以减少进入眼球的光通量,对眼睛起着保护作用。再如,飞机起降过程中耳部对压力变化的反应。

4.2 人的信息传递

4.2.1 信息与信息量

1. 信息的定义

信息是客观存在的一切事物通过物质载体所发出的消息、情报、指令、数据和信号中所包含的一切传递与交换的知识内容,是表现事物特征的一种普遍形式,是自然界、人类社会和人类思维活动中普遍存在的一切物质和事物的属性。

信息是以适合于通信、存储或处理的形式来表示的知识或消息。信息的形态通常包括数据、文本、声音、图像等。其特点包括可传输、可存储、可转换、可识别、可处理、可共享等方面。当前的信息以电子化、网络化、虚拟化等多源模式呈现,信息爆炸的时代,大数据的云存储让海量信息能瞬间获取和充分利用,也让人工智能深度学习能够发挥更大作用。

人的大脑通过感觉器官直接或间接接收外界物质和事物发出的种种信息,从而识别物质和事物的存在、发展与变化。

2. 人机系统与信息

人机之间相互作用的最本质联系即是信息交换。人的活动可以看作是一种信息传递和处理的过程。人可以看作是一个单通道的输送容量有限的信息处理系统。常用的通道包括视觉通道、听觉通道和触觉通道。人的信息传输速度:

$$C = H/T$$

式中,H 为传输的信息量;T 为传输的时间。

比如,视觉-动作通道的信息传输速率是 $2.5 \sim 7.5 \text{bit/s}$。

不同语言的信息量有较大差异。如英文的信息量为 1,日文的信息量为 2.5,中文的信息量为 3.6。

人的神经系统是一个完善的信息处理、信息存储和指挥控制中心。据估计,人的大脑大约含有 10^{10} 个神经元,分为数百个不同的类别,每一个神经元的功能远大于一个逻辑门电路所具有的简单功能。有人估计,人的大脑的信息存储总量约为 10^{15} bit。

4.2.2 人的信息处理系统模型

信息源发出的信息称为末端刺激或原始刺激。从末端刺激到人的感觉器官的信息输入途径如图 4-3 所示。人的信息处理系统模型见图 4-4。

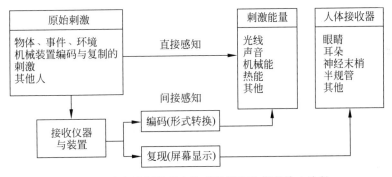

图 4-3 从末端刺激到人的感觉器官的信息输入途径

末端刺激源可能是客观存在的物体、事件、环境参数以及它们变化所发出的伪刺激,包括自然的刺激源(如车辆行驶前方出现的障碍物、行人或其他车辆)和人造的刺激源(如道路施工区专门设置的栅栏和灯光信号);也可能是人工编码或复制的刺激,包括各种符号、标志、文字、图形和灯光信号等;还可能是其他人发出的信息(如交警做出的各种交通指挥信号,他人给出的手势或语音指令等)。

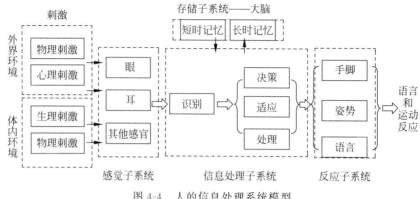

图 4-4 人的信息处理系统模型

邻近刺激是由末端刺激直接或间接转换而成的,它表现为人的感觉器官所能接受的能量形式,如光能、声能、机械能、热能和其他能量。间接转换的方式是借助于某种形式的传感或接收装置先将末端刺激转换为编码的形式或复现的信息(如电视、录像、照相、录音等),然后再转换成为某种能量形式的邻近刺激。人接收邻近刺激的感觉器官主要是眼、耳、神经末梢、皮肤和半规管。

4.2.3 信息输入显示器

末端刺激源(即信息源)发出的信息或刺激,很多情况下需要通过某种类型的显示器加以放大或变换能量形式,才能被人的感觉器官所接收。

1. 信息输入显示器的适用场合

(1) 末端刺激虽然能够为人的感觉器官所接收,但不能充分被人直接感受,因而要求使用信息输入显示器。具体场合大致有以下情况:

① 刺激低于阈值下限(如刺激太远或太弱),需采用电子、光学或其他类型的放大器将刺激加以放大。

② 刺激过大,需适当降低其刺激强度,以便为人所充分感受。

③ 刺激混杂在过大的噪声干扰之中,需要加以滤波或放大,以利于人的感受和识别。

④ 刺激远超出人的感受极限,需先把它转换成其他能量形式进行传输,随后重新转换成最初形式或别的形式,再为人所感受。

⑤ 刺激由人的感觉器官直接感受时的分辨率太低,要求利用信息输入显示器来提高刺激感受的精确度。例如,温度、声音等刺激量,均需利用适当形式的检测器和显示器来精细测量和认读。

⑥ 刺激需借助适当方式存储起来供以后引用。

⑦ 将一种刺激形式转换为另一种刺激形式,能更好、更方便地为人的感觉器官所感受。例如,听觉报警装置可使人更易感受机器的异常工况。

⑧ 有些事件或环境的刺激,其本身的性质就要求用某种形式的显示器来表现(例如,道路标志、危险标志和紧急状态等信息)。

(2) 末端刺激不能为人的感觉器官所直接感受,因而必须借助传感器来感受刺激并把刺激转换成人的感觉器官所能接受的能量形式,这就要求使用某种形式的信息输入显示器,如车辆的速度表。

2. 信息输入显示器的类型

信息输入显示器分动态和静态两类。动态显示器传送随时间不断变化的信息。静态显示器则传送不随时间变化的固定信息。信息输入显示器传送的信息可分为以下类型:
(1) 定量信息,反映变量的定量数值。
(2) 定性信息,反映某些变量的近似值或变化的趋势、速率、方向等信息。
(3) 状态信息,反映系统或装置的状态,如开/关状态、通道选择状态等。
(4) 报警信息,指示紧急或危险的情况。
(5) 图像信息,描述动态图像、变化波形或静态图形、相片等。
(6) 识别信息,指示某些静态的状态、位置或部件,以便于人能迅速识别。
(7) 字符信息,以字母、数字和符号表示某些静态的或动态的抽象信息。
(8) 时间-相位信息,其信号按时断时续的不同组合方式给出或传送,如闪光信号灯等。

显然,不同类型的信息应当选用与它的特性相适应的显示器类型。

4.2.4 信息流模型

信息处理的过程和情况影响或支配着人的行为或动作。人们可以普遍接受的假定是,人的行为或动作取决于信息在人体内的流动过程,即人体内部的信息流。信息流虽不能被人直接观察到,但却能合理地加以推测或推断。

随环境条件的不同,信息流可能是下列各项功能的不同组合:注意、感觉、感知、编码和译码、学习、记忆、回忆、推理、判断、决策或决定、发出指令信息、执行或人体运动响应。为了阐明信息处理过程的本质和机理,各国学者曾提出过多种信息流模型。B. N. Haber 和 M. Hersbenson 提出的一种信息流模型如图 4-5 所示。

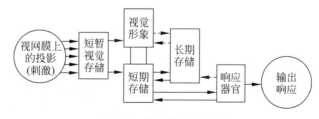

图 4-5 某种信息流模型

尽管各种信息流模型之间的差别很大,人们对于信息处理过程的本质和机理尚未取得广泛一致的见解,但是根据迄今为止可以获得的证据,对于信息流或信息处理过程,还是能够概括出一些规律性认识的。其要点如下：

(1) 人的行为或动作都是信息处理的结果。

(2) 人的信息处理能力有一定限度。

(3) 信息处理往往包含许多阶段。每一阶段由若干信息转换（如将物理刺激转换成有某种含义的抽象信息）组成。各阶段的安排可以采取串联、并联或混联三种不同组合方式。

(4) 分时输入和处理（即同时或快速交替地输入和处理两个以上的信息）可能会降低信息接收和处理的速率与精度。

(5) 有许多方法和措施可以加强或扩展人的信息处理能力，如适当的设计能使显示器传送的刺激更易于被人的感觉器官所感受。

(6) 一旦做出某种决定，神经冲动就会被传递到肌肉去执行预定的动作，而由肌肉反馈回来的神经冲动则有助于对动作的控制。

(7) 信息流中，人的大脑皮层所能处理的信息只是感觉器官所接受到信息量的很小一部分。

(8) 人体响应可视为信息处理过程的终结，它本身也在"传递"信息。人通过自己的体力响应运动所能"传递"信息的效率取决于最初输入的信息的性质及要求的响应方式。W. T. Singleton 估计，人的体力响应所能"传递"的最大信息量约为 10bit/s。

4.2.5 影响信息传递的主要因素

1. 背景噪声

背景噪声干扰人的感觉器官对有用信息的接收，使有用刺激更难于被人所感受。

2. 刺激的速率与负荷

刺激的速率指单位时间输入的刺激数；刺激的负荷指需要同时注意接收与处理的刺激的类型及数量多少。人体感受刺激的精确度随刺激的速率与负荷的增大而降低。

3. 分时输入与处理

在分时输入的情况下，为了提高信息接收与处理的速率和精度，应当遵循下列要点：

(1) 尽可能使潜在的信息源数目减至最少。

(2) 设法使传感器具有某种"优先选择"的功能，以便集中注意最重要的刺激。

(3) 尽可能把利用短暂记忆或涉及低概率事件的需求降到最小限度。

(4) 尽可能将要求个别响应的刺激暂时分开，并使其刺激速率适合于个别响应。应设法避免时间间隔小于 0.58s 的刺激输入。

(5) 当有几种感觉通道可供选择时，应注意到听觉通道的抗干扰能力和耐久性一般要比其他感觉通道更强的特点，可妥善加以利用。

(6) 采取一定的办法引导人的注意力,有可能增强对重要信息的优先感受能力。

(7) 在有两个以上的刺激需要从听觉通道分时输入的情况下,最好将有用的刺激信号加以恰当安排,使之不同时发生,或者将无用的刺激信号"过滤"掉。若不可能"过滤"掉无用的刺激,则应尽可能扩大有用刺激与无用刺激之间的差别,或使它们具有明显不同的频谱特性。

(8) 训练操作人员对某项手工操作的熟练程度,有可能降低该项信息输入与处理的负荷程度。

4. 剩余感觉通道的利用

两个或两个以上感觉通道同时用于接收同一个刺激,就是具有"剩余感觉通道"的信息输入方式。

适当利用剩余感觉通道,可提高信息接收的概率。E. T. Klemmer 曾对单有视觉输入、单有听觉输入以及同时具有视觉、听觉输入三种情况进行比较实验,测得正确响应的百分率如下:

单独利用视觉通道时正确响应的百分率为 89%;

单独利用听觉通道时正确响应的百分率为 91%;

同时利用视觉与听觉通道时正确响应的百分率为 95%。

5. 刺激与响应之间的协调性

刺激与响应之间在空间、运动和概念上相互关系的协调程度,称为协调性。

空间协调性指的是物理特征或空间布置上的协调关系,特别是显示器与操纵器之间的空间协调关系。

运动协调性主要指的是显示器、操纵器及系统响应的运动方向之间的协调关系。

概念协调性主要指的是人们对于具体刺激与响应之间早已形成的固有概念或习惯定型(例如,红灯指示停车,绿灯指示通行)。

刺激与响应之间的协调性越好,信息接收与处理的效率就越高。有些协调关系是客观情况所固有的或人们的传统文化观念所决定的,因而是清楚的;有些协调关系则需通过实验才能查明和确定。

6. 感觉通道的选择

人的感觉器官有各自的特性、优点和适应能力,对于一定的刺激,选择合适的感觉通道能获得最佳的信息处理效果。常用的是视觉通道和听觉通道,在特定条件下,触觉和嗅觉通道也有其特殊用处,尤其在视觉和听觉通道都超载的情况下,专门的触觉传感器贴在皮肤上可作为一种有价值的报警装置。表 4-1 列出了视觉、听觉和触觉通道的适用场合。

表 4-1 各种感觉通道的适用场合

通道	视觉通道	听觉通道	触觉通道
适用场合	传递比较复杂的或抽象的信息	传递较简单的信息	传递非常简单的信息
	传递较长的或需要延迟的信息	传递较短的或不用延迟的信息	传递要求快速传递的信息
	传递的信息以后还要引用	传递的信息以后不再需要引用	
	传递的信息与空间方位、空间位置有关	传递的信息与时间有关	
	传递不要求立即做出快速响应的信息	传递要求立即做出快速响应的信息	经常要用手接触机器或其装置
	所处环境不适合使用听觉通道	所处环境不适合使用视觉通道	使用其他感觉通道有困难
	虽适合听觉传递,但听觉通道已过载	虽适合视觉传递,但视觉通道已过载	其他感觉通道已过载
	作业情况允许操作者固定保持在一个位置上	作业情况要求操作者不断走动	

7. 刺激的维数

感觉的"维"指的是每一种不同的感觉性质(如视、听、嗅、味、触觉,各算作一个"维")或同一种感觉内的每一种不同的特征(如视觉中的形状、颜色、大小、明度等,也各算作一个"维")。

刺激的维数则是指一个刺激物所包含或发出的感觉"维"数。例如,一个声音刺激,若只取频率或响度一个特征传递信息,就是 1 维刺激,若取频率和响度两个特征传递信息,就是 2 维刺激。研究表明,多维刺激通常比 1 维刺激的信息传递效率更高,在 6~8 维刺激下的信息传递效率约为一维刺激下的 2~3 倍。人的辨认能力最多能接受 9 维或 10 维刺激。

8. 人的生理和心理状态

由于环境条件的影响及其他主、客观因素的干扰,人的生理和心理状态会发生各种不同的变化,从而影响对信息的接受和处理能力。

9. 人的技术熟练程度

通过训练提高操作人员的技术熟练程度,能显著提高信息接收和处理的速率与精度。

4.3 人的感知特性

4.3.1 人的感知觉

人的感知响应系统由感觉器官、传入神经、大脑皮层、传出神经和运动器官组成。人通过各种感觉器官接受外部刺激,经传入神经传给大脑皮层进行信息处理,神经中枢做出的决定经传出神经下达给运动器官(如手、脚)做出人体运动响应,这就是人的感知响应过程。

1. 感觉

感觉是人脑对直接作用于感觉器官的客观事物的个别属性的反映。感觉也反映人体本身的活动状况。例如,正常的人能感觉到自身的姿势和运动,能感觉到内部器官的工作状况,如舒适、疼痛、饥饿等。感觉可以分为三大类:

(1) 外感受器:接受外部刺激,反映人体对外界事物属性的感觉,如视觉、听觉、嗅觉、味觉和皮肤感觉;

(2) 内感受器:接受人体内部刺激,反映内脏器官不同状态的内部感觉,如饥、渴等;

(3) 本体感受器:在身体外表面和内表面之间,反映身体各部分的运动和位置情况的本体感觉,如运动觉、平衡觉等。

2. 知觉

知觉是人脑对直接作用于感觉器官的客观事物和主观状况整体的反映。知觉是在感觉的基础上产生的,表现为对事物的整体认知,或者对事物的综合属性的判别,或者对事物的意义做出的初步解释。知觉是一个主动的反映过程,它比感觉更加依赖于人的主观态度和过去的知识经验。人常常根据实践活动的需要和自己的心理倾向去主动地收集信息,甚至提出假设、检验假设,从而清晰地、完整地辨认物体及其属性。知觉就是当我们感知事物时,大脑在积极地进行着选择和组织,并把感觉信息整合为关于世界的一幅幅图片或一个个模型。

知觉分为空间知觉、时间知觉和运动知觉三大类。其中,空间知觉包括形状、大小、距离和方位等方面的知觉;时间知觉是对客观现象的延续性和顺序性的反映;运动知觉是对物体空间移动和速度方面的知觉。

感觉和知觉不可分割,心理学上统称为人的感知觉。

4.3.2 感觉基本特性

1. 感觉器官的适宜刺激

人体的各种感觉器官都有各自最敏感的刺激形式,这种刺激形式被称为相应的感觉器官的适宜刺激。如光是对视觉器官最适宜的刺激;声音是对听觉器官最适宜的刺激。人体各主要感觉器官的适宜刺激及其识别外界的特征如表 4-2 所示。

表 4-2 适宜刺激及其识别特征

感觉类型	感觉器官	适宜刺激	刺激来源	识别外界的特征
视觉	眼	光	外部	形状、大小、位置、远近、色彩、明暗、运动方向等
听觉	耳	声	外部	声音的强弱和高低、声源的方向和远近等

续表

感觉类型	感觉器官	适宜刺激	刺激来源	识别外界的特征
嗅觉	鼻	挥发的和飞散的物质	外部	香气、臭气等
味觉	舌	被唾液溶解的物质	接触表面	甜、咸、酸、辣、苦等
皮肤觉	皮肤及皮下组织	物理和化学物质对皮肤的作用	直接或间接接触	触压觉、温度觉、痛觉等
运动觉	肌体神经和关节	物质对肌体的作用	外部和内部	撞击、重力、姿势等
平衡觉	半规管	运动和位置的变化	内部和外部	旋转运动、直线运动、摆动等

2. 感受性与感觉阈值

人对适宜刺激的感受能力称为感受性,绝对感受性是指人感觉到最小或最大刺激的能力;差别感受性是指人所具有的刚刚能够感觉出两个同类刺激物间最小差异量的能力,如对两个相近色彩、音调和味道的识别和分辨能力。刺激必须达到一定强度方能对感觉器官发生作用;同时,刺激强度又不允许超过某一最高限,否则不但无效,而且还会引起相应感觉器官的损伤。这个能被感觉器官所感受的刺激强度范围,称为感觉阈值。

人体主要感觉的感觉阈值如表 4-3 所示。感觉阈值范围也称为绝对感觉阈值。刚能引起差别感觉的两个刺激之间的最小差异量,称为差别感觉阈值,差别感受性越强的人,差别感觉阈值越低。

表 4-3 各种感觉阈值

感 觉 类 型	感觉阈值最低限	感觉阈值最高限
视觉	$(2.2 \sim 5.7) \times 10^{-17}$ J	$(2.2 \sim 5.7) \times 10^{-8}$ J
听觉	1×10^{-12} J/m^2	1×10^{2} J/m^2
触压觉	2.6×10^{-9} J	
振动觉	振幅 2.5×10^{-4} mm	
温度觉	6.28×10^{-9} kg·J/(m^2·s)	9.13×10^{-6} kg·J/(m^2·s)
嗅觉	2×10^{-7} kg/m^3	
味觉	4×10^{-7}(硫酸试剂摩尔浓度)	
角加速度	2.3×10^{-3} rad/s^2	
直线加速度	减速时 0.78m/s^2	加速时(49~78)m/s^2,减速时(29~44)m/s^2

3. 感觉器官的适应性

感觉器官接受持续刺激一段时间后,在刺激不变的情况下,感觉的敏感性会逐渐降低,感觉将逐渐减小以至消失,这种现象称为适应性,如"入芝兰之室,久而不闻其香"等。

4. 感觉的相互作用

在一定条件下,各种感觉器官对其适宜刺激的感受能力都将受到其他刺激的干扰影响而降低,由此使感受性发生变化的现象称为感觉的相互作用。

例如,同时输入两个视觉信息,人往往只倾向于注意其中一个而忽视另一个。再如视听的相互作用,可能相互加强或减弱。乘车舒适性的感受也是多种感觉交互作用的结果。

5. 感觉的对比

同一感觉器官接受两种完全不同但属同一类的刺激物的作用,而使感受性发生变化的现象称为对比。感觉的对比分为同时对比和继时对比两种。

几种刺激物同时作用于同一感觉器官时产生的对比称为同时对比。例如,同样一个灰色的图形,在白色的背景上看起来显得颜色深一些,在黑色背景上看起来则显得颜色浅一些。

几个刺激物按时间先后作用于同一感觉器官时,将产生继时对比现象。例如,吃糖后再喝咖啡,会感觉咖啡更苦;左手放在冷水里,右手放在热水里,过了一段时间以后,再同时将两手放在温水里,则左手会感觉热,右手会感觉冷。

6. 余觉

刺激消失以后,感觉可以继续存在一极短时间,这种现象称为"余觉",是由于人的反应时间滞后造成的。例如,在暗室里急速转动一根燃烧着的火柴,可以看到一圈火光,这就是由许多火点留下的余觉组成的。

4.3.3 知觉基本特性

1. 整体性

知觉时,把由许多部分或多种属性组成的对象看作具有一定结构的统一整体,该特性称为知觉的整体性。如图 4-6(a)和(b)所示,不是把它们感知为几段直线或虚线,而是感知为正方形和圆形。图 4-6(c)整体感知为方形圆形相交图形(A 方案),而不是感知为两个不规则图形相接(B 方案)。

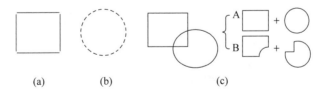

图 4-6 知觉的整体性

在感知熟悉的对象时,只要感知到它的个别属性或主要特征,就可以根据积累的经验而知道它的其他属性和特征,从而整体地感知它。在感知不熟悉的对象时,则倾向于把它感知为具有一定结构的有意义的整体。在这种情况下,影响知觉整体性的因素包括如下几个方面:

(1) 接近:在图 4-7(a)中,圆圈被看作 4 个纵列,因为竖直方向比水平方向明显接近。

(2) 相似：在图 4-7(b) 中，圆圈之间的距离相同，然而由于同一行的颜色相同，由于相似组合作用，被看作是 5 个横行。

(3) 封闭：图 4-7(c) 中，由于封闭因素的作用，感知为两个长方形。

(4) 连续：图 4-7(d) 中，由于受到连续因素的影响，感知为一条直线和一个半圆。

(5) 美感：图 4-7(e) 中，由于圆圈的形态因素影响，感知为两个圆套在一起。

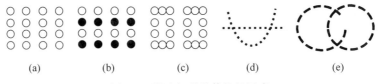

图 4-7　影响知觉整体性的因素

2. 选择性

知觉时，把某些对象从某背景中优先地区分出来，并予以清晰反映的特性，称为知觉的选择性。从知觉背景中区分出对象，一般取决于下列条件：

(1) 对象和背景之间的差别；

(2) 对象的运动；

(3) 主观因素。

知觉对象与背景之间的关系不是固定不变的，而是可以互相转换的。如图 4-8(a) 所示的双关图形——罗宾杯，既可看作黑色背景上的白色花瓶，又可视为白色背景上的两个黑色侧面人像。

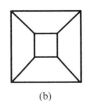

(a)　　　　　(b)

图 4-8　知觉的选择性和理解性示例

3. 理解性

知觉时，用以往所获得的知识经验来理解当前的知觉对象的特征，称为知觉的理解性。

正因为知觉具有理解性，所以在知觉一个事物时，同这个事物有关的知识经验越丰富，对该事物的知觉就越丰富，对其认识也就越深刻。语言的指导能唤起人们已有的知识和过去的经验，使人对知觉对象的理解更迅速、完整。

例如，图 4-8(b) 也是一张双关图形，提示者可以把它描述为立体的东西，而根据提示者的引导这个立体可以被看作向内凹或向外凸的形状。当我们看到红、绿、黄不同颜色的交通信号灯，会根据以往的知识和经验，获取不同的交通信号指示信息，前进或停止。

4. 恒常性

当知觉的条件在一定范围内发生变化时，人的知觉印象仍然能保持相对不变的特性，称为知觉的恒常性。知觉恒常性是经验在知觉中起作用的结果，人总是根据记忆中的印象、知识、经验去知觉事物。在视知觉中，恒常性表现得特别明显，主要包括以下几个方面：

(1) 大小恒常性：看远处物体时，人的知觉系统补偿了视网膜映像的变化，因而知觉的物体是其真正的大小。

(2) 形状恒常性：当看物体的角度有很大改变时，知觉的物体仍然保持同样形状。保持形状恒常性最起作用的线索是带来有关深度知觉信息的线索。

(3) 明度恒常性：一件物体，不管照射它的光线强度怎么变化，它的明度是不变的。决定明度恒常性的重要因素是，从物体反射出来的光的强度与从背景反射出来的光的强度的比例，只要这一比例保持恒定不变，明度也就保持恒定不变。因此，邻近区域的相对照明，是决定明度保持恒定不变的关键因素。例如，无论在白天还是在夜空下，白衬衣总是被知觉为白的，那是因为它反射出来的光的强度与从背景反射出来的光的强度的比例是相同的。

(4) 颜色恒常性：与明度恒常性类似。因为绝大多数物体之所以可见，是由于它们对光的反射，反射光这一特征赋予物体各种颜色。一般来说，即使光源的波长变动幅度相当宽，只要照明的光线既照在物体上也照在背景上，任何物体的颜色都将保持相对的恒常性。例如，无论在强光下还是在昏暗的光线里，一块煤看起来总是黑的。

5. 错觉

错觉是对外界事物不正确的知觉。总体而言，错觉是知觉恒常性的颠倒。视错觉是最为突出的一种错觉。例如，在大小恒常性中，尽管视网膜上的映像在变化，而人的知觉经验却完全忠实地把物体的大小和形状等反映出来。反之，错觉表明的则是另一种情况，尽管视网膜上的映像没有变化，而人知觉的刺激却不相同。

错觉产生的原因目前还不很清楚，但它已被人们大量地利用来为工业设计服务。例如，表面颜色不同造成同一物品轻重有别的错觉，已为生产设计部门所利用。小巧的产品涂以浅色，使产品显得更加轻便；而机器设备的底座部分则采用深色，可以使人产生稳固之感。从远处看，圆形比同等面积的三角形或正方形要大出约 1/10，交通规则标志利用这种错觉规定圆形为表示"禁止"或"强制"的标志等。图 4-9 为几种常见的圆形交通标志。

图 4-9 圆形交通标志

4.4 人的运动特性

4.4.1 人体运动系统

人体的运动系统由骨、骨连接和骨骼肌三部分构成。骨是人体运动的杠杆,骨连接是支点,骨骼肌是动力。

1. 人体骨骼

人体骨骼共 206 块,其中只有 177 块直接参与人体运动。人体骨骼分为两大部分:中轴骨和四肢骨。中轴骨包括颅骨 29 块(其中有 6 块听小骨和 1 块舌骨)、椎骨 26 块(颈椎 7 块、胸椎 12 块、腰椎 5 块、骶骨和尾骨各 1 块)、肋骨 12 对和胸骨 1 块。四肢骨分上肢骨和下肢骨:上肢骨 64 块,下肢骨 62 块。人体骨骼的分布如图 4-10 所示。

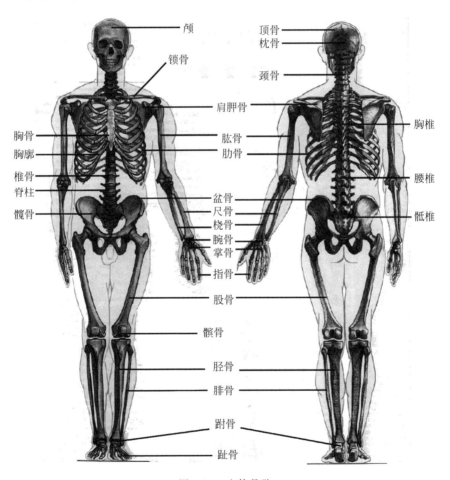

图 4-10 人体骨骼

人体骨骼的功能：
(1) 支撑人体。
(2) 保护内脏。
(3) 运动的杠杆：肌肉牵引着骨绕关节转动，使人体产生各种运动。
(4) 造血：骨的红骨髓造血，黄骨髓储藏脂肪。
(5) 储备矿物盐：如储备钙和磷，供应人体需要。

2. 关节

1) 关节的分类

(1) 单轴关节。

只有一个运动轴，骨仅能沿该轴做一组运动。

① 滑车关节：凸的关节面呈滑车状，如手指关节，见图 4-11。通常是绕冠状轴做屈、伸运动。

② 圆柱关节：关节头的关节面呈圆柱状，常以骨和韧带连成一环，围绕关节头，作为"关节窝"，如桡尺近侧关节等。可绕铅垂轴做旋转运动。

(2) 双轴关节。

有两个互为垂直的运动轴，可绕此二轴进行两组运动，也可做环转运动。

① 椭圆关节：关节头呈椭圆形凸面，关节窝呈椭圆形凹面，如手腕关节。可绕冠状轴做屈、伸运动，并绕矢状轴做收、展运动。

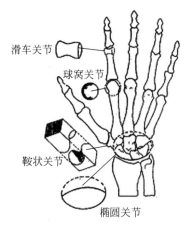

图 4-11　手部关节

② 鞍状关节：相对两关节面都呈马鞍状，可做屈、伸、收、展及环转运动，如拇指腕掌关节。

(3) 多轴关节。

有 3 个互为垂直的运动轴，能作屈、伸、收、展及旋转等各种运动。

① 球窝关节：球状的关节头较大，关节窝浅小，如肩关节。杵臼关节与球窝关节相似，而关节窝特深，包绕关节头的 1/2 以上，运动幅度较小，如髋关节。

② 平面关节：关节面接近平面，实际上是巨大的球窝关节的一小部分，如肩锁关节。

(4) 联合关节。

两个或两个以上结构完全独立，但必须同时进行活动的关节。

关节的灵活性以其关节面的形态为主要依据。首先取决于关节的运动轴，轴越多，可能进行的运动形式越多；其次取决于关节面的差，面差越大，活动范围越大，如肩关节和髋关节同样是三轴关节，肩关节的头大、窝小，所以面差大，而髋关节的髋臼大而深，面差小，故肩关节比髋关节更灵活。

2) 关节的运动

(1) 角度运动：邻近的两骨间产生角度改变的相对转动为角度运动，通常有屈、伸和收、展两种运动形态。关节绕冠状轴转动时,同一关节的两骨互相接近、角度减小时,称为"屈";反之,称为"伸"。关节绕矢状轴转动时,骨的末端向正中面靠近的称为"内收",远离正中面的称为"外展"。

(2) 旋转运动:骨绕垂直轴的运动,称为旋转运动。由前向内的旋转称为旋内,由前向外的旋转称为旋外。

(3) 环转运动:整根骨头绕通过上端点并与骨成一角度的轴线的旋转运动,称为环转运动,运动的轨迹类似圆锥体图形。

3) 关节的活动范围

骨与骨之间除了通过关节相连外,还由肌肉和韧带连接。韧带除了有连接两骨、增加关节稳固性的作用以外,还有限制关节运动的作用。

人体各关节的活动有一定的限度,超过限度,将会造成损伤。人体处于各种舒适姿势时,关节必然处在一定的舒适调节范围之内。关节的活动范围受到关节本身的特点、关节之间的运动叠加和关系协调,以及人的年龄及体态、灵活性等身体状况的影响。人体各主要关节的最大活动范围及舒适调节范围如图 4-12、图 4-13 和表 4-4 所示。表 4-4 中给出的最大角度适用于一般情况,年岁较高的人大多低于此值。穿厚衣服时,角度也要小些。有多个关节的一串骨骼中,若干角度相叠加会产生更大的总活动范围(例如,低头、弯腰)。

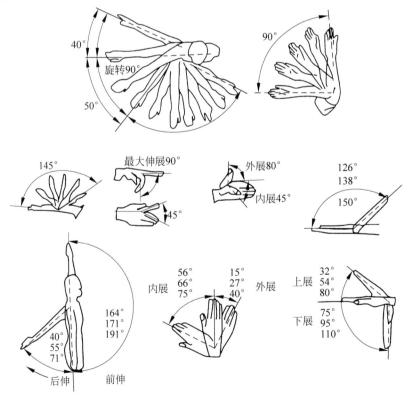

图 4-12 人体上肢的活动范围

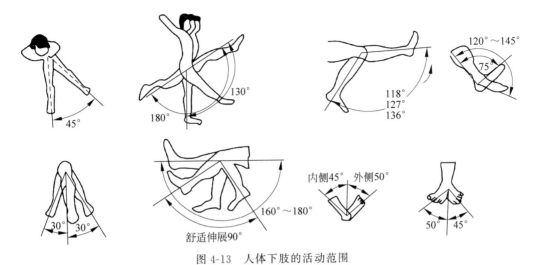

图 4-13　人体下肢的活动范围

表 4-4　人体主要关节的最大活动范围及舒适调节范围

关　节	身体部位	活动方式	最大角度/(°)	最大活动范围/(°)	舒适调节范围/(°)
颈关节	头至躯干	低头、仰头	+40～-35①	75	+12～-25
		左歪、右歪	+55～-55①	110	0
		左转、右转	+55～-55①	110	0
胸关节腰关节	躯干	前弯、后弯	+100～-50①	150	0
		左弯、右弯	+50～-50①	100	0
		左转、右转	+50～-50①	100	0
髋关节	大腿至髋关节	前弯、后弯	+120～-15	135	0(+85～+100)②
		外拐、内拐	+30～-15	45	0
膝关节	小腿对大腿	前摆、后摆	+0～-35	135	0(-95～-120)②
脚关节	脚至小腿	上摆、下摆	+110～+55	55	+85～+95
髋关节小腿关节脚关节	脚至躯干	外转、内转	+110～-70①	180	+0～+15
肩关节（锁骨）	上臂至躯干	外摆、内摆	+180～-30①	210	0
		上摆、下摆	+180～-45①	225	(+15～+35)③
		前摆、后摆	+140～-40①	180	+40～+90
肘关节	下臂至上臂	弯曲、伸展	+145～0	145	+85～+110
腕关节	手至上臂	外摆、内摆	+30～-20	50	0⑤
		弯曲、伸展	+75～-60	135	0
肩关节,下臂	手至躯干	左转、右转	+130～-120①④	250	-30～-60

注：①得自给出关节活动的叠加值；②括号内为坐姿值；③括号内为在身体前方的操作；④开始的姿势为手与躯干侧面平行；⑤拇指向下全手对横轴的角度为 12°。

4.4.2 骨骼肌的特性

肌肉在人体上分布很广,根据其形态、构造、功能和位置等不同特点,可分为平滑肌、心肌和横纹肌三类。其中横纹肌大都跨越关节,附着在骨骼上,称为骨骼肌。骨骼肌的收缩受人的意志支配,故又称随意肌。人体全身共有骨骼肌434块。成年男子骨骼肌约占人体质量的40%、成年女子则为35%左右。人因工程学中主要研究骨骼肌的特性。

1. 骨骼肌的物理特性

(1) 收缩性。表现为肌肉纤维长度的缩短和张力的变化。静止状态的肌肉并不是完全休息放松的,其中少数运动部位的肌肉保持轻微的收缩(即保持一定的紧张度),用以维持人体的一定姿势;处于运动状态的肌肉,肌纤维明显缩短,肌肉周径增大,肌肉收缩时肌纤维长度比静止时缩短 $1/3\sim1/2$。

(2) 伸展性。表现为肌肉受外力作用时被拉长,外力解除后,被拉长的肌纤维又可复原。

(3) 弹性。表现为肌肉受压变形,外力解除即复原的线性特性。

(4) 黏滞性。主要由于其内部含有胶状物质。气候寒冷时,肌肉的黏滞性增加;气温升高后,肌肉的黏滞性降低,这可保证人动作的灵活性,避免肌肉拉伤。热身运动即针对骨骼肌的黏滞性而言,通过适量的运动提高肌肉的温度,使肌肉变得放松、柔软并有韧性,同时加快血液流动,促进养料运送,有助于使肌肉、肌腱和关节为更激烈的运动做好充分准备。

2. 肌肉所做的功和机械效率

肌肉在体内的功能,是它们在受到刺激时能产生张力或缩短,借以完成躯体的运动或对抗某些外力的作用。当肌肉为克服某一外力而缩短,或肌肉因缩短而牵动某一负荷物时,肌肉完成了一定量的机械功,其数值等于所克服的阻力(或负荷)和肌肉缩短长度的乘积。但肌肉在收缩时究竟是以产生张力为主,还是以表现缩短为主,以及收缩时能做多少功,则要看肌肉本身的机能状态和肌肉所遇到的负荷条件。

肌肉收缩时消耗的能量转变为功和热。肌肉作等长收缩时机械功为零,因而其化学反应能量全部转变为热;肌肉作非等长收缩时能量的一部分消耗于对外做机械功,另一部分转变为热能。肌肉对外所做机械功与其所消耗的总能量的比值称为机械效率。人的机械效率一般为 25%~30%。人的机械效率不是常数,随肌肉活动条件而变化,其大小取决于肌肉活动时的负荷和收缩速度。适宜的负荷和适宜的收缩速度(约等于最大速度的20%)所获得的机械效率最高。

4.4.3 人体的出力

人体的出力来源于肌肉的收缩,肌肉收缩时所产生的力,称为肌力。

肌力的大小取决于单个肌纤维的收缩力、肌肉中肌纤维的数量与体积、肌肉收缩前的初长度、中枢神经系统的机能状态、肌肉对发生作用的机械条件等生理因素。研究表明,一条肌纤维能产生 100～200mg 的力量,因而有些肌肉群产生的肌力可达上千牛顿。表 4-5 所列为我国中等体力的 20～30 岁的青年男、女工作时,身体主要部位的肌肉所产生的力。

表 4-5 人体所能发挥的操纵力(我国 20～30 岁)

肌肉的部位		力/N		肌肉的部位		力/N	
		男	女			男	女
手臂肌肉	左	370	200	手臂伸直时的肌肉	左	210	170
	右	390	220		右	230	180
肱二头肌	左	280	130	拇指肌肉	左	100	80
	右	290	130		右	120	90
手臂弯曲时的肌肉	左	280	200	背部肌肉(屈伸躯干)		1220	710
	右	290	210				

一般地,女性的肌力比男性低 20%～35%;右手的肌力比左手约强 10%;而习惯左手的人(左利者),其左手肌力比右手强 6%～7%。

在生产劳动中,为了达到操作效果,操作者身体有关部位(手、脚及躯干等)所施出的一定量的力,称为操纵力。

人的操纵力有一定的数值范围,是设计机械设备的操纵系统所必需的基础数据。

人体所能发挥的操纵力的大小,除了取决于上述人体肌肉的生理特性外,还取决于人的操作姿势、施力部位、施力方向、施力方式以及施力的持续时间等因素。

只有在一定的综合条件下肌肉出力的能力和限度,才是操纵力设计的依据。

1. 坐姿时手臂的操纵力

如图 4-14 和表 4-6 所示,对于坐姿时手臂的操纵力,右手大于左手,向下用力大于向上用力,向内侧用力大于向外侧用力。

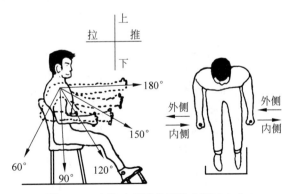

图 4-14 坐姿时手臂的操纵力测试方位

表 4-6　坐姿人体手臂的操纵力

手臂角度/(°)	拉力/N		推力/N	
	左手	右手	左手	右手
	向后		向前	
180	225	235	186	225
150	186	245	137	186
120	157	186	118	157
90	147	167	98	157
60	108	118	98	157
	向上		向下	
180	39	59	59	78
150	69	78	78	88
120	78	108	98	118
90	78	88	98	118
60	69	88	78	88
	向内		向外	
180	59	88	39	59
150	69	88	39	69
120	88	98	49	69
90	69	78	59	69
60	78	88	59	78

2. 立姿时手臂的操纵力

图 4-15 所示为直立姿势手臂伸直操作时，在不同方向、角度位置的拉力和推力的分布情况。手臂在肩下方 180°位置产生最大拉力，在肩上方 0°位置产生最大推力。因此，推拉形式的操纵装置应尽量安装在上述能产生最大推、拉力的位置。

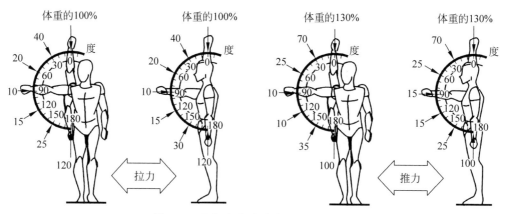

图 4-15　立姿直臂时手臂操纵力的分布

图 4-16 所示为直立姿势手臂弯曲操作时,在不同方向、角度位置的力量分布情况。前臂在自垂直朝上位置绕肘关节向下方转动大约 70°位置产生最大操纵力,这正是许多操纵装置(如车辆的转向盘)安装在人体正前上方的根据所在。

3. 坐姿时的足蹬力

图 4-17 中的外围曲线表示足蹬力的界限,箭头表示施力方向。最大足蹬力通常在膝部弯曲 160°位置产生。

4. 手的握力

一般青年人右手平均瞬时最大握力为 556N(330～755N),左手平均瞬时最大握力为 421N。右手能保持 1min 的握力平均为 275N,左手为 244N。握力大小还与手的姿势有关,手掌向上时的握力最大,手掌朝向侧面时次之,手掌向下时的握力最小。

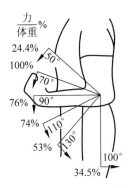

图 4-16 立姿直臂时手臂操纵力的分布

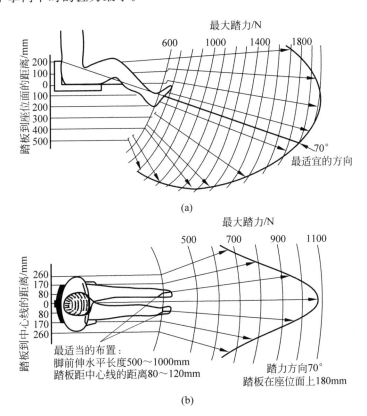

图 4-17 坐姿不同体位下的足蹬力分布

5. 出力随时间衰减

人体所有出力的大小都与持续时间有关。随着施力持续时间的延长,人的力量将迅速下降。例如,拉力由最大值衰减到最大值的 1/4,只需要 4min。任何人的出力衰减到最大值的 1/2 时的持续时间大体相同。

4.4.4 人体动作的灵活性与准确性

1. 人体动作的灵活性

人体动作的灵活性指操作时动作的速度和频率。人体的生物力学特性决定了人体动作灵活性的特点。人体重量轻的部位比重的部位、短的部位比长的部位、肢体末端比主干部位的动作更灵活。如手比脚灵活、手指比肘部灵活等。

1) 动作速度

动作速度指的是肢体在单位时间内移动的距离。肢体动作速度的大小,在很大程度上取决于肢体肌肉收缩的速度。不同的肌肉,收缩速度不同,慢肌纤维的收缩速度慢,快肌纤维的收缩速度快。通常一块肌肉中既包含慢肌纤维,也包含快肌纤维,中枢神经系统可能时而使慢肌纤维收缩,时而使快肌纤维收缩,从而改变肌肉的收缩速度。肌肉收缩速度还取决于肌肉收缩时所发挥的力量与遇到阻力的大小,发挥的力量越大,外部的阻力越小,则收缩速度越快。操纵动作的速度还取决于动作的方向和轨迹。

人的肢体运动速度,可以从每秒几毫米到 800mm/s。在一般情况下,手臂的动作速度平均为 50~500mm/s,手的动作速度以 350mm/s 为上限,控制操纵杆位移的动作速度以 90~170mm/s 为宜。人体的动作速度有以下规律:

(1) 人体躯干和肢体在水平面的运动比在垂直面的运动速度快。

(2) 垂直方向的操纵动作,从上往下的运动速度比从下往上的运动速度快。

(3) 水平方向的操纵动作,前后运动速度比左右运动速度快,旋转运动比直线运动更灵活。

(4) 顺时针方向的操作动作比逆时针方向的操作动作速度更快,更加符合习惯。

(5) 一般人的手操纵动作,右手比左手快;而右手的动作,向右运动比向左运动快。

(6) 向身体方向的运动比离开身体方向的运动速度更快,但后者的准确性高。

2) 动作频率

动作频率指单位时间内动作重复的次数。操纵动作的频率与操作方式、动作部位、受控机构的形状和种类、受控部件的尺寸和质量等因素有关,如打字员敲击键盘的动作频率。人体各部位的最大动作频率参见表 4-7。手柄长度与最大动作频率的关系见表 4-8。

表 4-7 人体各部位的动作频率

动作部位	最大动作频率/min^{-1}	动作部位	最大动作频率/min^{-1}
手指敲击	180～300	前臂屈伸	180～390
手抓取	360～420	大臂前后摆动	99～340
手打击	右 300～800,左 510	足蹬踏(以足跟为支点)	300～380
手推压	右 390,左 300	腿抬放	300～400
手旋转	右 300,左 360		

表 4-8 手柄长度与最大动作频率

手柄长度/mm	30	40	60	100	140	240	580
最大动作频率/min^{-1}	26	27	27.5	25.5	23.5	18.5	14

2. 人体动作的准确性

人体动作的准确性可根据动作方向、动作位移、动作速度和动作力量 4 个要素的量值及其相互之间的配合是否恰当来评价,如体育运动中投篮动作的准确性。

动作方向必须正确,动作位移必须适当,才能产生准确的操纵动作。

手臂伸出和收回的动作的准确性与动作量有关,动作位移小(100mm 以内)时,容易有运动过多的倾向,动作误差较大;动作位移较大(100～400mm)时,容易有运动过小的倾向,动作误差显著减小。另外,向外伸出要比向内收回更准确。

动作的速度平稳柔和,容易产生准确的操纵动作;急剧粗猛的动作,往往速度发生突变,导致操纵动作不准确。

动作力量指的是肢体运动遇到阻力时所能提供的力量。按照动作力量的大小,可分为有力动作和无力动作两种情况:有力动作是指有足够的均匀增长的力量和速度的动作,能克服强大的阻力,操纵动作容易控制准确;无力动作是指没有足够的力量和速度的动作,这种动作常常是不准确的。

4.5 本章小结

本章是关于人的神经系统、信息传递、感知特性及运动特性的理论介绍,是人因工程学在人体生理学和心理学领域的交叉内容。

基于神经系统的反射活动是人的一切行为活动的基础,而人的大脑通过感觉器官直接或间接接收外界物质和事物发出的种种信息,从而识别物质和事物的存在、发展与变化,并与外界环境之间进行信息交互。

人机之间相互作用的最本质联系即是信息交换。人的行为活动可以看作是一种信息传递和处理的过程。人可以看作是一个单通道的输送容量有限的信息处理系统。常用的通道包括视觉通道、听觉通道和触觉通道。

人的感知觉的基本特性是人因工程设计的依据,如人的感觉阈值、感觉相互作用、余觉、错觉等在人因工程设计及评价中的应用非常普遍。

人的运动特性,包括人体的运动系统、骨骼肌的特性、人体的出力、人体动作的灵活性和准确性,是交通设施和交通工具操纵装置设计的基础,也影响着交通出行的安全性、舒适性和便捷性。

- **复习思考题**

1. 简述条件反射的特点和规律;举实例说明常见反射类型。
2. 叙述信息的定义。说明影响信息传递的主要因素。
3. 列举影响人的反应时间的主要因素;说明驾驶员的反应时间及其特点。
4. 人的感觉和知觉有何区别?各有哪些基本特性?
5. 举例说明人的感觉器官的适宜刺激与感觉阈值。
6. 举例说明人的知觉特性在工程设计中的应用。
7. 举例说明关节的运动形式及活动范围特点。
8. 骨骼肌的物理特性有哪些?
9. 简述人体出力的原理及特点。简述立姿和坐姿时的操纵力、足蹬力及握力的主要特点。
10. 简述人体动作的灵活性和准确性的特点及其评价因素。

- **课后作业**

1. 基于"影响信息传递的主要因素"相关理论,对汽车驾驶员的人机交互模式设计分析。
2. 基于人的反应时间理论,面向追尾预防,建立关联汽车行驶速度-安全距离的计算模型。
3. 利用握力器测量手的瞬时握力,并与本书中的相关参数进行对比。

第 5 章 人的视觉与光环境设计

内容提要

视觉是人类最重要的感知觉,视觉也是人体获取信息最多的通道,视觉在交通人因工程中的重要性不言而喻。与视觉功能相对应的光环境无处不在,是道路交通系统的泛在特性。本章首先从人因工程的角度介绍了人的视觉特性,之后介绍与视觉性能和感受对应的光环境设计的主要参数和设计原则,面向道路交通的光环境设计主要是道路照明设施和设计标准。在各种交通运载系统中,航天器是非常特殊和重要的人机系统,其光环境设计也具有特殊的要求,在本章中专门进行了介绍。

知识结构

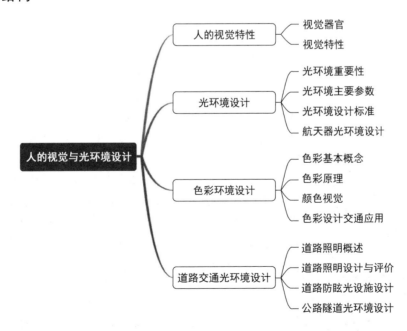

5.1 人的视觉特性

5.1.1 视觉器官

人的眼睛是视觉的感受器官,其基本结构如图 5-1 所示。

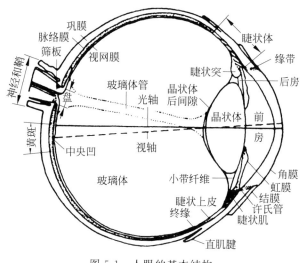

图 5-1 人眼的基本结构

视觉器官的功能是识别视野内发光物体或反光物体的轮廓、形状、大小、远近、颜色和表面细节等情况。自然界形形色色的物体及文字、图像等信息,主要通过视觉通道在人脑中得到反映。据估计,对于正常人来说,人脑获得的全部信息中,约有 95% 以上来自视觉输入。因此,视觉器官是人体最重要的感觉器官。

人的视觉是指眼睛在光线的作用下,对物体的明暗(光觉)、形状(形态觉)、颜色(色觉)、运动(动态觉)和远近深浅(立体知觉)等方面的综合感觉。人的视觉是由光刺激、眼睛、神经纤维和视觉中枢共同作用的结果。

物体发出的光射入眼睛后,由于眼的折光作用而在视网膜上形成物像,在物像所及的部位,由感受细胞吸收光能而发生化学反应,使感受细胞产生一系列的电脉冲信息;这些信息经视神经纤维传送到大脑的视觉域进行综合处理后,形成视觉映像。这种视觉映像的一部分储存在脑细胞中,另一部分消失或刺激其他脑细胞,引起某种行为。

5.1.2 视觉特性

1. 视距、视角、视力

视距是指眼睛至被观察对象的距离。人在观察各种显示仪表时,视距过远或过近,对认读速度和准确性都不利。一般应根据被观察对象的大小和形状在 380~760mm 之间选择最佳视距。视角是瞳孔中心到被观察对象两端所张开的角度。

$$\alpha = 2\arctan(D/2L)$$

式中，α 为视角，以分($'$)为单位；D 为被观察对象上下两端点的直线距离；L 为视距。

在一般照明条件下，正常人的眼睛能辨别 5m 远处两点间的最小距离所对应的视角为 $1'$，定义此视角为最小视角。此时视网膜上形成的物像两点间的距离仅为 $4\sim5\mu m$，相当于一个视锥细胞的直径。当视角小于 $1'$ 时，人眼对观察对象就难以分辨。如果物体很亮，或者当物体与背景的亮度对比极为明显时，则能看清被观察对象的最小视角可略小于 $1'$；而如果照明不良，即使视角为 $1'$ 或略大于 $1'$ 也不易看清。

视力是描述人眼对物体细节识别能力的一个生理尺度，其定义为临界视角的倒数，也即

视力＝1/临界视角

临界视角是人眼能辨别一定距离处的目标所对应的最小视角($'$)。此式的意义可用图 5-2 加以说明。若被观察对象上下两端点的直线距离 D 处在刚能识别与不能识别的临界状态，则此时被视两端点与人眼瞳孔中心之间连线所构成的夹角称为临界视角，该视角的倒数即等于视力。规定当临界视角为 $1'$，视力等于 1.0，此时视力为正常。当视力下降时，临界视角显然要大于 $1'$，于是视力用相应的小于 1.0 的数值表示。

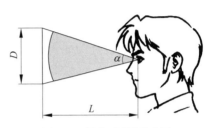

图 5-2 视角、视距示意图

通常所说的视力，是指视网膜的黄斑中央凹处注视点的视力，称为中心视力。在中央凹处以外视网膜上各点的视力则称为周边视力。视网膜上视力的分布主要与视觉细胞的分布状态有关。中央凹处视力最高，偏离中央凹处的视力急剧下降。

2. 视线与视野

视野是指人的眼睛观看正前方物体所能看到的空间范围，常以角度来表示。

人的视线是指黄斑中心最敏锐的聚焦点与注视点之间的连线。正常视线是指头部和两眼放松状态，头部与眼睛轴线夹角 $105°\sim110°$ 时的视线，在水平视线之下为 $25°\sim35°$。眼睛观看物体可分为直接视野、眼动视野、观察视野三种状态。直接视野是在头部固定、眼球静止不动的状态下自然可见的范围(水平方向 $\pm25°$，竖直方向 $\pm15°$)；眼动视野是指头部固定而转动眼球注视某中心点时所见的范围(水平方向 $\pm30°$，竖直方向 $\pm25°$)；观察视野是身体固定、头部与眼睛转动时的可见范围。图 5-3 所示为正常人的双眼正常视野范围。

正常人双眼的综合视野在垂直方向约为 $130°$(视水平线上方 $60°$，下方 $70°$)，在水平方向约为 $180°$(两眼内侧视野重合约 $60°$，外侧各 $90°$)，在垂直方向 $6°$ 和水平方向 $8°$ 范围内的物体，映像将落在视网膜的最敏感部分——黄斑上。黄斑是位于颞侧 $3\sim4mm$，直径 $2\sim3mm$ 的黄色区域。在垂直和水平方向均为 $1.5°$ 范围内的物体，映像将落在黄斑中心——中央凹部分。映像落在黄斑上的物体，看得最为清晰，该区域称为最优视野。尽管最优视野范围很小，但实际观看大的物体时，由于眼球和头部都可转动，因而被看对象的各部分能轮流

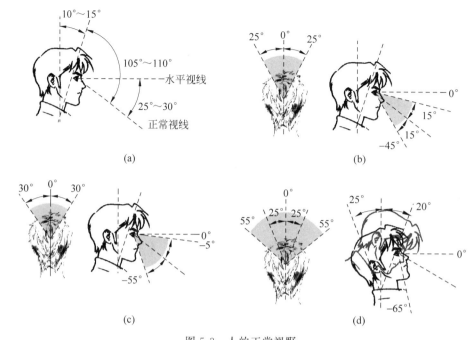

图 5-3 人的正常视野

(a) 人的正常视线；(b) 人的直接视野；(c) 人的眼动视野；(d) 人的观察视野

处于最优视野区,快速转动的眼球使人看清整个物体形象。

人因工程学中,通常以人眼的视野为依据设计有关显示装置,以提高视觉效果,降低视认负担,减轻人眼的疲劳。基于视野特性进行人机界面显示装置的视觉设计。

3. 明暗适应

人眼对光亮程度的变化具有适应性。眼睛从亮度大的观察部位转移到亮度小的观察部位,或者人从光亮的地方进入黑暗的地方,眼睛不能一下子就看清物体,需要经过一段适应时间后,才能看清物体,这个适应过程称为暗适应。相反的情况和适应过程,称为明适应。

暗适应时,眼睛的瞳孔放大,进入眼睛的光通量增加；明适应时,眼睛的瞳孔缩小,进入眼睛的光通量减少。暗适应时间较长,要经过4~6min才能基本适应,需要在暗处停留30min左右,才能完全适应。明适应时间较短,1min左右便可完全适应。图5-4是用白色试标在短时间内达到能看清程度所需的最低亮度界限曲线,即引起人眼光感觉的最小亮度随暗适应时间而变化的曲线。

暗适应曲线主要表示人眼视网膜上参加工作的视锥细胞与视杆细胞数量的转变过程,即转入

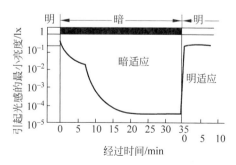

图 5-4 暗适应与明适应过渡曲线

工作的视杆细胞数量逐渐增加的过程。由于视杆细胞转入工作状态的过程较慢，因而整个暗适应过程大约需要 30min 才能趋于完成。而明适应时，视杆细胞退出工作，视锥细胞数量迅速增加。由于视锥细胞的转换较快，因而明适应时间较短，大约 1min 即趋于完成。

人眼在明暗急剧变化的环境中，因受适应性的限制，视力会出现短暂下降。若频繁出现这种情况，则会产生视觉疲劳，并容易引起事故。为此，在需要频繁改变亮度的场所，可采用缓和照明，以避免光线的急剧变化。

人眼的明暗适应性对车辆的行驶安全性影响很大。例如，车辆从明亮的公路驶入隧道时，由于隧道内的光线远比外边弱，眼睛不习惯，约有 10s 时间看不清道路和周围环境，这时若行驶速度为 50km/h，则 10s 时间内，车辆将向前驶过 140m 左右，这段路程极易发生撞车事故。为了行驶安全，应降低行驶速度并在进入隧道前打开车辆的前照灯。通常在隧道入口处采用一段缓和照明，减少明暗交替突变，让视觉更容易适应。由于明适应的时间很短，在隧道出口处可不做其他处理。

4. 眩光

物体表面产生刺眼和耀眼的强烈光线，称为眩光。由天然光或强烈的人工光源直接照射物体表面而引起的眩光，称为直接眩光；由视野内天花板、墙壁、机器或其他表面反射而引起的眩光，称为反射眩光。眩光的形成多起因于物体表面过于光亮（如电镀抛光或有光漆表面）、亮度对比度过大、直接强光照射。眩光的危害在于导致不舒适的视觉条件：

（1）使眼睛的瞳孔缩小，在视野内亮度一定的条件下，降低了视网膜上的照度。

（2）眩光在眼球媒质内散射，减弱了被看对象与背景间的对比度。

（3）视觉细胞受强光刺激，引起大脑皮层细胞间产生相互作用，使得对被看对象的观察呈现模糊。

减少直接眩光的方法：减少引起眩光的高亮度面积、增大视线与眩光源之间的角度、提高眩光源周围区域的亮度等。

减少反射眩光的方法：降低光源的亮度、改变光源的位置或改变作业对象的位置、使反射眩光避开观察者的眼睛、改变刺眼物体表面的性质使之不反射或少反射、提高周围环境的照度以减弱反射物与背景间的亮度对比等。

5. 视错觉

人观察外界物体的形状、大小、位置和颜色时，所得映像与实际情况发生差异，称为视错觉。当视网膜受到光刺激时，光线会在横向产生扩大范围的影响，这在生理学范畴称为视网膜诱导场。诱导场的存在使视物时得到的视觉映像与物体的实际状态存在差异，产生视错觉现象。

视错觉可归纳为形状错觉、色彩错觉和物体运动错觉三大类。常见的形状错觉有线段长短错觉（图 5-5）、面积大小错觉（图 5-6）、方位错觉（图 5-7）、对比错觉（图 5-8）、分割错觉（图 5-9）、方向错觉、远近错觉及透视错觉等。

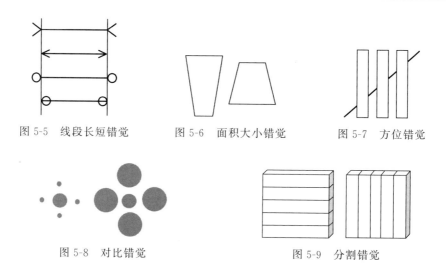

图 5-5　线段长短错觉　　图 5-6　面积大小错觉　　图 5-7　方位错觉

图 5-8　对比错觉　　图 5-9　分割错觉

色彩错觉有对比错觉、大小错觉、温度错觉、重量错觉、距离错觉及疲劳错觉等。视错觉的形式多种多样,情形复杂。色彩错觉同色彩的心理功能或感情效果密切相关。例如,两个尺寸、形状、重量完全一样的包装箱,一个白色,一个黑色,搬运者却感觉白色的略轻,这就是色彩的重量错觉。

视错觉是人的生理和心理原因引起的对外界事物的错误知觉,在人因工程设计中可以利用或夸大视错觉现象,以产生一定的心理效应。例如,交通工具客舱或操纵室的内部装饰设计,常利用横向线条划分所产生的视错觉来改善内部空间的狭长感,使空间显宽;利用纵向线条划分所产生的视错觉来增加内部空间的透视感,使空间显长。为保证道路交通安全,高速公路出口处路面可设计人形线,以此产生驾驶员速度错觉,从而降低真实速度,避免交通事故发生。另外,如图 5-10 所示,"视错觉 3D 减速带"既能起到降低车速的作用,同时又保证了汽车的通过性和舒适性。

图 5-10　视错觉 3D 减速带

在另一些情况下,人因工程设计又需要避免产生视错觉现象,以达到宜人效果。例如,色彩过强,则对人眼刺激太大,使人易于疲劳;许多颜色混在一起,明度差或彩度差较大,也易使人疲劳,称为色彩的疲劳错觉。在各种工作、学习或休息环境的色彩设计中,必须注意避免产生色彩的疲劳错觉现象。如将车辆内饰设计为米色或灰色等较浅的颜色,可以让乘客感觉明亮不压抑。

6. 视觉的运动规律

根据视觉的需要,眼球的运动通常包括3种类型:

(1) 注视运动:把眼睛的中央凹处对准某一目标。

(2) 追踪运动:平稳地注视运动物体使其持续成像在眼睛的中央凹处。

(3) 跳跃运动:当视标位置快速变化时,眼球离开了平稳地追踪运动。

视觉的运动规律包括如下几个方面:

眼睛的水平运动比垂直运动快,往往先看到沿眼睛水平运动方向放置的物体,后看到沿眼睛垂直运动方向放置的物体;眼睛沿水平方向运动也比沿垂直方向运动更不易疲劳。很多机器的仪表板外形设计成横向长方形就是这个道理。

视线的移动习惯于从左到右、从上往下和顺时针方向运动。人的眼睛对水平方向的尺寸和比例的估计比对垂直方向的尺寸和比例的估计要准确得多。当眼睛偏离视中心时,在偏离距离相等的情况下,人眼对左上象限的观察最优,其次为右上象限、左下象限,而右下象限最差。此外,两眼的运动总是协调的、同步的。

眼动研究技术在交通安全上有广泛的应用,包括汽车人机界面布置设计、驾驶疲劳监测、隧道出入口的景观设计、高速路广告牌设置等,在研究开发中大量采用眼动技术。

5.2 光环境设计

5.2.1 光环境的重要性

视觉是人体最重要的感觉,光环境对视觉的影响最为显著,因此光环境设计通常是首要的任务。作业场所的光环境,包括天然采光和人工照明,对生产中的效率、安全和健康都有重要作用。良好的光环境对降低事故发生率和保护工作人员的视力具有明显的效果。图5-11对比了某工厂在照明改善前后的事故发生情况,可见照明改善后安全状况明显好转。

1. 照明与疲劳

人眼为看清物体,必须通过眼球周围的6根眼肌收缩来调节晶状体的折光能力和瞳孔的大小,眼肌的反复收缩很容易引起疲劳,尤其是睫状肌。因此,在照明条件不好的情况下,人很容易产生视觉疲劳,严重时甚至会引起全身性疲劳。

2. 照明与工作效率

改善照明条件不仅可以减少视觉疲劳,也可以提高工作效率。适当的照明条件可以提

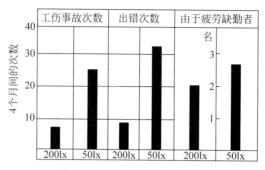

图 5-11 照明状况与事故情况

高工作的速度和精确度,从而增加产量,提高质量,减少差错和事故次数。

3. 照明与情绪

生理学和心理学方面的实验表明,照明会影响人的情绪。

一般而言,明亮的环境令人兴奋、愉快,容易保持良好的积极性。良好的照明条件还延缓视觉疲劳的发生,保持良好的工作状态。

5.2.2 光环境的主要参数

光的度量单位包括光通量和光强,而环境照明常用的计量单位是照度和亮度。

1. 光通量

光通量是单位时间内通过物体某一面积的光能,单位为流明(lm)。如,1根普通蜡烛。一个40W的普通白炽灯泡大约为10lm/W。

2. 光强

光强 I 的单位为坎德拉(cd),它定义为单位立体角内的光通量。

$$I = \frac{\Phi}{\Omega}$$

式中,Φ 为光通量;Ω 为立体角,Sr。

3. 照度

照度是指照射在物体单位表面面积上的光通量,单位为勒克斯(lx)。若被照平面面积为 S,接收的光通量为 Φ,则照度 E 为

$$E = \frac{\Phi}{S}$$

平均照度(E_{av})=光源总光通量($N \times \Phi$)×利用系数(CU)×维护系数(MF)/区域面积(m^2)(利用系数:一般室内0.4;维护系数:0.7~0.8)。

某办公室平均照度设计案例:办公室长18.2m,宽10.8m,高2.8m,桌面高0.85m,利

用系数 0.7,维护系数 0.8,灯具数量 33 套,求办公室内平均照度是多少?

灯具解决方案:灯具采用 DiNiT 2X55W 防眩日光灯具,光通量 3000lm。平均照度为 $E_{av}=(336000\text{lm}\times 0.7\times 0.8)\div(18.2\text{m}\times 10.8\text{m})=564.10(\text{lx})$。

各种环境条件下的照度见表 5-1。

表 5-1 典型环境下的照度

环 境 条 件	照度/lx	环 境 条 件	照度/lx
黑夜	0.01~0.1	晴天室内	100~1000
月夜	0.02~0.2	晴天室外	2000~100000
阴天室内	5~50	夜晚室内照明	50~500
阴天室外	50~500	读书所需照明	50

照度受被照物体与光源的距离及夹角的影响,它们之间的关系为

$$E=\frac{I\cos\alpha}{D^2}$$

式中,E 为照度,lx;I 为光强,cd;D 为光源到被照物的距离,m;α 为光线在受照表面的入射角,(°)。

4. 亮度

亮度是指发光表面在指定方向的发光强度与垂直面的面积之比,单位为 cd/m^2。

室内照明强度为 300lx 时,各种物体表面的亮度如表 5-2 所示。

表 5-2 各种物体表面的亮度

物 体	亮度/(cd/m²)	物 体	亮度/(cd/m²)
荧光灯(65W)	1000	荧光屏的亮边	70
窗户的表面	1000~4000	荧光屏的暗边	4
桌面的白纸	70~80	屏幕背景	5~15
桌面	40~60		

在考虑照明强度时,不仅要考虑照度,也要考虑亮度,因为同样的照度条件下,亮度的不同也影响人的视力。

例如,在室内没有灯光的情况下,我们不能读书,但仍然能看到计算机屏幕上的内容。

5.2.3 光环境设计标准

1. 照明设计原则

1) 照明方式

工业企业的建筑物照明通常采用三种形式,即自然采光、人工照明和二者兼有的混合照明。照明方式影响照明质量,且关系到投资及费用支出,选用何种照明方式与工作性质及工

作分布疏密有关。

工作场所人工照明方式按灯光照射范围和效果,一般分为三种:

(1) 一般照明。也叫全面照明,是指不考虑特殊的局部需要,为照亮整个被照面积而设置的照明。

(2) 局部照明。是指为增加某一指定地点的照度而设置的照明。

(3) 综合照明。由一般照明和局部照明共同组成的照明。

2) 光源选择

作为光源,自然光最理想。在设计照明时,应始终考虑最大限度地利用自然采光。采用人工照明可使工作场所保持稳定光亮。人工照明应选择接近自然光的人工光源。

按光源与被照物的关系,光源可分为直接光源、反射光源和投射光源三种。设计中还要考虑光源的光色,如荧光灯呈日光色,高压钠灯呈全白色。

3) 照度分布

工作场所的照度应均匀分布。照明均匀应从灯具的布置上来解决。照度均匀的标志是:场内最大、最小照度分别与平均照度之差小于等于平均照度的1/3。设计时还要考虑到光的稳定性和均匀性。

4) 亮度分布

人的视野内存在不同亮度,就需要眼睛去适应,如果亮度差别大,易造成视觉疲劳。亮度不必要过于均匀,但反差也应适度。因此,要求视野内有合适的亮度差异和分布,既有利于观察和作业,又使工作环境不致单调。视野内的观察对象、工作面和周围环境之间最好的亮度比为 5:2:1,最大允许亮度比为 10:3:1。

5) 防止眩光

在光环境设计时应注意防止出现眩光。对直接眩光的防止措施主要包括限制光源亮度、合理布置光源、改变光线为散射、适当提高环境亮度等方面。对反射眩光,应通过变换光源位置或工作面位置,使反射光不处于视线之内,还可通过选择材料和涂色来降低反射系数,避免发生反射眩光。

要避免眩光的存在,应注意遵守下列原则:

(1) 在视力范围内所有的物体和表面应尽量保证昼夜有相同的照明强度。

(2) 视力中心附近的照明强度对比度不应高于 3:1,视力中心与视力边界的照明强度对比度不应高于 10:1。过大的照明强度对比度在视力范围的两侧和下面比在上面更为不利。视力中心的亮度应当最高,向四方逐渐降低。

(3) 光源与背景的照明强度对比度不应超过 20:1。

(4) 在整个房间中最大的照明强度对比度不应超过 40:1。

2. 光环境的设计标准

照明标准是指工作场所必须达到的照度水平,是照明设计和管理的重要依据。照明标准并不是人的视觉要求的最低水平,而是综合考虑人的视觉、生产力水平、电力成本等因素的结果。

我国的照明标准是采用间接法制定的,即从保证一定的视觉功能出发来选择最低照度值,并考虑了我国当前的电力生产和消费水平。

按照场所的不同,对光环境的要求不同,一般按照居住建筑、公共建筑、工业建筑和交通工具等进行分类,常用的光环境相关标准如下。

- 《视觉工效学原则室内工作场所照明》(GB/T 13379—2008)
- 《建筑采光设计标准》(GB/T 50033—2013)
- 《建筑照明设计标准》(GB 50034—2013)
- 《中小学校教室采光和照明卫生标准》(GB 7793—2010)
- 《采光测量方法》(GB/T 5699—2017)
- 《照明测量方法》(GB/T 5700—2008)
- 《城市道路照明设计标准》(CJJ 45—2015)
- 《公路隧道照明设计细则》(JTG/T D70/2-01—2014)

5.2.4 航天器光环境设计

航天器是非常特殊的人-机-环境系统,航天器舱的光环境设计具体分为航天器内、外的照明设计。

1. 舱内照明设计

飞船舱内照明最合适的光源为荧光灯,不单是因为它光效高(30~40lm/W),而且辐射的温度也较低,因而对环控生保系统的热载荷影响较小。光源外表面的温度很容易控制,以满足航天员的接触温度45℃的要求。同时,光源灯泡也能制成白色或多种色温,这样能够增强航天员的颜色敏感性。舱内航天员的生活与工作区的普通照明应有中等强度的白光照明,并且如果任务需要,可提供辅助照明装置。表5-3为载人飞船舱内照明推荐参数。

表 5-3 载人飞船舱内照明推荐值   lm/W

任务区	照度	任务区	照度	任务区	照度
通用	108	起居室	215	工作台	323
通道区	54	阅读	538	维修	269
舱门	108	娱乐	323	控制器	215
扶手	108	厨房	215	安装	269
扶梯	108	进餐	269	书写	323
储藏区	108	食物准备	323	制表	323
个人卫生	108	基本维护	215	维护	323
整饰	269	外科手术	1076	正向面板	215
沐浴	269	锻炼	323	负向面板	54
阅读	323	夜间照明	21	睡觉	54

舱内照明系统两大关键设计问题是热控制与汞污染。光源热量的产生、传播与能量的散发均在舱内空间进行，而汞污染主要由灯具造成，例如，如果灯泡破裂，灯泡中的物质就会进入舱内环境，生成汞蒸气而造成污染。

2. 舱外照明设计

随着载人航天技术的发展，在大多数飞行任务中，需要向夜间舱外作业任务（如航天员舱外活动、载荷装卸、跟踪、飞行器交会与对接等）提供人工照明装置。与舱内照明设计相比，舱外照明设计必须考虑满足照明环境的低亮度比、小眩光的要求。由于舱外为真空环境，也不存在光的散射特性，因而，被照物体表面的反射特性对舱外照明效果的影响很大。

（1）舱外活动工作站。在舱外活动工作站点的照明设计建议使用泛光照明（flood light）方法。对于常规的照明来说，除泛光照明外，亦可选择定向光。

（2）交会对接操作。航天员完成交会对接或载荷装卸停靠的监视任务时，需要了解清楚有关距离、接近面、目标飞行器的方向以及相对方向等方向的确切信息。在工程实践中有好几类照明装置可供使用，对于长距离的目标搜索，可以用闪烁的白光。在远距离的情况下，一个闪烁的灯柱比一个稳定的光柱要容易被发现，并且该灯应安放在目标飞行器（装有载荷）对接轴的方向上。此外，亦应仔细地考虑照明灯的光锥，进行优化设计，以利于航天员发现。表 5-4 给出了载人飞船舱外作业的最低照明推荐参数。

表 5-4 载人飞船舱外作业的最低照明设计

舱外活动任务	最低照明水平	
	lx	foot-candles(fc)
为卫星修理或输送货物，航天员移向工作地点	55～110	5～20
航天员在货舱或工作站定位卫星	215	20
EVA 卫星服务，用手工工具进行简单、非危险性修理任务	325	30
EVA 卫星服务，使用新的且复杂的工具但无危险性	540	50
EVA 卫星服务，使用复杂的工具且具有危险性	810	75

飞行经验表明，跟踪灯的强度大约为晴朗夜空中星星亮度的 3 倍。最后的对接或载荷装卸需要精细地对准、准确的定位、良好的观察，同时，只有当目标呈现 3D 立体状态时，航天员所获得的信息比较全面。因此，人工的泛光灯是十分必要的，它可安装在跟踪飞船上的某个位置，以照亮接触面或目标载荷，同时，其强度必须合适，使航天员获得一个较好的视觉敏锐度。

5.3 色彩环境设计

5.3.1 色彩基本概念

色彩视觉是由于某一波长的光线入射到人眼，引起视网膜内色觉细胞兴奋产生的视觉现象。

当各种颜色的光线照射到物体上时,由于物体表面的某些特性,不同波长的光会发生全反射、部分反射、全吸收或部分吸收现象,所反射出来的光线相遇混合后,就形成了该物体所呈现的颜色。

色彩与人眼的生理机能有关。当人眼受到不同强度的色光刺激后,就会形成不同的颜色感觉。

为度量和比较色彩的变化,人们提出了色调、饱和度和明度三种鉴别色彩的要素。

(1) 色调:是指色彩的名称,如红、黄、蓝、绿、红橙、青紫等。

(2) 饱和度:又称为彩度或纯度,是指某种色彩含该色量的饱和程度。当某一色彩浓淡达到饱和,而又无白色、灰色或黑色渗入其中时,即呈纯色。若有黑、灰渗入,即为过饱和色;若有白色渗入,即为未饱和色。

(3) 明度:是指色彩的亮暗程度,是光线强弱程度不同所产生的明暗效果。同一色调可有不同的明度。如红色就有紫红、深红、浅红之分。不同色调也有不同的明度。如在红、橙、黄、绿、青、蓝、紫中,蓝和紫明度最低,红和绿明度中等,黄色明度最高,所以人们感到黄色最刺眼。

5.3.2 色彩原理

如图5-12及表5-5所示,光具有不同的能量和波长,光的能量大小表现为人对光的明暗感觉;光波的长短表现为人对光的颜色感觉。三原色学说认为视网膜上有三种视锥细胞,分别感受红、绿、蓝三种基本颜色。三种视锥细胞受到同等程度的刺激时引起消色的感觉,同等强刺激产生白色效果,同等中等程度的刺激产生灰色效果,同等弱刺激产生黑色效果。三种视锥细胞受到不同程度的刺激时,则引起其他各种颜色的感觉,红、绿、蓝三种色光适当混合,可以构成光谱上任何一种颜色。

图 5-12 色光混合示意图

表 5-5 各种色光的波长及其范围

颜色	标准波长/nm	波长范围/nm	颜色	标准波长/nm	波长范围/nm
紫	420	380~450	黄	580	575~595
蓝	470	450~480	橙	610	595~620
绿	510	480~575	红	700	620~760

根据美国光学学会(Optical Society of America)色度学委员会的定义,颜色是光的一种特性,即光的辐射能刺激视网膜而引起观察者通过视觉而获得景象。

物体在光线照射下呈现不同颜色,是因为物体具有对落在其表面的光谱成分有选择地透射、吸收和反射的特性(光谱特性)。物体吸收光源发出的部分光谱成分,反射其余光谱成分,则呈现不同颜色(选择性吸收),如吸收了波长450~480nm的蓝和波长480~500nm的绿,仅反射波长 649~750nm 的红光,则物体呈现红色。

5.3.3 颜色视觉

颜色视觉(简称色觉)是一种复杂的物理-心理现象。人的色觉并不是一成不变的,而是随各种外界条件和内部条件的变化而变化的。颜色对人的影响包括生理和心理两个方面。

1. 颜色对生理的影响

颜色的生理作用主要表现在对视觉工作能力和视觉疲劳的影响。在颜色视觉中,人们能够根据色调、饱和度和明度的差别来辨别物体,即使物体的亮度和亮度对比并不是很大,也能有较好的视觉条件,并且眼睛不容易疲劳。但是颜色不宜过分强烈,以免引起视觉疲劳。

在选择颜色对比时,一般认为以色调对比为主较合适,而亮度和彩度对比不宜过大。

颜色的生理作用还表明,眼睛对不同颜色光具有不同的敏感性。例如,人眼对黄色光较敏感,因此常用黄色作警戒色。车间内危险部位、危险障碍等涂以黄色或黄黑、黄蓝相间的颜色是适宜的。美国和日本学者通过实验研究都认为,黑底黄色最易辨认。

2. 颜色对心理的影响

人类社会发展过程中,由于所处的地域、民族、信仰、历史传统等不同,每种色彩表现出来的象征意义也不同,但也有许多共同点。

不同的颜色不仅具有不同的象征意义,而且由于年龄、性别、习惯等的差异,不同人对颜色的感受、联想等也不相同,但对大多数人来说是大致相同的。

正确选择颜色,不仅有益于视觉工效,而且也会满足人们的审美趣味。

5.3.4 色彩设计交通应用

道路交通中的色彩设计主要包括一般设计应用、交通标志设计应用、交通标线应用和交通信号设计应用。

1. 一般设计应用建议

合理选择色彩,使工作场所具有良好的色彩环境,称为颜色配置或色彩调节。在色彩搭配合适的环境中作业,能够使作业者舒适愉快、注意力集中,减少差错和事故,延缓作业疲劳,提高工作质量。

1) 工作房间

作业空间色彩设计首先取决于工作特点,还要考虑色彩的反射率。

2) 机器和设备

机器和设备的显示装置、操纵装置和主要部件应按规定着色,以便于识别和操作。加工机械着色还应考虑被加工材料的色彩,使它们形成良好的色彩对比。

3)工作面

工作面的着色明度和反射率不宜过大。为了提高对细小零件的分辨力,可以使工作面和零件形成适当的色彩对比;但色彩对比不可过大,否则容易造成视觉疲劳。

4)安全标志

用彩色标志传递安全信息是一种行之有效的方法。我国国标规定安全色为红、蓝、黄、绿四种。

(1)红色:表示紧急、禁止、停止、事故和操作错误,也被用作防火的颜色。

(2)黄色:用于表示警告信号。

(3)绿色:表示工作正常、允许运行。

(4)蓝色:表示整机工作正常。

2. 交通标志色彩设计

研究表明,交通标志的颜色、形状和图形符号是影响其效果的三个重要因素,被称为交通标志三要素。

一般情况下交通标志颜色的基本含义如下:

(1)红色:表示禁止、停止、危险,用于禁令标志的边框、底色、斜杠,也用于叉形符号和斜杠符号、警告性线形诱导标的底色等。

(2)红色或荧光黄色:表示警告,用于警告标志的底色。

(3)蓝色:表示指令、遵循,用于指示标志的底色,表示地名、路线、方向等的行车信息,用于一般道路标志的底色。

(4)绿色:表示地名、路线、方向等的行车信息,用于高速公路和城市快速路指路标志的底色。

(5)棕色:表示旅游区及景点项目的指示,用于旅游区标志的底色。

(6)黑色:用于标志的文字、图形符号和部分标志的边框。

(7)白色:用于标志的底色、文字和图形符号以及部分标志的边框。

(8)橙色或荧光橙色:用于道路作业区的警告、指路标志。

(9)荧光黄绿色:表示警告,用于注意行人、注意儿童警告标志。

3. 交通标线色彩设计

道路交通标线的颜色为白色、黄色、蓝色或橙色。以白色和黄色为主,特殊需要也可采用红色。路面图形标记中可出现红色或黑色的图案或文字。

道路交通标线的视认性取决于其颜色对比度和标线的长宽尺寸。

道路交通标线主要采用白色,因为白色比较醒目,尤其在沥青路面上的色度对比下,它的视认性效果较好。白色标线具有指示、控制等意义。近年来许多国家在交通标线中使用了具有禁止、警告等意义的黄色标线,作为分隔,限制道路上对向车流的相互跨越和干扰。黄色标线改善了标线的单调色彩,能够缓解驾驶员长途驾驶后的疲劳感,对交通安全是一个有利的因素；但黄色标线亮度仅为白色标线的43%，对光的反射性是白色标线的47%，有雾、黎明和黄昏时可见性会明显降低，而且单位造价高于白色标线，因此，我国道路上广泛使用白色标线，而较少使用黄色标线，一般在同方向有两条以上机动车道且道路照明条件较好的情况下才使用黄色标线。

4. 交通信号灯色彩设计

交通信号灯的灯色排列的形式总体上分为横式和竖式两种。具体灯色的排列有统一的规定，原则就是将重要的灯色放在重要的位置，以便于驾驶员分辨。横式信号灯重要灯色位于道路中间，竖式信号灯重要灯色位于上方。

1) 横式

普通信号灯：灯色排列由道路内侧向外依次为红、黄、绿。

箭头信号灯：单排式的一般由道路内侧向外依次为红、黄、左转箭头、直行箭头、右转箭头，或红、黄、左转箭头、绿，或红、黄、绿、右转箭头；双排式一般在普通信号灯的下方再设一排箭头信号灯，箭头信号灯由道路内侧向外依次为左转箭头、直行箭头、右转箭头。

弯道处的非机动车信号灯一般采用横式。

2) 竖式

普通信号灯：灯色排列自上而下依次为红、黄、绿。

箭头信号灯：单排式的一般自上而下依次为红、黄、绿、直行箭头、左转箭头、右转箭头，如果同时装有直、左、右三个箭头灯，可省掉普通绿灯；双列式一般在普通信号灯内侧加装左转箭头，或左转和右转箭头，或左、直、右三个箭头灯。

非机动车信号灯通常采用竖式，灯色排列顺序自上而下应为红黄绿。人行横道信号灯通常也采用竖式，灯色排列顺序应为上红、下绿。

5.4 道路交通光环境设计

5.4.1 道路照明概述

1. 道路照明的作用

在道路交通系统中，交通参与者要通过视觉信息掌握道路、交通及周围环境条件，根据这些信息来调整自身的交通行为。对于机动车驾驶员而言，为了行车的安全、顺畅，必须掌握道路宽度、线形、交叉口、路面状况、是否存在路上障碍物等道路条件，以及是否存在行人和其他车辆及其位置、类型、速度、行进方向等交通条件。在白天，驾驶员可以通过自然光获取必要的信息；而在夜间，汽车前照灯的照射范围有限，若没有人工照明，就会影响驾驶员获取必要的视觉信息。道路照明的主要目的是改善夜间的视觉信息，使夜间交通保持安全和畅通。而隧道要提供全时照明，除了提供基本的视觉信息外，还要解决驾驶员在隧道内行驶时出现的适应、响应等视觉问题。车辆在道路上行驶，在路面和周围亮度背景的衬托下，驾驶员首先看到的是物体轮廓,以决定是否需要采取适当操作,为此,需要使障碍物及路面有足够的亮度,以保障行车安全。大量的研究表明,有30%～40%交通事故发生在夜间而且其中重伤、死亡等重大事故所占比例较大,主要原因就在于夜间道路及环境的亮度远低于白天,提供给驾驶员安全行车所必需的视觉信息不足。

道路照明就是要把路面、环境及障碍物照亮到能看清轮廓的程度,从而将良好的视觉信息传递给道路使用者,改善夜间行车条件,达到提高通行能力、减少交通事故的目的。这些视觉信息主要包括道路宽度、线形及道路结构等;道路上的障碍物、行人、其他车辆及其类型、大小、移动速度及方向等;道路上的特殊场所如交叉口、公交停靠站等;路面状态及破损状况等。据统计,在设置照明后,高速公路上的交通事故可减少40%～60%。

道路照明具有以下作用:
(1) 减少夜间交通事故。
(2) 提高夜间行车速度,缩短运行时间。
(3) 吸引车辆夜间行驶,均衡昼夜交通流分布,提高道路资源利用率。
(4) 在夜间提供前方道路方向、线形、宽度等视线诱导信息。
(5) 能够美化环境,改善景观。

2. 道路照明的要求

道路照明虽有诸多益处,但是如果设置不当则有可能成为交通事故诱发因素。因此,在照明设计中,除应达到要求的照度外,还应具有良好的照明质量。照明设计的基本要求为:
(1) 车行道的亮度水平(照度标准)适宜。
(2) 亮度均匀,路面不出现光斑。
(3) 控制光源的直接眩光、反射眩光和光幕反射。
(4) 适当照亮车行道两侧的相邻区域,提供安全驾驶的参考。
(5) 具有良好的视觉诱导性。
(6) 具有良好的光源光色及显色性。
(7) 节约电能。
(8) 便于维护管理。
(9) 与道路景观协调。

由于大部分公路设计成敞开式的横断面和良好的平、纵面线形,能够最大限度地利用汽车头灯照明,减少了全线固定式照明的需要,所以一般公路很少采用照明,除非在一些有潜在危险的地方,如交叉口、长桥梁、隧道以及路侧有干扰的地段;高速公路在互通式立交桥、收费站附近和个别路段处采用局部照明。而在城市道路上,通常配置连续照明。

5.4.2 道路照明设计与评价

1. 道路照明评价指标

夜间,为了保障车辆行驶安全、迅速,驾驶员要具有快速选择和处理视觉信息的能力,即一定的视觉可靠性。视觉可靠性取决于驾驶员现场察觉细微变化的能力(视功能)和长时间保持高标准视功能的环境条件(视舒适)。道路照明只有在这两方面都达到一定水平时,才能给驾驶员提供安全可靠的视觉条件。

视功能和视舒适的评价指标主要包括照明水平、照明均匀度、眩光限制,除此之外,道路照明的评价指标还包括环境比、视觉诱导性、光污染与光干扰控制等。

机动车道照明应采用路面平均亮度或路面平均照度、路面亮度总均匀度和纵向均匀度或路面照度均匀度、眩光限制、环境比和诱导性为评价指标;交会区照明应采用路面平均照度、路面照度均匀度和眩光限制为评价指标;人行道照明和非机动车道照明应采用路面平均照度、路面最小照度、垂直照度、半柱面照度和眩光限制为评价指标。所谓交会区是指道路的出入口、交叉口、人行横道等区域,这些地方机动车之间、机动车与非机动车及行人之间、车辆与固定物之间的交通冲突严重,碰撞发生概率较高。

目前大部分国家使用路面平均亮度、亮度均匀度作为道路照明的评价指标,但是还有一些国家使用路面平均照度和照度均匀度来代替路面平均亮度和亮度均匀度,或者二者并用,这些国家包括中国和日本等。应当指出,无论是从视功能还是从视舒适方面看,亮度都比照度更适于作为评价指标。使用照度作为道路照明设计指标,照明质量偏差比使用亮度作为指标时高1~4倍。因此,用亮度代替照度是一种发展趋势。

1) 照明水平

路面上的物体能否被看清楚,主要取决于物体的反射光线。因此,落到路面上的照度大小并不能直接说明视感觉的强烈程度,而应取决于路面或物体的表面亮度。

道路照明水平一般采用驾驶员正前方60~160m之间路面的平均亮度进行评价。路面平均亮度是指在路面上预先设定的特征点上测得或计算的各点亮度平均值,以 L 表示。路面平均亮度是评价视功能的最重要的指标,同时也是与夜间交通安全最相关的指标,因为它能最直观地描述道路使用者的视觉感受。同时,确定亮度标准还应考道路周围的环境亮度,当环境亮度较高时,例如两侧是明亮的橱窗、广告牌的城区道路,路面平均亮度应提高。人行道的平均照度不应低于邻近同宽度车道照度的50%。

2) 照明均匀度

照明均匀度是评价道路照明质量的第二个重要指标。若路面平均亮度较高而均匀度较差,以下两个方面的问题会随之出现:其一,路面上的过暗区域会屏蔽掉障碍物,并且人眼对比灵敏度会下降,对物体的觉察能力会受到严重影响,出现瞬时不适应,从而危及行车安全;其二,行车过程中交替且重复出现的过暗与过亮区域(通常为一系列亮与暗相间的横带,可称为"斑马效应"),会加剧驾驶员的驾驶疲劳,并且降低行车舒适度。

3) 眩光限制

通常,眩光现象有失能眩光和不适眩光两种。如第3章所述,使视觉不舒适的眩光称为不适眩光,使视觉功能减弱的眩光称为失能眩光。由于不适眩光更侧重于道路使用者的主观感受,且对交通运行的不利影响相对较小,因此不作为评价指标;目前道路照明设计中的眩光控制主要是限制失能眩光。

失能眩光：视场中的物体通过其亮度聚焦在人眼的视网膜上，物体的形象因此而出现。如果这时另一个光源射来光线，就会在眼内形成散射，这部分光线非聚焦地叠加在物体形象上，如同视场上蒙上了一层明亮的帷幕，此亮度称为等效光幕亮度。

4) 环境比

驾驶员眼睛的视觉状态主要取决于路面的平均亮度，但道路周边环境的明暗会影响眼睛的适应状态。当路面较亮而周边环境较暗时，眼睛适应了较亮的路面，则难以适应较暗的周边环境，其中的物体就难以被驾驶员及时发现。因此，道路照明不仅要照亮路面，还要适当照亮道路两侧相邻区域，使驾驶员能够看到车行道两侧的环境，提供安全驾驶的参考。

环境比是指车行道外 5m 宽的带状区域内的平均水平照度与相邻的 5m 宽车行道上的路面平均水平照度之比，用 SR 表示。我国要求城市主、次干道及快速路等的环境比 $SR \geqslant 0.5$，对道路不作要求。

5) 视觉诱导性

灯杆、灯具等照明设施恰当布设可以向驾驶员提供前方道路的方向、线形、坡度、交叉点等视觉信息，从而起到视觉诱导作用。这种视觉诱导性主要依靠照明设施沿道路走向的排列方式来实现，对线形不良及交通枢纽地带尤为重要。

利用照明设施实现视觉诱导性的具体做法有以下几种：

(1) 用照明系统本身的改变实现诱导性。例如，道路复杂会合区可采用高杆照明与常规照明等不同的照明设施，形成干、支路的相互对比和区分。

(2) 用光色变化实现诱导性。可采用不同色表的光源分别代表不同去向的道路，例如，可在主干路采用高压钠灯，支路采用高压汞灯，这样在离道路会合处很远的地方就清晰可见。

(3) 利用灯具不同的样式和安装高度造成系统差别，实现诱导性。例如，在高速公路停车场的匝道采用与主线不同的灯具和安装高度。

(4) 利用照明布局的变化实现诱导性。例如，从中心对称布置变成双侧对称布置等。

2. 道路照明标准

我国住建部行业标准《城市道路照明设计标准》(CJJ 45—2015)将城市道路机动车道照明级别分为三级：快速路和主干路为Ⅰ级，次干路为Ⅱ级，支路为Ⅲ级；人行道照明按交通量分为 1~4 级。由于完全采用亮度标准有一定困难，因此该标准给出了亮度和照度两套指标。

对我国城市道路照明标准，有以下补充说明：

(1) 亮度标准与照度标准并不存在一一对应关系，如亮度总均匀度为 0.4，并不一定说明照度均匀度就是 0.4。

(2) 城市居住区、商业区道路只规定了照度标准，因为其使用者主要是行人，视觉要求与机动车驾驶员不同,采用亮度标准意义不大。而且,《城市道路照明设计标准》(CJJ 45—2015)对人行及非机动车道路补充了"半柱面照度"标准,因为行人需要对对面来人的面部表情特征有一定辨识,这就需要在人脸高度处有一定的照度;但人脸不是一个平的表面,对于识别行人特征,半柱面照度比分为各种朝向的垂直照度更为有效。半柱面照度 E 是指被垂直放于计算点上的足够小的半圆柱体侧表面上的平均照度,即一个无限小的垂直半圆柱体上的平均照度。

(3) 由于中小城市道路上车辆速度以及流量等都小于大城市,因此可选用标准的低挡值,但重要旅游城市不宜降低标准。

(4) 当相交道路选用低挡照度值时,交会区也应选择低挡照度值;反之,若相交道路选用了高挡照度值,则交会区也应选择高挡照度值。

(5) 与机动车道路未分隔的非机动车道路,其照明应执行机动车道路的照明标准;与机动车道路分隔的非机动车道路,其平均照度值宜为相邻机动车道路的1/2。

(6) 对于机动车道路两侧人行道路的照明,当人行道路与非机动车道路混用时,人行道路的平均照度值应与非机动车道路相同;当人行道路与非机动车道路分设时,人行道路的平均照度值宜为相邻非机动车道路照度值的1/2,但不得小于5lx。

国家颁布的《城市道路照明设计标准》中,规定了城市道路的设计标准。该标准将城市道路照明按照使用功能分为机动车交通照明、交会区照明和人行道照明,并分别详细规定了每类的照明标准值,参见表5-6、表5-7和表5-8。

表 5-6 机动车交通道路照明标准值

级别	道路类型	路面亮度			路面照度			眩光限制阈值增量 $T_1(\%)$ 最大初始值	环境比 SR 最小值
		平均亮度 L_{av}/(cd/m²)	纵向均匀度 U_L 最小值	总均匀度 U_o 最小值	平均照度 E_{av}/lx 维持值	平均照度 E_{av}/lx 维持值	均匀度 U_E 最小值		
I	快速路、主干路	1.5/2.0	0.4	0.7	20/30	0.4	10	0.5	
II	次干路	1.0/1.5	0.4	0.5	15/20	0.35	10	0.5	
III	支路	0.5/0.75	0.4	—	8/10	0.3	15	—	

注:① 表中所列的平均照度仅适用于沥青路面,若系水泥混凝土路面,其平均照度值可相应降低约30%;
② 表中各项数值仅适用于干燥路面;
③ 表中对每一级道路的平均亮度和平均照度给出了两挡标准值,"/"的左侧为低挡值,右侧为高挡值。

表 5-7 交会区照明标准值

交会区类型	路面平均照度(lx),维持值	照度均匀度	眩光限制
主干路与主干路交会	30/50	0.4	在驾驶员观看灯具的方位角上,灯具在 80°和 90°高度角方向上的光强分别不超过 30cd/1000lm 和 10cd/1000lm
主干路与次干路交会			
主干路与支路交会			
次干路与次干路交会	20/30		
次干路与支路交会			
支路与支路交会	15/20		

注:① 灯具的高度角在现场安装使用姿态下度量;
② 表中对每一类道路交会区的路面平均照度给出了两挡标准值,"/"的左侧为低挡照度值,右侧为高挡照度值;
③ 当各级道路选取低挡照度值时,相应的交会区应选用以上述标准中的低挡照度值,反之则应选用高挡照度值。

表 5-8 人行横道照明值

夜间行人流量	区域	路面平均照度(lx),维持值	路面最小照度(lx),维持值	最小垂直照度(lx),维持值
流量大的道路	商业区	20	7.5	4
	居住区	10	3	2
流量中的道路	商业区	15	5	3
	居住区	7.5	1.5	1.5
流量小的道路	商业区	10	3	2
	居住区	5	1	1

注:① 最小垂直照度为道路中心线上距路面 1.5m 高度处,垂直于路轴平面的两个方向上的最小照度。
② 机动车交通道路一侧或两侧设置的与机动车道没有分隔的非机动车道的照明应执行机动车交通道路的照明标准;与机动车交通道路分隔的非机动车道路的平均照度值宜为相邻机动车交通道路的照度值的 1/2。
③ 机动车交通道路一侧或两侧设置人行道路照明时,当人行道与非机动车道混用时,人行道路的平均照度值与非机动车道路相同。当人行道与非机动车道路分设时,人行道路的平均照度宜为相邻非机动车道路的照度值的 1/2,但不得小于 5lx。

5.4.3 道路防眩光设施设计

在道路交通中,产生眩光的光源主要包括对向来车的前照灯、太阳光、道路照明光源、广告或标志照明、路面反光镜或其他物体表面的反射光等。对太阳光,可在驾驶员座位前部安装遮阳板,或者驾驶员佩戴太阳镜;对道路照明光源,可采用截光型或半截光型灯具来调整光源光线的分布,以减少眩光影响;对广告或标志照明,可采用发光柔和的低压荧光灯、外部投光照明或内部照明;而对于对向车辆前照灯带来的眩光影响,就需要设置专门的防眩设施。

防眩设施就是设置在道路中央分隔带上用于消除对向车辆前照灯夜间眩光影响的交通安全装置,有板条式的防眩板、扇面状的防眩板、网格状的防眩网等人工构造物,也包括栽植的树木。

设置防眩设施可有效地防止对向车辆前照灯的眩光影响,保护驾驶员的视觉健康,对减少交通事故、提高行车安全、改善夜间行车环境、提高道路通行能力有着积极的作用。

防眩设施的设计可以按照下列顺序实施:

(1) 收集道路沿线中央分隔带宽度、护栏结构形式、各类构造物及相邻路网的分布数据、道路平纵曲线数据。

(2) 确定防眩设施的实施地点和实施方案。

在道路上设置的防眩设施有很多种形式,《公路交通安全设施设计细则》(JTG/T D 81—2006)中推荐了防眩板、防眩网和植树防眩三种防眩设施,以防眩板和植树防眩为主。图 5-13 为几种防眩设施的实物形式。表 5-9 为防眩设施综合性能的比较。

图 5-13 防眩设施的不同类型

表 5-9 防眩设施综合性能的比较

特 点	防眩板	防眩网	植树		特点	防眩板	防眩网	植树	
			密集型	间距型				密集型	间距型
美观	好	较差	好		经济性	好	较差	差	好
心理影响	小	较小	小	大	施工难度	容易	难	较难	
风阻	小	大	大		养护工作	小	小	大	
积雪	严重	小	严重		横向视野	好	好	差	较好
自然景观	好	差	好		阻止穿越	差	好	较好	差
防眩效果	好	较差	较好		景观效果	好	差	好	

5.4.4 公路隧道光环境设计

驾驶人员驾驶车辆从接近到远离隧道的过程中,会经历一系列光环境变化,一个良好的、符合驾驶人员生理心理特性的、平稳变化且符合视觉特征的光环境对交通安全至关重要。

公路隧道交通事故多由不良驾驶环境导致,而其中影响最大的为隧道光环境。高速公路隧道光环境是由自然光源、人造光源、发光指示标识及景观等共同营造而成,由于其封闭的结构,因而与相邻公路路段光环境差异显著。

1. 驾驶人视觉特性

受我国社会经济条件限制,高速公路隧道普遍开灯率低,与相邻公路路段光环境存在较大差异,导致隧道出入口产生"黑洞"与"白洞"效应,同时隧道内昏暗单调的环境也导致"时空隧道"效应。Waldram首次对隧道的黑洞现象进行阐述,即当白天驶入隧道时,照度从几万勒克斯(lx)迅速减小到几百勒克斯,从广阔空间快速缩小到封闭空间;杜志刚等提出照度剧烈过渡成"黑",空间剧烈过渡成"洞",驾驶员瞳孔迅速扩大,难以准确在视网膜上聚焦,容易产生"两眼一抹黑"的瞬时盲期,即隧道"黑洞"效应,"黑洞"效应见图5-14(a)。驾驶员刚驶入隧道时,照明环境突变,人眼需要一段时间适应这种变化,属于视觉的暗适应。有时候灯具的色温度、显色性也会造成不适感。驾驶员在驶出隧道时看到耀眼白洞,眩光现象明显,形成白洞效应,显著影响驾驶员的视觉功能,"白洞"效应见图5-14(b)。

(a) (b)

图 5-14 隧道黑洞效应与白洞效应

(a) 黑洞效应;(b) 白洞效应

高速公路隧道内部空间封闭狭窄,同时由于开灯率低,故其光环境昏暗单调,导致驾驶员的视距不足、视区受限同时无法准确感知速度、距离、方向等信息,引发驾驶员无意识超速和跟车过近行为,即"时空隧道"效应。综上,在不同驾驶阶段由驾驶人视觉特性导致的相关现象见图5-15。

图 5-15 进入隧道前后驾驶人视觉特性

公路隧道视觉参照系划分为视距、视区、参照物三部分,在低照度公路隧道内光环境下,驾驶员视距不足、视区受限、参照物缺乏,驾驶员无法获取足够的视觉线索,且与相邻公路路段差异较大,为不良视觉参照系;隧道内部为弱视觉参照系、隧道出入口为剧烈过渡视觉参照系。在不良视觉参照系下驾驶员易产生视错觉。公路隧道环境中的时空隧道效应、黑洞效应、白洞效应实质上是一种基于特定视觉参照系的视觉不适与严重视错觉,不良光环境产生不良视觉参照系,进而导致驾驶员视距视区受限和视知觉误判(视错觉)。并且隧道遮光设施和照明设施直接从缓和道出入口照度过渡和提升隧道中部照度出发,对驾驶员的视知觉误判考虑较少。公路隧道交通事故多为追尾和撞侧墙,事故致因多为超速、跟车过近、偏离车道和疲劳驾驶,这些与驾驶员在隧道不良光环境(剧烈过渡、昏暗、单调、封闭)下产生视错觉存在显著相关性。综上,高速公路隧道光环境典型问题见表5-10。

表5-10 高速公路隧道光环境问题分析

问　　题	产生原因	不良视距参考系	视　知　觉	事故形态
黑洞与白洞效应	照度、视距、视区、参照物剧烈过渡	剧烈过渡视觉参考系	产生视觉盲区/眩光、严重视错觉	超速、追尾、撞侧墙
时空隧道效应	单调昏暗,视距与视区不同	弱视觉参考系	严重视错觉	

2. 隧道光环境优化设计

为了保证安全,对于公路隧道光环境问题进行改善的主要措施有增加遮光设施、改善照明设备和建立公路隧道视线诱导系统。

1) 增加遮光设施

公路隧道遮光设施包括遮光棚、遮阳棚、遮光板等,能有效降低隧道出入口的照度与空间过渡的剧烈程度,降低驾驶员的视觉适应时间,并降低隧道入口段与出口段的照度要求,结构设计是遮光设施在公路隧道中应用的关键。

2) 改善照明设备

改善照明环节中,隧道需要保持24h的照明,白天对照明的要求还远远大于夜间对照明的要求。隧道内各部分亮度与毗邻路段亮度有一个平稳过渡,加设相应的人工照明。加设人工照明后,到了夜间,隧道洞内亮度相对于洞外较亮,与白天情形正好相反。为了在确保行车安全的同时减弱夜间进出隧道的不适应感,夜间公路隧道照明较白天弱,在某些特定情况下,甚至只需开启必要的电光诱导装置。合适的隧道照明并非"越亮越好",而是接近段、入口段、过渡段、中间段、出口段之间平稳过渡,使各段之间的亮度变化形成一条平滑的曲线,使人眼能够自然快速地适应光环境的变化。

3) 隧道视线诱导系统

隧道视线诱导系统是指由标志、标线等交通工程附属设施(如猫眼道钉、立面标线反光环等)组成,主要利用逆反射技术,针对驾驶员视觉特性构建的辅助驾驶员感知行车状态和环境的诱导系统。隧道视线诱导系统见图5-16。

通过在隧道入口设置遮光棚和多频逆反射标线系统来实现隧道入口照度、空间、参照物的合理过渡,隧道中部设立多频率、多尺寸的逆反射标线系统,以加强隧道弱视觉参照系的

图 5-16 隧道视线诱导系统

诱导系统设置方法。隧道反光环是隧道诱导系统的重要组成部分,隧道反光环具有边界轮廓清晰、行车诱导效果好的特点,能降低隧道照明用电量,并要求在长隧道、特长隧道内部加装环形被动反光光环。

此外,由全天候反光标线、振荡标线、视觉减速标线等组成的隧道标志标线系统亦可用来改善隧道交通安全。

5.5 本章小结

人脑获得的全部信息中,约有 95% 以上来自视觉输入。因此,视觉器官是人体最重要的感觉器官。

人的视觉特性主要包括视距、视角、视力、视野、明暗适应、眩光、视错觉、颜色视觉、运动规律等方面,在显示系统设计中应用非常广泛。其中,视力与视野、明暗适应、视错觉等在交通工程中有重要的作用,比如视错觉 3D 减速带能起到一定的安全警示作用。

交通人因工程中的光环境设计,是基于人的视觉特性进行的设计,具体包括道路照明设计与评价、道路防眩光设施设计、公路隧道光环境设计等内容,其中道路照明设计是夜间和能见度差的天气状况下的必要设计,它直接影响道路交通安全性,所以备受重视。

- 复习思考题

1. 以简化模型说明人眼的工作机理及视觉的形成过程。
2. 什么是人眼的最优视区?
3. 什么是视角、视力和视野,三者之间有何联系?说明人眼的三种视野及其相互关系。
4. 举例说明人眼的明暗适应原理、特点及其在实际工程设计中的应用。
5. 举例说明人的视错觉类型及其典型应用。
6. 举例说明人的视觉特性对车辆行驶安全性的影响。
7. 光环境有哪些参数?

8. 举例说明色彩设计在交通中的典型应用。
9. 道路照明的评价指标有哪些？
10. 道路防眩光设施有哪些类型？各自特点为何？
11. 公路隧道光环境有哪些人因工程问题？如何进行改善？

- **课后作业**

1. 基于人的"视角三角形"参数特性，设计汽车仪表及显示字符的基本尺寸。
2. 基于人的视角、视距和视力特性，设计公交/地铁到站显示信息的基本尺寸。
3. 基于人的视觉特性，设计典型道路交通标志、交通信号灯的基本尺寸。
4. 试设计道路的视错觉减速带的造型及基本尺寸。
5. 利用照度仪实地测量教学楼、图书馆、周边道路等公共场所的照明情况，提出改进建议。
6. 试设计道路中间的防眩设施的造型及基本尺寸。

第6章 人的听觉与声环境设计

内容提要

听觉与视觉相伴，是人体最重要的感知觉之一，听觉也是获取信息的主要通道，听觉在交通人因工程设计中有一定的占比。我们生活在声环境中，声环境的质量关系着道路交通系统的安全性和舒适性。本章首先从人因工程的角度介绍人的基本听觉特性，之后介绍与听觉性能和感受对应的听觉信息传递装置设计的内容和原则，并详细阐述声环境设计，面向道路交通的声环境设计主要是道路交通噪声控制及其评价标准。

知识结构

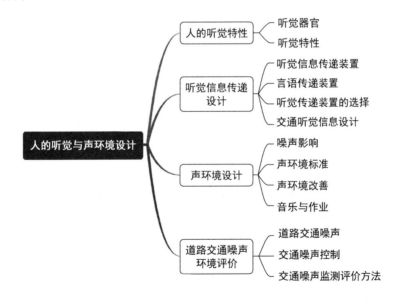

6.1 人的听觉特性

6.1.1 听觉器官

听觉器官的功能是分辨声音的强弱和高低,以及环境中声源的方向和远近。人耳的基本结构如图 6-1 所示,包括外耳、中耳和内耳。

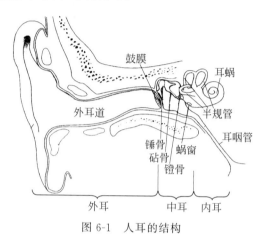

图 6-1 人耳的结构

外界声波通过外耳道传到鼓膜,引起鼓膜的振动,随后经听骨链(锤骨、砧骨和镫骨)的传递,引起耳蜗内淋巴液和基底膜的振动,刺激耳蜗科蒂氏器官中的毛细胞产生兴奋,听神经纤维分布在毛细胞下方的基底膜中,机械能在此处转变为神经冲动,经过编码由听神经纤维传送到大脑皮层的听觉中枢,产生听觉。

6.1.2 听觉特性

1. 听觉的频率响应特性

具有正常听力的青少年(年龄在 12～25 岁)能够觉察到的频率范围是 16～20000Hz,一般人的最佳可听频率范围是 20～20000Hz,频率比为:

$$f_{min}/f_{max} = 1/1000$$

人到 25 岁左右,对 15000Hz 以上频率声波的听觉灵敏度开始显著降低,听阈开始向下移动,而且随着年龄的增长,频率感受的上限逐年降低。听力损失曲线如图 6-2 所示。

可听声不但取决于声音的频率,而且取决于声音的强度。若以声强(W/m^2)描述声音的强度,则一个听力正常的人,刚刚能听见的、对应于给定频率的纯音的最低声强,称为相应频率下的"听阈值";对应于感受给定频率的纯音,刚刚开始产生疼痛感的极限声强,称为相应频率下的"痛阈值";由听阈与痛阈两条曲线所包围的区域,称为"听觉区"(阴影线部分)。

由人耳的感音机构所决定的这个"听觉区"中包括了标有"音乐"与"语言"标志的两个子区域。根据各个频率与其对应的最低声强和极限声强,绘制出标准的听阈曲线和痛阈曲线,如图 6-3 所示,可以看出:

(1) 800~1500Hz 频率范围内,听阈无明显变化;

(2) 低于 800Hz 时,可听响度随着频率的降低而明显减小;

(3) 在 3000~4000Hz 之间达到最大的听觉灵敏度,若以 1000Hz 时测得的听觉灵敏度作为"标准灵敏度",则在该频率范围内,听觉灵敏度可高达标准值的 10 倍;

(4) 超过 6000Hz 时,听觉灵敏度再次下降,大约在 17000Hz 时,听觉灵敏度降至标准值的 1/10;

(5) 除 2000~5000Hz 之间有一段谷值外,开始感到疼痛的极限声强几乎与频率无关;

(6) 在 1000Hz 时的平均听阈值 I_0 为 $10\sim 12\text{W}/\text{m}^2$,痛阈值 I_{max} 约为 $10\text{W}/\text{m}^2$,由此可以得出人耳能够处理的声强比为:

$$I_0/I_{max} = 1/1013$$

这种阈值虽然是一种"天赋",却非常接近于适合人类交换信息的有用极限。

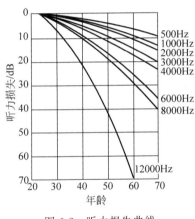

图 6-2 听力损失曲线

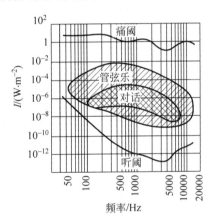

图 6-3 听阈、痛阈与听觉区域

2. 对声音高低强弱的辨别能力

人耳对频率的感觉很灵敏,表现为辨别音调高低的能力。这是由于不同频率的声波使不同长度的基底膜纤维产生共振,而不同长度的基底膜纤维上的听觉细胞产生的兴奋,将沿不同的神经纤维传送到大脑皮层的不同部位,因而能产生高低不同的音调感觉。

人耳对声强的辨别能力与人的主观感觉的音响成对数关系,即当声强增加 10 倍时,主观感觉的音响只增加 1 倍;声强增加 100 倍时,主观感觉的音响只增加 2 倍,等等。

不同声音强度对人的影响见表 6-1。

表 6-1　不同声音强度对人的影响

声压/dB	人耳感受	对人的影响	声压/dB	人耳感受	对人的影响
0~9	刚能听到	安全	90~109	吵闹到很吵闹	听觉慢性损伤
10~29	很安静	安全	110~129	痛苦	听觉慢性损伤
30~49	安静	安全	130~149	很痛苦	其他生理受损
50~69	感觉正常	安全	150~169	无法忍受	其他生理受损
70~89	逐渐感觉吵闹	安全			

3．对声源方向和距离的辨别能力

人耳的听觉,绝大部分涉及所谓"双耳效应",或称"立体声效应",是正常的双耳听觉具有的特性。

人听到声响时,根据声音到达两耳的时间先后和强度差别来判定声源的方向,也称为听觉的方向敏感度。根据声音响度差别辨别高声,根据声音到达先后之差来判定低声。

判定声源的距离,主要靠人的主观经验来估计。

由于头部的障碍作用,造成声音频谱的改变。靠近声源的那只耳朵几乎接收到形成完整声音的各频率成分;离声源较远的那只耳朵接收到的却是被"畸变"了的声音,特别是中频与高频部分或多或少地受到衰减。这也是人的双耳能辨别声源方向的机理之一。

4．听觉的掩蔽效应

一个声音被另一个声音所掩盖的现象,称为掩蔽。

一个声音的听阈因另一个声音的掩蔽作用而提高的效应,称为掩蔽效应。

在设计听觉传递装置时,应当根据实际需要,有时要对掩蔽效应的影响加以利用,有时则要加以避免或克服。

听觉掩蔽效应具有如下特性:

(1) 掩蔽声越强,掩蔽效果越大,被掩蔽声的听阈提高得越多。

(2) 掩蔽声对频率与自己的频率邻近的被掩蔽声的掩蔽效应最大。但与掩蔽声的频率十分相近的纯音,其振幅受到低频调制,声音响度增强,使掩蔽效应曲线出现"低谷",听阈值反而低于邻近频率;在掩蔽声很强的情况下,不仅在掩蔽声频率附近,且在其谐波频率附近,也出现"低谷"现象。

(3) 低频掩蔽声对高频被掩蔽声的掩蔽效应较大,而高频掩蔽声对低频被掩蔽声的掩蔽效应较小。

(4) 掩蔽声越强,被掩蔽的频率范围越大。

由于人的听阈的复原需要经历一段时间,因此当掩蔽声去掉以后,掩蔽效应并不立即消除,这个现象称为残余掩蔽或听觉残留,其量值可表示听觉疲劳。掩蔽声对人耳刺激的时间和强度直接影响人耳的疲劳持续时间和疲劳程度,刺激越长、越强,则疲劳越严重。

听觉的掩蔽通常包括时域掩蔽和频域掩蔽,掩蔽效应可以用于 MP3 音乐压缩制作、乐队的排列组合、音乐的编曲配器以及耳鸣的治疗(耳鸣掩蔽助听器)等。

掩蔽现象在人的各种感知觉中普遍存在,除了听觉的掩蔽外,视觉、味觉、嗅觉等均存在掩蔽现象。视觉掩蔽也很广泛,如用于建筑里眩光的避免,军事迷彩服、战斗机、坦克和装甲车的保护色,娱乐中的魔术表演等。味觉掩蔽如咖啡适量加糖之后掩蔽了既有的苦味。

综上,从人的感知觉到人的视觉和听觉,基本特性归纳见表 6-2,从表中可以看出感知觉特性在视觉和听觉中的具体表现,并进行对比。

表 6-2 视觉与听觉特性的对比

感知觉特性		视觉特性	听觉特性
感觉特性	适宜刺激	可见光	声音
	感觉阈值	视力	听力
	适应性	视野/颜色视觉	听阈和痛阈
	相互作用	立体视觉	立体声效应
	对比	对比感度	听觉掩蔽
	余觉	明暗适应	听觉残留
知觉特性	整体性	眩光	噪声
	选择性	视觉运动特性	方向敏感度
	理解性	视觉理解性	听觉理解性
	恒常性	视觉恒常性	听觉恒常性
	错觉	视错觉	听错觉

6.2 听觉信息传递设计

6.2.1 听觉信息传递装置

1. 听觉信息传递特点

听觉信息传递具有反应快、方向任意和交流方便的特点,应用场合包括信号简单简短、要求迅速传递信号、不利于采用视觉信息传递等。

2. 听觉信息传递装置类型

听觉信息传递装置种类很多,常见的为音响报警装置,包括蜂鸣器、铃、枪声、汽笛、哨音等,设计时应考虑:①频率选择在噪声掩蔽效应最小的范围;②断续信号、变频、结合信号灯更能引起注意;③传送距离远时采用低频、高强度的声波;④小范围内使用时避免相互干扰,分清主次。

1) 蜂鸣器

蜂鸣器是音响装置中声压级最低、频率也较低的装置。蜂鸣器发出的声音柔和,不会使人紧张或惊恐,适用于较宁静的环境,常配合信号灯一起使用,作为指示性听觉传递装置,提请操作者注意,或指示操作者去完成某种操作,也可用于指示某种操作正在进行。汽车驾驶员在操纵汽车转弯时,驾驶室的显示仪表板上有一个信号灯亮和蜂鸣器鸣笛,显示车辆正在转弯,直到转弯完成。蜂鸣器还可作为报警器用。

2)铃

因铃声的用途不同,其声压级和频率有较大差别,例如,电话铃声的声压级和频率只稍大于蜂鸣器,主要是在宁静的环境下让人注意。而用做指示上下班和报警器的铃声,其声压级和频率较高,可在有较高强度噪声环境中使用。

3)汽笛

角笛的声音有吼声(声压级90~100dB、低频)和尖叫声(高声强、高频)两种,常用作高噪声环境下的报警装置。

汽笛声频率高,声强也高,较适合用于紧急事态的音响报警装置。

4)警报器

警报器的声音强度大,可传播距离远,频率由低到高,发出的声音可以抵挡其他噪声的干扰,引起人们的注意。主要用于危急事态的报警,如防空警报、救火警报等。

常用听觉信息传递装置的声强范围如表6-3所示。

表6-3 不同听觉信息传递装置的声强范围

装 置 名 称	声强范围/dB	装 置 名 称	声强范围/dB
蜂鸣器	50~70	汽笛	100~110
铃	65~90	语言	60~80
喇叭	90~100		

6.2.2 言语传递装置

人与机器之间也可用言语来传递信息。传递和显示言语信息的装置称为言语传递装置。包括广播、电视、电话、报话机等,其优点为:内容多表达准确、表达力强、传输效率高、符合人的习惯;缺点是易受到噪声的干扰。设计时应考虑的要点是:言语的清晰度、强度、噪声环境中的通信等。

1. 言语的清晰度

用言语来传递信息,在现代通信和信息交换中占主要地位。对言语信号的要求是语言清晰。言语传递装置要首先考虑这一要求。在工程心理学和传声技术上,用清晰度作为言语的评定指标。所谓言语的清晰度是人耳对通过它的语音中正确听到和理解的百分数。言语清晰度可用标准的语句表通过听觉显示器来进行测量,若听对的语句或单词占总数的20%,则该听觉显示器的言语清晰度是20%。对于听对的和未听对的计分方法有专门的规定。表6-4为言语清晰度(室内)与主观感觉的关系。由表可知,设计一个言语传递装置,其言语的清晰度必须在75%以上,才能正确传递信息。

表 6-4　言语的清晰度评价

言语清晰度/%	人的主观感觉	言语清晰度/%	人的主观感觉
96	言语听觉完全满意	65～75	言语可以听懂,但非常费劲
85～96	很满意	65 以下	不满意
75～85	满意		

2. 言语的强度

言语传递装置输出的语音,其强度直接影响言语的清晰度。当语音强度增至刺激阈限以上时,清晰度的分数逐渐增加,直到差不多全部语音都被正确听到的水平;强度再增加,清晰度分数仍保持不变,直到强度增至痛阈为止。不同研究者的结果表明,语音平均阈值为 25～30dB(即测听材料有 50％可被听清楚),而汉语的平均感觉阈值是 27dB。

当言语强度达到 130dB 时,受话者将有不舒服的感觉;达到 135dB 时,受话者耳中即有发痒的感觉,再高便达到了痛阈,将有损人耳的机能。因此言语传递装置的强度最好在 60～80dB。

3. 噪声环境中的言语通信

为了保证在有噪声干扰的作业环境中讲话人与收听人之间能进行充分的言语通信,则须按正常噪声和提高了的噪声定出极限通信距离。在此距离内,在一定语言干涉声级或噪声干扰声级下期望达到充分的言语通信,在此情况下言语通信与噪声干扰之间的关系如表 6-5 所示。

表 6-5　言语通信与噪声干扰之间的关系

干扰噪声的 A 计权声级(LA)/dB	语言干涉声级/dB	认为可以听懂正常噪声下语言的距离/m	认为在提高了的噪声下可以听懂语言的距离/m
43	36	7	14
48	40	4	8
53	45	2.2	4.5
58	50	1.3	2.5
63	55	0.7	1.4
68	60	0.4	0.8
73	65	0.22	0.45
78	70	0.13	0.25
83	75	0.07	0.14

6.2.3　听觉传递装置的选择

1. 音响传递装置的选择

在设计和选择音响、报警装置时,应注意以下原则:

（1）在有背景噪声的场合,要把音响显示装置和报警装置的频率选择在噪声掩蔽效应最小的范围内,使人们在噪声中也能辨别出音响信号。

（2）对于引起人们注意的音响显示装置,最好使用断续的声音信号,而对报警装置最好采用变频的方法,使音调有上升和下降的变化,更能引起人们注意。另外,警报装置最好与信号灯一起作用,组成"视听"双重报警信号。

（3）要求音响传播距离很远和穿越障碍物时,应加大声波的强度,使用较低的频率。

（4）在小范围内使用音响信号,应注意音响信号装置的数量。当音响信号装置太多时,会因几个音响信号同时显示而互相干扰、混淆,遮掩了重要的信息。在这种情况下可舍去一些次要的音响装置,而保留较重要的,以减少彼此间的影响。

2. 言语传递装置的选择

言语传递装置比音响装置表达更准确,信息量更大,因此,在选择时应与音响装置相区别,并注意如下原则：

（1）显示的内容较多时,用一个言语传递装置可替代多个音响装置,且表达准确,各信息内容不易混淆。

（2）言语传递装置所显示的言语信息表达力强,较一般的视觉信号更有利于指导检修和故障处理工作。同时言语信号还可以用来指导操作者进行某种操作,有时可比视觉信号更为细致、明确。

（3）在某些追踪操纵中,言语传递装置的效率并不比视觉信号差。例如,飞机着陆导航的言语信号、船舶驾驶的言语信号等。

（4）在一些非职业性的领域中,如娱乐、广播、电视等,采用言语传递装置比音响装置更符合人的习惯。

6.2.4 交通听觉信息设计

1. 城市交通听觉信息设计

城市交通中,通过恰当的听觉信息设计,可以有效向驾驶员以及周围的交通参与者传递信息,起到警示提醒的作用,保障交通安全。最常见的交通听觉信息传递装置就是汽车鸣笛。车辆通过鸣笛,对其他交通参与者起到警示作用。对于特种车辆,如救护车、警车等,特殊的鸣笛音设计,可以传递更多信息,让周围的交通参与者意识到,附近出现特殊情况,需要注意避让。在铁路上,通过对鸣笛声音的设计,可以传递更加丰富的交通听觉信息。比如一长声是起动注意信号,连续短声是紧急停车信号。除了鸣笛,铁路上还通过设计口笛、号角声音,传递不同种信息。

行人、骑车人等弱势道路使用者过街信号听觉信息设计,可以为视觉障碍人士提供一定的警示作用,作为视觉警示信息的辅助。

除了比较通用的鸣笛声设计外,在车内也有很多听觉设计。这些听觉信息,在不同的车型上有着不尽相同的设计。比如对于一些主流车型,安全带未系上、车门未关等,会通过不同强度的持续铃声进行提醒；而交叉驶入驶出路口、路面轮廓存在风险等时,会通过导航语音警示进行提醒。

2. 交通信息广播

向交通参与者发布语音信息,用于交通信息发布及控制,包括交通广播、路侧广播、公路语音提示广播等类型。例如在特殊路段,如违法集中地、事故多发路段、危险路段、长下坡路段、服务区等,乃至整条道路安装高音喇叭,监控中心根据不同管理需求和事件性质,通过语音广播方式通报紧急事件、纠正违法行为、规范事故现场安全防护、提示安全驾驶等,对道路通行秩序进行干预和控制。

3. 交通紧急电话系统

交通紧急电话系统用于在事故、灾害等紧急情况下道路使用者向管理者的求援,它由路侧紧急电话亭（分机）、传输信道和监控中心电话控制台（总机）组成,是道路监控系统中重要的信息采集手段之一。为确保安全可靠,紧急电话是一种专用电话系统,独立于其他通信系统,与监控中心为专线联系,不进入公用电话网。

紧急电话有无线和有线两大类型,我国普遍采用有线紧急电话系统。紧急电话系统信息采集设备是紧急电话亭,设置在道路两侧,具有醒目的颜色和指示标志。紧急电话的受话器通常为免提式,按钮即通,直接与监控中心值班员通话,方便紧急情况下使用者难以用手持操作的情形,并具有克服噪声与自动挂机功能。紧急电话亭安装于安全护栏外面,一般两侧对称设置。

6.3 声环境设计

6.3.1 噪声的影响

环境中起干扰作用的声音、人体感觉不舒适或不需要的声音,称为噪声。如机器马达声、交通鸣笛、摩擦或撞击引发的声响等。环境噪声可能妨碍作业者对听觉信息的感知,也可能造成生理或心理上的危害,影响作业者的舒适、健康和工作效率。但和谐的音乐,对提高某些作业的效率却是有益的。

根据噪声的来源可以分为工业噪声、交通噪声和社会噪声。根据机械特性可将噪声分为稳定噪声、周期性噪声、无规律噪声和脉冲噪声。根据噪声的感受可以分为过响声、妨碍声和刺激声。

研究表明,噪声对人的语言信息传递影响最大,如图 6-4 所示,交谈者相距 1m 在 50dB 噪声环境中可用正常声音交谈,但在 90dB 噪声环境中应大声叫喊才能交流。在上述情况下,交谈者的情绪激昂由正常变为不可忍耐。因此,许多国家的标准在规定作业场所的最大允许噪声级时,对于需要高度精力的工作场所均以 50dB 的稳态噪声级为其上限。

在噪声的作用下,可引起听觉发生暂时性减退,听觉敏感度降低,可听阈值提高,引起暂

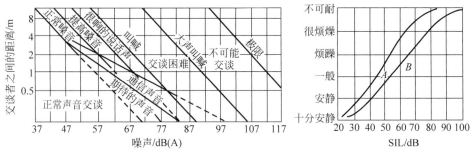

图 6-4 噪声对语言信息传递的影响

时性听力下降,造成听觉掩蔽,在持续的强噪声作用下可引起听力疲劳,疲劳程度越高则越难以恢复,严重时或长期作用下可能引起持久性听力损失,临床称为噪声性耳聋。人体突然暴露于极其强烈的噪声环境下,如噪声高达 150dB 时,可引起声外伤,或称爆震性耳聋。

噪声对人的生理和心理都有着不同程度负面影响,同时也影响信息传递和工作效率,因而需要对噪声环境进行治理和控制,或对暴露于噪声中的人体加以有效保护。

6.3.2 声环境标准

我国有关噪声的相关标准如下,它们对各种作业环境中的噪声排放做出了规定。

- 《声环境质量标准》(GB 3096—2008)
- 《工业企业厂界环境噪声排放标准》(GB 12348—2008)
- 《社会生活环境噪声排放标准》(GB 22337—2008)

在上述标准中,按区域的功能特点和环境质量要求,将声环境功能区分为如下 5 种类型:

0 类:康复疗养等特别需要安静的区域(40～50dB)。

1 类:住宅、医疗、文教、科研、行政办公等需要保持安静(45～55dB)。

2 类:商业、集贸,或居住、商业和工业的混杂区域等需要维护住宅安静(50～60dB)。

3 类:工业生产、仓储物流等为主要功能,需要防止工业噪声对周围环境严重影响的区域(55～65dB)。

4 类:交通干线周边,需要防止交通噪声对周围环境产生严重影响的区域,包括 4a 和 4b 两种类型:4a 类为高速公路、一级公路、二级公路、城市快速路、城市主干路、城市次干路、城市地面轨道交通、内核航道两侧区域(55～70dB);4b 为铁路干线两侧区域(60～70dB)。

6.3.3 声环境的改善

形成噪声的三要素是声源、传播途径和接受者,噪声的控制也可以从这三方面入手来加以解决。首先是降低噪声源的噪声级;如果技术上不可能或经济上不可行,则应考虑阻止噪声的传播；若仍达不到要求时，应采取接受者个人防护措施。

1) 控制噪声源

在生产现场可通过对机器本身进行减振、降噪和润滑来控制噪声源。或者改变机械运动、生产工艺、操作方法，改善摩擦和装配。如果工作场所的噪声干扰不可避免，就需要设计保证一定可听度的声音信号。如选用与噪声频率差别较大的声音作为听觉信号。

2) 控制噪声传播

(1) 总体设计布局合理；

(2) 利用天然地形；

(3) 利用指向性控制；

(4) 消声、吸声、隔声、隔振、阻尼。

3) 个人防护

噪声条件下的现场工作人员佩戴"防噪声耳罩"等装置进行有效的个人防护。

6.3.4 音乐与作业

在心理学和神经科学领域，音乐被认为可以高强度地诱发情绪，相关学术研究主要集中于减缓压力、缓解病人术后焦虑、抑郁和疼痛等方面。日常生活中，也具有许多情绪诱发的应用场景。好的音乐能使环境产生欢乐的气氛，减少噪声干扰，驱除疲劳感和单调感，进而提高生产效率，称之为生产性音乐，如劳动号子（民歌）。良好的音乐可提高生产效率达17%。日本早稻田大学的学者根据实验提出，工厂车间以纯体力劳动为主，不需要单调地花费注意力的工作，以节奏清晰、速度较快（130拍左右）而轻松的音乐为好；而对于脑力和需要注意力集中的劳动，音乐应以节奏变化不多、不费神、速度稍慢（90拍）为宜。

音乐需要断续播放和不重复为好。音乐因人和环境而异，对工作效率的影响有着正反两方面，因此设计要适当，不可主观和随意。车辆驾驶过程中，如播放和欣赏合适的音乐可以营造轻松愉快的氛围，起到预防和减轻疲劳的作用。

一些学者以不同的视角研究音乐属性对驾驶人的影响。已有研究主要集中于研究音乐旋律（如强度、节奏）对生理唤起和驾驶行为的影响。

第一，音乐节奏对驾驶行为的影响，目前的研究显示，快节奏的音乐提高了驾驶人的生理唤醒程度，使其产生了一种紧张感，导致驾驶人行驶速度加快（如图 6-5 所示），交通违法次数增加。同时，快节奏音乐影响下，驾驶人平均眼跳距离更短、垂直搜索广度更短。而水平搜索广度则与语言交互相关，熟悉语言情况下，慢节奏下水平搜索广度高于快节奏下，陌生语言情况下则相反。除此之外，随着音乐节奏的加快，驾驶人横向位置控制也随之恶化。

第二，音量大小对驾驶行为同样具有一定影响。如图 6-6 所示，在收听 75dB 音乐时，平均行驶速度最高；而在收听 90dB 音乐时，平均行驶速度最低。听音乐相比不听音乐，交通违法次数更多，并且随着音量的增加，交通违法次数随之增加。而在单调声音驾驶环境下，驾驶人产生驾驶疲劳后，通过引入旋律舒缓、中等音高音乐能显著、稳定地缓解疲劳。具

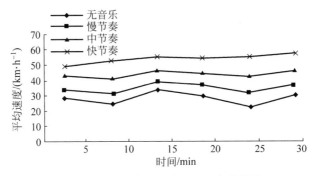

图 6-5 音乐节奏对平均驾驶速度的影响

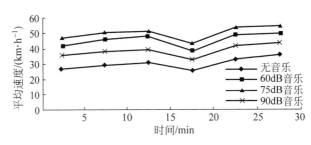

图 6-6 音乐音量对驾驶平均速度的影响

体而言,75dB、85dB 旋律音乐要优于 65dB 音乐刺激。

第三,歌词对驾驶人产生的影响主要体现在注意资源的侵占和认知负荷增加方面。眼动结果显示,面对熟悉的歌词,驾驶人平均注视时间长,即认知负荷增加,会对驾驶产生不利影响。特别是对新手驾驶员,影响更为显著。

6.4 道路交通噪声环境评价

6.4.1 道路交通噪声

交通噪声是指机动车辆、轨道车辆等交通运输工具在运行时所产生的干扰周围生活环境的声音。在四类环境噪声(交通噪声、工业噪声、施工噪声和生活噪声)中,交通噪声无论从噪声强度还是影响范围都是较为严重的。特别是在大城市,道路交通噪声污染问题尤为突出,道路交通噪声在环境噪声中的贡献达到 60% 以上。

对于城市公路运输,汽车运行过程中会产生交通噪声,随着交通流量的加大,噪声污染也越发严重。交通噪声主要有 4 个来源:

1) 发动机噪声

燃油车依赖发动机工作,而发动机工作时,会由机体运行产生机械噪声;同时,由于高速进气,气流从车外进入气缸的过程中,还会产生较强的气动噪声。虽然电动汽车没有发动机,但是相应的,由于驱动电机的使用,会产生驱动噪声,主要由电磁噪声、机械噪声和冷却噪声组成。

2) 路面噪声

路面噪声即轮胎和路面产生的噪声,主要包括:一是轮胎和路面的摩擦带来的噪声;二是轮胎四周空气扰动和轮胎花纹间隙的。

3) 空气噪声

汽车行驶过程中,会与周围空气相互作用,导致空气压力变化而产生噪声。这种噪声会随着车辆速度的提高而增加。

4) 鸣笛噪声

鸣笛在信息传递上起到作用,但正是为了使鸣笛能够起到有效的警示提醒作用,鸣笛分贝往往较高,这也就构成了一种严重的噪声污染。

6.4.2 交通噪声控制

6.3.3 节提到了声环境的改善途径,交通噪声控制可以主要考虑控制噪声源和控制噪声传播。

在控制噪声源上,可以分别针对 6.4.1 节中提到的 4 种噪声来源入手:发动机噪声可以通过改善发动机设计,安装防噪装置进行控制;路面噪声可以通过改善路面结构,采用多空隙的沥青路面进行控制;空气噪声则可以考虑在设计汽车时,对汽车的风阻系数进行优化,同时在需要控制噪声的地点,限制车速过高;鸣笛噪声需要从法律法规入手,加大违规鸣笛执法力度,同时培养司机不乱鸣笛的意识,鸣笛识别监测已在道路交通中发挥作用。此外,提倡绿色出行、多用公共交通,也可以降低更多交通噪声的产生。

在控制噪声传播方面,通常的方法有:种植绿化带、建造隔音屏障、交通干线沿线的建筑使用隔音材料建造等。也可以多建地下道路交通、避免对噪声敏感的建筑建造在道路两旁等,减少噪声的传播与危害。

6.4.3 交通噪声监测评价方法

1. 交通噪声评价标准

1982 年,我国制定了《城市环境噪声测量方法》(GB 3222—1982),从而使我国的道路交通噪声监测与评价方法趋于统一。1986 年,由国家环保局发起,中国环境监测总站组织有关部门制定了我国第一部《环境监测技术规范(噪声部分)》,自此我国的道路交通噪声监测技术走上了规范化的道路。2003 年印发了《声环境质量评价方法技术规定》,并在 2010 年更新为《声环境质量常规监测暂行技术规定》。2012 年,环境保护部根据当前环境噪声常规监测工作的需要,发布了《环境噪声监测技术规范 城市声环境常规监测》(HJ 640—2012)。

我国在《声环境质量标准》(GB 3096—2008)中对 5 类声环境功能区的环境噪声规定了相应的限制。其中,交通噪声为第 4 类,其噪声限值如表 6-6 所示。

表 6-6　声环境噪声限值　　　　　　　　　　　　dB

类别		区域	时段	
			昼间	夜间
4 类	4a 类	交通干线两侧一定距离之内,需要防止交通噪声对周围环境产生严重影响的区域	高速公路、一级公路、二级公路,城市快速路、城市主干路、城市次干路、城市轨道交通(地面段)、内河航道两侧区域	70	55
	4b 类		铁路干线两侧区域	70	60

2. 交通噪声监测评价方法

我国学者提出的道路交通噪声监测与评价方法主要可以分为 3 类:

1) 基于统计学的评价与预测方法

将统计学方法引入环境噪声的研究中,如灰色系统理论、神经网络模型等方法,可直接采用统计、拟合等数值分析方法建模,挖掘城市噪声与社会因素、人口因素和经济因素之间的隐含联系,但没有考虑道路交通噪声与车流量、车速等影响因素之间本质的物理联系,存在一定的局限性。

2) 基于主观感受的评价方法

噪声对人的影响不仅与声级大小有关,还与声音波动情况、频率以及人们自身的年龄、体质、性格、心理素质等诸多因素有关。因此基于主观感受的评价方法能更准确反映出道路交通噪声对人的心理、生理健康的影响,体现出环境监测中以人为本的宗旨,但其实用性有待进一步研究。

3) 基于声学理论的预测及评价方法

考虑交通噪声声源和传播过程的物理意义,建立基于声学理论的道路交通噪声预测模型是近年来的研究热点,如建立适合我国车辆及道路特点的道路交通噪声评价预测模型。

从声学角度对道路交通噪声的检测与评价,主要包括如下 3 种实用方法:

1) 道路交通噪声源强监测与评价方法

该方法是对道路交通噪声的源强进行检测,用以探明该噪声源的噪声排放情况,分析道路交通噪声与相关因素如车流量、车况、路况等参数之间的关系。基于源强值,还可以根据声学传播规律估算道路两侧区域所受道路交通噪声的影响。

目前我国对道路交通噪声的检测与评价接近源强法,每年进行一次昼间监测,每 5 年进行一次夜间监测,每个路段监测时间为 20min,对所有路段的监测结果进行路长加权平均后得到城市道路交通噪声总体水平。

2) 敏感点监测与评价方法

该方法是指对道路两侧敏感点处的噪声水平进行监测和评价。国外标准中较多采用这种方法。评价道路两侧敏感建筑物处噪声值的原因是:从源头上的控制措施是有限的,不能完全达到居住要求,对于源强值较高的道路,必须经过合理规划,在传播过程中降低噪声,达到不干扰两侧居民工作、生活的要求。而降噪措施是否真正达到了保护效果,需要从对敏感点处的噪声监测与评价反映出来。

敏感点评价与源强法不同,这种方法将测点布设在建筑物室外(或室内),其测量值反映居住环境的噪声暴露情况,这种评价方法与居民的主观感受更相符,符合"以人为本"的思想。

3) 噪声地图评价方法

噪声地图是在地理区域图基础上,用不同颜色标示出的噪声分布图,通常用噪声模拟预测软件计算而得。有了噪声地图的指引,可以直观识别区域内噪声污染相对严重地区,有关部门可以依据噪声地图制定降噪的工作计划和方案。居民可以应用噪声地图查找到住宅楼附近噪声值。噪声地图法可以用于区域的宏观评价中,如评价城市中不同声级覆盖人口数量和达标区域面积。

噪声地图是应用计算机技术,将噪声源数据、地理数据、建筑分布状况、道路、铁路状况、交通资料、声传播模型以及相关地理信息进行综合、分析和计算后生成的反映城市噪声水平状况的数据地图。噪声地图评价法可以直观识别区域内噪声污染相对严重地区及噪声较严重的道路,更全面地统计暴露在不同声级下的人口分布,对声环境质量进行综合评价。

6.5 本章小结

听觉器官也是人体重要的感觉器官,对应的人的听觉机能特性主要包括频率响应特性、感受声音的高低强弱和远近大小、听觉掩蔽等方面,听觉设计在人机界面设计中应用非常广泛。其中,人的听力、方向敏感性、听觉掩蔽特性等在交通人因工程中具有重要的作用。

交通人因工程中的声环境设计是基于人的听觉特性进行的人机界面与人机交互设计,具体包括听觉信息传递装置设计、交通工具声环境设计、道路噪声控制等内容,直接影响道路交通系统的安全性和舒适性。

其中,交通听觉信息设计包括道路听觉传递装置设计、交通广播、紧急电话等,用于在道路交通系统中对广大交通参与者进行必要的警示信息传递与组织管理,有利于改善道路交通安全与秩序。

交通噪声是城市车辆交通的不利影响之一,需要针对不同区域的特点,考虑不同的标准要求,对交通噪声进行适当控制,改善道路交通的声环境。

- **复习思考题**

1. 人的听觉器官主要功能是什么?
2. 人的听觉特性有哪些?
3. 简述听觉信息传递装置设计要求。
4. 举例说明交通听觉信息设计的要求。

5. 噪声如何改善？

6. 简述交通噪声监测评价方法有哪些？

- **课后作业**

1. 基于人的听觉特性，设计机动车的不同级别预警声音。

2. 基于人的听觉特性，设计公交车的报站提示语音信息。

3. 利用噪声测量仪器实地测量教学楼、图书馆、周边道路等公共场所的噪声情况，提出改进建议。

4. 讨论一下音乐对驾驶行为的影响。

5. 一些电动化交通工具，如电动汽车，其运行时发出的噪声小，和传统的燃油车相比不易被察觉，并容易引起驾驶疲劳，试针对这些车辆设计相应的辅助声音及预警提示，从听觉的角度来提升其安全性和显著度。

第7章 人的交通行为分析

内容提要

在道路交通系统中,人作为具有思维与行为能力的交通工具使用者,起着决定性的作用。而随着科学技术的进步,特别是智能驾驶技术的飞跃发展,人在交通系统中的作用发生了根本性的转变。系统中的操作人员正在逐步地从直接控制人员转变成监视人员和决策者。本章以驾驶行为的三个核心递进阶段(认知阶段、决策阶段及选择阶段)作为基本主线,以人在三个阶段的行为特性作为关键内容,介绍了认知行为中系统的主观体验、指向与集中、信息储存及条件推测的主要内容和相关理论,探讨了决策行为中人的思维与推理、决策行为及相关理论,并对选择行为的反应时间、运动时间的主要内容及影响因素进行介绍,最后着重论述了驾驶员的反应时间。

知识结构

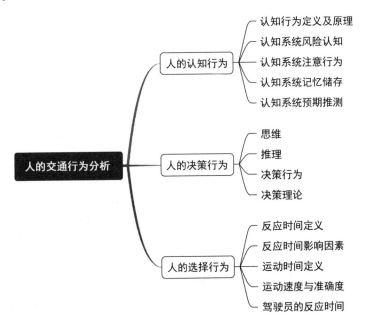

7.1 人的认知行为

7.1.1 认知行为的定义及原理

认知作为科学术语时的释义为:认知包括感觉、知觉、记忆等。

具体来说,人们获得知识或应用知识的过程开始于感觉与知觉。感觉是对事物个别属性和特性的认识,如感觉到颜色、明暗、声调、香臭、粗细、软硬等。而知觉是对事物的整体及其联系与关系的认识,如看到一面红旗、听到一阵嘈杂的人声、摸到一件轻柔的毛衣等。

人们通过感知觉所获得的知识经验,在刺激停止作用之后,并没有马上消失,它还保留在人们的头脑中,并在需要时能再现出来。这种积累和保存个体经验的心理过程,就叫记忆。

如图 7-1 所示,在驾驶过程中,驾驶人对道路环境及自身车辆信息进行注意、编码、记忆等初级处理后,才能进行后续决策、选择行为。因此,认知行为是整个驾驶行为过程的第一阶段,也是进行信息处理的基础。而认知不仅包含简单的感觉过程,还包括使用感觉的全部过程。为了对人的认知行为有更深入、透彻的了解,以下对人的认知行为进行介绍。

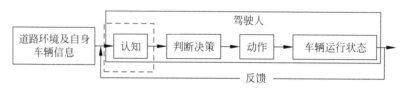

图 7-1 驾驶行为基本模型——认知阶段

7.1.2 认知系统的主观体验——风险认知

1. 风险认知的基本概念

所谓风险认知,是指驾驶人对交通情境中潜在客观风险的主观体验。在驾驶中,不同驾驶人对潜在风险的认知水平不同,一般认为,风险认知水平与危险驾驶行为之间是负相关的关系,也即对潜在风险的认知水平越高,则危险驾驶行为越少,交通事故的发生率也可能较低。有学者指出,很多交通事故的发生都与驾驶人过低估计交通情景中的风险有关。因此,驾驶人对风险的认知也被作为驾驶行为的预测指标。由于风险认知是一种主观体验,因此它与驾驶人的人格特质有关,面对相同的客观风险,大胆冒险的驾驶人感知的风险较低,而小心谨慎的驾驶人感知到的风险则会高一些。类似地,新、老驾驶员之间在风险的感受性和预测性方面也存在一定的差异。也就是说,现实中不同类型驾驶人对客观风险的接受程度不同仅仅是表面上的现象,本质在于他们对风险的主观感受不一样。

人格特质还可以根据驾驶人风险认知或风险态度为中介变量,对风险驾驶行为产生影响,因此,校正驾驶人对风险的认知与态度能够干预并改变驾驶人的风险行为。

2. 风险认知的相关理论

1) 风险平衡理论

风险平衡理论认为,驾驶人倾向于保持一定的风险水平,因此又被称为"风险目标"或"风险补偿"理论。根据风险平衡理论的观点,交通事故率与外界环境并无太大关系,而取决于驾驶人能接受的风险水平。即使由于外界环境变化,驾驶人所感知的风险水平降低了,他也将调整驾驶行为以接近他能接受的(事先设定的)风险水平,使得驾驶人的行为会更冒险,事故的概率依然不会降低。

该理论对于道路安全设施的改善对交通事故率的作用几乎是完全否定的,因此风险平衡理论的观点引发了极大的争议。而事实上随着道路交通安全设施的完善,一些国家的交通事故发生率出现了显著下降。而风险平衡理论并非否认外在的诸如修缮道路、提高车辆性能等措施对于降低交通事故的作用,只是更多地关注驾驶人的内在改变,因而外在的干涉措施会更加有意义。

2) 零风险理论

零风险理论认为驾驶人并非将风险保持在一定的水平,因为这需要驾驶人随时用理性对外界风险进行衡量以便进行行为调整,而是假定存在一个感受上的"主观危险"或者是"恐惧监控器",只有当驾驶人感知到风险水平达到临界值时,才会调整他们的行为。在此之前,驾驶人的驾驶行为主要依靠自动化反应。后来,风险水平的临界值或边界值被修订为主观感受的零风险,这也是零风险理论的名称由来。根据零风险理论,在驾驶过程中,驾驶人在大部分时间里,表现得像是未感知到任何风险一样。

零风险理论模型存在着不可验证的问题。由于分配到每一次出行的风险概率极低,模型中的零风险几乎时时存在;如果使用主观的风险感,那模型又难以量化。零风险理论模型主要停留在概念模型阶段,应用于预测的可行性较差。

3) 风险规避(分配)模型

风险规避(分配)模型中将以事故概率来衡量的风险目标,改用任务难度来替代。根据风险规避(分配)模型的观点,驾驶人试图在驾驶中保持一定的任务难度。当任务需求超过自身能力时,驾驶人通过调整行为来降低任务难度,使之与能力相匹配。反之,当任务难度低于能力时,驾驶人则通过减少能力的分配,如转移注意力等,使得任务难度仍维持在一定水平。这也意味着,当道路交通状况比较好时,驾驶人投入到驾驶任务中的精力会减少,蕴含的危险并未真正下降。如果任务难度忽然增加,则很容易引发事故,因为驾驶人可能没有充足的时间来调整能力资源的分配。风险规避(分配)模型具有较好的验化性,它区分了主观的风险感知与客观的风险评价,可通过速度控制调整任务难度。而驾驶人的主观风险与任务难度是相匹配的,它们与速度均呈正相关的关系,具体表现为随速度加大而线性增加;只有任务难度超过驾驶人的能力时,事故率才会明显上升。风险理论揭示了驾驶人行为的自适应性,明确指出驾驶人会在一定范围内主动控制面临的风险。风险理论提出,驾驶人的行为调整与可接受的风险程度有关,这在描述驾驶行为机理上具有一定的开创意义,但对于这种内在的可接受风险程度的形成机理及影响因素等,则没有涉及。

Mckenna 等指出,驾驶人的风险认知水平可以通过培训加以提高,风险认知培训可以有效减少驾驶人的危险驾驶行为,提高驾驶安全。风险认知是连接驾驶人内在知识体系和外在行为的纽带,是一种心理因素。范东凯与曹凯认为风险认知培训能将使得这种纽带作用更好地发挥,减少交通事故的发生。

7.1.3 认知系统的指向与集中——注意

1. 注意的基本概念

注意是心理活动或意识对一定对象的指向与集中。注意的指向性是指人在某一瞬间,他的心理活动或意识选择了某个对象,而忽略了另一些对象。指向性不同,人们从外界接收的信息也不同。其中注意的指向性是指心理活动或意识朝向哪个对象,而集中性是指心理活动或意识在一定方向上活动的强度或紧张度。心理活动或意识的强度越大,紧张度越高,注意也就越集中。

驾驶人的注意分配和转移在驾驶过程中具有极为重要的意义。如汽车在高速行驶过程中,当驾驶人的注意力分散至手机或其他非驾驶任务的物品上时,就不能迅速、准确地处理交通信息,车辆和道路环境不能达到良好的协调,进而有可能引起严重的交通事故。

2. 注意选择的认知理论

从 20 世纪 60 年代以来,心理学家对注意的选择功能进行了大量的研究,提出了一系列理论模型。这些理论解释了注意的选择作用的实质,以及人脑对信息的选择究竟发生在信息加工的哪个阶段。

(1) 过滤器理论。英国心理学家布罗德本特提出了过滤器理论,他认为,神经系统在加工信息的容量方面是有限度的,不可能对所有的感觉刺激进行加工。当信息通过各种感觉通道进入神经系统时,要先经过一个过滤机制,只有一部分信息可以通过这个机制,并接受进一步的加工;其他的信息就被阻断在它的外面,而完全消失了。过滤器理论有时也称为瓶颈理论或单通道理论。

(2) 衰减理论。基于日常生活观察和实验研究的结果,特瑞斯曼提出了衰减理论。衰减理论主张,当信息通过过滤装置时,不被注意或非追随的信息只是在强度上减弱了,而不是完全消失。不同刺激的激活阈限是不同的,有些刺激对人有重要意义,如自己的名字、火警信号等,它们的激活阈限低,容易激活,当它们出现在非追随的通道时,容易被人们所接受。

上述两种理论对过滤装置的具体作用有不同的看法,但又有共同的地方:①两种理论有相同的出发点,即主张人的信息加工系统的容量有限,因此,对外来的信息必须经过过滤或衰减装置加以调节。②两种理论都假定信息的选择发生在对信息的充分加工之前,只有经过选择以后的信息,才能受到进一步的加工、处理。

(3) 后期选择理论。该理论由多伊奇等提出后由诺尔曼加以完善。该理论认为,所有进来的信息都被加工。当信息达到短期记忆时,开始选择获得进一步加工的信息。因为进一步加工的选择是在短期记忆中进行的,即对信息的选择发生在加工后期的反应阶段,而不是在较早的感觉记忆通道中,因此称为后期选择理论。

3. 注意分配的认知理论

1) 认知资源理论

(1) 注意是一种有限的认知资源,对刺激的加工需要占用认知资源,刺激越复杂或加工越复杂,占用的认知资源越多。

(2) 输入刺激本身并不自动地占用认知资源,在认知系统内,有一个机制负责资源的分配。

(3) 人对认知资源的分配是灵活的,人可以根据情境把认知资源分配到重要的新异刺激上。例如,一个熟练司机可以毫无困难地一边开车一边和别人交谈。

2) 双加工理论

(1) 双加工理论认为,人类的认知加工有两类,自动化加工和受意识控制的加工。

(2) 自动化加工不受认知资源的限制,不需要注意,是自动化进行的,在习得或形成后,其加工过程比较难改变。

(3) 受意识控制的加工受认知资源的限制,需要注意的参与,可以随环境的变化不断进行调整。

(4) 受意识控制的加工在经过大量的练习后,有可能转变为自动化加工。例如,一边骑自行车,一边欣赏路边风景;一边看电视,一边织毛衣等。

7.1.4 认知系统的信息储存——记忆

认知系统的信息储存有两种方式:一种是为当前信息加工的需要而短时储存信息,一般称为短期记忆;另一种是为以后信息加工的需要而储存信息,即所谓的长期记忆。

如图 7-2 所示,把由感觉信息存储库、短期记忆存储库和长期记忆存储库这三个记忆库,与完整管理机构所组成的模型看作是在认知心理学领域处理输入信息的过程。感觉信息储存库是把从传感器获得的信息原封不动地按照约 500ms 的时长存储。虽然短期记忆储存库只能保持 20s 左右时长,但是长期记忆存储库却具备利用某种知识加工处理输入信息并把处理结果传送到长期记忆的功能。

1. 短期记忆

1) 短期记忆的含义及特点

短期记忆也称为工作记忆和操作记忆,是感觉记忆和长期记忆的中间阶段。从功能上说,短期记忆是思维过程中结果保持的地方,同时也是知觉系统产生表象的地方。人类所有的智力活动都必须从短期记忆中取得所需要的加工材料,操作的结果也必须经过短期记忆以进一步加工或输出。

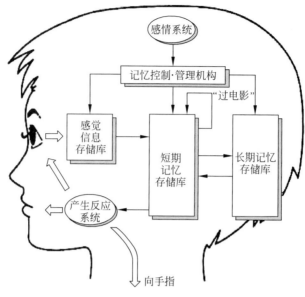

图 7-2 认知结构模型图

短期记忆有以下特点：

(1) 信息保持时间很短。保持时间为 5~60s。

(2) 记忆容量小。记忆容量在 5~9 项之间。

(3) 对中断的高度敏感。短时记忆极易受到干扰，受干扰的程度取决于短时记忆中存储的信息的多少。

(4) 短期记忆中的信息可被意识。通常只有短期记忆中的信息才能被保持在人们当前的意识之中。存储于长期记忆中的信息，需先提取回溯到短期记忆系统，在这里进行意识的加工，并与当前的刺激相结合，才能付诸应用。

(5) 短期记忆会利用长期记忆中的知识将输入信息符号化。在短期记忆中反复回味被符号化的信息就是"过电影"，通过"过电影"找出与符号化所用知识的关联性，可以延长短期记忆的保持时间。

2) 短期记忆的编码及影响因素

听觉编码和视觉编码是短期记忆的主要编码方式。短期记忆编码效果受许多因素影响，但主要因素是人的觉醒水平、短期记忆的组块和认知加工深度。

(1) 觉醒水平。即大脑皮层的兴奋水平。它直接影响记忆编码的效果。艾宾浩斯认为上午 11:00—12:00 之间，被试者的学习效率最高，下午 6:00—8:00 之间，被试者的学习效率最低。

(2) 短期记忆的组块。短期记忆的容量是以单元（数字、字母、音节、单词、短语和句子）来计算的。单元的大小可随个人的经验而有所不同。在编码过程中，将几种水平的代码归并成一个更高水平的、单一代码的编码过程称为组块。组块可以提高记忆容量和效率。个体的知识经验、编码技巧及努力程度都影响组块的内容和方式。因此，可从上述三个方面采取措施，提高记忆绩效。

（3）认知加工深度。认知加工深度也是影响短期记忆编码的因素。研究表明，信息加工深度比较低时，人的记忆效果较差；相反，信息加工深度比较大时，人的记忆效果比较好。

3）短期记忆信息的存储和遗忘

（1）复述。复述是短期记忆信息存储的有效方法。它可以防止短期记忆中的信息受到无关刺激的干扰而发生遗忘。复述又分为两种：一种是机械复述或保持性复述，将短期记忆中的信息不断地简单重复；另一种是精细复述，将短期记忆中的信息进行分析，使之与已有的经验建立起联系。研究表明，精细复述可增加记忆信息量，提高信息记忆速度。

（2）遗忘。记忆的内容不能保持或者提取时有困难就是遗忘。短期记忆的容量有限，储存时间也很短。在没有复述的情况下，短期记忆可保持15~30s。图7-3所示为阻止复述后短期记忆遗忘速率。被试者回忆的正确率是从字母呈现到开始回忆之间的时间间隔的递减函数。当时间间隔为3s时，被试者的回忆正确率达到80%；当时间间隔延长到6s时，正确率迅速下降到55%；而延长到18s时，正确率就只有10%了。这个实验说明，短期记忆信息存储的时间很短，如得不到复述，将会迅速遗忘。而造成遗忘的原因主要是短期记忆中的信息受到其他无关信息的干扰。

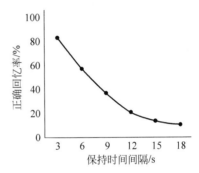

图7-3　阻止复述后短期记忆遗忘速率

2. 长期记忆

1）长期记忆的含义和编码

长期记忆是指存储时间在1min以上，数月、数年乃至终生不忘的信息。与短期记忆相比，不需要复述来维护长期记忆里的内容。长期记忆的编码形式主要有三种，即按语义类别编码、按语言特点编码和主观组织编码。其中按语义类别编码是最主要的编码方式。

（1）按语义类别编码。在记忆一系列语词概念材料时，人们总是倾向于把它们按语义的关系组成一定的系统并进行归类。例如，对给定的杂乱的语词概念材料，当按动物、植物、人名、职业等进行分类时，记忆的效果会明显提高。长期记忆中组块间的联系是以语义的方式进行的。

（2）按语言特点编码。借助语言的某些特点，如语义、发音等，对当前输入的某些信息进行编码，使它成为便于存储的东西。这种编码方式，在记忆无意义音节时经常使用，从而提高记忆的效率。

（3）主观组织编码。学习无关联的材料时，如果既不能分类也没有联想意义上的联系，这时个体会倾向于采取主观组织对材料进行加工。主观组织将分离的项目构成一个有联系的整体,从而提高记忆效率。影响长期记忆编码的主要因素为编码时的意识状态和加工深度。研究表明,有意编码的效果明显优于自动编码的效果;加工深度不同,记忆效果也是不同的。

2) 长期记忆的信息存储

长期记忆中信息的存储是一个动态过程。从量的方面,存储信息的数量随时间的推移而逐渐下降;从质的方面,存储的信息会出现不同形式的变化。如内容简略和概括,不重要的细节将逐渐趋于消失;内容变得更加完整、合理和有意义;记忆恢复现象等。信息存储依赖于刺激物的重复出现,也是短期记忆向长期记忆转化的条件。

3) 长期记忆的信息提取

长期记忆的信息提取有两种基本形式,即再认和回忆。再认是指人们对感知过、思考过或体验过的事物,当它再度呈现时,仍能认识的心理过程。再认有感知和思维两种水平。感知水平的再认是迅速、直接的。例如,对一首熟悉的歌曲,只要听见几个旋律就能立即确认无疑。思维水平的再认依赖于某些再认的线索,并包含了回忆、比较和推论等思维活动。再认的效果随再认的时间间隔而变化,图7-4所示为时间间隔对再认的影响。从图中可以看到,从学习到再认的间隔时间越长,效果越差。

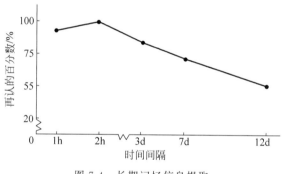

图 7-4 长期记忆信息提取

回忆是人们过去经历过的事物以形象或概念的形式在头脑中重新出现的过程。回忆通常以联想为基础。一般情况下,时间、空间相近的事物容易形成联想;外形或性质相似的事物容易形成联想;事物间相反的特征容易形成联想;事物间的因果关系也容易形成联想。然而要在长期记忆中随意提取一个组块却并不是总能成功的。其原因有两个:一是找不到提取的线索;二是许多相似的提取线索和许多相似的组块混在一起,互相会形成干扰。记忆提取时与提取线索有关的材料越多,提取越困难。

4) 长期记忆的信息遗忘

19世纪末,德国心理学家艾宾浩斯采用自然科学的方法对记忆进行了实验研究,得出了人的遗忘发展进程规律。表7-1记录了该实验结果。

表 7-1 人的遗忘进程

次　　序	时距/h	保持数/%	遗忘数/%
1	0.33	58.2	41.8
2	1	44.2	55.8
3	8.8	35.8	64.2
4	24	33.7	66.3
5	48	27.8	72.2
6	144	25.4	74.6
7	744	21.4	78.9

从表 7-1 可以看出,遗忘在学习之后立即开始,遗忘的过程最初进展得很快,以后逐渐缓慢。例如,在学习 20min 之后遗忘就达到了 41.8%,而在 744h(31 天)后遗忘仅达到 78.9%。根据这个研究他认为"保持和遗忘是时间的函数"。将实验的结果绘成曲线后就是著名的艾宾浩斯遗忘曲线,如图 7-5 所示。

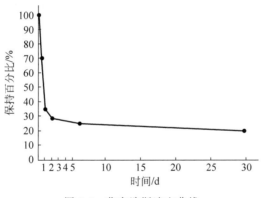

图 7-5　艾宾浩斯遗忘曲线

7.1.5　认知系统的条件推测——预期

1. 预期及驾驶预期的基本概念

预期,是根据头脑中已建构的模型预测环境中将出现的信息,并积极探索所需要信息的一种自上而下的心理过程。如知觉期待就是在知觉过程中根据过去和现在的信息对将来信息的一种预期和期望。当目标在适宜的情境中出现时,人们对它的辨认会比较快速和准确;反之,如果目标出现在不适宜的情境中,则辨认的成绩会下降。

驾驶预期,也称为驾驶期望,是指在驾驶信息处理过程中,驾驶人根据道路交通条件推测即将面对(前方)的动态道路环境,并据此产生未来驾驶行为的预期计划。

在实际驾驶行为中,驾驶人会对行车环境以及自身的技术水平进行综合判定,然后选择自认为安全合理的车速/车距方案,并以这一车速/车距方案作为指导下一步驾驶行为的信息,因此控制车速/车距的信息具体指标,可以认定为驾驶人的预期车速/车距取值。驾驶期望车速/车距是驾驶预期的外在表征。

2. 驾驶预期的相关理论

1) 情境觉知理论(situation awareness,SA)

情境觉知就是在一定的时间和空间内对环境中的各组成成分的感知和理解,进而预知这些成分随后的变化状况(并以此采取相应的规划)。情境觉知分为三个重要阶段:

第一阶段,对环境中各要素/成分的感知(perception of elements in current situation)。为实现情境觉知,首先应对环境中各要素的状况、属性及动态特性进行感知。

第二阶段,对目前情境的综合理解(comprehension of current situation)。指对第一阶段中各杂乱无章要素的综合,第二阶段的综合理解不仅是简单地意识到这些要素,而是依据目的,驾驶人充分理解这些要素具有的意义,并迅速将其综合形成一幅清晰而又完整的情境状况思维图像。

第三阶段,对随后情境的预测和规划(projection of future status)。基于情境觉知第二阶段形成的情境状况思维图像,对环境中将来的(至少是短期的)变化状况预测并以此规划出相应对策的过程。

2) 驾驶人信息处理模型

驾驶人信息处理模型把预期分为两类,即长时预期和短时预期。长时预期是由驾驶人的环境内生模型中衍生而来,主要基于经验和教育。这种预期的力量非常强大,例如,驾驶人对于单行道上逆行的车辆甚至经常会"视而不见"(look but fail to see)。短时预期是以长时预期为基础的,它包含道路环境的动态实时信息。比如,驾驶人能够利用预期推断出下一时刻另一辆汽车会行驶到什么位置。

7.2 人的决策行为

7.2.1 思维与推理

人们在生活和工作过程中会接收许多信息,基于所面对的问题进行思维活动,从而做出决策。驾驶人在认知阶段获得信息的基础上,基于当时的心理和生理条件,结合驾驶经验和技能,经过以大脑为主的中枢神经系统分析,做出判断,确定有利于安全行车的动作决策,并把决策指令送往运动器官,如图 7-6 所示。

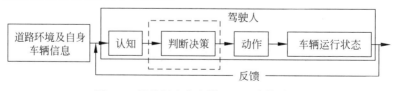

图 7-6 驾驶行为基本模型——决策阶段

1. 思维过程

思维是借助语言、表象或动作实现的,对客观事物概括的和间接的认识,是认识的高级形式。感知觉是对外界刺激直接输入并进行初级加工,记忆是对输入的刺激进行编码、储存、提取的过程。而思维则是对输入的信息进行更深层次的加工,主要表现在概念形成和决策的活动中。

人们在头脑中,运用存储在长期记忆中的知识经验,对外界输入的信息进行分析与综合、比较、抽象与概括的过程就是思维过程。具体包括以下过程:

1) 分析与综合

分析是指在头脑中把事物的整体分解为各个部分或各个属性。人们对事物的分析往往是从分析事物的特征和属性开始的。综合是在头脑中把事物的各个部分、各个特征、各种属性结合起来,了解它们之间的联系,形成一个整体。综合是思维的重要特征,只有把事物的部分、特征、属性等综合起来,才能把握事物的联系和关系,抓住事物的本质。

2) 比较

比较是把各种事物和现象加以对比,确定它们的相同点、不同点及其关系。比较是以分析为前提的,只有在思想上把不同对象的部分特征区别开来,才能进行比较。同时,比较还要确定它们之间的关系,所以比较又是一个综合的过程。比较是重要的思维过程,也是重要的思维方法。

3) 抽象与概括

抽象是在思想上抽出各种事物与现象的共同的特征和属性,舍弃个别特征和属性的过程。例如,注意行人、连续弯路、施工都是警告驾驶人做好应对危险准备的标志,因此,警告就是它们的共同功能。

2. 推理

推理是指从已知的或假设的事实中引出结论。它可以作为一个相对独立的思维活动出现,也经常参与许多其他的认知活动,如知觉、学习记忆等。推理需要提取长期记忆中的知识,并且和当前的一些信息在短期记忆中进行综合。推理有多种形式,从具体事物归纳出一般规律的活动称为归纳推理,本质上是概念的形成。根据一般原理推出新结论的思维活动称为演绎推理,本质上属于决策的范围。我们主要介绍演绎推理中的三段论推理、线性推理以及条件推理等。

心理模型理论由约翰逊·莱尔德提出,该理论认为人们推理的过程就是创建并检验心理模型的过程,即首先根据两个前提条件给出的信息,创建一个心理模型,这个模型相当于前提中所述事件的知觉或表象。推理过程均依赖于短期记忆的加工资源,并且受制于短期记忆的有限容量。构建心理模型不仅需要较长时间,还需要进行一系列有赖于短期记忆的信息加工。推理中的错误,是由于人们对前提信息的加工不充分,或者说受短期记忆容量的限制,人们只根据前提创建了一个心理模型,而没有考虑建立更多的心理模型。

7.2.2 决策行为的定义

现代管理学认为,决策的理解有三种,狭义的理解是把决策看作从集中备选的行动方案中做出最终抉择,是决策者的拍板定案。最狭义的理解认为,决策是对不确定条件下发生的偶发事件所做的处理决定,既无先例又没规律,也就是说只有冒一定风险的选择才是决策。广义的理解是指,人们为了实现某一特定目标,在占有一定信息和经验的基础上,根据主客观条件的可能性,提出各种可行方案,采用一定的科学方法和手段,进行比较、分析和评价,按照决策准则,从中筛选出最满意的方案,并根据方案的反馈情况对方案进行修正控制,直至目标实现的整个系统过程。

决策条件:

(1) 存在试图达到的明确目标。
(2) 存在不以决策者主观意志为转移的两种以上的自然状态。
(3) 存在两个或以上可供选择的自然方案。
(4) 不同行动方案在不同自然状态下的易损值可以通过计算得到。

7.2.3 决策理论

现代决策理论分为两种:理性决策理论和行为决策理论。20世纪80年代中期以前,在现代决策理论中占据绝对主导地位的是以期望效用理论为基础的理性决策理论。随着理性决策悖论研究和行为经济学的兴起,以人类实际决策行为为出发点,研究人类实际决策行为规律及其影响的行为决策理论越来越引起人们的兴趣。

1. 理性决策理论

理性决策理论的充分发展立足于Von Neumann和Morgenstern提出的预期效用理论和Savage提出的贝叶斯决策理论。该理论的基本前提是决策者的完全理性,即决策者能够获得准确有用的信息并拥有无限的、可用于加工生成数据的资源,完全能够推导出对自己最优的选择。

理性决策理论的研究具有三大特点:

(1) 以决策者的现状为分析基础,在此基础上清晰地显示决策者的推理过程并力求使全过程符合一致性原则。
(2) 对后果进行预测,并在预测的基础上按决策准则做出评价和抉择。
(3) 符合概率论的各种定律,运用严格的逻辑演绎和数学定量分析方法。

2. 理性决策相关理论

规范决策模式——完全理性。现代决策理论源于1944年Von Neumann和Morgenstern在他们的代表作 *Theory of Games and Economic Behavior* 中提出的基于期望效用值的对策理论,它假设决策者是理性的,依据这种理性,决策者在不确定情况下,会依据所计算出的最大主观期望效用值来选择方案,该理论模式因而被称为"完全理性模式"。其理论出发点与微观经济学的理论分析一脉相承,并广泛应用到对人类社会和政治行为的分析。完全理性模式是一种非常有用的探索和解决决策问题的科学方法,由于其理性行为的研究具有规范性,这种决策理论被称为规范决策理论。规范决策理论以"理性人"假设和信息完全对称为立论基础,把现实世界中的决策问题抽象和概括为可推理、可量化的数字和模型,代表了人类对决策结果理想化、严密性和可比性的追求。然而,规范决策理论毕竟是建立在"完全理性"和享有完全信息这一假设的基础上的,以假设和公理作为理性推理的依据,存在着演绎抽象和高度形式化的特点,是一种理想化的决策模式,而非现实版本,在实际应用中,其理论缺陷也不断暴露出来。理性决策理论中的决策框架如图7-7所示。

图 7-7 理性决策理论中的决策框架

随机效用理论:20世纪50年代,Von Neumann和Morgenstern根据理性人假定和客观概率理论提出不确定条件下的行为决策理论,即期望效用理论(expected utility theory, EUT)。EUT在风险型行为决策中占主导地位,作为标准的理性决策模型已经被广泛接受并且用以描述经济学行为。EUT假定所有决策者都是理性的并且遵守该模型的公理,即决策者掌握全部决策信息,并且以效用最大为决策规则,认为决策者在做决策时是追求效用最大的。之后McFadden将EUT发展为随机效用理论(random utility theory, RUT),长期以来,RUT在行为决策中占主导地位,Luce在决策者效用最大化的假设下推导出多项Logit模型。

效用是经济学中一个重要的概念与理论基石,通常指的是消费者从消费选择或需求中获得的欢愉及满足,是消费者采取购买行为或者做出购买决策的依据。RUT的基础是消费者在选择时追求"效用"最大化这一假设,它利用概率论的知识解决多方案选择问题,基于以下两个假设:一是出行者能够决定交通行为的方式选择,是交通出行选择的最小决策单位;二是出行者总是选择自身认知到的选择方案中效用最大的方案,而且一个方案的效用会根据该方案具有的特性不同而不同。如果令 A_n 是某出行者 n 的选择方案集,其选择方案 j 的效用为 U_{jn},那么该出行者从 A_n 中选择方案 i 的条件如下式所示

$$U_{in} < U_{jn}, \quad i \neq j, j \in A_n$$

RUT认为效用是一个随机变量,通常将效用函数分成随机变化部分(概率项(函数))以及非随机变化部分(固定项(函数)),假设两者之间相互独立并呈线性关系。因此,假设出行者 n 选择方案 i 的效用为 U_{in},则 U_{in} 可以用下式表示:

$$U_{in} = V_{in} + \varepsilon_{in}$$
$$V_{in} = V_{in}(X_{in})$$

$$\varepsilon_{in} = U_{in}(\bar{X}_{in}) + \Delta U_{in}(X_{in})$$

式中，V_{in} 表示出行者 n 选择方案 i 的效用函数中的固定项，能够表征个人选择喜好即一般意义下的效用函数；ε_{in} 为出行者 n 选择方案 i 的效用函数中的概率项；ΔU_{in} 是反映个人特有的喜好与平均个人喜好差别的函数。为计算方便，通常将 V_{in} 与变量 X_{in} 之间的关系设定为线性关系，表达式如下：

$$V_{in} = \sum_{k=1}^{k} \alpha_k \cdot X_{kin}$$

这时，根据效用最大化理论，出行者 n 选择方案 i 的概率 P_{in} 可以表示为

$$\begin{aligned} P_{in} &= \mathrm{Prob}(U_{in} > U_{jn}, i \neq j, j \in A_n) \\ &= \mathrm{Prob}(V_{in} + \varepsilon_{in} > V_{jn} + \varepsilon_{jn}, i \neq j, j \in A_n) \end{aligned}$$

式中，$0 \leqslant P_{in} \leqslant 1$，$\sum_{i \in A_n} P_{in} = 1$。

出行者的选择概率函数有如下两点性质：

其一，在效用函数中增加常数项 V_0，不影响选择概率，即

$$\begin{aligned} P_{in} &= \mathrm{Prob}(V_{in} + \varepsilon_{jn} > V_{jn} + \varepsilon_{jn}, i \neq j, j \in A_n) \\ &= \mathrm{Prob}(V_{in} + \varepsilon_{in} + V_0 > V_{jn} + \varepsilon_{jn} + V_0, i \neq j, j \in A_n) \end{aligned}$$

其二，效用函数扩大 $\alpha(>0)$ 倍，不影响选择概率，即

$$\begin{aligned} P_{in} &= \mathrm{Prob}(V_{in} + \varepsilon_{in} > V_{jn} + \varepsilon_{jn}, i \neq j, j \in A_n) \\ &= \mathrm{Prob}(\alpha V_{in} + \alpha\varepsilon_{in} > \alpha V_{jn} + \alpha\varepsilon_{jn}, i \neq j, j \in A_n, \alpha > 0) \end{aligned}$$

由以上两点性质能得出，无论概率项的平均值取什么样的常数都不影响出行者的选择概率；当概率被放大 $\alpha(>0)$ 倍，固定项以及其中包含的参数也会被放大相同的倍数。

由以上分析得出，RUT 能够刻画在一个相互排斥但总体上完备的方案集上选择的问题，并且得到的模型也是合理的。

RUT 在交通领域主要应用于出行方式选择研究、换乘研究、换道研究等，但是由于 RUT "理性人"以及决策人可知完全信息的前提假设太过理想，因此前景理论等有限理性行为决策理论逐渐被更多地采用。

3. 行为决策理论

行为决策理论的起步始于阿莱斯悖论和爱德华兹悖论的提出，是针对理性决策理论难以解决的问题另辟蹊径发展起来的，是探讨"人们实际中是怎样决策"以及"为什么会这样决策"的描述性和解释性研究相结合的理论。

行为决策理论的研究同样具有三大特点：

（1）出发点是决策者的决策行为。

（2）研究集中在决策者的认知和主观心理过程，关注决策行为背后的心理解释，而不是对决策正误的评价。

（3）从认知心理学的角度，研究决策者在判断和选择中信息的处理机制及其所受的内

外部环境的影响,进而提炼出理性决策理论所没有考虑到的行为变量,修正和完善理性决策理论模型。

4. 行为决策相关理论

描述决策模式——有限理性。1955 年西蒙于 *A Behavioral Model of Rational Choice* 一文中最早提出"有限理性"的概念,他通过对传统理论中的理性观念的重新评价,指出了完全理性决策的理性前提的不真实性,他认为,人是有理性的,但理性是有限的,在现实决策中,人们呈现的是一种符合实际的理性行为,这种理性不同于经济学者假设的那种完全理性的行为,人们在决策过程中往往遵循的是"满意性"原则,即决策者并不考虑所有可能的选项及计算所有可能的结果,因为现实条件和作为有限理性的人难以完成以上任务,现实的需要使人们仅考虑几个有限的选项,一旦感到满意就会停止选择,并做出最终决策。其"有限理性"理论为决策理论的研究开辟了新途径,代表了人类决策思维的一次重要改变。西蒙有限理性理论采用实证的研究方式对实际的决策过程进行描述和分析,因此又被称为描述决策理论。受西蒙及其"有限理性"思想指导下的描述性决策理论阐述的是现实生活中人的真实思维过程,符合传统意义上人们的非完全理性的心理现象,因而这种有限理性的观点与人类的真实心理和实际决策更为接近。如果说前面的规范决策理论注重决策后果,则描述决策理论更注重决策过程中人的行为和决策心理。

前景理论:K&T 通过实验证明在风险前景的选择中存在的效应与期望效用理论的公理之间出现偏差。特别是,相较于确定性收益的结果,决策者高估可能性的结果,这种趋势被称为确定性效应,导致确定性收益中出现风险厌恶(风险规避)和确定性损失中出现风险追求的态度。另外,人们通常会丢弃所有前景中共有的部分,这种趋势被称为孤立效应,导致同一个选择以不同的形式展示出来时,决策者表现出不同偏好。在正前景中的偏好和负前景中的偏好呈镜像关系,因此,在零附近前景的反射逆转了偏好顺序,这种趋势被称为反射效应,反射效应表明正前景中的风险厌恶和负前景中的风险追求同时存在。前景理论中的决策框架如图 7-8 所示。

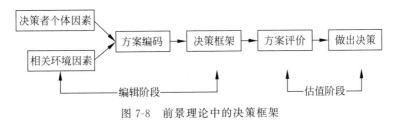

图 7-8 前景理论中的决策框架

前景理论有三个基本理论观点:
(1) 面临"获得",人们倾向于"风险规避"(risk aversion);
(2) 面临"损失",人们倾向于"追求风险"(risk seeking);
(3) 获得和损失是相对于"参考点"而言的。

1) 决策过程

人们在不确定条件下的决策过程分为编辑和估值两阶段,编辑阶段是指对于前景的重构,通过编辑给定的期望值将前景值转换为某种更简洁的形式,以便于之后对前景进行进一步的选择。估值阶段则是指对前景进行评估,同时对已经经过编辑的前景进行重新估值,进而确定最优的前景。

编辑阶段:主要是根据一定的方法和要求重新构造前景,简化后续评估和选择步骤。编辑的对象主要是前景结果及概率,简化前景形式以及决策者的决策过程,具体主要分为编码、合成、剥离、相抵、简化、占优检查。

(1) 编码。根据前景理论可知,相对于财富的最终状态人们更重视收益和损失,而且对于不同的参考点来说,收益和损失也不相同。假设以人们目前的资产作为参考点,编码的含义就是根据目前的情况将期望组合编译,使其可以代表决策者的个人得失。但是不同的期望表达形式也会导致参考点的不同,进而影响收益编码或者损失编码。

(2) 合成。合成主要是指对于等概率结果的组合,通过合成可以简化之后的前景估值过程。

(3) 剥离。剥离是指在编辑阶段可以将一些无风险成分剥离出来,它也可以简化前景估值过程。

(4) 相抵。相抵的含义是指放弃前景中的公共部分。

(5) 简化。简化主要是指通过约略概率或约略结果来简化前景,简化计算过程。

(6) 占优检查。通过检查各前景可以删除被完全占优的部分,进而缩短估值过程。

估值阶段:在经过编辑之后,决策者需要对其结果进一步分析计算。前景理论的主要思想是对于不确定性事件,其被编辑的前景值由价值函数和决策权重函数确定。价值函数可以为每一个可能出现的结果赋值,而决策权重函数则与事件的发生概率有关,它能够反映事件对于前景值的影响。价值函数通过为结果赋值能有效反映结果的主观价值,即代表参考点的收益或者损失,权重函数也不是概率的度量。

2) 价值函数和权重函数

价值函数是在风险收益和风险损失的基础上建立的,包含两个自变量,一个是基准参考点,另一个是相对于基准参考点的变化量。价值函数在收益和损失上表现为 S 形,在参考点下方的部分呈凸函数,在参考点上方的部分呈凹函数,此外,价值函数在收益部分的斜率要小于损失部分的斜率。价值函数曲线如图 7-9 所示。

价值函数 $v(x)$ 的表达式为

$$v(x) = \begin{cases} x^{\alpha}, & x \geq 0 \\ -\lambda(-x)^{\beta}, & x \leq 0 \end{cases}$$

式中,α 表示收益区域价值幂函数的凹凸程度;β 表示损失区域价值幂函数的凹凸程度;λ 表示损失厌恶程度,且满足 $\alpha<1, \beta<1, \lambda>1$。

概率权重函数 $\omega(p)$ 与客观概率 p 有关,概率权重函数表示事情发生概率对于其前景值的影响,它只是一种评价概率的函数。权重函数形状如图 7-10 所示。

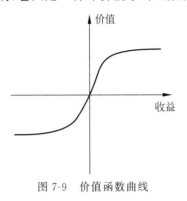

图 7-9　价值函数曲线　　　　　图 7-10　权重函数

概率权重函数特征如下:
(1) $\omega(0)=0,\omega(1)=1$;
(2) 当存在 r 且满足 $0<r<1$ 时,有 $\omega(rp)>rp$;
(3) 当客观概率很小时,$\omega(p)>p$,当客观概率很大时,$\omega(p)<p$;
(4) 当 $0<p<1$ 时,满足 $\omega(p)+\omega(1-p)<1$;
(5) 对于任意 $0<p,q,r<1$,满足 $\dfrac{\omega(pq)}{\omega(p)}<\dfrac{\omega(pqr)}{\omega(pr)}$;
(6) 当概率接近事件发生的边界值时,决策者对于概率处理往往不稳定,往往表现出高估低概率事件,对极低概率事件较为反感;
(7) 概率权重函数 $\omega(p)=\dfrac{p^{\gamma}}{[p^{\gamma}+(1+p)^{\gamma}]^{1/\gamma}}$,$\gamma$ 为拟合参数。

5. 前景理论算法内容

参考点的确定是前景理论的核心内容,参考点主要分为期望值参考点、正负理想点参考点、零点参考点、均值参考点等。

(1) 期望值参考点:期望值参考点可以在确定属性类型之后,通过比较效用值与参考点得出收益值和损失值,采用这种参考点确定方式计算过程也比较简便。

(2) 正负理想点参考点:根据此种方式,每种属性均具有两类决策权重,即基于正负理想点得出的前景矩阵,然后再根据最大前景值得出对应每个属性的权重。

(3) 零点参考点:零点参考点通常通过排列前景结果得出,将结果递增排列,设定中性状态为参考点,令其为 0,因此大于 0 的即为收益,小于 0 的则为损失,这种设定方式可以有效考虑数值本身的特点,但是数值一旦改变也会导致收益和损失也发生变化。

(4) 均值参考点:顾名思义,均值参考点即为属性的均值,计算出各属性的平均值之后设定其参考点。

(5) 其他类别:根据实际问题还可以设定动态参考点,或者当属性类型为语言值时还可以将语言集的中间点设定为参考点。

确定参考点之后还要进行目标函数设计,基于前景理论的不确定多属性决策问题的求解需要考虑属性权重,对于某些确定性问题属性权重会直接给出,如果属性权重未知则需要决策者通过构建优化模型的方式求解属性权重,以下为几种常见的目标函数设计方法:

(1) 综合前景值最大化:将目标设定为方案综合前景值最大化,根据不同的组合确定使每个方案前景值最大时的属性权重,在此情况下比较不同方案之间的差别。

(2) 方案差异最大化:将目标设定为方案差异最大化,同时还要使方案与综合前景值之间的差异尽可能大,这样才能增强不同方案之间的可比性,例如可以通过构建综合前景值离差最大化、方差最大化或极大熵规划模型。

(3) 其他目标函数设计方法:在建立属性权重优化模型时,由于各个方案的侧重点不明确,因此也可以采用使目标方案与期望值之差绝对值最小的方式设计目标函数。

6. 前景理论算法步骤

当将其进行归一化处理,之后再根据前景理论对其进行分析比较,得出风险收益矩阵和风险损失矩阵后确定前景决策矩阵。对于属性权重未完全已知的决策问题,还需要决策者计算出属性权重,进而计算出综合前景值,确定最终的方案排序结果,具体步骤如下:

(1) 计算各属性相对参考点的收益值和损失值;
(2) 得出风险收益矩阵和风险损失矩阵;
(3) 得出综合前景矩阵;
(4) 确定属性权重;
(5) 计算综合前景值;
(6) 得出方案排序。

随着前景理论的不断发展,属性权重确定方式也不断丰富,在考虑决策者的主观偏好时还应当考虑客观事实,这样才能保证属性权重更加具有真实性、合理性和科学性,进而实现主客观结合良好,解决不确定多属性决策问题。

表 7-2 对比了上述两种决策理论的不同之处。

表 7-2　理性决策理论与行为决策理论的联系与区别

研究种类	理性决策理论	行为决策理论
研究目的	告知决策者该如何做	描述、解释决策行为
研究结果	建立合理决策模型	归纳行为特征并揭示认知、心理方面
论证方法	以演绎法为特征的理论研究	以统计调查为主的实证研究
关注点	备选方案	决策者的行为
基础	数理统计、运筹学	心理学

7.3 人的选择行为

操作者在接收来自系统的信息并对其进行中枢加工以后,便根据加工的结果对系统做出反应。这一过程称为人的选择行为。驾驶人收到判断决策指令后所做出的选择和实际反应,具体指手、脚对车辆实施的操纵与控制,如转向、制动、加速等,这一阶段主要由运动器官完成。而行为的质量取决于反应时间、运动时间和准确性等因素,如图 7-11 所示。本节主要介绍人的反应时间和运动时间。

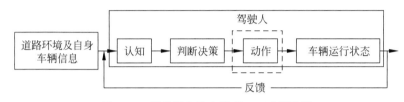

图 7-11 驾驶行为基本模型——选择阶段

7.3.1 反应时间

1. 反应时间的定义

一般将外界刺激出现到操作者根据刺激信息完成反应之间的时间间隔称为反应时间。通常,驾驶人通过视觉与听觉从环境中获得信息刺激,经由神经系统传给大脑进行加工,然后大脑将命令下达给手和脚,进行各种驾驶操作。这个过程就是驾驶人的反应过程。

反应时间是人因工程学在研究和应用中经常使用的一种重要的心理特性指标。人的信息处理过程难以进行精确的实验测定,因此,在实践中往往使用反应时间指标来近似说明人对外界刺激产生的信息处理过程。

人的反应时间是人在系统中进行作业的重要性能参数,关乎安全和效率;驾驶员的反应时间对于人机界面、人机交互的设计至关重要,也是智能人机系统的关键参数指标。

2. 简单反应时间

驾驶人对于单一信号刺激,只需要做一个动作就是做出反应,称为简单反应。做出简单反应的时间就称为简单反应时间。对于完全清醒的被试者来说,简单反应持续的时间通常在 100~300ms。

简单反应时间包括:

(1) 感受器约 138ms 的延迟(取决于感受器的类型)。

(2) 传入传递延迟为 2~100ms(延迟时间取决于传感器和大脑之间的信号传输距离)。

(3) 中央处理器延迟为 70~100ms。

(4) 传出传递延迟为 10~20ms。

(5) 肌肉延迟和激活延迟为 30～70ms。

以上时间的总和为 113～328ms。如果我们假定一个驾驶人以时速 100km/h(28m/s) 行驶，那么在这个简单的、约为 300ms 的反应时间里车辆将运动约 8.4m。除了上面的简单反应时间外，通常需要更多时间完成一个响应动作，例如移动手部来按下一个按钮或移动脚来操作踏板。

3. 复杂反应时间

复杂反应又称选择反应，是指对于两种以上的刺激，需按既定方式采取一个以上的动作。复杂反应是给驾驶人多种刺激，要求驾驶人做出不同的反应。如驾驶人在跟驰行驶状态下，有 3 种选择：

(1) 加速变道超过前方车辆；
(2) 不改变速度，继续跟驰行驶；
(3) 减速换道行驶。

4. 影响反应时间的因素

1) 刺激与反应

(1) 刺激强度。

刺激强度必须达到一定的能量才能使感觉器官形成感觉。当刺激强度逐渐增加时，反应时间随刺激强度的增加而缩短，并逐渐趋近一个特定值，越接近这个值，强度对反应时间的影响越小。研究者发现，这一规律与神经发放速度的变化有密切关系，如图 7-12 所示。

(2) 刺激空间。

刺激空间特性对反应时间的影响，首先应考虑刺激强度也应包括空间累积，如面积与强度是可以相互替代的。有一个实验，把大小不同的白方块放在一定的阅读距离上，以其反射日光作刺激测定反应时间，结果见表 7-3。从表中可知，随着刺激面积的增大，便在一定范围内增加了刺激的表面强度，因此，反应时间相应缩短。

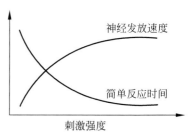

图 7-12 简单反应时间与神经发放速度的关系

表 7-3 刺激面积与反应时间

方块边长/mm	3	6	12	24	48
反应时间/ms	195	188	184	182	179

(3) 刺激持续时间。

刺激强度也应包括刺激时间的累积。在一定范围内，反应时间随刺激时间的增加而缩短。由表 7-4 可见，光刺激时间越长，反应时间越短。但是再进一步延长刺激时间，反应时间却不再缩短。

表 7-4　光刺激时间与反应时间

光刺激时间/ms	3	6	12	24	48
反应时间/ms	191	189	187	184	184

（4）刺激的清晰度。

信号本身越清晰，其刺激反应时间越短。此外信号的清晰度还与背景环境有关，因此设计信号应考虑与背景的对比度因素。例如，使用灯光信号，要考虑与背景的亮度比；使用标志信号，要考虑与背景的颜色对比；使用声音信息，要考虑与背景的信噪比及频率分布的区别等。在实际应用上，如对重要的监控室要求有一定程度的隔音，合理布置照明等，以保证对监控信号的反应迅速、准确。

2）人的准备状态

在车辆行驶过程中，驾驶人是否有心理准备也会影响驾驶人的反应时间。如果心理准备的时间太短，没有做反应的充分准备；如果太长，准备又可能衰退，都会使反应时间变长。许多研究表明，尽管存在个体差异，但最有利的准备时间大约是 1.5s。

3）人的年龄、性别

研究表明，自发育阶段至 25 岁前（青少年阶段），反应时间随年龄增长而减少，起初减少得比较快，以后较慢；在 25～50 岁之间人的反应时间基本上保持相对稳定，其简单和轻负荷的运动操作机能基本上能保持相对稳定；在 50 岁以后的年龄段上，反应时间出现增长，原因为 50 岁后，人的生理心理功能逐渐趋向老化。同龄的男性比女性反应时间要短。人的年龄、性别与反应时间的关系如图 7-13 所示。

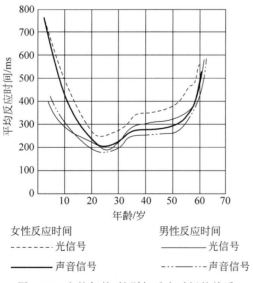

图 7-13　人的年龄、性别与反应时间的关系

一般来说,男性驾驶员的反应时间短,但是驾驶时易冲动、易忽视危险;女性驾驶员的反应时间较长,但是更谨慎。

4)车速

汽车速度越快,驾驶人的反应时间越长;车速越慢,反应时间越短。从人的生理角度来看,车速越快,驾驶人的视野越窄,得到的道路信息少,情绪和中枢神经系统都处于相对紧张状态,导致反应时间变长。据测算,时速40km时,驾驶人可以观察到90°~100°(视野度)范围内的物体;时速为105km时,就只能观察40°以内的物体了。超速行驶时,对前方突然出现的险情,难以及时、妥善处置。

7.3.2 运动时间

1. 运动时间的定义

运动时间为运动开始至运动结束所耗费的时间,即完成反应动作的时间。运动时间随运动的距离与方式而改变。一般完成控制操作最少需300ms。因此,从刺激呈现到反应动作完成最少需300ms,加上反应时间200ms(估计数),共计500ms。在没有任何预先警告的情况下,反应时间加运动时间一般为0.7~1s,甚至1s以上。

2. 定位运动的速度

定位运动速度受许多因素影响。早期的研究表明,定位运动时间依赖于运动距离和运动准确度两个因素。定位运动的准确度又取决于目标的大小。1954年费兹就这两个因素对运动时间的影响进行了系统研究,结果表明,如果目标准确度固定,则运动时间随目标距离的对数值线性增加;反之,如果目标距离固定,则运动时间随目标准确度要求的对数值线性增加。目标距离与目标准确度的要求相互补偿。

关于定位运动时间和运动方向的关系,施密特克对此做了实验研究。如图7-14所示,实验结果表明右手沿55°方向向右上方做定位运动的时间最短,即速度最快。

定位运动时间还受操作者年龄的影响。30~60岁的被试者能将定位运动时间保持在较高的水平上,60岁以后定位运动时间明显增长。

进一步研究结果表明,定位运动的反应时间和运动时间是相互独立的。目标距离和目标宽度的改变只影响运动时间而不影响反应时间;刺激反应条件的改变则只影响反应时间而不影响运动时间。表7-5所示为人体各部位动作的最大速度。

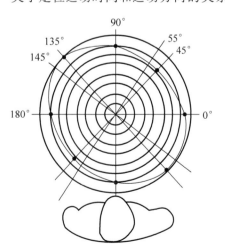

图7-14 定位运动时间和运动方向的关系

表 7-5　人体各部位动作的最大速度　　　　　　　次/min

动作部位	动作最大速度	动作部位	动作最大速度
手指	204～406	上臂	99～344
手	360～431	脚	300～378
前臂	190～392	腿	330～406

3. 重复运动的速度

不同的效应器,如拇指、手腕、前臂、整臂或足,尽管在质量和长度上有明显的差异,但却都显示出相当类似的最大运动速度。这一事实说明,不同效应器的运动能力制约于同一机制。研究发现,不同效应器的重复敲击速度之间存在很强的相关性,见表 7-6。

表 7-6　不同效应器重复敲击速度之间的相关性

效应器类型	手　指	拇　指	腕	臂
拇指	0.80			
腕	0.84	0.98		
臂	0.69	0.79	1.00	
足	0.75	0.68	0.4	0.69

对于手轮和曲柄的操作运动,其运动速度受旋转阻力、旋转半径以及是否为优势手的影响。当旋转阻力最小,旋转半径为 3cm 时,旋转速度最大;随着旋转半径的增大或减小,旋转速度也随之下降。若旋转阻力增大,最大旋转速度下降。当旋转阻力为 49N,旋转半径为 4cm 时,曲柄旋转运动速度最大。使用左手或右手对于运动速度的影响见表 7-7。

表 7-7　手的最大速度

运动类型	最大速度	
	右手	左手
旋转/(r/s)	4.8	4.0
推压/(次/s)	6.7	5.3

4. 操作运动的准确度

1) 盲目定位运动的准确度

盲目定位运动主要借助于对运动轨迹的记忆及动觉反馈来完成。费兹在 1947 年对盲目定位运动的准确度进行了研究。研究结果表明,盲目定位运动在前方位置具有最大的准确度,在边侧位置的准确度最小。三种靶标高度相比,下层的准确度最高,中层次之,上层的准确度最差。此外,右侧的靶标比左侧的靶标的准确度高。

2) 连续运动的准确度

连续运动是指在运动的全过程中要求准确控制的运动,但是由于手臂的颤动,往往使运动偏离设计的轨迹,从而导致操作运动的准确度下降。对于手臂颤动对连续运动准确度的影响,米德研究表明,在垂直面和水平面内,手臂前后运动的准确度明显低于垂直面内上下运动和水平面内左右运动的准确度。

3) 操作运动的速度和准确度之间的关系

如图 7-15 所示为速度、准确度操作特性曲线。由该曲线可知,操作运动速度越慢,准确度越高。但当速度慢到一定程度后,再以降低速度来提高准确度已无太大意义,因此,曲线的拐点处(图中点 A),速度-准确度综合绩效最佳,即在该点不仅速度较快而且错误较少。该点也因此被称为最佳工作点。在实际工作中,操作者一般更愿意将工作点选在最佳工作点靠右侧的某一位置。

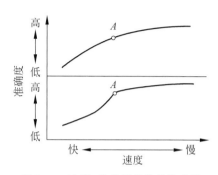

图 7-15　速度、准确度操作特性曲线

7.3.3　驾驶员的反应时间

反应时间是驾驶员在驾车时对各种路况的反应所需要的时间,包括反应知觉时间和执行动作时间两个部分,具体又分为发现、识别、决策和反应四个阶段。不同的驾驶工况和行为对应的反应时间有较大差异,如近距离信号灯闪烁的情况下,驾驶员踩踏制动器的时间,实验结果为 0.45～0.85s,平均为 0.7s(表 7-8)。具体视不同的影响因素,反应时间长短不同。

表 7-8　部分驾驶员制动实验结果

实 验 类 型	测 量 方 法	实验结果/s
近距离信号灯闪烁	踩踏制动器时间	0.45～0.85,平均:0.7
行人突然出现在视野内	制动反应	0.83～1.13
陷阱法突然刺激	前后车制动灯闪亮时间差	平均 1.25
交叉口黄灯信号	制动灯闪亮	1.5～2.1

人类驾驶员的制动全过程,包括驾驶员的反应时间、制动器的作用时间和制动过程的时间。在分神、疲劳、酒后和服药等非正常状态下,反应时间可能延长,因而增加了安全风险。目前,自动驾驶车辆成为研发热点,自动驾驶的智能感知和控制机制使得车辆在反应时间方面的效率和可靠性有很大提高,因而可以大大改善车辆的行驶安全性。

人工驾驶汽车的制动时间,对于人机系统来说包括四个阶段(见图 7-16),分别是驾驶员的反应时间(包括发现时间和决策时间两部分)、制动器作用时间、持续制动时间和放松制动器时间。

图 7-16 中 a 到 b 为驾驶员的发现时间和决策时间,也即驾驶员对紧急情况的反应时间,合计为 0.3～1.0s;b 到 c 为制动器克服间隙的时间,也即制动蹄片与制动鼓之间的间

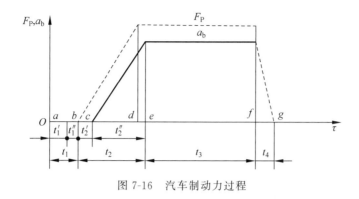

图 7-16 汽车制动力过程

隙运行对应的时间；c 到 d 为制动力增长过程对应的时间；d 时刻制动力达到了峰值，而 e 时刻制动减速度达到峰值，总体上，从 b 到 d 再到 e 的时间为制动器起作用的过程对应的时间，合计为 0.2～0.9s。之后 e 到 f 是达到制动减速度峰值后的持续制动时间，最后 f 到 g 是放松制动器的时间。

关于制动器作用时间，液压制动系通常为 0.1s，真空助力/气压制动系为 0.3～0.9s，货车带挂车的可长达 2s。

针对上述各段时间，相应的汽车制动距离包括驾驶员的反应过程对应的车辆运行阶段（a 到 b），克服制动器间隙对应的车辆运行阶段（b 到 c），制动器作用时间也即制动力和制动减速度增长过程对应的汽车行驶距离（c 到 e），为变减速运动过程，之后进入主要的制动过程，从达到制动减速度峰值一直到停止制动行为，也即匀减速运动，最后的放松制动器过程仍有制动效果。因此，总的制动距离由上述四段构成。

对于自动驾驶车辆的制动时间，由于驾驶员的人为感知反应被雷达、传感器和计算机所代替，将大大减少反应时间，当前的技术可以达到 100～200ms。由此，整个制动过程将显著缩短，于是安全性明显提高，可以起到预防碰撞事故发生的效果。

7.4 本章小结

本章主要阐述了交通行为中人的认知行为、决策行为及选择行为的定义及其相关理论、内容。在道路交通系统中，人作为具有思维与行为能力的交通工具的使用者，起着决定性的作用。而驾驶过程本身又是一个信息处理过程，因此，了解人的信息处理机理是进行交通行为分析的必要过程。对于现如今智能交通迅速发展、辅助驾驶系统不断完善的情况，驾驶员进行的驾驶任务也在变化。因此人的驾驶行为分析必须随着车辆设计、交通设施设计等一起发展，以确保提供安全、可靠和舒适的出行服务。

- 复习思考题

1. 简述风险认知的相关理论有哪些？概括其应用场景。

2. 人的认知系统是由哪几个部分构成？每个部分存在的意义是什么？
3. 决策行为的定义是什么？并简述决策条件有哪些。
4. 简述简单反应时间和复杂反应时间的区别。
5. 影响反应时间的因素有哪些？具体是什么？

- **课后作业**

1. 利用本章的交通行为理论，分析风险条件下驾驶员的认知、决策和选择行为，最终实现避撞的过程。

2. 举一交通事故实例，分析人的认知、决策和选择环节中哪些是导致事故发生的原因，并结合实际给出解决事故隐患的建议。

3. 若一辆汽车以100km/h的速度行驶，前方50m处突发紧急情况，需采取制动措施，在人的简单反应时间段内，车辆是否会发生碰撞（假设车身长为4m，安全距离为8m）。

第8章 交通人机界面设计

内容提要

人机界面是人、机之间进行信息沟通、交流的平台和纽带。本章首先介绍人机界面——显示和操纵装置的基本类型、特点和人因工程设计要素,在此基础上一方面着重展示交通显示的设计内容,包括交通信号灯设计、交通标志设计和交通标线设计,另一方面是各种典型交通设施和交通工具操纵装置的设计内容,涵盖按钮、旋钮、转向盘、操纵杆和脚踏板等常用装置。本章既有传统的人因工程基础设计内容,又有崭新的人机系统设计元素,全方位呈现交通人机界面及其设计内涵。以智能座舱为代表的多模式人机交互,是交通工具人机界面设计的主流发展趋势和未来方向。

知识结构

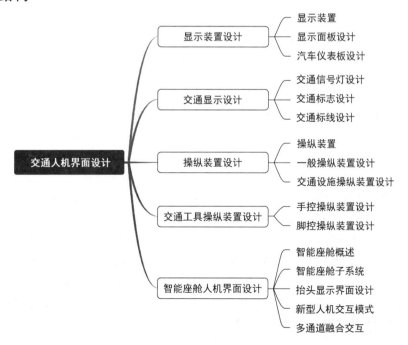

8.1 显示装置设计

8.1.1 显示装置

交通系统中包含各种各样的显示装置,用以显示各种交通信息。在交通工具内部以及道路上的交通标志、交通信号都需要进行显示,显示的方式包括静态、动态,显示的内容包括数字、文字、图形、图像等信息,以下进行分类介绍。

1. 显示方式的类型

人机系统中,显示装置的功能通过可视化的数值、文字、曲线、符号、标志、图形、图像、可听的声波及其他人体可感知的刺激信号向"人"传递"机"的各种运行信息。

1) 按信息传递的通道分类

有视觉传递、听觉传递、触觉传递三种方式,其中视觉传递是最主要的方式。

2) 按显示参数分类

通过显示装置向操作人员传递机器的工作条件、工作状态、系统的输入和输出参数信息。根据所显示参数的性质的不同,系统的工作状态参数的显示方式又可分为下列三种:

(1) 定量显示:显示系统所处工作状态的参数值。

(2) 定性显示:显示系统的工作状态参数是否偏离正常位置,一般不要求显示参数值的大小,而只要求便于让操作人员观察清楚其偏离正常位置的程度。

(3) 警戒显示:显示系统所处的工作状态范围,通常显示正常、警戒、危险三种状况。

3) 按显示形式分类

(1) 模拟式显示:用刻度和指针指示有关参量或状态。

(2) 数字式显示:用数码直接显示有关参数。

(3) 屏幕式显示:在有限面积的屏幕上显示各类信息。

2. 视觉显示装置的功能和类型

视觉显示装置是人机系统中功能最强大、使用最广泛的显示装置。

视觉显示装置的功能,是向操作人员提供机器系统运行过程的有关信息,使操作人员及时、合理地进行操纵,从而使机器系统按预期的要求运行,完成预定的工作。对视觉显示装置的要求中,最主要的是使操作人员观察认读既准确、迅速而又不易疲劳。应当根据具体的使用目的和使用条件,合理选择视觉显示装置的类型及提出人因工程设计的技术要求。

机动车辆上使用最普遍的视觉显示装置,目前主要还是各种仪表和信号灯。按仪表的功能,基本上可分为读数、检查、警戒、追踪和调节用。有的仪表综合了几种功能,如车速表包含读数、检查和警戒等功能,要求认读迅速、准确。检查用仪表指示各种参数和状态是否偏离正常位置,要求突出指针位置,使之清晰醒目,以指针运动式仪表为最优,操作者一眼便可看出指针偏离正常位置的情况。

按仪表的显示方式可分作下列三类：

(1) 指针式仪表：用不同形式的指针来指示有关参数或状态。具体式样、形状和结构的差别很大。机动车辆上用得最多的是指针运动型的仪表。

(2) 数字式仪表：常用的有条带式数字仪表(如机械式里程表)、液晶显示和数码管显示。

(3) 图形式仪表：用图形来形象化地显示机器系统的运行状态，需要按照规范标准设计。

3. 视觉显示装置设计的人因工程学问题

可概括为下列三个方面：

(1) 确定操作人员与显示装置之间的观察距离。

(2) 根据操作人员所处的位置，确定显示装置的最优布置区域。

(3) 选择有利于传递和显示信息、易于准确快速认读的显示器形式及其相关的匹配条件(如颜色、形状、照明条件等)。

8.1.2 显示面板设计

1. 显示面板的空间位置

显示面板是集成布置各种显示装置的平台，常见显示面板如各种交通工具的仪表板。如图 8-1 所示，显示面板到人眼的距离最好是 710mm 左右，其高度最好与眼平齐，显示面板上边缘的视线与水平视线的夹角不大于 10°，下边缘的视线与水平视线的夹角不大于 45°。显示面板应与操作者的视线成直角，至少不应小于 60°，当人在正常坐姿下操作时，头部一般略自然前倾，所以布置显示面板时应使板面相应倾斜，通常，显示面板与地面的夹角为 60°～75°。显示面板一般都应布置在操作者的正前方。

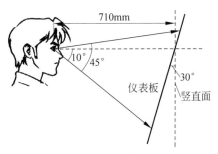

图 8-1　显示面板的空间位置与人的视线

2. 显示面板的分区布置

根据视觉运动规律，显示面板一般应呈左右方向为长边的长方形形状，面板上的仪表等元素排列顺序最好与它们的认读顺序一致。相互联系越多的装置应布置得越靠近，仪表的排列顺序还应考虑它们彼此间逻辑上的联系。最常用、最主要的内容应尽可能安排在视野中心 3°范围内，这是人的最优视区。一般性仪表允许安排在 20°～40°视野范围内。40°～60°视野范围只允许安排次要的元素。面板上显示装置的设计和排列还需照顾到它们与操纵装置之间的相互协调关系。当显示内容较多时，应按照它们的功能分区排列，各分区之间应有明显的差异。各分区之间可用不同颜色的背景，也可用明显的分界线或图案加以区分。

性质重要的显示区,在面板上要有引人注目的背景。在面板上画出各分区显示装置之间功能上的关系,也有助于认读。

3. 显示面板的照明

1) 照度设计

一般来说,周围环境的光照度与显示面板照明区的光照度相近时,观察效率较高。周围环境的光照度不宜大于或小于显示面板照明区光照度的十倍。对于夜间行驶的车辆,为了保证对车外环境观察的视觉效率,显示装置照明的光照度应在能看清指示的前提下尽可能低。

2) 照明方式

(1) 外照明:用灯光直接照射面板。

(2) 透射光照明:光线由面板内部照射。

(3) 面板内侧照射:用灯具从仪表壳的内侧、仪表面的上方和侧面照射仪表面。

(4) 荧光涂料:能产生不影响夜间视力的荧光。

(5) 蚀刻式显示。

3) 照明颜色

最接近日光的光线,视觉效率最高。红光是一种对暗适应影响极小的光照,但它也有一些缺点。近年来又明显地倾向于使用弱的白色光。

8.1.3 汽车仪表板设计

1. 传统燃油汽车仪表板

汽车仪表板是最常见的显示面板,包括各种仪表、指示灯、报警灯及图形标志,是驾驶员实时了解汽车性能状况的基本信息界面。传统燃油汽车仪表板上的常规仪表主要包括车速里程表、转速表、机油压力表、水温表、油量表等。图 8-2 为美国 SAE J209 标准推荐的一种仪表板上仪表的分区和排列形式。

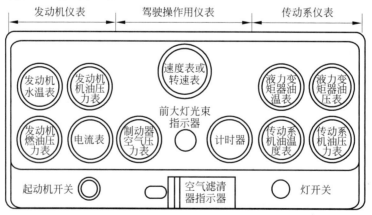

图 8-2 美国 SAE J209 标准推荐的一种仪表板上仪表的分区和排列形式

目前的汽车仪表板上安装了各种指示灯、警报灯及对应的图形标志,例如冷却液液面警报灯、燃油量指示灯、清洗器液面指示灯、远近光变光指示灯、变速器挡位指示灯、制动防抱死系统(ABS)指示灯、驱动力控制指示灯、安全气囊(SRS)警报灯、安全带提示警示灯等。图 8-3 所示为常见的传统燃油汽车两种类型仪表板,一种是左右两侧对称布置设计,分别为发动机转速表和车速表两个较大的圆形仪表,左侧、中间和右侧分别放置 3 个小型仪表;另一种是车速表居中、其他仪表置于两侧的设计。

图 8-3　两种典型布置的传统燃油汽车仪表板

2. 电动汽车仪表板

电动汽车的仪表板与传统的燃油汽车有较大的区别,见表 8-1。传统燃油汽车上的发动机转速表、油量表、发动机冷却水温表等仪表都不再出现,在电动汽车的仪表板上,反映电池电量信息的电量表取代了油量表,反映电机工作状况和温度的专用仪表取代了传统的发动机转速表和冷却水温表。

表 8-1　电动汽车与传统燃油汽车仪表板信息对比

信息分类	传统燃油汽车	电动汽车
车速里程信息	车速里程表	车速里程表
能源信息	油量表	电量表
动力信息	发动机转速表、水温表	电机工况
能源转化信息	无	能源消耗曲线

有关电动汽车仪表板的发展方向,在显示技术层面,电动汽车更多应用液晶屏和触摸显示屏实现的虚拟仪表取代传统的机械式仪表;在信息收集技术方面,主要方向在于如何能够更加准确收集电动汽车的电机工况和电池电量等信息。如何改进设计,才能使得电动汽车的人机交互界面更好地为驾驶员提供所需信息,包括仪表板应该如何重新布局、信息如何呈现才能更好地满足电动汽车驾驶员的心理需求,减少里程焦虑,是研发重点。

根据电动汽车信息的重要性和驾驶员的关注程度,结合人的视野特点,对电动汽车的仪表板进行布置。其中,特别关注信息应分布于驾驶员的最优观察视野范围内(视角±5°),而一般信息可以分列在驾驶员的一般观察视野范围内。

图 8-4 为典型电动汽车仪表板,与传统汽车仪表板的差别明显,一种是基于中心重要信息(车速、电量)的布置,另一种是两侧仪表对称布置。

图 8-4　典型电动汽车仪表板

8.2　交通显示设计

交通显示设计主要包括交通信号灯、交通标志和交通标线的设计,其中包含人的视觉特性等人的因素,需要根据人因工程学的相关原理予以分析和考虑,提升驾驶人等道路使用者的视认性和便捷性,保证道路交通安全、通畅。

8.2.1　交通信号灯设计

1. 信号灯一般设计原则

信号灯是重要的显示装置,通常用于交通工具和道路交通的管理。信号灯的优点是面积小、观察距离远、引人注目、简单明了。信号灯的缺点是信息负荷有限,当信号灯数量太多时,会变得杂乱和形成干扰。大多数情况下,信号灯只用来指示一种状态或要求,如车辆转向信号灯用来指示转弯方向,故障信号灯用来指示某一部件发生故障。在某些情况下,信号灯也可用来传递信息,如用灯光信号进行通信联络。

信号灯的设计必须适合于它的使用目的和使用条件,保证信息传递的速度和质量。下列设计原则具有广泛的指导意义,大体上也适用于信号灯以外的其他标志符号设计。

1) 视距和亮度

信号灯必须清晰醒目并保证一定的视距。车内信号灯必须保证驾驶员看得清楚,但又不能太亮而造成眩目或夜间影响对车外情况的观察。交通信号灯应保证较远的视距,而且在日光明亮和恶劣气象条件下都清晰可辨。信号灯的亮度要能吸引操作者的注意,其亮度至少是背景亮度的两倍,而背景最好灰暗无光。

2) 颜色、形状和闪烁频率

信号灯必须适合于它的使用目的。作为警戒、禁止、停顿或指示不安全情况的信号灯,应使用红色;提请注意的信号灯,应使用黄色;表示正常运行的信号灯,应使用绿色;其他信号灯则用白色或其他颜色。当信号灯很多时,不仅用颜色区别,还需要形象化加以区别,这样更有利于辨认。信号灯的形象化最好能与它们所代表的意义有逻辑上的联系。例如,用→表示方向;用×表示禁止;用!表示警告或危险;用较高的闪烁频率表示快速;用较低的闪烁频率表示慢速。闪光信号比固定光信号更能引起注意,应在需要突出显示的场合加以恰当使用。闪光信号灯的闪烁频率一般为 $0.67 \sim 1.67$ Hz,亮与灭的时间比在 1∶1 至 1∶4 之间。

3) 与其他装置的协调性

信号灯应当与操纵器和其他显示装置协调安排,避免发生干扰。当信号灯的含义与某种操作响应相联系时,必须考虑它与操纵器和操作响应的协调关系。例如,指示进行某种操作的信号灯最好设在相应的操纵器的上方或下方;信号灯的指示方向要同操作活动的方向相适应(如汽车上的转向指示灯,开关向左扳,左灯亮,表示向左转弯)。有的信号灯仅用来揭示某个部件或某个显示器发生故障,为了既能引起操作者的注意,又能方便地找到发生故障的地方,最好在视野中心处和靠近有关部件或显示器处各设置一个信号灯,使两者同时显示。

信号灯应与其他显示装置形成一个整体,避免相互重复和干扰。例如,强信号灯须离照明较弱的仪表远一些,倘若必须相互靠近,则信号灯不能太强。信号灯过多会冲淡操作者对重要信号的警觉,在此情况下,应设法采用别的显示方式来替代次要的信号灯。

4) 位置设计

信号灯应安设在显眼的地方。性质重要的信号灯必须安置在视野中心 3°范围之内;一般信号灯应安排在视野中心 20°范围之内;只有相当次要的信号灯才允许安排在视野中心 60°~80°范围内。所有信号灯都要求设在操作者不用转动头部和转身就能看见的视野范围内。重要的信号灯应当与其他信号灯有明显的区别,使之十分引人注目,必要时可采用视、听或视、触双重感觉通道的信号。

5)编码

表示复杂信息内容的信号灯系统,应采用合适的编码方式,避免采用过多的单个信号灯。多维度重叠编码的方式,比只用一个维度的编码方式更有利于相互区别,抗干扰能力也更强。信号灯编码方式常以颜色编码为主,辅之以形状编码和亮度编码。颜色编码不宜过多,否则容易混淆和错认。汽车与交通信号灯要求观察距离远,事关安全,尤须注重编码效果。图 8-5 为汽车尾灯系统信号编码的示例。

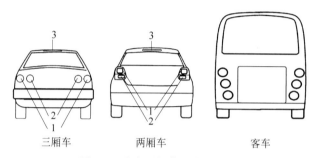

图 8-5　汽车尾灯信号编码示例

1—黄色信号灯:指示转向;2—红色信号灯:指示有车、制动;3—红色高位信号灯:指示制动

2. 交通信号灯分类

法定意义的道路交通信号包括灯光、手势、声响等,用来指挥车辆等道路使用者通行或停止。手势信号由交通管理人员利用规定的手势动作或便携装置来指挥交通;灯光信号是通过交通信号灯的灯色变化来指挥交通,现代交通信号灯由信号控制机进行控制。

如图 8-6 所示,交通信号灯按灯色分红色、黄色和绿色信号灯,按功能可分为非闪烁灯、闪烁灯和箭头灯,按用途可分为机动车信号灯、非机动车信号灯、人行横道信号灯、车道信号灯、方向指示信号灯等;按控制方式分为定时控制、感应控制、自适应控制等。

图 8-6　典型交通信号灯

3. 交通信号灯布置设计

1)布置设计原则

(1)对应于交叉口某进口,可根据需要安装一个或多个机动车信号灯组。信号灯组指用于指导交叉口进口所有机动车交通流通行的信号灯的最小集合。

（2）信号灯可安装在交叉口出口左侧、上方、右侧或进口左侧、上方、右侧,若只安装一个信号灯组,应安装在出口处。

（3）驾驶人在位于表8-2中规定的范围内时,应确保能清晰观察到至少一个指示本车道的信号灯组,否则应设置相应的警告标志。

表 8-2　交叉口视距要求

道路设计速度/(km/h)	距停车线最小距离/m	道路设计速度/(km/h)	距停车线最小距离/m
30	50	60	110
40	65	70	140
50	85	80	165

2）信号灯安装灯色排列

交通信号灯灯色排列的形式总体上分为横式和竖式两种;具体灯色的排列次序有统一规定,原则就是重要的灯色放在重要位置,便于驾驶人、道路使用者分辨。横式信号灯重要灯色位于道路中间,竖式信号灯重要灯色位于上方。

如普通信号灯,横式由道路内侧向外依次为红黄绿,竖式自上而下依次为红黄绿;非机动车和人行横道信号灯通常采用竖式,灯色排序为上红下绿。

8.2.2　交通标志设计

1. 图形标志一般设计原则

图形标志具有形象、直观的优点。设计精良的图形标志能够简化人对编码信息的识别和加工过程,从而提高人的信息传递效率。根据人的视觉特性和视觉运动规律,图形标志的设计应当遵循以下原则:

（1）图形标志应明显突出于背景之中,使图形与背景之间形成较大的反差。

（2）图形边界应明确、稳定。

（3）应尽量采用封闭轮廓的图形。

（4）图形标志应尽量简单,表示不同对象的标志都应蕴含有利于理解其含义的特征。

（5）应使显示部分结合成为统一的整体。

在实际运用中,用于不同场合、不同目的的图形标志设计,对上述原则的使用须有所侧重,以满足具体使用条件的特定要求。例如,对危险警告标志的设计,应特别指明危险的性质;对道路交通标志的设计,则应强调简明直观,并且必须实现标准化。图8-7所示为机动车辆上使用的一些图形符号的例子。图8-8所示为一些道路交通标志的例子。

2. 交通标志分类

交通标志有多种分类模式,表征不同的作用和特点。

（1）按作用:包括主标志和辅助标志。主标志包括警告车辆、行人注意危险地点的警告标志,禁止或限制车辆、行人交通行为的禁令标志,指示车辆、行人行进的指示标志,传递

图 8-7　机动车辆使用的图形符号　　　　图 8-8　道路交通标志示例

道路方向、地点、距离信息的指路标志,提供旅游景点方向、距离的旅游区标志,通告道路施工区域通行的道路施工安全标志,告知路外设施、安全行驶信息以及其他信息的告示标志。辅助标志是附设在主标志下,对主标志进行辅助说明的标志。

(2) 按显示位置:包括在路侧和车行道上两种。对应的支撑结构形式为柱式、路侧附着式、悬臂式、门架式、车行道上方附着式。

(3) 按光学特性:可分为逆反射式、照明式、发光式三种。

(4) 按版面内容显示方式:可分为静态标志和可变信息标志。

(5) 按设置的时效:可分为永久性标志和临时性标志。

(6) 按传递信息的强制性程度:可分为必须遵守标志和非必须遵守标志。禁令和指示标志为道路使用者必须遵守的标志。

3. 交通标志设计三要素

研究表明,交通标志的颜色、形状和图形符号是影响其效果的三个重要因素,被称为交通标志三要素。这也是人因工程在交通工程设计中的重要应用。

驾驶状态下认读交通标志是从颜色、形状判别开始的,因此,赋予交通标志以不同颜色和形状,可增加信息量、提高易读性。基于人因工程学和心理学等理论,研究标志的颜色、形状、图形符号等编码方式及其效果,由此进一步研究标志的视认性、易读性、亮度、布置等内容,为交通标志设计提供重要的理论依据。

1) 颜色

颜色是标志的重要构成因素,它吸引驾驶人的注意,帮助驾驶人迅速识别标志的种类和含义。标志的视觉清晰度与其颜色和背景的对比度有很大关系,为了在标志背景与图形符号之间获得最大的对比度,一般采用亮色(如白、红、黄等)与暗色(如蓝、绿、黑等)搭配,这时标志的视认清晰度最佳。

辨别颜色的正确性还依赖于颜色面积的大小。一般来说,面积越大,颜色辨认得越准确。研究表明,在郊外背景条件下,30m 观察距离最小需要约 $0.3m^2$ 的白板面积。

人对不同颜色感受差异的另一种表现为,不同颜色对人的心理影响也不一样。红色产生危险感觉的强烈刺激,通常作为禁止、停车等的信号;黄色具有警戒的感觉,通常作为"注意危险"等警戒信号;绿色给人和平、安全的感觉,通常作为安全、行进的信号;黑色和白色的对比度好,在大部分标志中都有使用;蓝色使人产生沉静、安宁的感觉,通常作为"指示"信号。道路交通标志多用红、黄、绿、蓝、黑等颜色。

2) 形状

从图 8-8 可以看出几种典型交通标志的形状。根据对交通标志形状视认性的研究成果,在同等面积条件下,三角形的视认性效果最好,其次是菱形、正方形、圆形等,说明同等面积条件下不同形状的标志,其视认性效果不同。交通标志形状的一般使用规则如下:

(1) 正等边三角形:用于警告标志;

(2) 圆形:用于禁令和指示标志;

(3) 倒等边三角形:用于减速让行禁令标志;

(4) 八角形:用于停车让行禁令标志;

(5) 方形:用于指路标志,部分警告、禁令和指示标志,旅游区标志,辅助标志,告示标志等。

3) 图形符号

研究表明,在低亮度和快速行进等困难的视觉条件下,图形符号在辨认速度和辨认距离方面优于文字,而且,图形符号信息不受语言文字限制,便于不同国家和民族的驾驶人理解。如标准化的箭头等简单符号,车辆、行人、自然环境、野生动物等形象符号替代抽象文字被广泛应用于交通标志中,获得一定的可读性和视认性效果,也促进了道路交通安全。

图 8-5 为典型的交通标志,包含了上述设计三要素的合理运用。

4. 交通标志设计原则

(1) 应通盘考虑,整体布局,做到连贯性、一致性,给道路使用者提供全面信息。

(2) 应确保行驶的安全、快捷、通畅。应以完全不熟悉周围路网体系的外地驾驶人为设计对象,通过标志的引导,能顺利、快捷地抵达目的地,不允许发生错向行驶。

(3) 应给使用者提供正确、及时的信息,防止出现信息不足或过载的现象,对于重要的信息应给予重复显示。

(4) 应根据标志类别确定标志的位置;应充分考虑道路使用者对标志感知、识别、理解、行动的特性,根据速度和反应时间确定合适的设置地点。

(5) 注意标志的视认性,特别是附属设施、构造物、行道树及绿篱枝叶对标志视认性的影响和遮挡。

(6) 静态的交通标志应该与动态的可变标志相配合。二者应相辅相成,一体布局。

(7) 应避免交叉口标志林立,影响驾驶人视野。交叉口处一般以道路标志和禁令标志为多,对于指路标志,可采用前置预告的方式把位置错开;禁令标志可采用组合方式或加辅助标志的办法,以减少标志数量。

(8) 交通标志具有法律效力,应根据相应法规及标准正确设计和设置标志;必须避免由于标志设置不当对交通造成不利影响或给管理带来麻烦。

(9) 标志不得侵占道路建筑界限。标志牌不应侵占路肩或人行道,应确保侧向余宽和净空高度。

8.2.3 交通标线设计

道路交通标线是交通管理设施的重要组成部分,由标画或安装于道路上的各种线条、箭头、文字、图案、立面标记、实体标记、突起路标等构成。交通标线的作用是向道路使用者传递有关交通的规则、警告、指引等信息。交通标线可以单独使用,也可以与交通标志配合使用。如图 8-9 所示,为典型道路交叉口的交通标线实例。

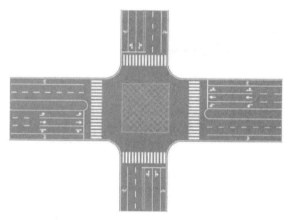

图 8-9 典型道路交叉口交通标线实例

1. 交通标线分类

按标线形态分类:线条(实线或虚线)、字符(文字、数字、图形符号)和突起路标(反光或不反光体)。

按设置方式分类:纵向标线(沿行车方向)、横向标线(与行车方向交叉设置)及其他标线(字符标记或其他形式标线)。

按标线功能分类:包括指示标线、禁止标线和警告标线三类。指示标线是用以指示车行道、行车方向、路面边缘、人行道、停车位、停靠站及减速丘等的标线。禁止标线是告示道路交通的遵行、禁止、限制等特殊规定的标线。警告标线是促使道路使用者了解道路上的特殊情况，提高警觉准备防范应变措施的标线。

2. 交通标线设计原则

道路交通标线的视认性取决于其颜色对比度和标线长宽的尺寸。

1）标线颜色

道路交通标线主要采用白色，因为白色比较醒目，尤其在沥青路面的色度对比下，它的视认效果较好。白色标线具有指示、控制等意义。黄色标线改善了标线的单调色彩，能够缓解驾驶人的疲劳感，对交通安全有利，但黄色标线亮度仅为白色标线的43%，对光的反射性是白色标线的47%，雾天和夜间的可见性会明显降低，而且单位造价高于白色标线。因此，我国道路上广泛使用白色标线，而较少使用黄色标线，一般在同方向有两条以上机动车道且道路照明条件较好的情况下才使用黄色标线。

2）标线宽度

研究表明，纵向标线的宽度对道路交通和驾驶人心理、生理影响不大。宽标线具有视觉强化作用；但标线过宽会增加费用、减小路面摩擦力。纵向标线宽度通常为 15/10/20cm，车行道边缘线采用宽度 15/20cm；个别交通量很小的道路、专属专用公路可采用 8cm 宽度标线。

根据人的视觉特性，横向标线的宽度应设计比纵向标线宽。一般标线宽度为 20～40cm，人行道线宽度为 40～45cm。

3）虚线线段与间隔距离

道路上的虚线是驾驶人速度感的重要参照物，而且行驶速度直接影响线段与间隔长度的视觉效果。线段与间隔距离太短，会造成闪现频率过高而使得虚线出现连续感，对驾驶人产生过分刺激；但若线段与间隔距离太远，闪现频率太低，则提供的信息量太少，起不到应有的作用，甚至使人昏昏欲睡。所以，线段与间隔距离及其比例应与设计行车速度及驾驶人心理、生理等因素联系起来。大部分驾驶人认为在公路上通常控制车速使线段闪现频率不大于 4 次/秒是可以接收的，在 2.5～3.0 次/秒时效果较好；在城市道路上线段闪现频率可以达到不大于 8 次/秒，线段的间隔距离为 2m。

4）导向箭头的最佳形式

由于受到视线高度和视角的限制，标画在路面上的箭头平面形状会与观察距离成正比例拉长，所以形状与正常箭头有所不同；尺寸也因设计车速不同而不同，随设计车速的增大，箭头的尺寸应逐渐增大。

通过对各种箭头的认读速度和错误率的统计分析，效果最好的是直行箭头的箭头宽度约为箭杆宽度的 3 倍，箭头长度要比箭杆短；转弯箭头是在不对称的行驶过程中显示方向，要保持箭头的转弯部分清晰。

3. 交通标线设计内容及标准

交通标线设计内容主要包括确定标线的类型、功能、颜色、形态(虚线或实线、单线或双线、普通标线或特殊标线等)、规格(线条长度、宽度和图案尺寸等)、位置；绘制标线平面图；撰写设计说明；等等。

交通标线设计参照的标准规范主要包括：
- 《道路交通标志和标线第 3 部分：道路交通标线》(GB 5768.3—2009)
- 《城市道路交通标志和标线设置规范》(GB 51038—2015)
- 《公路路线设计规范》(JTG D20—2006)
- 《城市道路工程设计规范》(CJJ 37—2012)

8.3 操纵装置设计

8.3.1 操纵装置

在人机系统中，操纵装置是指通过人的操作(直接或间接)来让机器启动、停止或改变运行状态的各种元件、机构以及它们的组合等环节。其基本功能是把操作者的响应输出转换成机器设备的输入信息，进而控制机器设备的运行状态。

1. 操纵装置的类型

常用的操纵装置的形态如图 8-10 所示。

图 8-10　常用的操纵装置形态

按人体操作部位的不同，分为手控操纵装置和脚控操纵装置两大类。

按运动方式，手控操纵装置又分为 3 类：

(1) 旋转式操纵器：有手轮、旋钮、摇柄等，可用来改变机器的工作状态，实现调节或追踪操纵，也可用来将机器的工作状态保持在规定的运行参数上，如汽车的转向盘等。

(2) 移动式操纵器：有操纵杆、手柄、扳钮开关等，可用来把机器从一个工作状态转换到另一个工作状态，或作紧急停车操纵之用，如汽车的换挡杆、驻车制动操纵杆等。

(3) 按压式操纵器：主要是各式各样的按钮、按键，其特点是占据面积小、排列紧凑。但它们一般只有两个工作位置：接通、断开，故常用于机器的开动、制动、停车等操纵上。随着微型计算机控制技术的发展，按键式操纵器（鼠标、键盘等）的应用越来越广泛；当前，以手机触屏为代表的虚拟触屏式手动操作，可以使用手指在屏幕上的轻触、按压、滑动、旋转等方式来实现不同的功能，成为流行的操作模式。

按操纵器实现的功能不同，可分为以下4类：
(1) 开关式操纵器：用于实现开关、接合或分离、接通或切断等功能，如按钮、开关等。
(2) 转换式操纵器：用于把系统从一个工况转换到另一个工况，如选择开关、旋钮等。
(3) 调节式操纵器：用于使系统的工作参数稳定地改变，如手柄、旋钮、踏板等。
(4) 紧急停车操纵器：要求在最短时间内产生效果，启动必须十分灵敏。

2. 操纵装置的选择

根据操纵器的功能特点和使用条件（如使用要求、空间位置、环境因素等）初步选择工作效率较高的几种形式，然后考虑经济因素进行筛选确定。典型操纵器的主要特点列举如下。

(1) 曲柄适用于费力、移动幅度大而精度要求不高的调节；
(2) 手轮适用于细微调节和平稳调节；
(3) 旋钮适用于用力较小且变化细微的连续调节或三种状态以上的分级调节；
(4) 按钮只允许有两个工位；
(5) 按键只允许有两个工位；
(6) 脚踏板适用于动作简单、快速、用力大的连续调节，通常在坐姿条件下使用，能较长时间保持在调节位置上，用于两个或几个工位的无级调节。

8.3.2 一般操纵装置设计

操纵装置的设计，应使操作者能在一定作业周期内，安全、准确、迅速、舒适、方便地持续操纵而不至产生早期疲劳。为此，设计时必须充分考虑人体的体形、尺度、生理特点、运动和心理特性以及人的体力和能力的限度，才能使所设计的操纵装置达到高度宜人化。

操纵装置设计中需要考虑的人因工程问题主要包括操纵器的形状、大小、安装位置、操纵力、操纵位移、运动方向、显示-操纵比、操纵器编码。

1. 一般原则

(1) 操纵器要适应于人的生理特点，便于大多数人使用操作。如操纵器的操纵力、操纵速度等，都应按操作人员的中、下限能力进行设计。表8-3和表8-4为常用操纵器的最大用力。

表 8-3　常用操纵器所允许的最大用力

转动型操纵器的操作特征	最大用力/N
用手操作的操纵器	<10
用手和前臂操作的操纵器	23～40
用手和臂操作的操纵器	80～100
用手以最高速度转动的操纵器	9～23
要求精度高的操纵器	23～25

表 8-4　平稳转动各种不同操纵器所需要的最大用力

操纵器形式	允许的最大用力/N	操纵器形式	允许的最大用力/N
轻型按钮	5	重型转换开关	20
重型按钮	30	前后动作的杠杆	150
脚踏按钮	20～90	左右动作的开关	130
转向盘	150	手轮	150
轻型转换开关	4.5		

（2）操纵器的运动方向要同机器的运行状态相协调。

（3）操纵器要容易辨认。无论数量多少、排列布置及操作顺序如何,都要求每个操纵器均能明确地被操作者辨认出来。

（4）尽量利用自然的操纵动作或借助操作者身体部位的重力进行操纵。对重复或连续的操纵动作,要使身体用力均匀而不要只集中于某一部位用力,以减轻疲劳和单调厌倦的感觉。

（5）在条件许可的情况下,尽量设计多功能的操纵器。

（6）操纵器的造型设计,要求尺寸大小适当、形状美观大方、式样新颖、结构简单,并且给操作者以舒适的感觉。

2. 操纵器的形式

操纵器的形状同它的功能之间最好有逻辑上的联系,以利于辨认和记忆。操纵器的式样应便于使用,有利于操作者用力。

3. 操纵器的大小

操纵器的大小应适合于人的手或脚进行操作。

操纵器的尺寸应符合 GB/T 10000—1988 中有关操作者动作肢体的人体测量学指标。常用操纵器的尺寸范围及优先选用规范,可查阅《操纵器一般人类工效学要求》(GB/T 14775—1993)中的 5.2 节及相应的图、表数据。

操纵器的适宜大小同它的使用目的和使用方法有着密切的关系。操纵杆的直径不能太小,以免操作时引起肌肉紧张而容易疲劳。

4．操纵器的布置

（1）操纵器的排列应适合人的操作习惯，按照合理的操作顺序和逻辑关系进行安排。

（2）操纵器应优先布置在人的手或脚活动最灵敏、辨别力最好、反应最快、用力最强的空间范围和合适的方位上。当这些空间范围不够用时，则按操纵器的重要性和使用频率依次布置在较好或次要的位置上。

（3）联系较多的操纵器应尽可能安排在邻近位置，并同操纵器的编码相适应。

（4）当操纵器很多时，应按照它们的功能分区布置，各区之间用不同的位置、颜色、图案或形状进行区分。

（5）同一台机器的操纵器，其操作运动方向要一致。

（6）操纵器应尽可能布置在人的视野范围内，借助视觉进行识别。

（7）紧急操作用的操纵器必须与其他操纵器分开布置，且安排在最显眼而又最方便操作的位置上，以确保操纵准确及时。

（8）操纵器与显示器配合使用时，两者之间应有优良的协调性。

（9）操纵器的总体布置要力求简洁、明确、易操作及造型美观。

（10）操纵装置的空间位置和分布应尽可能做到在盲目定位时有较高的操纵工效。

（11）为了避免误操作，在同一平面相邻且相互平行布置的操纵器必须保持一定的、不产生干涉的内侧间隔距离。

5．操纵力和操纵位移

1) 操纵阻力

操纵装置的操纵阻力主要由摩擦阻力、弹性阻力、黏滞阻力、惯性阻力等构成。摩擦阻力的特性是运动开始时阻力最大（即静摩擦力），运动发生后阻力显著减小。静摩擦阻力可用以减少操纵器的偶发启动，但控制准确度低，不能提供操纵运动的反馈信息。弹性阻力的大小与操纵器的位移量成正比，可作为有用的反馈源。弹性阻力的控制准确度高，放手时，操纵器可自动返回零位，故特别适用于瞬时触发或紧急停车等操作，也可用以减少操纵器的偶发启动。

黏滞阻力的大小与操纵器的运动速度成正比。黏滞阻力的控制准确度高，运动速度均匀，有助于实现平稳的控制，可用以防止操纵器的偶发启动。

惯性阻力的大小与操纵器的运动加速度成正比，有助于实现平稳的控制，可用以防止操纵器的偶发启动。但惯性可阻止操纵运动的速度和方向的快速变化，易引起操纵器的调节过度和操作者的疲劳。

适宜操纵阻力的选定与操纵装置的功能及其操纵方式密切相关。只要求操纵速度而不要求操纵精确度的场合，操纵阻力应越小越好。而对于要求较高控制准确度的场合，则必须使操纵装置具有一定的操纵阻力。

2) 最大操纵力

最大操纵力既取决于操纵器的工作要求，又受限于操作者在一定姿势下能产生的最大出力。常用操纵器的操纵力要求可查阅《操纵器一般人类工效学要求》(GB/T 14775—1993) 中的数据。

3) 最优操纵力

最优操纵力的大小同操纵器的性质和操作方式密切相关。一般推荐最优操纵力的范围为：手操纵 5~20N；手指操纵 2~5N；脚操纵 45~90N；脚尖操纵 20~45N。

最优（或最适宜）操纵力的选定应兼顾能量消耗、操纵精确度、操纵速度及获取操纵量的反馈信息四方面的要求，谋求最高的操纵工效。从能量利用的角度考虑，在不同的用力条件下，以使用最大肌力的 1/2 和最大收缩速度的 1/4 操作，能量利用率最高，且人较长时间工作也不会感到疲劳。

影响最优操纵力的主要因素：

(1) 操纵器的结构形式及其位置。

脚控操纵器的最优操纵力大于手控操纵器。变速杆的最优操纵力在 20~140N 范围内；直径 200mm 手轮的最优操纵力不大于 100N；手柄的最优操纵力不大于 80N。

(2) 人体的姿势。

对于坐姿与立姿、手或脚的位置和用力方向、左与右等不同情况，最优操纵力的大小均有所不同。

(3) 操纵器的性质和使用要求。

对于只求动作快而对操纵精确度要求不高的操纵器，其最优操纵力应当越小越好。要求操纵精确度较高的操纵器，则必须要有一定的操纵力，以便取得操纵量的反馈信息。

(4) 静态施力操纵。

有些操纵器的操作，要求人的施力部位始终保持在特定的位置，这类操作称为静态施力操纵。静态施力操纵的特点是肌肉的动作不变，主动肌与对抗肌协同收缩，使相应的关节固定在空间某一确定位置。由于肌肉持续紧张，时间长了，肌肉会出现抖动，负荷越大，越易抖动，肢体越外伸，越易抖动。这是静态疲劳的外表现象。静态施力时，肌肉供血受阻的程度与肌肉收缩产生的力成正比，当施力的大小达到最大肌力的 60% 时，血液输送几乎会中断，施力较小时，则仍能保证部分血液循环。为使必要的静态施力能持续较长时间而不致疲劳，施力大小最好保持在人体最大肌力的 15%~20%。

(5) 操纵器的用力梯度。

由于希望从手或脚的用力大小取得操纵量大小的信息，所以操纵用力的大小应与操纵量的大小成一定比例关系，称为操纵器的用力梯度或用力级差。人的手或脚在分辨用力的大小时，必须在力的大小差别达到或超过一定数值的情况下，才能分辨，差别太小就难以区别，这个可分辨的力的最小差值，称为"操纵用力的差别阈值"。在操纵器的动作量较小的情况下，用力级差的相对值宜取偏大；而在操纵器动作量较大的情况下，用力级差却不宜太大。

4) 操纵位移与操纵器的增益

操纵器的运动方向与其操纵功能之间的对应关系要符合常规的习惯定型,见表 8-5。

表 8-5 操纵器运动方向与其操纵功能之间的习惯对应关系

功能	运动方向	功能	运动方向
开通	向上,向前,向右,拉,提起,顺时针	关闭	向下,向后,向左,推,按下,逆时针
增加	向前,向上,向右,顺时针	减少	向后,向下,向左,逆时针
向左	向左,逆时针(左旋)	向右	向右,顺时针(右旋)
前进	向上,向右,向前	后退	向下,向左,向后
向上升	向上,向后	向下降	向下,向前
开车	向上,向右,向前,顺时针	刹车	向下,向左,向后,逆时针

操纵器位移参数的设计,主要是确定操纵器的适宜增益。操纵器的增益,也即系统的放大倍数。在人机系统中有两种具体的含义:

(1) 显示-操纵比:显示器的指示量与操纵器的操纵量之间的比值;

(2) 响应-操纵比:机器系统的实际变化量与操纵器的操纵量之间的比值。

显示-操纵比的数值越大,操纵器移动同样的距离时,所对应的显示器的指示量就越大。显示-操纵比相对较大的操纵器,适用于粗调或要求快速调节到预定位置的场合,调节操作过程时间较短,但不容易控制操纵的精确度。显示-操纵比相对较小的操纵器,适用于细调或要求操纵准确的场合,调节操作过程时间较长。适宜的显示-操纵比,随操纵响应的频率和操纵的时延而变化,大部分情况下,人的操纵增益随输入信号频率(即要求做出反应的频率)的增高而线性减小。为了弥补人的操纵响应的这一特点,在需要频繁进行操纵调节的情况下,应适当增大操纵器的增益。增益的设计对系统的安全性和舒适性都有影响。

6. 操纵器的编码

将操纵器进行合理编码,使每个操纵器都有自己的特征,以便于操作者确认无误,是减少操作差错的有效措施之一。编码的方法一般是利用形状、大小、位置、颜色或标志等不同特征对操纵器加以区别。

(1) 形状编码:是一种容易被人的视觉和触觉辨认的、效果较好的编码方法。形状编码要注意尽可能使各种形状的设计反映操纵器的功能要求,使人能看出此种形状的操纵器的用途;还要尽可能考虑到操作者戴手套也能分辨形状和方便操作。

(2) 大小编码:若想仅凭触觉就能正确辨认出不同尺寸的操纵器,则相互之间的尺寸差别必须足够大(如圆形旋钮的尺寸必须相差 20% 以上)。对于旋钮、按钮、扳动开关等小型操纵器,通常只能划分大、中、小三种尺寸等级。因此,大小编码方式的使用效果不如形状编码有效,使用范围也有限。

(3) 位置编码:操纵器的安装位置也常被用来起编码作用。例如,汽车上的离合器踏板、制动器踏板和加速踏板,就是以位置编码相互区分的。相邻操纵器间应有一定的间距以利于辨别,此间距一般不宜小于 125mm。

(4) 颜色编码:操纵器的颜色编码一般不单独使用,而要与形状或大小编码合并使用。颜色只能靠视觉辨认,而且只有在较好的照明条件下才能看清楚,所以它的使用范围也就受到限制。用于操纵器编码的颜色,一般只使用红、橙、黄、蓝、绿五种颜色,以防止发生混淆。操纵器的功能与其颜色之间有一定的匹配关系。停止、断开功能的操纵器宜用红色;启动、通电功能的操纵器宜用绿色、白色、灰色或黑色;启、停两用功能的操纵器忌用绿色和红色。

(5) 标志编码:在操纵器上面或旁边,用文字或符号做出标志以标明其功能。标志编码要求有一定的空间和较好的照明条件。标志本身应当简单明了,易于理解。文字和数字必须采用清晰的字体。

7. 操纵器与显示器的协调关系

操纵与显示之间应进行协调设计,主要包括空间关系的协调性、运动关系的协调性、概念关系的协调性。

1) 空间关系的协调性

要求操纵器与显示器在空间位置上有良好的对应关系。

2) 运动关系的协调性

显示器指针或光点的运动方向与操纵器的运动方向应当互相协调。

(1) 直线运动显示器与直线运动操纵器在相同平面内运动,其相互关系服从一致性准则。

(2) 直线运动显示器与旋转运动操纵器在相同平面内运动,其相互关系的准则是:显示器指针的运动方向应当同旋钮上最靠近显示器的点的运动方向一致。

(3) 旋转运动显示器与旋转运动操纵器在相同平面内运动,显示器指针与旋钮的运动方向应当一致,均以顺时针方向旋转为增加,逆时针方向旋转为减少。

(4) 直线运动显示器与旋转运动操纵器在不同平面内运动,原则上操纵器的旋转方向与显示器指针的移动方向之间的关系应当服从右手螺旋运动的规则。

3) 概念关系的协调性

针对文字、符号、数字、灯光、图像、颜色等抽象信息,应使显示的信息与操纵器的动作之间在逻辑、概念上互相协调,符合人的观念、知识和习惯。例如,机器设备上使用的旋钮,人们一般都习惯于顺时针转动表示数值增大,逆时针转动表示数值减小,倘若相反,就很容易产生误操作。

此外,操纵器的操作方向与受控对象物的运动方向应当协调一致,而且要达到控制效果协调一致。

8.3.3 交通设施操纵装置设计

交通设施操纵装置广泛存在于道路交通系统中,主要包括各种按钮、按键、触屏等方式的操纵装置,用于行人过街、无障碍通行等设施的使用,以及导航、购票、缴费、报警等功能的实现。现代化的交通系统中,非接触、智能化的操纵模式日益增多,改善了出行方便性。

1. 交通按钮设计

行人过街按钮是满足行人等弱势道路使用者横过道路的安全需求,按钮的人因设计主要包括按钮的安装位置高度及具体尺寸设计。高度方面的要求应考虑残疾人乘坐轮椅的高度和身材较小尺寸人体的需求,一般不高于 1.4m;安装位置应在路侧显著部位;尺寸方面应考虑易于触及和把握,尺寸应适合用手掌按动。如图 8-11 所示为行人过街按钮实例。

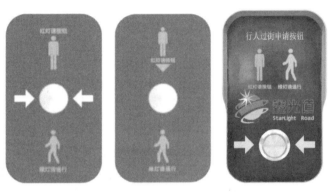

图 8-11 行人过街按钮实例

2. 无障碍电梯操纵装置设计

电梯通行操纵装置通常用于过街天桥的垂直升降电梯,地铁、公交进出口及站台的垂直电梯等装置的操控,特别用于残障人士的轮椅无障碍通行。现代化的城市中,上述自动升降设施日益增多,极大地改善了出行的便捷性,也改善了安全性。此类操作通常采用按钮为主,以残障人士的方便性为下限对位置高度进行设计,且容易发觉和便于操作使用。图 8-12 为典型的无障碍电梯及操纵按键实例。

图 8-12 无障碍电梯及操控按键实例

8.4 交通工具操纵装置设计

传统的机械交互也被称为物理交互,主要包括实体按键、按钮、旋钮、手轮、操纵杆、踏板等。这种交互模式的优点在于其空间位置的固定性和真实的触觉反馈,操作便捷。以传统汽车为代表的交通工具操纵装置主要包括按钮、旋钮、转向盘、操纵杆、脚踏板等,以下分别进行介绍。

8.4.1 手控操纵装置设计

1. 按钮与旋钮设计

按钮是汽车人机交互界面中最常见的操控设备,其最大特点是可以根据位置和触觉感知进行操作,熟练操作时无须过多视觉分心,减少了对驾驶安全的影响。旋钮也是汽车交互界面中常用的控制设备,如音响声音与频率调节旋钮、空调及温度控制旋钮等。某传统汽车中控台的旋钮与按键分布情况如图 8-13 所示。

1) 按钮与按键设计

按压式操纵装置,按其外形和使用情况,大体上分为两类:按钮和按键。它们一般只有两种工作状态,如"接通"与"切断""开"与"关""启动"与"停车"等。表 8-6 列出了几种常用的按压式操纵装置的工作行程和操纵力的适宜数值范围。

图 8-13 传统汽车中控台旋钮与按键

表 8-6 几种常见按压式操纵装置的工作行程和操纵力

操纵器	工作行程/mm	操纵力/N	操纵器	工作行程/mm	操纵力/N
按钮	用手指:2~40 用手:6~40 用脚:12~60	1~8 4~16 15~90	按键	用手指:2~6(电气断路器) 用手指:6~16(机械杠杆)	0.8~3
钢丝脱扣器	10~20	0.8~3	事故开关		至 60

按钮必须能够可靠地复原到初始位置,并且对系统的状态给出显示。按工作方式分,按钮有单工位与双工位两种形式。当手指按下按钮后,它处于工作状态,手指一离开按钮,它就自动脱离工作状态而回复原位,这种按钮称为单工位按钮;当手指按下按钮后,它就始终处于工作状态,手指再按一下按钮,它才回复原位,这种按钮称为双工位按钮。对于这两种形式的按钮,在选用时应注意它们之间的区别。按钮的形态一般应为圆形或方形,为使操作方便,按钮表面宜设计成凹形。按钮的尺寸应根据人的手指端的尺寸和操作要求而定。用

食指按压的圆形按钮,直径为 8~18mm;用拇指按压的圆形按钮,直径为 25~30mm,压力为 10~20N;用手掌按压的圆形按钮,直径为 30~50mm,压入深度为 10mm,压力为 100~150N。

按键设计与按钮类似,按键的尺寸应根据手指的尺寸和指端的弧形进行设计,才能操作舒适;按键的布置紧凑,排列应合理,如按重要性、使用频率、使用顺序和功能进行分区组合,便于操作和记忆。

2) 旋钮设计

旋钮通常都是用单手操纵。按其使用功能可分为多倍旋转旋钮(控制范围超过 360°)、部分旋转旋钮(控制范围不超过 360°)、定位指示旋钮(旋钮的操纵受临界位置的定位控制)三类。前两类用于传递一般的信息,第三类用于传递重要的信息。旋钮的设计主要根据使用功能与人手相协调的要求进行。

对于连续平稳旋转的操作,应当使旋钮的形态与运动要求在逻辑上达成一致。旋转角度超过 360° 的多倍旋转旋钮,其外形宜设计成圆柱形或锥台形;旋转角度小于 360° 的部分旋转旋钮,其外形宜设计成接近圆柱形的多边形;定位指示旋钮,宜设计成简洁的多边形,以强调指明刻度或工作状态。

旋钮的尺寸大小应根据操作时使用手指和手的部位来确定。旋钮直径应以保证动作的速度和准确性为前提进行设计。通常,旋钮的尺寸是按操纵力来确定的,尺寸太大或太小,都会使操作者感到不舒适。具体尺寸可参考表 8-7。

表 8-7 旋钮尺寸与操纵力的关系

旋钮直径/mm	10	20	50	60~80	120
操纵力/N	1.5~10	2~20	2.5~25	5~20	25~50

3) 多功能旋钮

随着汽车中操控设备及功能的不断增加,实体按键的数量不断增加,加重了驾驶员视觉负荷与操纵负荷,一些产品将多个按键功能进行组合,以此来减小驾驶员负担。操控装置呈现多样化的趋势,如多功能组合旋钮,最典型的如宝马的 iDrive、奥迪的 MMI 等的多功能旋钮(图 8-14),其控制融合借鉴了计算机操作的习惯特点,减少了按键,简化了设备控制。iDrive 多功能旋钮控制,可通过旋转并向四周进行拨动选择,向下按进行确认,且配合了可自定义的快捷功能键,集成度高。集成化的多功能旋钮最大化地减少了汽车人机交互装置的数量,简化了界面。

2. 转向盘设计

1) 回转直径

手轮的直径通常根据用途来选定,通常为 80~520mm。机床上用的小手轮直径为 60~100mm;汽车、拖拉机、工程机械转向盘的直径为 330~600mm;汽车的转向盘尺寸常用规

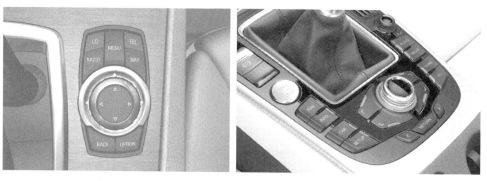

图 8-14　多功能旋钮实例(左:宝马 iDrive;右:奥迪 MMI)

格包括 350、380、400、425、450、475、500、550mm 等直径参数。手轮和曲柄上握把的直径为 20～50mm。手轮和曲柄在不同操作情况下的回转半径为:转动多圈 20～51mm,快速转动 28～32mm,调节指针到指定刻度 60～65mm,追踪调节用 51～76mm。

2)操纵力

单手操作时的操纵力为 20～130N,双手操作时操纵力不得超过 250N。

3)常见车辆产品的转向盘

目前转向盘的形状大致可分为三种:圆形、方形、异形。其中圆形转向盘是目前使用最为普遍的造型,因为圆形的转向盘使驾驶人在进行操作时可保证动作的连续性,自然方便的操作模式使驾驶人对其有较高的接受度,如图 8-15 所示。

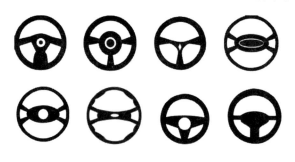

圆形转向盘A　　　　　　　　　　　　　　　圆形转向盘B

图 8-15　圆形转向盘

转向盘下缘为平直的形状时,既可获得较好的腿部空间,又方便驾驶人进出座椅。这种下缘平直的转向盘依然属于圆形转向盘,如图 8-15 所示。

很多概念车上出现了异形转向盘,甚至采用模拟飞机操作杆等其他方式来实现对行驶方向的控制。很多概念车的控制方式和体验感受与标准乘用车转向盘都有很大的不同,而考虑到汽车行业的法规政策与人们的驾驶习惯,在短时间内很难见到它们在量产车上推广的可能性。异形转向盘如图 8-16 所示。

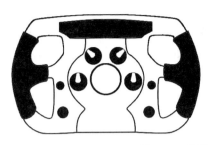 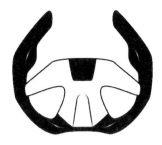

图 8-16　异形转向盘

3. 操纵杆设计

操纵杆的自由端装有手柄,另一端与机器的受控部件相连。操纵杆可设计成较大的杠杆比,用于阻力较大的操纵。操纵杆常用于一个或几个平面内的推、拉式摆动运动。由于受行程和扳动角度的限制,操纵杆不适宜大幅度地连续控制,也不适宜精细调节。

1)形态和尺寸

操纵杆的粗细一般为 22~32mm,球形圆头直径为 32mm。若采用手柄,则直径不宜太小,否则会引起肌肉紧张,长时间操作容易产生痉挛和疲劳。常用操纵杆执握手柄的直径一般为 22~32mm,最小不得小于 7.5mm。操纵杆的长度与其操纵频率有关,操纵杆越长,动作频率应越低。当操纵杆长度为 30、40、60、100、140、240、580mm 时,对应的最高操纵频率应为 26、27、27.5、25.5、23.5、18.5、14$\min^{-1}$。

2)行程和扳动角度

操纵杆应适应人的手臂特点,尽量做到只用手臂而不移动身躯就可完成操作。对于短操纵杆(150~250mm),行程为 150~200mm,左右转角不大于 45°,前后转角不大于 30°;对于长操纵杆(500~700mm),行程为 300~350mm,转角为 10°~15°。

通常操纵杆的动作角度为 30°~60°,不超过 90°。

3)操纵力

操纵力最小为 30N,最大为 130N,使用频率高的操纵杆,操纵力最大不应超过 60N。例如,汽车变速杆的操纵力为 30~50N。

4)操纵杆的位置

当操纵力较大、采用立姿操作时,操纵杆手柄的位置应与人的肩部等高或略低于肩部的高度;当采用坐姿操作时,操纵杆手柄的位置应与人的肘部等高。

5)汽车换挡杆

(1)手动换挡杆。

"非"字式手动挡是目前大多数手动挡车型采用的换挡方式,根据不同车型,其倒挡布置位置可能会有所差别,但是大致结构保持一致。这种换挡方式简单明了,成本低,可靠性高,如图 8-17 所示。

(2) 传统自动挡杆。

传统自动挡杆包括直排式挡位和阶梯式挡位,是普及率最高的换挡方式。直排式的优点是挡位简洁清晰易操作,挂挡较为流畅,但因在盲操作时容易挂错挡,因此在操作上直排式的挡位通常要搭配锁止按钮来进行挡位的切换;而阶梯式换挡槽呈现弯曲蛇形,换挡过程并非一步到位,不同挡位之间有位置差别,因此并不存在锁止按键,缺点是换挡时的顺畅度较直排式相对欠缺,如图8-18所示。

图 8-17　手动换挡杆　　　　图 8-18　传统自动挡杆(直排式挡位和阶梯式挡位)

(3) 电子挡杆。

电子挡杆式换挡保留了传统的换挡杆造型,但省去了机械连接,全部采用电子信号进行操作,因此占用空间较小,换挡灵活,降低了误操作的可能,同时增强了对变速箱的保护,如图8-19所示。

(4) 怀挡式挡杆。

起源于美国的换挡方式,最大的优点是不会占用中控空间,缺点是由于占据了一侧控制杆的位置,导致另一侧的控制杆操作起来比较复杂,同时如果车辆发生碰撞时转向盘可能会发生塌陷,而这时换挡可能会失效,如图8-20所示。

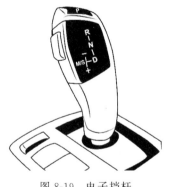 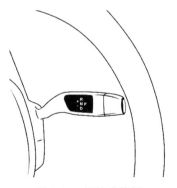

图 8-19　电子挡杆　　　　　　　图 8-20　怀挡式挡杆

(5) 旋钮式挡杆。

采用旋钮换挡的车型越来越多,旋钮式挡杆尤其受到新能源车型的青睐。这种换挡方式占用空间小、布局方便,且高档感十足,如图 8-21 所示。

其他换挡方式还有按键式换挡、拨片式换挡。

图 8-21　旋钮式挡杆

8.4.2　脚控操纵装置设计

1. 脚踏板的形式和操纵特点

脚踏板分直动式、摆动式和回转式(包括单曲柄式和双曲柄式)。常用手动挡汽车有三个脚踏板,其中,加速踏板为直动式,以足跟为支点;汽车的制动踏板和离合踏板,为脚悬空的踏板。

图 8-22(a)表示座位较高,小腿与地面夹角很大,脚的下蹬力不宜超过 90N;图 8-22(b)表示座位较低,小腿与地面夹角比图 8-22(a)小,脚的下蹬力不宜超过 180N;图 8-22(c)表示座位很低,小腿与地面夹角很小,脚的蹬力可达到 600N。

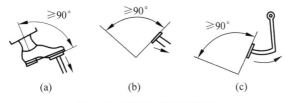

图 8-22　脚悬空形式的踏板

当操纵力较大时,脚踏板的安装高度应与座椅面等高或略低于座椅面。

2. 脚控操纵装置的适宜用力

脚控操纵装置在坐姿操作的情况下,当脚蹬用力小于 227N 时,腿的弯折角以 107°为宜;当脚蹬用力大于 227N 时,腿的弯折角以 130°为宜。用脚的前端进行操作时,脚踏板上的允许用力不宜超过 60N;用脚和腿同时进行操作时,脚踏板上的允许用力可达 1200N;对于快速动作的脚踏板,用力应减少到 20N。

在操纵过程中,操作者往往会将脚放在脚踏板上,为了防止脚踏板被无意接触而发生误操作,脚踏板应有一定的起动阻力,该起动阻力至少应当超过脚休息时脚踏板的承受力。

3. 脚踏板的推荐设计

脚控操纵装置的设计应以脚的使用部位、使用条件和用力大小为依据。具体还应考虑操作者工作鞋的特征。脚踏板多采用矩形或椭圆形平面板,脚踏钮多采用圆形或矩形。

脚控操纵装置的空间位置直接影响脚的施力和操纵效率。对于蹬力要求较大的脚动操纵装置,其前后位置应设计在脚所能及的距离范围之内,左右位置应设计在人体中线两侧各 10°～15°范围内,应当使脚和腿在操作时形成一个施力单元。为此,大、小腿间的夹角应在 105°～135°范围内,以 120°为最优。这种姿势下,脚的蹬力可达 2250N,是轿车驾驶室脚踏板空间布置的推荐设计,如图 8-23 所示。

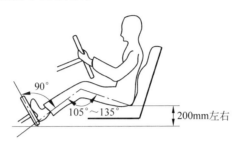

图 8-23　轿车驾驶室脚踏板的空间布置

4．典型脚踏板实例：汽车油门踏板

汽车油门踏板主要分为悬吊式油门踏板、地板式油门踏板。

悬吊式油门的转轴以及支点位于支架顶端,结构非常简单,工作时驾驶员以脚后跟为中心,脚掌前后移动以控制油门深浅。占用的空间较小,适用于踏板区域空间小的紧凑车上。

地板式油门,也叫风琴式油门,转轴位于踏板底部,车辆的地板上。踏板从地板伸出,与地板形成一定的角度。地板式油门的踏板面积较大,同时阻尼比悬吊式大,所需力度也更大,所以比较适合坐姿较矮,踏板区域空间较大的车型使用,如图 8-24 所示。

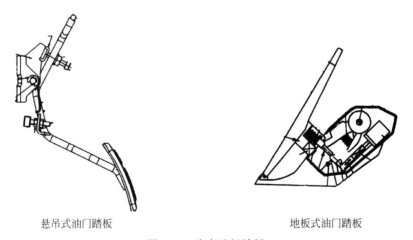

悬吊式油门踏板　　　　　　　　　　　地板式油门踏板

图 8-24　汽车油门踏板

悬吊式油门踏板往往用于 SUV 或是普通家用车上,而地板式油门踏板往往用于跑车或是一些豪华轿车上。

8.5 智能座舱人机界面设计

8.5.1 智能座舱概述

1. 智能座舱定义

汽车座舱即汽车内部的驾乘空间,传统汽车通常分为驾驶舱和乘员舱。随着人工智能、互联网、新能源和大数据等先进技术在交通运输领域的应用与发展,汽车的内部空间、人机界面、操作方式和交互模式正在发生颠覆性的变化,智能座舱应运而生。智能座舱也成为展示人因工程学在智能汽车领域应用的重要平台。

智能座舱,是指整体上具备了智能化功能的汽车座舱(图 8-25),能够实现机器(系统)与人、道路及环境之间智能交互的车辆座舱。智能座舱在汽车内部,围绕人的空间形成一个智能化的系统,可以实现对乘员意图的识别和理解,并且提供相应的服务,是人-车关系从工具向伙伴演进的重要纽带和关键节点。更通俗地说,智能座舱就是对汽车内部的乘坐空间进行智能化改造,使得人的驾驶和乘坐体验能够借助新技术变得更加舒适、便捷和安全。

图 8-25 智能座舱典型实例

广义的智能座舱,是指所有与驾乘人员相关、能结合云端大数据和车辆自身数据,与驾乘人员进行智能交互的载体,如智能座椅、氛围灯、车载信息娱乐系统(in-vehicle infotainment,IVI)。智能座舱为乘客提供智能服务,主要针对驾驶员的驾驶需求和其他乘客的娱乐需求,基于用户交互体验进行相关的设计开发,提升用户驾乘体验。其座舱内部的传感器、外部信息以及驾乘人员的个性化信息的获取与融合计算是关键,最终目的是实现汽车与驾乘人员良好的"沟通"。目前,双屏或多屏交互、智能语音、车联网、空中下载技术(over-the-air technology,OTA)是市场主流智能座舱的基本配置。

狭义的智能座舱,范围则小一些,是基于视觉和语音等模式与驾乘人员交互的各种显示屏载体,包括车载信息娱乐系统(IVI)、仪表和抬头显示(head up display,HUD,又称平视显示)、生物识别等,这些配置和功能与驾驶人的相关性更大。

2. 智能座舱的构成

相较于传统座舱,智能座舱的变化主要体现在硬件和软件两个方面。硬件层面,智能座舱的显示屏数量更多、尺寸更大,新增硬件包括 HUD、娱乐系统、智能摄像头等;软件层面,手机端的应用移植进来,如导航、音乐等,一些人工智能的服务也被融合进来,如语音交互、人脸识别、手势识别等。新的需求和技术的驱动产生新的服务功能。智能座舱涉及的软硬件数量众多、类型繁杂、边界相对模糊,大致包括座舱芯片、操作系统、中间件、应用、人机交互界面等。目前业内对智能座舱的认知较为狭义,认为只要座舱配备了人机接口(HMI)、进行人机交互的屏幕就是智能座舱,也有更多的业内人士认为需要同时具备中控台彩色大屏、OTA 升级及智能语音识别系统三个条件的座舱才能被定义为智能座舱。因此,汽车智能座舱通常被更多地错误等同为车载信息系统,即由全液晶仪表、中控平台、智能音响、信息显示屏、车联网模块、HUD、智能电子后视镜以及远程信息处理系统等组成。其中,中控平台、全液晶仪表、后座娱乐、HUD 是座舱电子系统的主要部分(图 8-26),一车多屏、抬头显示、语音助手和网联等功能都是当前智能汽车已实现的智能化人机界面与人机交互功能。

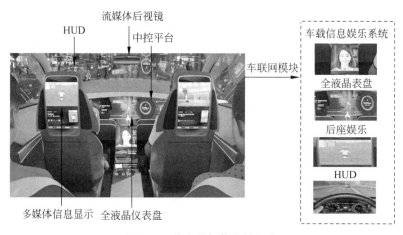

图 8-26 狭义的智能座舱组成

如图 8-27 所示,从技术角度,汽车智能座舱通常也分为"三纵三横"。"三纵"为软件、人机交互技术和硬件;"三横"为驾驶舱系统、信息娱乐系统和其他系统,即主要由软硬件和人机交互技术构成。硬件包括全液晶仪表盘、HUD、中控平台、信息显示屏、智能电子后视镜、麦克风、扬声器和智能座椅等;软件包括操作系统、中间件等;人机交互技术包括语音识别、触控识别、人脸识别、生物识别等技术。

智能座舱的未来形态是"智能移动空间"。在 5G 和车联网高度普及的前提下,汽车座舱从驾驶的单一场景,逐渐进化为集家居、娱乐、工作、社交于一体的智能空间,是集硬件、软件于一体的系统。从系统能够实现的功能来看,目前的智能座舱系统可实现人机共驾,包括

图 8-27　智能座舱技术架构

车载娱乐系统、车载信息显示系统、辅助驾驶安全系统、智能座椅等舒适性和安全性高度相关的系统,并且相互交叉融合。

3. 智能座舱的能力

智能座舱的整体能力包含感知、呈现、决策处理三个方面的能力(图 8-28)。其中,独立感知层的形成,使得车辆具备了感知人和理解人的能力。这种独立感知层,能够拿到足够的感知数据,如车内视觉、语音以及转向盘、制动踏板、加速踏板、挡位、安全带等数据,利用生物识别技术(主要是人脸识别、语音识别)来综合判断驾乘人员的生理状态(面部特征等)和行为状态(驾驶行为、声音、肢体行为),使车充分"理解"人。呈现能力主要包含氛围灯、智能电子后视镜、增强现实抬头显示以及智能座椅等;决策处理能力主要涉及座舱域控制器。

综上,智能座舱的能力主要体现在以下三个方面:

(1) 对人智能:智能座舱与驾驶人及乘客之间通过语音、手势、表情等不同交互方式进行沟通互动,感知人的状况和行为,了解人的实际需求并提供服务。

(2) 对车智能:车载芯片和系统对控制器局域网(controller area network,CAN)、电子控制单元(electronic control unit,ECU)等电子器件反馈的数据进行计算,了解汽车行驶状态以及各种参数指标,对车辆进行最佳状态的适配。

(3) 对路智能:通过车用无线通信技术(vehicle to everything,V2X)对道路状况、拥堵情况等信息进行感知和收集,并将数据传输给云端进行计算和路线智能规划。

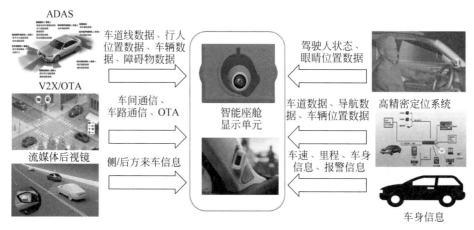

图 8-28 智能座舱整体能力

具体而言,智能座舱的功能表现在十个方面:信息智能、交互智能、机构智能、空间智能、气候智能、灯光智能、音响智能、娱乐智能、安全智能和跨界智能。

4. 智能座舱的发展过程

纵观汽车的发展历程,座舱主要经历了三个发展阶段:机械化—电子化—智能化。而智能座舱的发展历程也可以分为三个阶段:智能助理、人机共驾、第三生活空间。

1) 早期座舱

汽车早期的座舱设施简单,显示基本驾驶信息集中在传统的仪表板和中控台上,包括机械式仪表盘及车载收音机等内容。这些设备的操作基本都是物理按键形式,可提供的信息也只有车速里程、发动机转速、冷却液温度、油量等基本信息。20 世纪 90 年代,车载收音机和 CD 机成为第一代汽车主要娱乐设备,人与汽车交互开启了物理按键时代。车内主要利用大量的物理开关按键控制车载影音娱乐系统,并且这些物理开关和按钮在空间设计上进行了一系列优化,由最初全部集中在中控仪表,慢慢迁移到转向盘上,这些设计优化使人机交互的安全性和便捷性得到提升。随着汽车电子技术的发展及大规模应用,汽车功能越来越丰富,收音机、空调、音响及电子系统开关按键分区排列,满足使用需求。

2) 智能助理阶段

当前,传统的物理按键、旋钮等方式已经不能满足车内人员的驾乘体验和更高要求,于是屏幕显示开始引入座舱。最初汽车座舱加入了小尺寸中控液晶显示屏,添加了车载导航、蓝牙、媒体播放等设备。之后显示屏开始升级为触屏,减少了许多功能按键。别克公司最早推出全触屏中控的量产车型 Riviera,内部使用了一块带有触摸传感器的阴极射线显像管(CRT)显示屏,该屏幕在功能上集成了比传统物理按键更多的控制功能,包括电台、空调、音量调节、汽车诊断、油量显示等内容,使得整个车内人机交互体验提升了一个档次。随后,越来越多的车企也采用中控触摸屏的设计,配备相应的人机交互系统。

3）人机共驾阶段

此阶段，中控屏朝着大尺寸、可移动、多屏幕方向发展，部分豪华车型开始采用 HUD 等电子化产品及远程空调操控等功能，汽车智能化进程加快了智能座舱的发展速度。从 2021 年开始，驾驶员监控系统（driver monitoring system, DMS）和人脸识别（facial recognition, FR）被集成在一些新能源汽车上使用，人车之间的交互模式有了更大的发展。随着人工智能算法、智能驾驶技术的不断发展，智能汽车已经进入 L3 级自动驾驶的人机共驾阶段。车辆可为驾乘人员主动提供场景化的服务，同时汽车将成为能与人类互动的智能设备，即汽车从按键交互跨越发展到车载显示交互。

4）第三生活空间（智能移动空间）

未来随着智能车辆进入 L4~L5 这样的高等级自动驾驶阶段，驾驶舱才会变成真正意义的智能座舱，与工作及日常生活中的游戏、娱乐更加紧密地结合。智能座舱将采集的数据上传到云端进行处理和计算，从而对资源进行最有效的适配，增加座舱内部的安全性、娱乐性和实用性。也即更加主动、灵敏、情感化的"类人"交互模式，是智能座舱在很长一段发展周期内的目标。智能座舱可以根据乘车人数，灵活安排座椅配置方案，灵敏感知乘员坐姿变换，自动调节座椅角度与体感温度，并进行按摩以舒缓肌肉、减轻疲劳；根据不同场景，切换会议、休闲、家庭、私人休憩等模式，从而让驾乘人员不仅可以在车内进行娱乐活动，还可以参加工作会议等公务活动，从而逐步进化为人们的第三生活空间。

5. 智能座舱的发展趋势

目前，智能座舱的发展仍处于智能助理的初级阶段，首先，在硬件方面，座舱内部的实体按键被简化，大屏化、多屏化的趋势显著；在软件方面，语音交互技术被广泛应用，人脸识别和手势识别等新的技术不断出现，座舱功能日益多样化、人性化。在未来，智能座舱的发展趋势主要包括四个方面：不断优化现有功能，确保用户数据的安全，座舱布局更加人性化、合理化，产生"独立感知层"。

1）交互功能多模态优化

在当前触控交互的基础上，不断优化语音交互和手势交互功能。通过人工智能让车载计算机有类似人的理解能力和交流方式。未来智能座舱的语音交互系统能更加准确地识别用户的日常用语，甚至能够识别用户方言，更加轻松地和用户进行多轮对话，在用户想要打断对话的情况下能够转变话题或者终止当前对话，此外用户也可以对唤醒词进行自定义。手势交互是智能驾驶领域的趋势，它与语音交互相辅相成，能最大限度地减少驾驶员分心，提高驾驶安全性。除此之外，体感交互、眼动交互生物识别等都可能会是未来智能汽车交互设计的趋势。同时在显示和控制上提升虚拟化程度，来丰富人机交互内容。

2）功能种类更加多样化

（1）社交娱乐功能。

未来车辆不仅能为用户提供驾驶和出行类服务，还能为用户提供社交类、娱乐类以及工作相关类的服务功能。目前，用户在车内的社交活动仍旧是依靠手机完成的，在未来，用户可以通过车内自带的社交软件来联系好友、共享位置以及导航信息。对于娱乐类的服务功能，未来的智能座舱具备为用户提供订票、选座、预订酒店等功能，还可以为用户推荐附近的电影院正在上映的电影以及与电影票相关的信息，或者根据用户喜好推荐附近的餐馆；对于除了驾驶者之外的乘客，座舱内置的音乐视频以及游戏 App，能够让乘客的旅途不再无聊，并通过多屏交互技术，确保在其他乘客进行娱乐的同时不会影响司机的驾驶。

（2）在线处理功能。

车辆行驶过程中，座舱具备数据分析和行为预判的能力（路况、行人等）。同时，基于短距离无线通信技术（如蓝牙、红外、Wi-Fi、ZigBee 等）和长距离无线通信技术（如 C-V2X、5G 等）实现对外沟通的功能（V2X）及服务连接的功能（OTA）。目前导航功能仍然是用户最为集中的痛点。导航不准、更新慢、实时性差、起终点显示不明确是当前汽车导航系统存在的主要问题。未来发展过程中，导航系统将实时联网，自动更新，并逐步实现定制化。

（3）座舱清洁功能。

随着智能化、网联化的发展，未来针对清洁座舱的设计，有望在未来出行中得以实现。用车之前通过手机或其他智能设备来对汽车进行通风和消毒处理，确保车内空气质量。进入车内，智能座舱会对衣物和带入车内的物品进行消毒（紫外线、等离子体），以避免病毒和细菌的进一步传播。之后，智能座舱会开启空气净化系统，将车内空气保持最优配置。

（4）健康监测功能。

健康监测系统，可通过实时数据，来监测乘客身体信息，如测量体温、心率、脉搏、血压、呼吸等信息。并为乘客提供系统评估，以此对不同座位的乘客提供个性化温度、座椅等相应调节（佛吉亚未来智能座舱、长城车载健康监测）。如出现危险情况可实现车内就诊或给予相应的就医建议。

3）座舱布局人性化

（1）显示屏布局更加合理化。

当前智能座舱的发展依旧处于一个做加法的阶段，比如车内的显示屏越来越多，但是显示屏过多会带来一定的弊端，比如多个显示屏显示相同的信息，会产生信息冗余，如何在合适的时间于合适的显示屏上显示正确的信息是一大难点。在未来发展过程中，人跟车的关系要从今天不断做加法变成做减法，车内显示屏的数量不宜过多，布局也要更加合理。

（2）空间布局更加人性化。

内饰的设计优化可以使座舱空间更大，比如折叠桌、储物箱、个性化调节的座椅等，从而提高乘坐舒适性。通过对智能座椅的调节可以使智能座舱实现不同的出行场景。除了要考虑显示屏的布局之外，未来智能座舱也要考虑到用户更加细微的需求，例如独立声场、氛围灯；车内提供专门空间用来放置用户的私人物品，诸如手机、雨伞、包、化妆台等。

4）信息安全凸显重要

人脸识别、手势识别与指纹开锁、手机 App 解锁等技术已在智能网联汽车中广泛应用，形成了大量隐私数据，如何保障用户数据信息的存储安全、传输安全和使用安全将成为智能座舱设计方面需要重点考虑的问题。

5) 产生"独立感知层"

多模交互要求整合分散的感知能力,催生出"独立感知层"。域控制器 E/E 架构逐步走向集中,整合座舱域硬件计算平台;在座舱域硬件计算平台整合后,采用单颗性能出众的 AI 感知芯片,实现车外/车内视觉感知及语音识别等多模感知算法;多模交互要求整合分散的感知能力,催生出"独立感知层"(即车载主芯片之外应建立独立的 AI 计算),见图 8-29。

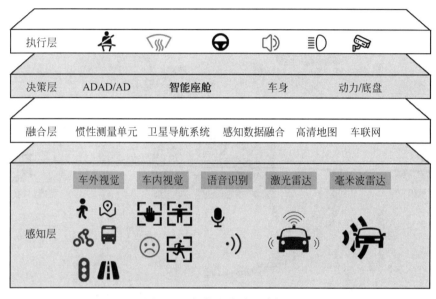

图 8-29 智能座舱独立感知层

智能座舱是智能网联汽车的主要组成部分之一,它以座舱域控制器(DCU)为核心,推动包含液晶仪表盘、中控屏、流媒体后视镜、抬头显示系统等部件在内的多屏融合,实现语音控制、手势操作等更智能化的交互方式。从汽车整体架构来看,座舱域控制器不仅链接传统座舱电子部件,还可以进一步整合智能辅助驾驶 ADAS 系统和车联网 V2X 系统,使智能汽车具备优化整合、自动驾驶、车载互联、信息娱乐等功能。

8.5.2 智能座舱子系统

智能座舱系统目前具体呈现为仪表盘、中控显示器、智能 AR-HUD 系统等,通过融合 T-Box、DMS、ADAS、高精定位系统以及未来的 V2X,可以充分体现智能座舱在自动驾驶中的优势。如智能座舱域系统将导航信息输入至智能驾驶系统域控制器并通过它进行 SD-HD Map 匹配,可以很好地实现基于车道的高精度级别导航定位系统任务。智能座舱氛围灯是基于传统发光二极管(light emitted diode,LED)的单色、多色方案进行,其功能包括支持单通道 4000+颗 RGB,更小的 LED 封装便于灵活布置,大规模 LED 部署,功能、效果设计空间极高,新交互性功能-动态音乐随动、情绪识别融合等。智能电子后视镜不仅可作为盲区示意、碰撞提醒、变道预警、透雨透雾、夜视增强等多个方向的呈现,还可以通过功能扩展与融合,如与行车记录仪、ADAS、流媒体侧后视镜、倒车影像、座舱监控系统等结合起来共同为智能驾驶域提供相应的服务。智能座椅可在提升舒适度的基础上,提供精准、快捷、方便的座椅及后视镜调节;具备记忆功能,快捷、方便地获取舒适的驾乘位置;座椅通风加热功能可以提高驾乘舒适程度;迎宾和后视镜自动下倾功能,可提升整车品质,见图8-30。

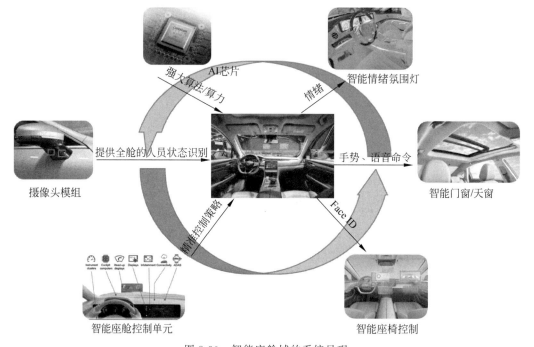

图 8-30 智能座舱域的系统呈现

智能座舱的子系统包括车载信息系统、座舱安全舒适系统和车载声学系统等。

1) 车载信息系统

车载信息系统包括中控屏、液晶仪表板、HUD 和智能电子后视镜等硬件,以及人机交互软件等。中控屏作为车载信息系统的重要平台,更多地为车载娱乐系统所用,也是人机交互的主要界面,而 HUD 和智能电子后视镜成为液晶仪表板外,车载信息显示的重要补充。车载信息系统是智能化创新的关键点,首先在软件层面,人机交互功能将语音识别、表情识别、触摸控制、手势识别、虹膜识别等多模态交互技术融入其中。同时,中控大屏、多屏趋势显著,10in(英寸)以上中控屏成为主流。其次,一芯多屏技术取得重要突破,显示屏呈现联屏化、多形态化。而 HUD 由于能够将车速、导航等重要行车信息投影到前风窗玻璃上,使得驾驶人在不低头的情况下能够看到重要的行车信息,大大提高了驾驶安全性,在汽车产品上的渗透率会越来越高,未来的主流发展方向是 AR-HUD。

2) 座舱安全舒适系统

座舱安全舒适系统中,DMS 能够通过汽车驾驶舱内摄像头检测驾驶人在行车过程中的状态,识别疲劳驾驶、危险动作等状态并进行语音等方式的提醒。空调系统为座舱内的驾乘人员提供舒适的气候,为驾驶人安全驾驶保驾护航。智能座椅为座舱内的驾乘人员提供进一步的安全性和舒适性,可根据驾乘人员的身高、体重、性别、年龄及个人偏好等,按照不同舒适度进行调节,并提供座椅通风、加热、制冷和按摩等功能。未来全新的 DMS 不仅具备驾驶人疲劳检测、人脸识别等功能,还在逐步添加更多关联功能,如手势交互、动作识别、表情识别、唇语识别、视线亮屏等,譬如通过人脸识别和情绪交互来分析驾乘人员的心境,当检测到驾乘人员的心情低落的情况下,车载机器人或全息管家会主动和驾乘人员进行类人的交流,比如聊天、播放有趣的内容等;当驾乘人员疲劳时,智能座椅还会给驾乘人员提供按摩服务。此外,智能电子后视镜可减少视觉上的盲区,以及与智能座舱融合后,更多涉及安全的信息将会反馈到座舱,座舱根据情况作出相应的反馈,提醒和警示驾驶人,以保证安全驾驶,最终根据危险情况由智能驾驶系统进行接管。

3) 车载声学系统

车载声学系统不仅包括早期为用户驾乘提供舒适感和娱乐需求的车载声音播放系统,还包括为用户提供车内环境下的语音交互服务系统和氛围灯系统等。语音交互服务系统采用了唤醒、语音识别、语义理解等技术实现语音控制。座舱的车设车控、地图导航、音乐及多媒体应用、系统设置、空调等均可通过语音来操作。除了针对车身、车载的控制外,语音还支持天气查询、日程管理以及闲聊对话。语音交互天然有着更安全和更方便的优势,用户只要说唤醒词(比如:你好奔驰!),语音指令可以一步直达功能,既能解放手指,又无须视线偏移注视车机中控区域,从而保证行车安全。车载声音播放系统主要包含车载扬声器、功放及行人警示器(acoustic vehicle alerting system,AVAS),软件主要包括整车调音技术、声学信号处理技术(如主动降噪、多区域声重放技术等),较典型的就是在车载独立空间提供沉浸式体验的"音乐座舱"。车载声学系统不再是简单的声音交互部件,而是提供隔音静谧性、环绕式座舱体验、虚拟现实浸入场景的智能座舱核心系统。

8.5.3 抬头显示界面设计

近几年,抬头显示技术(HUD,也称平视显示)发展飞速,它是通过光学投影原理,将光投射在前挡风玻璃上。最早应用在航空器上的飞行辅助仪器上,是为了帮助飞机驾驶员减轻认知负荷,提高其态势感知能力的应用,保证驾驶员平视状态下就能看到行车相关的信息,解决了在仪表中查看信息需要视线扫视所带来的安全隐患。汽车传感器和高级驾驶人辅助系统(ADAS)功能集成在一起时,能使驾驶人更轻松地检测到威胁或警告,从而更快地采取行动。宝马 HUD 显示界面如图 8-31 所示。

增强现实技术又称 AR 技术,是汽车座舱和智能辅助驾驶领域里非常热门的新兴汽车交互设计技术门类。AR-HUD 利用了 AR 的成像技术,在我们看到的真实世界中覆盖上数字图像,使得 HUD 投射出来的信息与真实的驾驶环境融为一体。AR-HUD 通过其特殊的光学成像原理,结合某些光源,能够很大程度提高成像亮度,使得驾驶员在高亮的环境光下同样能够看清图像。AR-HUD 使得虚像能够与 20m 以外的物体或路面实景发生叠加,形成增强现实的效果,让驾驶员可以在观察现实环境的同时获取到提示信息,不再有视觉盲区的存在。华为 AR-HUD 显示界面如图 8-32 所示。

图 8-31　HUD 显示技术实例

图 8-32　AR-HUD 实例

考虑到未来较长的一段时间内,智能车辆仍在向无人驾驶方向过渡,驾驶行为在未来几年仍然是智能车辆人机交互设计的关键问题。HUD 显示技术以其提升驾驶安全、降低驾驶员认知负荷等优点在智能车辆中具有更大的应用场景和发展空间。即使是未来实现了全域自动驾驶,用户仍然有很多通过前挡风玻璃获取信息的诉求,HUD 显示技术同样具有较大的设计空间。因此,HUD 显示将成为智能车辆人机界面显示设计的主要方式,本节将以 HUD 显示为例介绍智能人机界面的具体设计过程。

1. HUD 显示界面设计框架

1) HUD 显示设计概念

从用户用车情境和需求出发,在综合考虑 HUD 当前技术背景和现有产品的功能特点的基础上,构思了融合增强现实的 HUD 显示界面,其主要显示信息如表 8-8 所示。

表 8-8　HUD 显示功能信息分类

基本信息	导航信息	车况信息	警示信息	多媒体信息
车速	路名	胎压监测	行人	电话
转速	车道	发动机工况	障碍物	音乐
限速	行驶方向	定速巡航	防碰撞预警	短信息
	转向距离	自适应巡航	车道偏离预警	位置分享
	预计到达时间	机油压力	驾驶者异常预警	
		车门及后备箱状态		

通过运用先进的显示技术,设计方案构建的 HUD 界面包括了近投影面和增强投影面,其中近投影面显示了 HUD 的大部分信息,主要包括车速、限速、导航、音乐、电话、调频、自适应巡航控制、警示提醒等功能信息;增强投影面主要用于显示导航时的行车方向信息、车道保持信息、车距警示信息,车辆通过摄像头获取车道情境信息,结合导航功能定位的地理位置情境信息,增强投影面可以在此基础上将行车方向指引信息显示与现实世界融为一体,实现更自然的交互信息传递方式,让用户有种所见即所知的感觉。

设计方案在构建过程中,需要考虑用户在驾驶过程中面临打电话、播放音乐等任务情境,在设计概念的构建过程中为 HUD 加入新型交互方式,不同于现有车厂原装 HUD 只能通过中控或转向盘按键等方式才能操控,设计方案需要融入多通道融合人机交互的方式,如通过安装在后视镜上的红外辐射摄像头,用户可以通过手势操作来完成电话接挂,此外用户可以通过语音来操控部分功能,在行驶过程中可以将注意力保持在路面当中,通过自然交互就能够完成相关任务,有效提高驾驶安全和驾驶体验。

2) HUD 功能信息模块

信息模块构建是对已经聚类的信息进行界面布局设计,使得相似内容以一定的模块有规律地分布于界面之中,完成信息的分类编组,使信息有效组织在一起,方便用户分类查看和处理相关信息。认知经济性明确指出模块化的视觉信息界面能够有效节省用户的认知资源,帮助用户提高处理信息的效率和准确度。车辆 HUD 显示包括五类信息,它们的重要程度和使用频率具有较大差异性,主要根据信息的使用频率和类别因素完成 HUD 显示界面信息模块的构建,具体布局如图 8-33 所示。

图 8-33 HUD 信息模块整体布局

基本信息是用户驾驶过程中需要知晓的最基本的车辆行车信息,应该呈常态显示在界面较为固定的位置,布局在 HUD 显示界面的左下区域。

车况信息和警示信息是反映车辆状况和道路交通环境的辅助驾驶信息,这些信息受环境和车辆状况影响,呈现突发性和临时性特点,故此界面显示并非常态显示,而是根据功能是否开启和突发状况产生的临时提醒的信息,适宜布局在界面左上区域,左上区域符合人眼视觉观察流程和特性,更靠近人眼的位置能够吸引人的注意力。其中车道保持、车距提醒和导航方向指引功能由于采用了增强现实的显示方式,会部分呈现在增强投影面当中。

导航、音乐、调频、社交、短信等内容是平级的功能和服务信息,基于分屏显示的原理,将这些信息布局于界面右半部分,在信息选择与切换的过程中这些内容能够根据用户的任务和操作交替显示。信息显示的切换能够在有限的显示范围内更好地呈现相关信息,从当前任务需求出发,实时感知情境显示所需信息,能够更好地满足用户的使用需求。

2. HUD 显示界面设计

1) 界面色彩分析

车内具有多个显示界面,针对不同的显示区域,设计师需要采用有针对性的设计方案,由于车辆处于不断移动的状态,而 HUD 显示界面是投影的虚像,其可视性受到行车过程中的环境背景因素影响,同时环境光照也会影响用户看到的信息内容。为了保证界面内容的清晰程度,更好地将有效信息清晰呈现给用户,需要采用恰当的色彩,色彩需要具有较高的可视性,从而确保用户在白天、夜晚等不同环境背景下能够清晰及时地获取相关信息。此外,需要对相关信息进行精简提炼设计,用户的主要任务仍是观察路面情况,HUD 显示信息设计需要减少对用户的干扰,采用图形化等形式传递需要表达的信息能够节省有限的显示空间。

情境感知车辆人机交互界面的显示信息首先需要给人安全、稳定的视觉感受,其次才能满足其他体验层次的需求。研究表明,在平常生活中人们接收的信息约 80% 来自于视觉感官通道,听觉获取的信息约占 10%,其他三种感觉(触觉、嗅觉、味觉)获取的信息相对较少,视觉作为五感中获取信息最多的感官通道,在看的过程中人们首先感受到的是形与色的变化。在设计 HUD 显示界面的过程中,首先需从 HUD 显示信息的类型出发,关注用户的生活实际,收集关于警示提醒、信息指示方面的图片信息,而后通过分析色彩的用途和含义,提炼出后续设计需要使用的色彩,如图 8-34 所示。可以看到,警示信息、图标等内容多采用黄、红等色彩来表示,具有强烈的视觉冲击和吸引力,黄和红作为警示色彩,能够更好地吸引人们的注意力,黄色的可视性高,能够唤醒人们的危机意识,同时黄色可以反射光线,采用黄色来设计警示信息、图标等内容能够较好地营造紧张的氛围,更好地激发人体的危机意识,符合用户的认知和心理感受。

现实环境中的道路交通等指示牌多采用蓝色和绿色的色彩,城市道路交通指示信息多采用蓝底白图,在设计相关指示信息时可采用蓝色,能够较好地符合用户认知基础,设计呈现结果与用户经验相符,可以降低用户的学习成本,其一致性对于用户理解信息具有重要意义。

2) HUD 界面内容设计

考虑到车辆在行驶过程中,HUD 显示信息悬浮于路面,其背景是不断变化的,在设计过程中应采用最简单的图形和文字来表达所要展示的信息,不影响用户的主驾驶视野,关键信息的呈现促使用户将注意力保持在路面当中。系统默认的 HUD 显示信息只有车速信息,用户可以通过中控系统界面选择添加自己想要的显示内容,当用户开启导航或系统通过

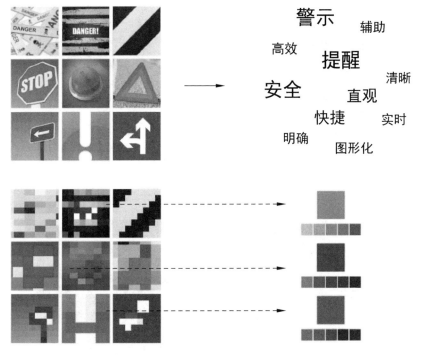

图 8-34 色彩含义分析及提炼

摄像头捕捉到限速标志时,界面会显示限速信息。

车载智能系统通过红外热感应传感器可以感知人体的热量,行人警示功能的自适应推理规则为:IF<行车时间=夜晚>AND<前 150m 以内有行人>,THEN<显示信息=前方行人警示>,表示当红外热感应传感器检测到前方路面 150m 以内有行人时,近投影面将显示行人警示信息,如图 8-35 所示,智能系统通过主动感知前方行人,为用户提供警示信息反馈,可以增强用户的预见性,为用户提供充足的应急响应处理时间,避免因忽视行人而酿成事故。车载智能系统会感知车辆的地理位置情境信息,当车辆行驶到需要转向、变更车道的位置时,导航界面会自适应地改变信息显示方式,如图 8-35 所示,当车辆行驶到接近十字路口时,将提前显示可左转的车道,为用户做出决策并提供正确引导。

智能车辆故障自诊断系统通过车内传感器对车辆状况进行实时检测,并接入 HUD 界面显示中。故障警示功能的自适应推理规则为:IF<车辆传感器=异常>,THEN<显示信息=异常警示>,以发动机机油压力故障为例,机油压力故障图标会显示在 HUD 显示界面的左上部分,及时提醒用户车辆异常状况。如图 8-36 所示,当用户开启了音乐播放,用户可以通过语音系统选择不同音乐,或者通过中控按钮进行相关播放和选择操作,HUD 显示界面右侧可显示歌曲播放列表。

当用户开启了导航功能,系统通过定位传感器实时感知车辆的地理位置情境信息,并与

图 8-35 行人警示系统

图 8-36 车况异常警示界面

GPS 定位系统进行信息交互,当车辆行驶到需要转弯或变道的路段时,近投影面内的导航信息将显示用户接下来的行车方向,包括道路缩略图、转向距离和道路名称。增强投影面通过前车摄像头获取前方道路环境情境,显示行车方向,指引箭头会与实际路况结合,导航方向指引信息仿佛印在路面当中的指示箭头,为用户提供精确的行车方向、转向信息。车载智能系统通过摄像头获取车道等环境情境信息,当车辆偏移主航道时,增强投影面将显示红色的警示信息,提醒用户偏离了车道,同时近投影面内的车道保持图案也会把相应的一侧变成红色来显示,直到驾驶者修正行车方向回归主道路之后警示信息才会消失。该功能的界面自适应推理规则为:IF<车辆偏离航道>,THEN<增强投影面显示红色警示信息>AND<近投影面车道保持图案相应一侧=红色>,如图 8-37 所示。

对于 HUD 来电信息显示,为了保证最少的视线干扰,来电优先显示名字,如图 8-38 所示,如果没有名字则显示电话号码,用户可以通过手势来完成电话接挂,用户可以用手掌往右滑动接听电话,往左滑动拒接或挂断电话。当来电信息取代了导航信息显示,增强投影面会通过箭头继续为用户提供行车方向指引。用户可以采用语音的形式唤醒系统为用户拨打电话,如用户说:"打电话给刘宇",系统通过麦克风里的传感器接收相关语音信息后就会自

图 8-37 车道偏离界面

动搜索联系人并拨打电话，这样用户可以在高速行车的状态下轻松完成接打电话的任务，同时保证了行车安全和效率。当系统通过摄像头检测到用户疲劳驾驶时，HUD 将显示警示信息，提醒用户不要疲劳驾驶，应当适当休息，通过智能感知用户当前的驾驶状态为用户提供监控，保证驾驶者行车安全。该功能的界面自适应推理规则为：IF＜驾驶员疲劳驾驶＞，THEN＜近投影面显示提醒用户休息的图标和文字＞。

HUD 警示功能，如图 8-39 所示，车辆将通过雷达主动感知前车速度和距离情境信息，会智能判断两车车距是否安全，当车距为安全距离时，增强投影面的车距提醒色彩显示为蓝色，如果车距非安全距离，则车距提醒色彩显示为黄色，且进投影面当中的车距警示图标会显示并闪烁，通过双重视觉提醒用户保持车距。

图 8-38 HUD 来电显示界面

图 8-39 HUD 车距警示界面

8.5.4 新型人机交互模式

随着社会的进步和科学技术的发展，汽车的制造工业和汽车配备的电子化科技水平也在不断提升，如今的汽车相较于早期单一功能的运载工具而言，拥有了 ECU 和车载电脑这样的电子化的大脑，毫米波雷达、激光雷达、摄像头等探测器成为汽车的眼睛。一系列的高科技硬件的配备让现在的汽车更加偏向智能化、人性化,可以更好地服务于用户。而汽车科技的发展也直接影响了汽车交互设计的新技术。

汽车人机交互(HMI)系统是信息化技术发展的产物,该系统实现了人与车之间的对话功能,就比如我们常用电脑的 Windows 一样,车主可通过该系统,轻松掌握车辆状态信息(油耗、车速、里程、当前位置、车辆保养信息等)、路况信息、定速巡航设置、蓝牙免提设置、空调及音响的设置。车内的人机交互模式场景也得到了多元化的补充,由于人脸识别和语音识别是车联网技术中着力发展的技术之一,汽车可以智能识别用户的表情、语音,从而帮用户指定最佳的路线到达目的地。车联网技术是汽车仿人智能化时代最重要的一个台阶,也是汽车人机交互智能化多元化的重要基石。

1. 面向智能座舱的新型人机交互模式

1) 显控一体化交互

网络、人工智能技术与车辆整合的信息系统(车载信息系统、车载娱乐系统等)以及大量的车载应用软件正在不断涌入车内。在这种情况下,传统车辆人机交互界面的主要特点是车内出现了一个类似平板电脑的中控屏或者是大量的物理按键和旋钮,这种情况会带来两个突出问题:第一,采用触摸屏的车辆人机交互界面,因为其反馈效果不佳,需要占用用户大部分的注意力资源,除非实现完全自动驾驶,否则其反馈的局限性会严重影响驾驶安全;第二,如果完全采用物理按键,虽然可以解决操作反馈问题,但是按键数量太多,会对车辆人机交互界面的物理空间、操作效率和外观形态产生影响。因此,智能车辆人机交互需要全新的交互模式来解决上述问题,显示控制的一体化设计和新材料与交互传感技术是目前可行的解决方案。如图 8-40 所示为新实体媒介交互方案设计图。

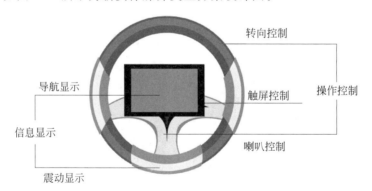

图 8-40 新实体媒介交互方案设计图

在无人驾驶(自动化级别 L3~L5)技术成熟和推广之前,传统的驾驶设备在很大程度上会得到保留。在这样的背景下,在未来智能车辆应用中,车内实体设备都有可能成为交互媒介,并被赋予全新的交互功能。另外,实体媒介交互会以物理形式呈现信息,驾驶员通过新的交互方式(如触觉交互等)在物理界面上与动态交互信息进行交互和感知。

触屏交互随着移动设备及应用的发展普及,已成为一种典型的交互形式。目前触控交互主要以触屏交互为主,即驾驶员在中控屏幕上通过手势触控操作。与机械交互不同,触屏交互没有明显的物理反馈,用户可将其在其他设备的触屏交互习惯移植复用,触控交互正在成为汽车人机交互中核心的控制模式。如奥迪汽车等实车产品中的控触屏交互(图 8-41)。

2)智能语音交互

语音交互是指人机交互过程中利用语音作为操作反馈及信息传递的方式。在汽车驾驶环境下,驾驶者的听觉资源不会引起视觉分心,而声音本身的属性也可以作为设计要素,如音调、音色等,同时声音所传达的内容及表现形式都可以作为设计的不同方式。现有汽车人机交互界面中,语音交互已经在车内开始用于驾驶辅助和驾驶导航,例如输入目的地导航系统或启动一个电话。实际产品如蔚来 NOMI 智能助手的语音交互(图 8-42)。语音交互技术是针对驾驶员与中控交互时分心导致安全问题的最佳解决方案。目前语音交互的技术壁垒在于车内场景复杂,语音场景的获取难度大。未来,语音交互将成为主要的交互方式。

图 8-41 奥迪触屏中控

图 8-42 蔚来 NOMI 智能助手

3)手势交互

手势交互是利用三维空间中的手势动作作为人机交互中信息传输的媒介,手势交互是隔空操作,对于驾驶人而言比较轻松自然,在驾驶人熟悉手势动作的情况下,也几乎不占用视觉资源。手势交互的设计需要关注手势动作的自然化,可以选用生活中通用的习惯性手势,从而使其更贴合驾驶人心智模型,减轻驾驶人的认知负担。如宝马 7 系 iDrive 系统手势交互(图 8-43)。手势交互处于拓荒期,未来将出现爆发式增长。自 2018 年以来,车载手势在汽车上的应用增长率高达 40%。手势交互技术壁垒为开发投入大、由模型推出正式产品难。

4)眼动交互

眼动交互是利用机器对人眼球动作的识别来实现交互控制的,大部分的眼动交互属

图 8-43 宝马 7 系 iDrive 系统手势交互

于无意识行为,相对于语音和手势交互,消耗更少的认知资源,因此眼动交互是人机之间实现更自然交互的潜在手段。在汽车人机交互领域,随着技术的进一步成熟,眼动即可代替手动主动输出命令,例如用眼球上下注视实现屏幕上页面的滚动操作。眼动是可以用来提供更自然的交互方式以及降低认知负荷的潜在输入方式。在眼动控制中,用户从汽车屏幕切换到真实世界的最后的视觉位置被检测,这个位置用来强调屏幕上的某个位置,同时通过这种方式来减缓用户将视线从驾驶路线偏离到显示界面。未来随着视觉交互、虹膜识别等生物识别技术的成熟,有望也应用于人机交互系统。

2. 个性化人机交互

个性化、定制化一直以来都是用户需求和设计的趋势。在智能车辆时代,传统的定制化模式已经远远不能满足用户的个性化需求。特别是在车辆共享模式成为现实的情况下,大多数用户将不是拥有车辆而是使用出行服务。因此用户在每次使用的时候,都会根据自己的需要对车辆提出个性化的诉求,这不是传统的定制车辆所能满足的。

1) 基于生物识别技术和网络大数据的个性化交互

生物识别是指通过计算机与光学、声学、生物学等领域的高科技手段(如生物传感技术等)密切结合,利用人体固有的生理特征来进行个人身份识别的技术。当人们与识别系统交互进行身份认证时,识别系统获取其生物特征并与数据库中的特征模板进行对比,以确定是否匹配,从而确定其身份。目前,指纹识别、人脸识别、声纹识别、虹膜识别、掌纹识别、签名识别、静脉识别等生物识别技术都已经取得巨大进展,并在多个领域商业运营。

在车辆领域,生物识别在智能车辆中的应用是大势所趋。Frost & Sullivan 的智能移动团队曾在《2016—2025年全球车辆行业生物识别技术》报告中预测,到2025年,近1/3的车辆会安装生物识别设备。这样的技术趋势,为基于生物识别的车辆个性化奠定了基础。

目前,不少企业所推出的量产车辆可以通过生物识别构建个性化账号,在用户每次身份认证后系统自动解锁车辆,并给用户提供个性化的专属设置。例如,2017年零跑车辆所发布的S01车辆装有人脸识别系统,具备人脸解锁、启动车辆等功能,如图8-44所示。

在生物识别的基础上,线上数据和线下生物识别的整合,将是个性化车辆最为核心的趋势。通过线上用户行为大数据和线下生物识别的信息相整合,可以构建出线上线下整合的无缝连接的个性化体验。例如百度、华为和腾讯合作推出的威马EX5,可以通过人脸识别技术输入专属于用户的威马账号,再根据威马账号记录的用户日常使用数据,包括导航路线、空调温度等,从车内环境设置到出行路线规划满足用户的个性化需求,如图8-45所示。个性化账号的使用,大大节省了用户的操作成本,营造了更为智能便捷的体验。

2) 基于生理心理感知技术的个性化交互

在生物识别的基础上,智能车辆系统可以实时获得用户的生理心理状态,从而为用户提供实时的个性化交互体验,从而实现智能车辆人机交互界面的实时个性化。例如美国佐治亚理工学院(Georgia Institute of Technology)研发的非接触式生理信息感知技术,可以在30cm 外感知用户的心率等生理指标。亚迪电子在2018年首度公开的 Hexagram 非接触式

图 8-44　零跑车辆 S01 生物钥匙　　　　图 8-45　威马个性化账号平台

生理照护系统,结合了热成像与雷达技术,能够即时监测用户的体温、呼吸与心率等。

当前,在车辆主动交互技术中,已经使用了部分生物监测和传感技术。例如,通过对驾驶员眼睑的监测,可以判断驾驶员的疲劳状态。未来智能车辆将更加全面和实时地感知用户的生理心理状态,并通过个性化反馈,保持用户的安全状态。

例如,2017 年 CES 展中,Valeo 的智能座舱利用生物识别、生物传感等技术判断用户的驾驶状态。当驾驶员昏昏欲睡时,系统通过从座舱通风口释放活力香味,唤醒驾驶员;处于正常状态时,系统将释放舒缓香味。另外,该智能座舱还可以根据需求将挡风玻璃处的灯光用作安全警示。同时展出的 HYUNDAI MOBIS 智能座舱,可以通过生物传感技术检测用户的心跳等生理信息以确定用户身体状况,并在屏幕中显示出来。当用户身体出现异常时,系统可以随时接管车辆并向医院等机构发出求助信号。

在 2018 年 CES 展中,Valeo 新的智能座舱可以根据用户的生理状态调节舱内温度。其生物传感技术和红外摄像头可以监测并获取用户与环境之间的热量交换等信息,进而判断用户的心率、呼吸率、服装类型、年龄、性别、形态等,以对座椅加热情况、空调温度和辐射面等进行微调,如图 8-46 所示。再如,2017 年 CES 展中,Honda 所推出的 NeuV 概念车搭载了名为"情绪引擎"的人工智能系统,该系统能从对话中感知用户心情,并可以基于用户的情绪进行个性化的音乐推荐,如图 8-47 所示。

图 8-46　Valeo 智能座舱　　　　图 8-47　NeuV 概念车"情绪引擎"

3. 人机介入式控制

智能车辆人机交互设计在人机控制上的方案是智能车辆系统的控制权会根据驾驶情境的需要在人和智能车辆之间转换,实现任务的接管与移交,即人机介入式控制。从人机交互的角度看,人机介入式控制包含用户介入式控制和智能车辆介入式控制两个方面。

1) 用户介入式控制

用户介入式控制是智能车辆高度自动化驾驶期间,允许用户介入现有的自动化驾驶过程的控制方式。用户可以通过介入驾驶或其他控制的形式获得"失去"的控制权。用户介入式控制提供相对开放的接口,通过用户接管智能车辆的控制权,扩大用户的自主权,保持用户的掌控感,提升驾乘体验。

特斯拉(Tesla)在2016年9月更新的车载系统中,加入了一个转向盘触控检测系统,用于监测用户是否对智能车辆进行了介入驾驶控制。同时,该系统进一步明确了用户介入驾驶控制的方式,即在智能车辆自动化驾驶模式下,当检测到道路等级、车辆速度、交通状况等发生变化,且转向盘上未监测到用户双手的触碰时,系统会通过视觉和声音警报提示用户通过转向盘介入自动驾驶。

2) 智能车辆介入式控制

智能车辆介入式控制是指智能车辆的驾驶系统能够基于对用户的多维度监测和判断,通过对以往数据和实时情境数据的分析,预测用户或车辆即将产生的行为,使智能车辆介入用户的操作,执行自动化驾驶控制。

例如,2018年Nissan的"脑-车"技术,如图8-48所示,它从驾驶员佩戴的耳机中收集脑电波,以监测和评估用户状态,并预测驾驶意图。该技术可以预先判断驾驶员何时想要转向或刹车,从而使智能车辆更早地采取这种行动,介入用户的驾驶操作。Toyota在2017年测试了一款全新的自动驾驶原型车,如图8-49所示,该原型车将机器介入式控制应用其中。这款智能车辆利用摄像头监测驾驶员的眼部和头部动作,以此来判断驾驶员的状态,当驾驶员在车内昏昏欲睡时,智能车辆就会介入执行驾驶任务,保证用户的安全。

图 8-48　Nissan"脑-车"技术

图 8-49　Toyota 自动驾驶原型车

人机介入式控制重在人机协作,而不是盲目地依赖车辆自动驾驶或人为驾驶。这种人机协作,一方面减少了智能车辆自动化系统在遇到突发情况而无法处理的状况出现;另一方面,在很大程度上降低了驾驶过程中用户由于个人生理等原因造成交通事故的概率。在智能车辆人机交互设计中首先需要考虑安全性,为用户提供更加安全的驾乘体验。

此外,驾驶情境的复杂性决定了人机介入方式的多样性。在未来的人机介入式控制中,智能车辆可以利用其智能感知技术和结构化数据,深度学习算法以及计算平台的计算力等,使得智能车辆自动化系统较好地对相关情境进行准确识别,并根据具体情境和用户的基本情况,提供多样化的人机介入式控制方式。从设计的层面上看,需要对用户数据不断采集和更新,从而在不同的情境中为用户提供最合适的交互控制方式。

4. 未来交通出行智能人机交互的发展方向

随着人工智能、互联网、云计算等技术快速发展,未来的交通出行涉及公路运输、铁路运输、航空运输、人力交通工具等不同的对象,且汽车行业参与者的背景日益复杂。这个背景下需要多领域、多专业、多部门从整个交通系统层面来重新定义车辆和交通工具设计,未来的设计对象不再是单一的汽车产品,而是人、交通工具、基础设施、城市和环境等所构成的一个整体的跨交通工具的无缝出行交通系统,跨交通工具的出行系统可以实现整个出行系统中所有基础设施和资源的整合使用,提高出行效率,实现一体化的"出行即服务"。

目前,几乎每辆汽车都可以通过自身或车内的移动设备等连接网络,智能汽车已经逐渐变成继手机以来的一个新的移动终端。汽车在多数情境下是除了家庭和办公场所以外,用户使用时间最长的个人空间,而且这个时间还在增长,在这个空间中人们不会孤立存在,而会把汽车作为一个移动终端和周边环境或网络进行信息传递与交互,智能汽车所构成的个人空间需要各类互联服务,这是未来智能汽车的发展趋势之一,具体表现为"基于位置的生活服务""基于互联服务的新汽车服务空间设计"以及"智能汽车的商业模式与服务设计"。

汽车共享分为多种模式,如汽车租赁、基于站点的汽车共享、网约车、自动驾驶出租车(Robotaxi)等。汽车共享在产业界逐渐成熟,而共享又作为交通可持续发展的核心已经成为设计的主流方式。多样化的共享模式会吸引不同行业的领军者参与共享出行服务,分时租赁将成为主流的汽车共享模式,而 Robotaxi 搭载智能座舱成为令人期待的未来出行模式。

8.5.5 多通道融合交互

多通道融合交互是将人的多个感官通道(视觉、听觉、嗅觉、触觉、味觉、躯体感觉等)融合在一起,与产品或系统产生交互行为,使得人们可以全方位、立体、综合地感知、操作和体验产品,进而形成对产品的全面认知和情感体验。从智能车辆的角度来看,多通道融合交互的应用已经成为其重要特征,成为超越视觉体验,创造全方位驾乘体验的重要因素。

1. 视觉通道是基础

在人的信息加工过程中,视觉通道的信息占据总信息量的 80% 以上。因此在未来多通道融合的人机交互系统中,视觉依然是最基础、最主要的通道。与此同时,其他通道的创新体验要素发挥积极作用,为用户带来全新的体验。例如,在对 2016—2018 年红点产品奖获奖车辆设计作品进行调研时发现,它们大部分配备了以视觉为基础的两种以上的交互通道(如听觉、触觉、嗅觉等),这充分反映了视觉仍然是多通道融合交互的主要通道,其他交互通道则在提升用户体验价值上发挥更大作用。

2. 语音交互是标配

目前,语音交互技术逐渐成熟,并且开始广泛运用在以智能家居为代表的智能产品领域。智能车辆作为承载驾驶任务的特殊智能产品,对安全性的要求极高,而语音技术的使用可以大大提高驾驶安全性,可以预见,语音交互作为非视觉通道交互的代表,将会成为智能车辆的标配。例如,在 2018 年 4 月 23 日,百度 DuerOS 和东风风神、博泰联合发布了基于 DuerOS 对话式人工智能系统的智能车机系统 WindLink 3.0,该系统可以为用户提供包括智能语音在内的智能交互功能和服务。WindLink 3.0 被认为是真正能听得懂人类复杂语言的智能车辆产品,将在未来为用户带来更加准确、实时的语音交互和体验。

3. 手势交互是瓶颈

与语音交互的快速发展相比,手势交互尚需解决驾驶场景适用性问题。作为一种自然的交互方式,手势交互可以让用户脱离实体设备的束缚,为用户提供更大范围、可以模糊操作的交互方式,能够有效减少驾驶员分心的情况发生。在仍需要驾驶员控制车辆的时代,手势交互将是未来智能车辆人机交互重要的备用技术。目前手势交互虽然在实验室环境中可以实现 90% 以上的正确识别率,但是在实际驾驶场景的成功率不高,难以达到量产应用的水平。这是因为手势交互需要解决手势识别过程中对系统的识别要求和车辆驾驶场景复杂性等问题,特别是目前机器视觉系统对车辆振动场景的不适应。

4. 触觉和嗅觉通道是新模式

1)触觉通道

触觉可以让我们的大脑感知周围环境的大量信息,如压力、温度和疼痛。它由体感系统控制,体感系统由皮肤中的触觉受体和神经末梢组成的大网络组成。警告中最常用的感觉是振动和力,通常被称为触觉信号。一般来说,与依赖触觉的驾驶员的任何互动都包含"触觉模式"。触觉模态的主要优点是它不依赖于驾驶员的视觉注意力集中在哪里。然而,问题是它需要与驾驶员进行身体接触才能感觉到信号。因此,这限制了触觉模态用于与驾驶员身体持续连接的部位:转向盘、驾驶员座椅、踏板和安全带。触觉模式用于多种 ADAS:保持速度限制(例如,当超过限速时,通过在油门踏板上提供阻力)、盲点警告(例如,通过振动与盲点中车辆位置相对应的驾驶员座椅侧面)、避免碰撞(如通过振动座椅或转向盘)、车道保持(例如,通过向相反方向的转向盘施加短暂扭矩)、导航(三维感知转向盘)等。触觉模态有许多优点,在驾驶员不知道警告含义的情况下,与听觉警告相比,振动转向盘可以提供更有效的车道偏离警告。触觉警告可以很容易实现的为方向性,这有助于驾驶员将注意力转向危险的方向。此外,触觉警告直接针对驾驶员,这意味着与视觉和听觉警告相比,触觉警告提供了更多的隐私。

需要注意的是,整个身体表面的触觉信息处理是有限的。这是因为人们无法处理在不同位置同时出现的两个或三个以上的刺激信息。因此,在尝试对可能同时发生的不同警告使用触觉模式之前,应谨慎行事。最后,由于触觉反馈可能很强,所以重要的是不要引起驾驶员烦恼。例如,如果与非常频繁的事件一起使用,可能造成不适效果。

2) 嗅觉通道

嗅觉是人的重要感知觉,可以辅助用于驾乘体验。以嗅觉为主的感官体验技术,根据驾驶场景和用户需求,向车内释放不同气味,为驾驶者打造个性化的驾乘体验。例如,在 2018 年 CES 展中,Honda Xcelerator 推出了数字气味设计,如图 8-50 所示。该设计可以推测用户性格和心情状态,并结合当时的驾驶场景,在车内释放不同的气味,利用嗅觉通道为用户创造有趣的新体验,同时构建出 Honda 的品牌体验。

嗅觉通道是未来智能车辆可能实现的全新交互方式。例如 2017 年 CES 展,Valeo 的智能座舱利用生物识别、生物传感等技术判断用户的驾驶状态,如图 8-51 所示。当驾驶员昏昏欲睡时,系统通过从座舱通风口释放活力香味,唤醒驾驶员;处于正常状态时,系统将释放舒缓香味。

图 8-50 Honda 数字气味设计

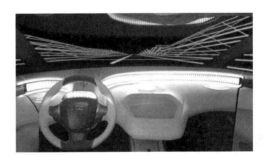

图 8-51 Valeo 智能座舱

5. 多通道融合交互是关键

多通道融合交互超越了以视觉为基础的传统设计模式(界面、光效、造型等),是未来智能车辆人机交互方案的关键。通感设计的一个核心就是超越不同的感知通道并实现其不同通道的融合。移情作为通感设计的常用方法,要求设计师站在用户的角度思考深层体验问题,做到"以人为中心"而不是"以产品为中心"进行设计,它将在多通道融合的通感交互体验设计中发挥巨大作用。例如,2015 年 Jaguar 车辆和 Land Rover 车辆开发的 Bike Sense 安全系统可以通过车内的颜色变化、声音以及振动来提醒驾驶员潜在的安全事故,避免了传统预警方式带给用户的急促感和不安心理。通过多通道融合交互的方式不仅可以提高驾驶员的反应速度,使驾驶员可以快速采取对应措施,提高驾驶安全性,还能带给用户更好的体验。

目前智能座舱和车内用户的交互方式,主要是依靠乘客触控或是通过语音识别输入,座舱将信息输出在屏幕上,未来将流行更多的交互方式,比如手势识别、生物识别、AR、脑机接口等多模态交互方式。

8.6 本章小结

交通系统的人机界面是人机之间沟通交流的重要载体和平台,主要包括显示装置和操纵装置两大部分,对于交通参与者的出行安全性、舒适性和方便性至关重要。

本章首先介绍了显示装置的类型和仪表板设计的内容。在此基础上介绍交通显示设计,主要包括交通信号灯设计、交通标志设计和交通标线设计三个方面。

本章的另外一部分是关于操纵装置及操纵装置的设计。首先介绍一般操纵装置及典型交通操纵装置,并重点介绍了典型交通工具的手控操纵装置和脚控操纵装置两大基本类型。

最后,本章深入介绍了汽车智能座舱的定义、构成、作用、系统架构及多种新型人机交互模式,体现了人机界面向着多模式、多通道和多媒介的发展趋势。

- **复习思考题**

1. 显示装置有哪些类型?
2. 指针式仪表设计原则是什么?
3. 仪表板总体设计需要考虑哪些人因工程学问题?举例说明。
4. 电动汽车仪表板的人机界面有何特点?与传统燃油汽车的主要区别是什么?
5. 举例说明信号灯的编码规则。
6. 简述交通信号灯的设计要求。
7. 简述交通标志的设计原则。
8. 简述交通标线的设计要求。
9. 操纵装置的类型和常用操纵方式有哪些?有何特点?
10. 操纵装置设计需要考虑哪些人因工程学问题?举例说明。
11. 什么是智能座舱,对比传统座舱有什么特点和新的人机交互模式?
12. 结合实际产品的人机界面,总结一下操纵装置的发展趋势是什么?

- **课后作业**

1. 调研一款交通工具的仪表部分,对其视觉效果进行综合分析评价。
2. 实地考察城市道路的交通信号灯、交通标志和标线设计,进行人因工程方面的评价分析。
3. 调研一款交通工具的操控装置,对其人因性能进行综合分析评价。
4. 调研一款汽车智能座舱,分析它包含的人机交互新模式及功能特点。

第9章 交通事故人因分析

内容提要

人机系统已向高度精密、复杂和快速化发展,而这种系统的失效将可能产生重大损失和严重后果。交通事故产生的原因是多方面的,实践表明系统的事故绝大多数是由人因失误造成的。交通事故安全分析是从安全的角度对人-机-环境系统中的危险因素进行分析,通过揭示可能导致系统故障或事故的各种因素及其相互关系来查明系统中的危险源,以便采取措施消除或控制它们。因此,交通人因工程主要研究人因失误导致事故的分析,找出导致人因失误的各种因素,并重现事故场景,通过主观和客观因素的相互补充和协调,以改进人-机-环境系统,克服不安全因素,搞好人机系统安全管理工作。本章主要介绍各类交通事故及其影响因素,并详述事故致因分析理论及事故场景重建方法等内容。

知识结构

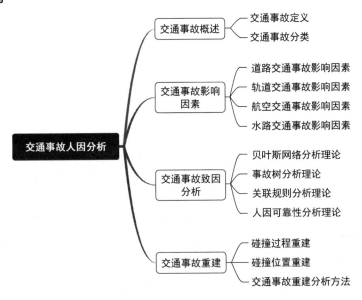

9.1 交通事故概述

9.1.1 交通事故定义

1. 道路交通事故定义

对于道路交通事故的定义,各个国家有各自不同的理解。

美国国家安全委员会认为:交通事故是在道路上所发生的意料不到的有害或危险事件。这些有害或危险事件妨碍着交通行为的完成,其原因常常是不安全的行动或不安全的因素,或者是两者的结合。

日本对交通事故的定义是:由于车辆在交通中所引起的人的伤亡或物品的损坏,在道路法中称为交通事故。

根据我国2011年4月22日颁布的《中华人民共和国道路交通安全法》中第119条规定:

(1)"道路",是指公路、城市道路和虽在单位管辖范围但允许社会机动车通行的地方,包括广场、公共停车场等用于公众通行的场所。

(2)"车辆",是指机动车和非机动车。

(3)"机动车",是指以动力装置驱动或者牵引,上道路行驶的供人员乘用或者用于运送物品以及进行工程专项作业的轮式车辆。

(4)"非机动车",是指以人力或者畜力驱动,上道路行驶的交通工具,以及虽有动力装置驱动但设计最高时速、空车质量、外形尺寸符合有关国家标准的残疾人机动轮椅车、电动自行车等交通工具。

(5)"交通事故",是指车辆在道路上因过错或者意外造成的人身伤亡或者财产损失的事件。

道路交通事故不仅可以是由于特定的人员违反交通管理法规造成的,也可以是由意外造成的,如由地震、台风、山洪、雷击等不可抗拒自然灾害所造成的。

2. 轨道交通事故定义

按照铁道部《铁路行车事故处理规则》规定:凡因违反规章制度,违反劳动纪律,技术设备不良及其他原因,在行车工作中造成人员伤亡、设备损坏、经济损失,影响正常行车或危及行车安全的,均构成行车事故。

铁路行车工作包括列车在车站到达、出发、通过、区间运行、调车作业等,因此,铁路行车事故分为列车(含旅客列车和其他列车)事故和调车作业事故两类。列车事故指的是铁路列车(包含旅客列车和其他列车)在线路或车站运行中发生脱轨、冲突、颠覆、爆炸、火灾以及列车运行中与行人、牲畜、机动车、非机动车或其他障碍物发生碰撞导致晚点的事故,是在线路或车站运行中发生的事故,牵扯和影响面相对较大,危害也较大。而调车作业事故指的是在车站进行调车作业时发生的事故,如溜逸、脱轨等,牵扯面相对较窄。

3. 航空交通事故定义

国际民用航空组织将飞行事故划分为失事和事故两类。失事指造成人员伤亡、飞机受到破坏或失踪(包括处于完全不能接近的地方)等后果的事件。事故指没达到失事的严重程度,但直接威胁飞机安全操作和使用的事件。

1944 年《芝加哥公约》附件 13 规定,航空器事故是指在登上航空器准备飞行直至所有这类人员下了航空器为止的时间内发生的与该航空器运行有关的下列之一的事件:①凡任何人在航空器内伤亡;或者与航空器或者其部件直接接触时伤亡;或者直接受航空器尾流影响而伤亡;②航空器本身受到重大损坏或者结构性破坏;③航空器失踪或处于完全不能接近的地方。《芝加哥公约》附件 13 规定的"航空器事故"实际上是指民用航空器飞行事故。

根据我国《民用航空器事故和飞行事故征候调查规定》中的术语定义:民用航空器事故,是指民用航空器飞行事故和民用航空地面事故。民用航空器飞行事故,是指民用航空器在运行过程中发生的人员伤亡、航空器损坏的事件。民用航空地面事故,是指在机场活动区内发生航空器、车辆、设备、设施损坏,造成直接经济损失人民币 30 万元以上或导致人员重伤、死亡的事件。

4. 水上交通事故定义

水上交通事故是指船舶在水上因过错或意外造成的人身伤亡、财产损失或环境损害的事件。船舶交通事故是与船舶在水域内的航行运动和交通行为有关的事故,并具备以下几个特性:

(1) 造成事件产生的主体为船舶或浮动设施;

(2) 船舶交通事故的起因与船舶操作有关,例如碰撞、搁浅、触礁、触损;

(3) 引起人身伤亡和财产损失。

因此,船舶交通事故主要表现为船舶在内河通航水域或海上的航行、停泊、作业过程中,由于发生碰撞、触碰、触礁,而引起的水域环境污染,财产损失,人身伤亡等事件。而与船舶运动和行为无关的事故,如单纯的机损、货损等事故等因为不具有碰撞、触礁等类似表现形式,所以并不属于船舶交通事故。

9.1.2 交通事故分类

1. 道路交通事故分类

在分析研究和处理道路交通事故时,如何对道路交通事故进行分类是十分重要的。对道路交通事故进行分类的目的主要是满足道路交通事故统计和处理工作。概括起来,道路交通事故主要有以下 4 种分类方法。

1) 道路交通事故按责任对象分类

按照事故主要责任对象不同,道路交通事故可分为机动车事故、非机动车事故、行人事故、乘车人事故。如果双方负同等责任,则按相对交通强者一方定事故。

(1) 机动车事故。机动车事故又可分为汽车事故、摩托车事故、电车事故、拖拉机事故、汽车列车事故、专用机械事故、农用运输车事故等,是指在事故中,当事方为机动车负主要责任的事故。但在机动车与非机动车对行人发生的事故中,机动车负同等责任的,也应视为机动车事故,因为在道路上行驶,机动车相对而言被视为强者。

(2) 非机动车事故。非机动车事故又可分为人力车事故、畜力车事故、自行车事故等,是指在事故中,当事方为非机动车负主要责任的事故。在非机动车与行人发生的事故中,非机动车负同等责任的,应视为非机动车事故,因为在道路上行驶,非机动车相对而言被视为强者。

(3) 行人事故,是指行人负主要责任的事故。

(4) 乘车人事故,是指乘车人负主要责任的事故。

2) 道路交通事故按后果分类

根据道路交通事故造成的损害后果,道路交通事故可分为轻微事故、一般事故、重大事故和特大事故4种:

(1) 轻微事故,是指一次造成轻伤1～2人,或者财产损失机动车事故不足200元,非机动车事故不足100元的事故。

(2) 一般事故,是指一次交通事故造成重伤1～2人或轻伤3人及3人以上;或直接经济损失在30000元以下的事故。

(3) 重大事故,是指一次交通事故造成死亡1～2人或重伤3～10人;或直接经济损失折款30000～60000元;或虽未造成人员伤亡,但危及首长、外宾、著名人士的安全,政治影响很坏的事故。

(4) 特大事故,是指一次交通事故造成死亡3人或3人以上;或重伤11人以上;或死亡1人,同时重伤8人以上或死亡2人,同时重伤5人以上;或者直接经济损失折款在60000元以上的事故。

重伤主要是指下列情况:使人肢体残废或者毁人容貌的;使人丧失听觉、视觉或者其他器官功能的;其他对人身健康有重大伤害的。具体重伤的确定按司法部、公安部、最高人民法院、最高人民检察院发布的《人体重伤鉴定标准》执行。

轻伤指表皮挫裂、皮下溢血、轻度脑震荡等情况,具体按司法部、公安部、最高人民法院、最高人民检察院发布的《人体轻伤鉴定标准》执行。

财产损失是指交通事故造成的车辆、财产直接损失折款,不含现场抢救(险)、人身伤亡善后处理的费用,也不含停工、停产、停业等所造成的财产间接损失。

在事故处理中,死亡不以事故发生后7天内死亡的为限;重伤、轻伤同样按上述标准确定;财产损失,还应包括现场抢救(险)、人身伤亡善后处理的费用,但不包括停工、停产、停业等所造成的财产间接损失。这里的事故处理是指对事故责任者的刑事或行政处罚、损害赔偿和收取事故处理费。

3) 道路交通事故按事故原因分类

道路交通事故按事故原因可分为主观原因和客观原因两类事故。

主观原因类,是指造成道路交通事故的当事人本身内在的因素,即主观故意或过失。可分为违反规定、疏忽大意、操作不当3类。

(1) 违反规定,是指当事人出于思想方面的原因,不按交通法规和其他交通安全规定行驶或行走,致使正常的道路交通秩序紊乱,发生事故。如酒后开车、非驾驶员开车、倒向行驶、争道抢行、故意不让、违章超车、违章装载、非机动车走快车道、行人不走人行道等原因造成的交通事故。

(2) 疏忽大意,是指当事人由于心理或生理方面的原因,没有正确地观察和判断外界事物而造成的失误。如心理烦恼、情绪急躁、身体疲劳都可能造成精力分散,反应迟钝,表现出考虑不周、措施不及时或措施不当;也有的当事人凭主观想象判断事物,或过高地估计自己的技术,过分自信,引起行为不当而造成事故。

(3) 操作不当,是指驾驶车辆的人员技术生疏,经验不足,对车辆、道路路况不熟悉,遇到突发情况惊慌失措,发生操作错误。如有的机动车驾驶员制动时误踩加速踏板和有的骑自行车人遇到紧急情况不能停车而造成的事故。

从道路交通事故发生的具体情况看,一般地讲原因往往不是单一的,而是多个原因促成的,但绝大部分都是当事人主观原因造成的。

客观原因类,是指由于道路条件、环境不利于车辆行驶和车辆故障而造成的交通事故。道路条件、环境如由于风、雨、雾天或阴天视线不清、道路狭窄、弯道影响视线、施工堆放物影响、路面积水、积冰雪、路面凸凹不平、路边土质松散、转弯半径小、道路坡度大等。车辆故障如制动不灵、转向故障、轮胎爆破、轴折断、汽车熄火、灯光失灵等。

这类事故虽然发生的比例相对因驾驶人员主观原因所造成的事故少,但目前由于对客观条件和因素分析测试的手段不齐备,因而在事故处理分析中往往容易被事故处理部门和人员忽视。

4) 道路交通事故按事故形态分类

道路交通事故按照事故形态的不同可分为碰撞、刮擦、碾压、翻车、坠车、失火和其他等7种。

(1) 碰撞,是指交通强者的正面部分与他方接触的事故形态。按照碰撞双方的性质不同碰撞又可分为机动车与机动车、机动车与非机动车、非机动车与非机动车、机动车与固定物、非机动车与固定物、机动车与人、非机动车与人等的碰撞。

车与车碰撞分为正面碰撞、侧面碰撞、尾随碰撞。正面碰撞是指相向行驶的车辆正前(含前部左右两角)碰撞。侧面碰撞是指车辆的接触部分有一方是车辆侧面的碰撞。尾随碰撞是指同车道同方向行驶的车辆,尾随车辆的前部与前车尾部的碰撞。

(2) 刮擦,是指交通强者的侧面部分与他方接触的事故形态。刮擦也可分为机动车与机动车、机动车与非机动车、非机动车与非机动车、机动车与固定物、非机动车与固定物、机动车与人、非机动车与人等的刮擦。车与车刮擦分为同向刮擦和对向刮擦。同向刮擦是指同向行驶的车辆在后车超越前车时发生的两车侧面刮擦。对向刮擦是指相向行驶的车辆在会车时发生的两车侧面刮擦。

（3）碾压，是指交通强者对弱者的推碾或压过的事故形态。在碾压之前，一般有碰撞或刮擦现象。

（4）翻车，是指车辆在行驶中，因受侧向力的作用，使一部分或全部车轮悬空，车身着地的事故形态。翻车分为侧翻、仰翻和滚翻。车身的侧面着地，车轮朝向侧面的形态称为侧翻；车身的顶面着地，车轮朝上的形态称为仰翻；滚翻是一种特殊的翻车形态，是指车身横向翻转角度为360°或360°以上的翻车形态，最后的状态可能是侧翻或者仰翻，侧面或顶面与地面接触。翻车可能由碰撞或其他原因引起，但只要出现了翻车现象，即可认为是翻车。

（5）坠车，是指车辆整体脱离路面，经过一个落体的过程，落于路面高度以下地点的事故形态。坠车与翻车的区别是坠车有一个离开地面的落体过程。

（6）失火，是指车辆在行驶过程中，由于意外原因引起失火的事故形态。

（7）其他，是指除碰撞、刮擦、碾压、翻车、坠车、失火以外的事故形态。

2. 轨道交通事故分类

依据《铁路交通事故应急救援和调查处理条例》，对于铁路交通事故等级的划分主要根据事故造成的人员伤亡、直接经济损失、列车脱轨辆数、中断铁路行车时间等情形，将事故等级分为特别重大事故、重大事故、较大事故和一般事故。

（1）有下列情形之一的，为特别重大事故：

① 造成30人以上死亡，或者100人以上重伤（包括急性工业中毒，下同），或者1亿元以上直接经济损失的；

② 繁忙干线客运列车脱轨18辆以上并中断铁路行车48h以上的；

③ 繁忙干线货运列车脱轨60辆以上并中断铁路行车48h以上的。

（2）有下列情形之一的，为重大事故：

① 造成10人以上30人以下死亡，或者50人以上100人以下重伤，或者5000万元以上1亿元以下直接经济损失的；

② 客运列车脱轨18辆以上的；

③ 货运列车脱轨60辆以上的；

④ 客运列车脱轨2辆以上18辆以下，并中断繁忙干线铁路行车24h以上或者中断其他线路铁路行车48h以上的；

⑤ 货运列车脱轨6辆以上60辆以下，并中断繁忙干线铁路行车24h以上或者中断其他线路铁路行车48h以上的。

（3）有下列情形之一的，为较大事故：

① 造成3人以上10人以下死亡，或者10人以上50人以下重伤，或者1000万元以上5000万元以下直接经济损失的；

② 客运列车脱轨 2 辆以上 18 辆以下的；

③ 货运列车脱轨 6 辆以上 60 辆以下的；

④ 中断繁忙干线铁路行车 6h 以上的；

⑤ 中断其他线路铁路行车 10h 以上的。

(4) 造成 3 人以下死亡，或者 10 人以下重伤，或者 1000 万元以下直接经济损失的，为一般事故。

除前款规定外，国务院铁路主管部门可以对一般事故的其他情形做出补充规定。

所称的"以上"包括本数，所称的"以下"不包括本数。

3. 航空交通事故分类

《中华人民共和国国家标准民用航空器飞行事故等级》将飞行事故分为特别重大飞行事故、重大飞行事故和一般飞行事故 3 个等级。

1) 特别重大飞行事故

凡属下列情况之一者为特别重大飞行事故：①人员死亡，死亡人数在 40 人及其以上者；②航空器失踪，机上人员在 40 人及其以上者。

2) 重大飞行事故

凡属下列情况之一者为重大飞行事故：①人员死亡，死亡人数在 39 人及其以下者；②航空器严重损坏或迫降在无法运出的地方（最大起飞重量 5.7t 及其以下的航空器除外）；③航空器失踪，机上人员在 39 人及其以下者。

3) 一般飞行事故

凡属下列情况之一者为一般飞行事故：①人员重伤，重伤人数在 10 人及其以上者；②最大起飞重量 5.7t（含）以下的航空器严重损坏，或迫降在无法运出的地方；③最大起飞重量 5.7~50t（含）的航空器一般损坏，其修复费用超过事故当时同型或同类可比新航空器价格的 10%（含）者；④最大起飞重量 50t 以上的航空器一般损坏，其修复费用超过事故当时同型或同类可比新航空器价格的 5%（含）者。

应当注意，航空器运行过程中发生相撞，不论损失架数多少，一律按一次飞行事故计算。事故等级按人员伤亡总数和航空器损坏最严重者确定。

以上飞行事故等级是根据人员伤亡情况以及对航空器损坏程度确定的，但由于各种原因，自己或他人造成的伤亡或藏在通常供旅客和机组使用范围之外偷乘航空器而造成的伤亡除外。

4. 水路交通事故分类

在国际范围内，各国海事机构对海上交通事故的分类各不相同，IMO 海安会第 953 号通函将海上交通事故分为碰撞、搁浅、触碰、火灾或爆炸、船舶或设备损坏、船体损坏、机械故障、倾斜或倾覆、自然灾害以及其他等 10 个类别。我国交通部将海上交通事故划分为碰撞、搁浅、触礁、火灾或爆炸、浪损、触损、风灾、自沉及其他引发人员伤亡或者财产损失的水上交通事故。

根据我国船舶交通事故统计规则,船舶交通事故指船舶在航行、停泊、作业过程中发生的造成人员伤亡、财产损失、水域环境污染损害的意外事件,包括:

(1) 碰撞事故:船舶与船舶之间(包括两船之间、三船之间等)、船舶与水上浮动设施之间由于避让不及或避让不当造成的相互碰撞;

(2) 搁浅事故:船舶在航行过程中经过浅水区时由于水深不足而搁置在浅滩上造成停航或损坏;

(3) 触礁事故:船舶触碰或搁置在礁石上;

(4) 触碰事故:船舶触碰岸壁码头、航标、桥墩、钻井平台等固定物或沉船、沉物、木桩和鱼栅等障碍物使得船体受损无法正常航行等;

(5) 浪损事故:船舶余浪冲击其他船舶排筏和设施等造成损失;

(6) 风灾事故:船舶遭受强风袭击造成的;

(7) 火灾爆炸事故:船舶遭受雷电、爆炸和火烧造成的;

(8) 其他事故:船舶因超载、积载或装载不当、操作不当、船体漏水等原因或者不明原因造成船舶沉没、倾覆、全损事故及其他不属于上述原因造成的船舶沉没损坏或船员旅客伤亡的事故等。

9.2 交通事故影响因素

交通系统各要素之间相互作用,事故的发生可能是由其中某一种因素造成的,也可能是多种因素共同引起的。随着时代的发展,我们的出行变得越来越便利的同时,也带来了越发严重的交通安全事故。交通事故发生的原因是多元化和复杂化的,分析事故发生的原因,找到事故发生的内在规律,对交通部门进行交通安全管理的改进和提高民众的出行安全具有重大意义。

9.2.1 道路交通事故影响因素

交通事故的发生往往受两个或两个以上因素共同影响,并且每个因素对事故发生的影响程度各不相同,这就导致交通事故的发生存在着很大的随机性。影响道路交通事故发生的因素可概括为人员因素、车辆因素、道路因素及环境因素,不同因素间相互联系、相互作用。

1. 人员因素对道路交通事故影响分析

道路交通事故中,人是引发事故的首要因素。国外研究表明,在影响交通安全的各种因素中,人的不安全行为占80%~85%。人是交通安全的核心主体,包括机动车驾驶员、非机动车驾驶员等,而相较于非机动车驾驶员而言,机动车驾驶员属于交通强者。

1) 机动车驾驶员因素

机动车驾驶员引发事故的因素包含不良状态与不当行为两大类,如图9-1所示。这些因素会直接或间接地影响行车安全。

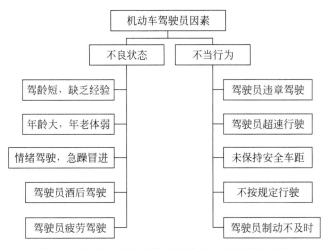

图 9-1　机动车驾驶员的不良状态与不当行为因素

(1) 不良驾驶状态。

驾龄是按照驾驶人获取驾照的时间开始计算的,目前驾驶人考取驾照的时间越来越早,但却没有进行实际驾驶操作,因此处于低驾龄段的事故率比较低,而驾龄段处于 6～14 年的事故率非常高。驾龄大于 15 年的驾驶人由于自认为驾驶技术熟练而产生心理上懈怠,事故率也极高。

驾驶员的年龄虽然不会直接影响驾驶安全,但高龄驾驶员的身体机能会大幅下降,主要表现在视觉清晰度、反应灵敏度、速度估计准确度等方面。随着年龄增长,驾驶员知觉能力、判断能力、操作能力会有所下降,这是为什么年满 70 周岁的机动车驾驶员需每年提交身体条件证明的原因。

酒后驾驶。饮酒后,驾驶员的中枢神经异常,从而导致思维能力下降、认识范围变窄、处理信息的能力降低,并且驾驶员的操纵特性会被严重干扰和破坏,表现在视觉机能受损,难以发现视野边缘处的危险隐患,触觉反应迟钝,无法正确判断行车距离及行车速度等方面。

疲劳驾驶。驾驶过程需要驾驶员集中注意力,频繁地针对道路交通信息采取相应措施,此时驾驶员处于神经系统紧绷状态。长时间的紧绷状态会导致肌肉的收缩能力下降,神经的反射速度也相应变缓,使得驾驶员不能及时和准确地做出驾驶相关动作,甚至出现与思维相反的动作行为,从而导致事故的发生。

(2) 不当驾驶行为。

"交通事故登记表"中的事故原因中,属于机动车驾驶员"违法驾驶"的有 16 项,包括酒后驾驶、情绪驾驶、违章掉头、违法超车、疲劳驾驶、违法变道、违反交通信号等,在具体事故分析中可参照公安部的"交通事故登记表"。违法驾驶大多源于机动车驾驶员交通法治意识差、交规意识淡薄,轻视交通标志的警示作用。

2）非机动车驾驶员因素

非机动车驾驶员引发交通事故的行为主要有：占用机动车道行驶、未戴安全头盔、违反交通信号、突然猛拐、横穿马路等。

非机动车驾驶员的心理特征也与交通事故的发生有着密切联系，表现在以下几点：

（1）超越心理。非机动车为了以最快的速度到达终点，通常会频繁超车，而这种频繁超车的行为会导致交通系统出现拥挤、堵塞等后果。

（2）抢行心理。非机动车轻巧灵便，这对人们在一定时间赶到目的地极为有利，所以一般骑车人都有骑车抢时间、争先恐后的心理。

（3）排他心理。排他心理表现的地方比较多，比如明知必须遵守却不遵守，或者骑行过程中带人、带重物、双手离把、扶肩并行、互相追逐等。

（4）麻痹心理。非机动车出行者在粗心大意或者自我认知良好的心理诱导下，会无意识地骑行。一旦突发紧急情况，不能及时反应从而导致事故发生。

3）行人及乘车人因素

行人的不当行为主要有违规穿越机动车道、违反交通信号、违法翻越隔离设施、不走斑马线等，而这大多是由于行人交规意识淡薄、自我保护意识差引起的；乘车人方面，主要表现在上车时乘客之间互相推搡、行车过程中干扰驾驶员操作或将身体部位探出窗外、下车后未及时观察交通环境等。出现这种状况是由于他们法规意识淡薄，自我保护意识差，从而使自身陷入不安全状态，所以应当进一步加强安全意识的宣传教育。

2. 车辆因素对道路交通事故影响分析

车辆是道路交通系统的重要组成元素，与交通安全有着密切的联系，轮胎、安全带、驾驶视野、车体吸能区等装置对行车安全也具有重要作用。据国外统计，在因车辆因素而导致受伤甚至死亡的事故中，由于车辆轮胎因素引发的占20%；车辆在驾驶过程中若没有良好的视野，要想保证其安全行驶是不可能的；而一旦发生交通事故，车辆往往在极短时间内由高速运动状态变为静止状态，巨大的惯性使得驾驶员无法自控，而安全带可以限制驾驶员向前移动的距离，防止驾驶员受到二次伤害，对驾驶员的头部、面部、腹部都有明显作用。影响道路交通事故发生的车辆因素如图9-2所示。

3. 道路因素对道路交通事故影响分析

影响交通事故发生的道路因素主要包含道路几何线形、路口路段设置、路面状况以及交通设计这4项，具体影响因素如图9-3所示。

几何线形因素包括平面线形、纵断线形、横断线形、线形组合以及视距等。道路的几何特征占据重要地位，其影响要素主要包括曲线长度、曲线半径、缓和曲线、直线段长度、线形的连续性以及平面线形与地形的适应性等。纵断线形包括纵坡度、纵坡长度、竖曲线半径等；横断线形包括断面形式、行车道宽度、中央分隔带、车道加宽、车道超高以及边坡坡沟等；线形组合包括平纵线形的配合、平曲线与竖曲线的组合等。其他道路因素还包括一些

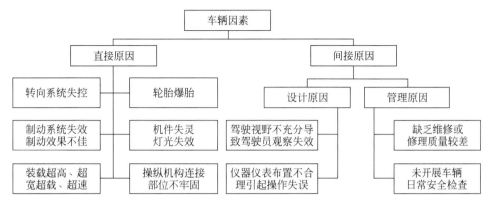

图 9-2 影响道路交通事故发生的车辆因素

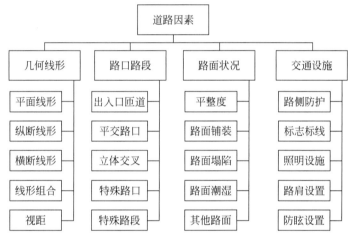

图 9-3 影响道路交通事故发生的道路因素

特殊路段构造物,如路线交叉、桥梁、隧道等,以及路面状况和交通设施等。

1) 道路几何线形

合理的道路几何线形能够提高驾驶员的舒适度,减少道路交通事故的发生,而不合理的道路线形组合将会影响车辆行驶的安全性,为事故的发生埋下隐患。道路的几何线形包括平面线形、纵断线形、横断线形等,下面对部分几何线形进行详细阐述。

(1) 直线线形。

直线路段长度过长,会使驾驶员因景观单一而产生疲劳感,若遇到突发状况,就来不及给出正确反应从而导致事故发生。并且直线路段过长会使人产生焦躁心理从而急速行驶,致使车辆在进入直线路段末端后的曲线部分速度仍较高,若遇弯道超高不足,往往导致倾覆或其他类型的交通事故。然而,直线路段也不可过短,过短的直线路段会使驾驶员频繁进行转弯操作,容易给驾驶员造成紧张情绪。因此,合理有效的道路线形设计对道路交通建设有着长远的作用。

(2) 竖曲线线形。

竖曲线是在纵坡转折处平衡凹曲线冲击和凸曲线视距间的缓冲曲线,包含凸曲线和凹曲线两种。一般来说,凸曲线路段的事故率要比水平路段高,因为凸曲线路段的视距受限。而凹曲线受照明和跨线结构物的干扰比较严重,并且凹曲线上方的跨线结构物往往会造成视距障碍,从而形成安全隐患。

(3) 视距。

视距主要包括驾驶员发现前方有障碍物就要在其前面停住车(停车视距)、前方来车需要错开行驶(会车视距)、两车道上因需要超越其他车辆而跨越到另一车道上行驶(超车视距)这三种情况。国外研究行车视距与交通事故率的关系发现,事故率与行车视距呈现出负相关趋势,而当行车视距大于 600m 时,事故率降幅趋于缓慢并不再变化。

(4) 线形组合。

道路线形组合要考虑驾驶员的行车特性及环境、线形之间的关系,使道路线形能够顺畅平缓,为安全行驶创造良好的条件,对道路上的行车安全具有重大影响。道路线形组合主要包括平面线形组合、纵断面线形组合和平纵线形组合等。在道路进行平面线形设计时,直线与平曲线的组合一般是在长直线的末尾段衔接半径大的平曲线,这样可以使车辆在行驶时更加平顺,给予驾驶员充分的操作时间。但在平原与山岭区的交界地带,由于地形条件的限制,常常会使用长直线和小半径曲线的组合。车辆在长直线上行驶一段时间后,受到适应性的影响,驾驶员对速度的感知会变得迟钝,实际的车速会高于主观感觉上的车速,对弯道行驶十分不利。车辆以这样的状态进入弯道,转向难度会提升,容易发生侧滑。如果是超载车辆,在弯道速度急速下降,使得不同车辆有较大的速度差,易导致追尾事故。

平面直线与纵断面直线这两种线形组合使用时,车辆在行驶过程中景色变化很小,线形单调枯燥,容易使驾驶员产生疲劳感,迫切想要走完而频繁超车,特别是长直线和陡坡衔接段,这两种线形都会使得车速增大,线形设计时应尽量避免这种情况。但如果路段上交通错综复杂,则这种线形组合就可以采用。

平面直线与竖曲线组合,在一定长度的直线线形上进行一次变坡可以使线形不会显得生硬呆板,给予司机良好的视觉印象,提高舒适性。但如果短距离内多次变坡会破坏线形的连贯性,中断驾驶员的视线,并且一旦出现突发情况,比如有其他车辆从侧面驶入,此时会使驾驶员心理紧张而操作不及时。

2) 路口路段设置

路口路段中的道路交叉口主要分为平面交叉口与立体交叉口。平面交叉口处交通量大,不同方向的车流汇聚于此,使得车辆之间、车辆与行人之间互相干扰,导致事故率增加;立体交叉口事故与匝道交通量及其主线交通量之比有密切联系,表现为主线碰撞事故、车辆失控、车辆碰撞固定物等情形。

3）道路路面状况

道路路面状况包括路面的平整度和路面的抗滑性。路面的平整度是衡量路表质量的重要评价标准；路面的抗滑性主要指路面提供给车辆的附着力,由抗滑系数决定,系数越大抗滑力越强。抗滑系数又称作路面摩擦系数,摩擦系数越大,抗滑性能越好,但过大的粗糙度会使车辆行驶阻力增大、耗油量增加、车速降低且舒适性差,甚至发生转向偏移等不安全行为。

4）道路交通设施

交通设施包括设置于路旁或车行道上方的道路标志、嵌画于路面上的路面标线以及道路照明系统。其中道路照明质量是在人的视觉要求条件下确定其相应的技术标准,水平路段、交叉路口等道路工程设施在夜间下均需要借助道路照明来对交通起作用。

4. 环境因素对道路交通事故影响分析

道路交通环境因素可以分为两大类：一类是道路交通系统中的自然环境,另一类是为了使道路更加顺畅、安全而人为创造的环境(图9-4)。

1）自然环境因素

（1）气候条件。

气候条件与交通安全有着密切的联系,恶劣的天气会使道路路面摩擦系数下降、驾驶员视线受阻、驾驶员产生紧张感,极易导致事故的发生。因此,分析气候条件与行车安全的关系可以有效减少交通事故。在阴天天气条件下,人的心理活动会产生波动,因而发生道路交通事故的次数也相应的会很高。雨雪天气下,路面摩擦系数降低,车辆打滑极易导致道路交通事故；雾天能见度低,受视距影响,会更易引发车辆追尾事故。

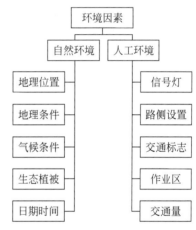

图9-4 影响交通事故发生的环境因素

（2）日期时间。

道路交通事故受气候、环境等因素影响,它在一年和一周中的分布规律各不相同。

夏季和冬季是事故高发季节,这可能与夏冬两季的气候条件相关。夏季高温天气较多,且气候变化频繁,经常降雨。高温情况下驾驶员容易出现烦躁情绪,频繁降水不仅对驾驶员视野产生严重干扰,还导致路面湿滑,增加了车辆制动距离。冬季气温偏低,公路上容易出现大雾,不利于行车安全。一旦发生降雪,更是会给驾驶安全带来极大威胁,发生事故的可能性较高。

研究表明,周一、周五和周日发生的事故所占比例较大,并在周五达到峰值,周三最小。这可能由于人们通常在周一对新的一周期待很高,着急上班希望有一个好的开始,而在周五又期待着尽快回家享受娱乐休息时光。这使得在驾驶途中比较浮躁,往往采取激进的、冒险的驾驶行为,从而加大事故发生概率。周日为非工作日,大多数人选择在周末出行远游,公路上车流密集,占有率升高,服务水平大打折扣,驾驶安全可靠性降低。

2) 人工环境因素

(1) 作业区。

道路作业区是指在道路交通事故处理和道路养护维修过程中临时关闭一个或几个车道形成的一段禁行区域,是为了对事故责任认定以及事故现场勘查而设置的区域,由警告区域、过渡区域、缓冲区域等部分组成。不过,占用道路空间会使车道减少或者车道变窄,造成道路环境改变,若此时发生事故,驾驶员缓冲区域不足,会因措手不及而导致事故发生的可能性大大增加。

(2) 交通量。

交通量不仅影响着车辆行驶,还严重影响着驾驶员的心理。交通量太大,导致道路交通堵塞,致使驾驶员因车辆停滞不前而心情暴躁,从而导致事故发生。而在交通量很小时,驾驶员会因高速行驶、冒险行车而引发道路交通事故。所以驾驶员在行车过程中应保持良好的心态,安全驾驶、遇堵不躁,避免事故发生。

9.2.2 轨道交通事故影响因素

在轨道交通运营过程中,由人误行为导致的人因事件种类有很多,而人误行为的产生受到周边环境的变化、设备的不安全状态、作业人员自身状态、班组成员之间的失误以及组织管理的缺陷的影响,且它们之间相互关联,如图9-5所示。

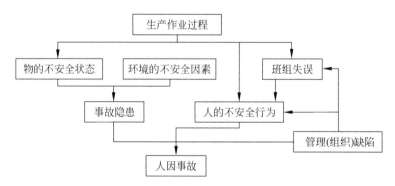

图9-5 轨道交通人因事故致因原理

(1) 环境因素。自然环境的变化会引起作业人员一系列的不良心态,强风、雷电、暴雨、冰雪、地震等恶劣的天气环境同时也会影响到轨道交通的工作环境。轨道交通本身工作空间相对狭小封闭、人员密度较高,不良天气可能会加重这种特殊性,从而导致突发大客流、人员踩踏等事故发生,而倘若城市轨道交通系统通风排烟系统性能较差、采光照明不良、排水设计及防水效果较差以及班组成员之间的关系不融洽也会造成人因事故的发生。

(2) 设备因素。轨道交通基础设施设备的状态对人因事故有很大影响,设备的维修与养护是至关重要的,而在这期间,设备若突发故障,可能会造成作业人员错过事故预警,或发现预警信号,但由于事件突发而造成心理紧张,从而导致不安全行为发生。若检修人员没有发现设备的潜在隐患,将加剧设备突发事故的情况发生。且设备自身固有的危险源是随着生产过程而产生的,并受作业方式、作业时间、技术条件等因素的影响。

(3) 人为因素。轨道交通系统中,人是人机系统中唯一具有能动性的主体,人(工作人员与乘客)的不安全行为是造成人因事故的诱发条件。人的不安全行为可能会引发设备故障、组织管理上存在缺陷、班组成员之间的合作问题,这些都有可能成为事故隐患。

(4) 班组因素。轨道交通系统中一项作业的完成通常是由班组成员集体完成,那么班组成员的合作质量对作业的高效、准确完成具有很大的影响,倘若班组成员之间气氛不融洽、缺乏相互理解、沟通以及监督,将直接影响到作业进程,甚至产生错误流程,从而引发人因事故。

(5) 组织管理因素。组织管理存在缺陷可能会导致班组之间不协调、人员专业素养不足、作业技能缺乏,将会间接导致人因事故发生。轨道交通系统管理缺陷主要有:技能培训不足、安全教育不充分、设备维护管理不到位、组织机构设置不当、任务或时间(白班、夜班分配不合理)分配不完善等。

9.2.3 航空交通事故影响因素

HFACS 模型是在瑞士奶酪模型基础上,由联邦航空局提出的,该模型最早应用于航空领域,是航空事故调查中被广泛接受的人因分类工具和事故分析模型,如图 9-6 所示。HFACS 模型定义了 4 个事故原因失效层级和 19 个致因类别,其中不安全行为是显性失效层级,此层级中的技能差错、决策差错、知觉差错、习惯性违规和偶然性违规会直接导致事故发生。不安全行为的前提条件、不安全的监督和组织影响这 3 个层级会致使不安全行为产生,最终引发事故。

为了更好地说明 HFACS 模型中每个节点的具体意义,下面将描述各个人为因素节点的来源和详细解释。

1. 不安全行为

(1) 进程单填写不规范(nonstandard flight progress strip):进程单包含所有必要的飞机数据以跟踪飞机飞行进程,并不断更新。进程单填写不规范是指飞机呼号、起飞位置、机型等数据的非标准输入/更新。

(2) 分心:分心是指管制员在注意力分配、注意力范围、注意转移的速度和方式等方面存在缺陷,注意力不集中,影响管制员的正常工作。

(3) 管制员使用非标准术语:它指的是管制员在空中交通管制活动中使用非正式用语。

(4) 空管放行许可错误:放行许可包括航空器呼号或识别标志、管制许可的界限、高度层、预计空中等待的时间和高度层、应答机编码等信息。

(5) 特情处置能力差:空中交通管制员对特殊情况处理程序没有很好地掌握,特殊情况下的处理和应变能力较差。

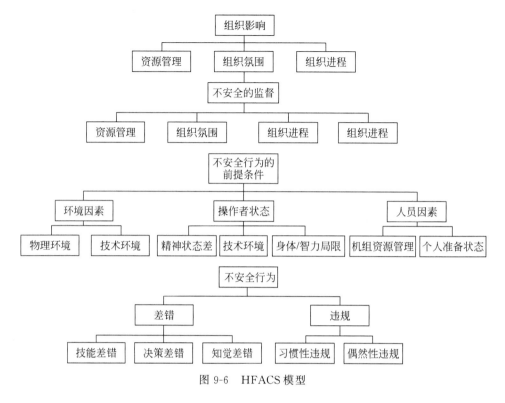

图 9-6　HFACS 模型

（6）管制员操作/决策错误：在空中交通管制过程中,管制员操作或者紧急情况下的决策失误。

（7）管制员口误：指管制工作粗心大意、心不在焉、言不由衷,导致空管指令错误。

（8）程序违规：管制员忽视和违反空管规章、程序和标准的管制工作行为。

2. 不安全行为的前提条件

（1）能见度：由于天气或环境条件造成能见度差,无法有效监控飞机状态。

（2）空地通信干扰：地空通信频率受到外界环境的严重干扰。

（3）精神状态：管制员精神、情绪上的压力、紧张或痛苦等。

（4）噪声：包括空中交通管制员工作中的环境噪声、机组人员发出的噪声或无线电里的背景噪声等。

（5）培训：缺乏管制员培训材料或培训不足等。

（6）身体疲劳：与睡眠不足或长时间工作有关而导致的身体疲劳。

3. 不安全的监督

（1）缺乏监管计划：对管制员的监管计划不到位、不全面、不细致等。

（2）管理纪律差：这意味着空管系统的管理风格、纪律/监督效果较差。

(3) 未遵守监督规则：会导致空中交通管制员对规则理解不足,思想麻痹大意,并可能增加安全风险。

(4) 未能纠正不当行为：指监管部门知道管制员、人员培训和其他相关的空中交通管制领域存在不足,仍然允许其持续下去的情况。

(5) 对飞行动态未实施有效监控：管制员忽视对相关飞行动态的监控或监控方法不当,造成对飞行动态的错、漏、忘。

4. 组织影响

(1) 安全文化：包括空管部门的安全文化、安全政策、安全教育以及预防措施等。

(2) 团队资源配置：管制员团队的职责不明确,配置不合理,工作不协调等。

(3) 薪资和奖励：指管制员薪资奖励与工作强度、工作内容不匹配,管制员对工资和报酬不满意。

(4) 管制员沟通：管制员之间的沟通与协调,包括管制工作交接与特情汇报等。

(5) 管制员和机组间沟通：指管制员与机组之间的沟通与协调。

(6) 空管软件和硬件设备：包括空管设备布置、硬件故障、软件界面人机交互等。

9.2.4 水路交通事故影响因素

海上交通事故中人为失误的影响因素可概括为环境因素、人为因素、人机界面以及组织管理,如图 9-7 所示。

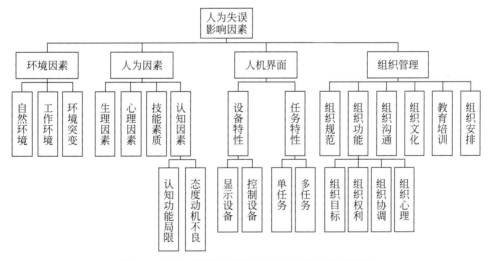

图 9-7 海上交通事故驾驶员人为失误的影响因素

1. 环境因素

环境是系统的重要组成部分,人机交互总是处在一个特定的环境中,来自环境的扰动总会诱发人为失误的产生。像核电、煤矿、军工这些复杂人机系统,其环境因素既有共性又有特性。本节根据上述领域的经验,结合海上交通事故的特点,将环境影响因素分为以下三部分:

(1) 自然环境的好坏直接影响驾驶人员的操船困难度。恶劣的自然环境使操作人员的生理和心理承受巨大的压力,极易引发人为失误。海上自然环境包括气象和水文,气象是指风、雨、雪、雾等,水文是指波浪、潮流等。

(2) 工作环境的好坏直接影响人的绩效输出以及行为可靠性。海上工作环境包括驾驶台内部环境和航道外部环境,内部环境存在噪声、振动,外部航道狭窄、交叉会遇频繁、交通流密度大等都可以增大人为失误的概率。

(3) 环境具有不确定性,环境突变需要操作人员采取切实有效的措施来维持系统正常运行,在这个过程中,人极易受到思维、经验等耦合因素的影响,造成人因可靠性降低。

2. 人为因素

操作者是人机系统中人机交互的主体,既有其主观能动性又有其客观局限性,同时人的行为特征是一种高度复杂的自适应反馈系统,会受生理活动、心理活动以及知识、经验等因素的影响,表现出随机性、时变性以及自适应性。可将海上交通事故中的人为因素分为如下几个方面:

(1) 生理因素是影响驾驶人员行为输出的最基础的人为因素,航行过程中的感知、决策和执行都是依靠人的机体来完成。驾驶人员的观察能力、思维反应能力以及处理问题的能力往往会受到疲劳程度、体能状况和药物酒精的影响,同时记忆差错、视觉误区以及注意力的局限性等生理弱点也极易引发人为失误。

(2) 心理因素通过影响生理因素,进而间接影响人为失误的发生概率。驾驶行为不良的心理因素包括侥幸心理、走捷径心理、逞能心理、逆反心理以及冒险心理,这些心理往往会干扰驾驶人员的注意力和反应能力,引发人为失误事件的产生。

(3) 技能素质包括专业知识水平、实际操作能力以及工作经验。专业知识体现在决策过程中,操作能力体现在执行过程中,而工作经验贯穿整个认知活动中,任何一项疏漏都极易引发人为失误。

(4) 认知因素包括认知功能局限和态度动机不良,认知功能局限性体现在记忆力存在时限性,注意力无法每时每刻集中以及人的感觉存在阈限等,态度动机不良表现在责任心不强,缺乏职业道德,安全意识薄弱等。

3. 组织管理

随着人因工程研究的深入,专家学者逐步认识到潜在的最不易察觉的组织因素对人为失误的影响,而以往经验往往认为技术失效和人因失效是人为失误的最主要原因。据研究统计,超过50%的人因失误事件是由组织管理不当引起的。组织管理因素主要包括以下几个方面:

(1) 组织规范是指设定系统内的统一标准,来规范系统操作人员的行为,保证系统的有序运行。有效的组织规范能够激发操作人员的积极性,更好地投入到工作中,对于高风险的行业,如核工业、化工业,具体完备的组织规范显得尤为重要。

(2) 组织功能主要体现在组织目标、组织权利、组织协调和组织心理四个方面。组织目标用于衡量一个班组的绩效能力,好的组织目标能够指引班组人员的前进方向,相反,如果组织目标失效,就会使班组成员凝聚力下降,导致人因事故的发生。组织权利是指赋予班组成员一定的权利、责任和义务,使系统内权责分明、分工明确,如果组织权利不明,则会导致越权行事、遇事相互推诿等情况的发生。组织协调是指协调好各方的职能,保证各方利益,保证系统的正常运行。组织心理是指如果组织运行良好,成员会获得极大的成就感和满足感,进而更好地融入到工作中,如果组织心理失效,则会使成员缺乏归属感,极易导致心理失衡,引发人为失误。

(3) 组织沟通是指组织和组织之间、组织内成员与成员之间的信息交流。良好的交流沟通能够及早地发现潜在的问题,协调采取合理的措施,避免人误事件的产生。

(4) 组织文化是指组织在形成发展过程中逐步形成的适合组织自身的氛围、文化和价值体系,这里尤指组织安全文化。良好的组织文化有利于提高成员的责任心和安全意识,自觉遵守规章制度,降低人为失误的概率。

(5) 教育培训是指通过对操作人员进行知识、技能的传授,以达到适应新形势下行业发展的需求。良好的知识、技能能够保证操作人员在危急关头从容应对,减少人为失误的产生。

(6) 组织安排主要包括人员配备和任务划分,人员配备最好达到人尽其才,比如较细致的工作,需要严谨认真的成员来完成;任务划分至少要做到任务分配明确,在执行任务过程中,既不存在交叉又不存在空余。

4. 人机界面

人机界面是人机系统中操作人员完成任务的客体,操作人员的行动意图很大程度上依赖人机界面的有效性、完善性得以实施,人机界面设置不合理将严重影响系统的可靠性,诱导人因事故的发生。

人机界面主要表现在设备特性和任务特性。

设备主要包括显示设备和控制设备,操作人员可以通过前者了解设备仪器的运行状况,通过后者使自己的行动意图得以实现。

显示设备是通过模拟式显示还是数字式显示,将直接影响操作人员的读数精确性和困难性;显示设备的布局合理性将直接影响操作人员获取信息的效率和质量;显示信息的充分性和准确性将直接影响操作人员对当前态势的判断,这些因素都极易引发人为失误。

控制设备是操作人员通过肢体来进行操作的,因此其操纵复杂性、操纵精确性以及容错率将很大程度上影响人为失误的概率。操纵越复杂、精确性要求越高对操作人员的知识、技能水平要求越高,同时也越容易引发操作失误、操作不到位等现象的发生;控制设备的自动化水平越高,操作人员所涉及的执行动作就越少,人为失误的发生概率就会降低;同时对控制设备进行合理布局,也将会降低操作人员的工作负荷,减少人员误操作。

任务分为单任务和多任务,单任务对人为失误的影响主要表现在任务的可用时间、任务的复杂性、任务的新颖性。可用时间越短,操作人员越容易紧张,进而无法做出科学合理的决策;任务的复杂性增加了操作人员的工作负荷,操作人员需要根据不同的操作规程,借助多种工具手段来完成,大大增加失误的概率;任务的新颖性往往会使操作人员一时手足无措,没有现成的规程、经验可供参考,只能探索性地采取措施,这样往往会因为考虑不全面引发失误。

多任务诱发人因失误主要表现在任务的数量以及任务的相关性。多重任务增加了操作人员的工作负荷,极易引发疏忽、遗忘,造成顾此失彼;任务的相关性好,操作人员就会按部就班逐个完成,相反,如果任务在时间、空间上存在矛盾,操作人员很难同时妥善处理所有的任务。

9.3 交通事故致因分析

为了确保交通运输的安全运行,严格监管交通系统是一项重要任务,这就要求对会导致事故发生的致因因素进行监测,尤其是在以往事故中已经发生的因素。分析交通事故原因的重点是确定事故原因之间的相互作用,分析和总结事故规则,以便可以采取针对性的措施来防止同一类事故再次发生。

关于事故致因的分析方法有很多,比较常用的有贝叶斯网络分析法、事故树分析法、关联规则事故成因分析法以及人因可靠性分析理论等。

9.3.1 贝叶斯网络分析理论

1. 贝叶斯网络基本概念

贝叶斯网络又称作概率因果网络,是决策理论与概率推理相结合的产物,也是概率统计学中的重要研究方法。它融合概率论与统计学两大数学分析方法,在面对复杂问题时可以进行不确定性推理及统计分析。

贝叶斯网络是由各节点与有方向的边构成的有向无环图。节点代表随机变量,所有的节点可用集合$\{X_1, X_2, \cdots, X_N\}$表示,在安全评价中由各评价指标与评价对象组成,包括目标节点、中间节点、证据节点,其中,目标节点也称子节点是模型的最终结果;中间节点是连接目标节点和证据节点的节点;证据节点也称父节点,是网络中的基础节点。每条有方向的边代表两个随机变量间的相互关系,一般是由父节点指向中间节点再由中间节点指向子节点。贝叶斯网络基本模型如图9-8所示。

2. 贝叶斯网络建模流程

构建贝叶斯网络模型的过程较为繁琐,需要确定其拓扑结构与节点的条件概率表,并不

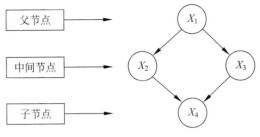

图 9-8 贝叶斯网络图

断分析和完善,方能确定最终可行的贝叶斯网络。其中确定拓扑结构对应贝叶斯网络的定性分析过程,而确定节点的条件概率表对应贝叶斯网络的定量分析过程。

贝叶斯网络模型构建包含以下三种方式:其一,直接由专家确定拓扑结构与条件概率表;其二,融合专家知识与数据确定拓扑结构并通过数据库学习获取概率分布;其三是两阶段建模,通过对其他研究方法进行转化来建模。具体流程如图 9-9 所示。

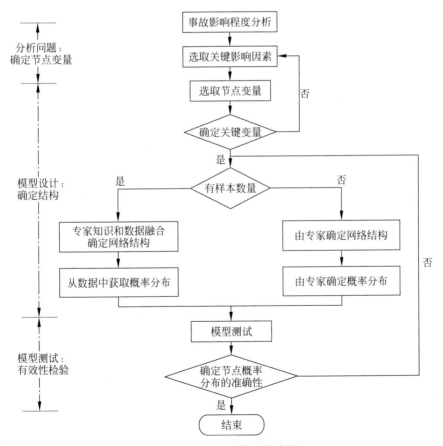

图 9-9 贝叶斯网络模型构建流程

贝叶斯网络主要包括以下 3 种概率推理：

(1) 最大后验假设推理(maximum a posteriori, MAP)：在已知所有可能假设的情况下，找出在证据变量条件下后验概率最大的假设。当先验假设明确，此推理结果也会十分准确，但随着样本量增加，先验假设的影响度会减弱，样本会占据主导地位。

(2) 最大可能解释问题(most probable explanation, MPE)：贝叶斯网络中设定证据 $E=e$ 的一个解释是网络中全部变量的一个与 $E=e$ 相一致的状态组合中概率最大的那个，MPE 又称作特殊的 MAP。

(3) 后验概率推理：将取值一定的变量作为证据变量，通过更新概率来计算新概率。概率推理包含由原因推知结果的因果推理、由结果推知原因的诊断推理、提供解释支持的支持推理三种形式以及综合上述三种形式的混合推理。其中，因果推理是已知原因，找出结果发生的概率，计算出在该原因情况下的后验概率；诊断推理是在已知结果的情况下，通过贝叶斯网络推理计算，找出造成此结果的原因及其发生的概率；支持推理是分析原因之间的相互影响，得出影响因素之间的关联程度。

3. 贝叶斯网络应用实例

目前已有许多研究将贝叶斯网络应用于交通事故致因分析。许洪国等建立了交通事故致因分析的贝叶斯网络，并应用已建网络分析了各因素对事故严重程度的影响。

1) 数据准备

数据取自长春市 2008 年的 6075 起事故。数据中，除死伤人数和财产损失为数量变量外，其他变量均为属性变量。为了满足建模要求，将属性变量编码处理为虚拟变量，将部分连续变量编码处理为离散变量。

2) 结构学习

结合应用相关性分析和 K2 算法进行交通事故致因分析贝叶斯网络的结构学习。

(1) 将各变量与死亡情况、受伤人数、直接财产损失 3 个待关注变量进行相关性分析。根据相关性大小，初步筛选出事故发生时间(Ti)、天气(W)、交通控制方式(TC)、是否在机动车道(Mw)、是否在人行道(Ww)、是否在正常路段(Lk)、是否在交叉口(Int)、是否为平直道路(Le)、交通方式(Mo)、路面结构(Sc)、能见度(Se)、车辆类型(Mt)、机动车是否为正常直行(Tf)、车辆安全状况(Sa)、路表是否干燥(Sf)、是否有死亡(D)、受伤人数(Inj)、直接财产损失(Mn)，共 18 个变量(见表 9-1)。

表 9-1 各变量相关性分析结果

决策变量	Ti	W	TC	Mw	Ww	Lk	Int	Le	Mo
D	0.115**	0.003	−0.054*	−0.060*	0.039	−0.062*	0.049*	−0.048*	0.027
Inj	−0.060*	0.035	0.081**	0.123**	−0.083**	0.051*	−0.039	0.009	−0.027
Mn	0.008	−0.018	0.028	−0.027	−0.011	−0.089**	0.083**	−0.007	0.052*

决策变量	Sc	Se	Mt	Tf	Sa	Sf	D	Inj	Mn
D	−0.078*	−0.008	0.134**	−0.058*	0.015	0.028	1	−0.772**	0.038
Inj	0.110**	−0.022	−0.121**	0.023	0.011	0.010	−0.772**	1	0.015
Mn	−0.009	0.106**	0.027	−0.049*	−0.028	−0.009	0.038	0.015	1

第 9 章 交通事故人因分析

（2）基于 K2 算法进行结构学习，经过变量筛选和排序调整得到如图 9-10 所示贝叶斯网络结构。该节点由 12 个节点和若干连线组成。12 个节点即为 12 个变量，其中包括待分析的 3 个变量，即死亡情况、受伤人数和财产损失。节点之间的连线表示变量间的相互影响关系。如，是否在机动车道影响事故中的受伤人数等。

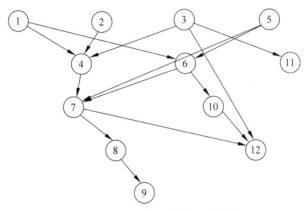

图 9-10 贝叶斯网络模型构建流程

1—路面结构；2—道路线形；3—是否在正常路段；4—是否在交叉口；5—交通控制方式；6—是否在机动车道；7—是否在人行道；8—交通方式；9—机动车辆类型；10—受伤人数；11—财产损失；12—死亡情况

3）参数学习和模型验证

应用贝叶斯方法和 Matlab 的 Full-BNT 工具箱对贝叶斯网络进行参数学习，将各节点的先验分布取作 Dirichlet 分布。在各因素的影响下，列举受伤人数变量的参数学习结果见表 9-2。

表 9-2 受伤人数参数学习结果及与测试数据的对比

是否在机动车道	受伤人数 0		受伤人数[1,3)		受伤人数[3,+∞)		样本量
	Bayes	Test	Bayes	Test	Bayes	Test	
是	0.0992	0.0991	0.8889	0.8892	0.0119	0.0117	1111
否	0.0577	0.0575	0.8864	0.8869	0.0559	0.0557	558

根据图 9-10 所示的贝叶斯网络结构，受伤人数的直接影响因素（父节点）为是否在机动车道，在其影响下，受伤人数为 0、1～3 人（包含 1 人）和 3 人及以上的概率见表 9-2。表 9-2 同时给出了受伤人数的参数学习结果与测试数据的对比情况。

分析表 9-2 中数据可知，在机动车道发生多人受伤的概率更小，但总体来说数据变化不大。这与经验分析一致，即机动车道上机动车较多，行人和非机动车较少，因此较易发生机动车之间的事故，而不易发生行人、非机动车驾驶员或乘客受伤的事故，所以受伤人数较少。

9.3.2 事故树分析理论

1. 事故树基本概念及图形符号

事故树分析法(fault tree analysis,FTA),又称故障树分析法、缺陷树分析法,是交通安全研究领域重要的分析方法之一,由美国贝尔电话研究所于1962年提出,主要运用逻辑推理对系统危险性进行辨识与评价,能深入地揭示出事故的潜在原因,既可定性分析也可定量分析,在事故致因研究方面应用较广泛。它是一种由果及因的逻辑分析过程,构建出事故发生的故障树模型。故障树分析法能够通过定性及定量分析找出系统中的最薄弱环节,并针对此薄弱环节提出相应的建议或改善措施。

事故树,是一种用树状图的形式描绘事故发生过程的有方向的图。事故树分析,是把系统中可能出现或已出现的事故结果作为分析对象,通过定性与定量分析,找到导致事故发生的直接与间接原因。事故树分析法是一种运用逻辑关系由结果到原因的层层分析事故发生过程的方法,通过构建事故树模型,将需要研究的事件作为顶上事件,并从顶上事件不断地向下挖掘,确定模型中的中间事件和各基本事件,然后通过对事故树模型进行定性与定量分析,研究各基本事件对顶上事件的影响程度。

事故树模型是由各种事件符号与连接事件的逻辑门组成,其中事故树常用的符号包括事件符号和逻辑门符号。事件符号是事故树的节点,逻辑门符号是表示相关节点之间逻辑关系的符号。

事故树模型中常用的事件符号及逻辑门符号分别如表9-3、表9-4所示。

表 9-3 事故树事件及符号

符 号	事件名称	描 述
矩形	顶上事件	位于事故树的顶端,是事故树中最严重的结果
矩形	中间事件	介于顶上事件和基本事件之间,既有输入又有输出,需要继续进行分析
圆形	基本事件	位于事故树的最底端,是事故树的基本输入事件,不能再往下分析

表 9-4 事故树逻辑门及符号

符 号	逻辑门名称	描 述
·	与门	当上级所有事件都发生时,下级事件才会发生
+	或门	当上级所有事件中任一事件发生时,下级事件都会发生

2. 事故树分析流程

事故树分析是根据已知的事故信息,挖掘事故发生的相关原因。运用事故树分析法寻找事故致因的关键在于:确定顶上事件、编制事故树模型、定性分析与定量分析。具体分析流程如下:

(1) 准备阶段。掌握事故树分析法的事件符号、逻辑关系及作业流程。构建事故树模型前需要对事故形成机理及特征进行分析,明确影响交通安全的风险因素及事故与风险因素之间的关系,以便全面深入地分析事故产生的原因。

(2) 编制事故树。确定顶上事件,选择事故多发、影响较大的事故作为事故树的顶上事件,从人、车、路、环境 4 方面分析原因事件,将导致事故发生的原因事件作为基本事件,利用事故树中的事件符号和逻辑关系将顶事件与基本事件连接成图,绘制成事故树。

(3) 事故树分析。通过已构建的事故树模型来获取最小割集(或最小径集),计算各基本事件重要度(包括结构重要度、概率重要度、临界重要度)及顶上事件发生概率,通过事故树定性分析与定量分析从而详细分析各个基本事件对顶上事件的重要程度及影响程度。事故树分析法的流程如图 9-11 所示。

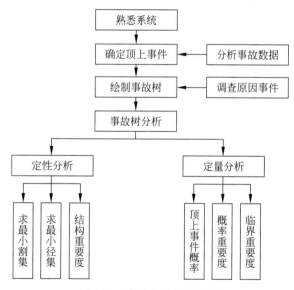

图 9-11 事故树分析法流程

3. 事故树分析应用实例

对于车辆运行状态对行车安全方面的影响研究,高吕和等在系统分析车辆安全状态影响因素的基础上,构建了车辆安全状态事故树(见图 9-12),通过计算事故树基本事件的结构重要度明确车辆安全状态的主要影响因素。

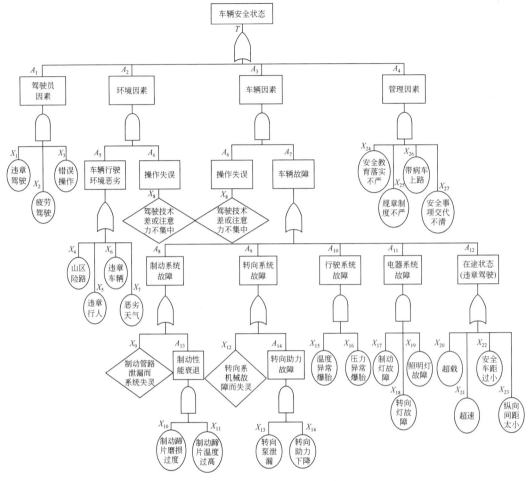

图 9-12 车辆安全状态事故树

1) 准备阶段

案例参照了 2008 年广州市 156 起载货汽车的交通事故原因统计数据,根据公安部交通管理局通报的 2009 年全国道路交通事故情况统计报告将车辆安全状态影响因素归为驾驶员、车辆、环境和管理因素 4 类。

2) 编制事故树

首先求出事故树的最小割集,用布尔代数化简法求解车辆安全状态事故树的最小割集。

$T = A_1 + A_2 + A_3 + A_4$
$= X_1 X_2 X_3 + A_5 X_8 + X_8 A_7 + X_{24} X_{25} X_{26} X_{27}$
$= X_1 X_2 X_3 + (X_4 + X_5 + X_6 + X_7) X_8 + X_8 (A_8 + A_9 + A_{10} + A_{11} + A_{12}) + X_{24} X_{25} X_{26} X_{27}$
$= X_1 X_2 X_3 + (X_4 + X_5 + X_6 + X_7) X_8 + X_8 [(X_9 + X_{10} X_{11}) + (X_{12} + X_{13} X_{14}) + X_{15} X_{16} + (X_{17} X_{18} X_{19}) + (X_{20} + X_{21} + X_{22} + X_{23})] + X_{24} X_{25} X_{26} X_{27}$

以上得出车辆安全状态事故树的最小割集为$\{X_1X_2X_3, X_4X_8, \cdots, X_{24}X_{25}X_{26}X_{27}\}$共16组。

3) 事故树分析

计算基本事件结构重要度。

$$I_{\varphi(i)} = 1 - \prod_{X_i}\left(1 - \frac{1}{2^{n_j-1}}\right)$$

式中，$I_{\varphi(i)}$为基本事件X_i的结构重要度系数；n_j为包含基本事件X_i的最小割集j的事件数。车辆因素包含的各基本事件的结构重要度系数如表9-5所示。

表9-5 基本事件结构重要度

排序	结构重要度排序
1	X_9 $I_{\varphi(9)} = 0.039$
2	$X_{20} = X_{21} = X_{22} = X_{23}$ $I_{\varphi(20)} = I_{\varphi(21)} = I_{\varphi(22)} = I_{\varphi(23)} = 0.029$
3	$X_{15} = X_{16}$ $I_{\varphi(15)} = I_{\varphi(16)} = 0.017$
4	$X_{12} = X_{13} = X_{14}$ $I_{\varphi(12)} = I_{\varphi(13)} = I_{\varphi(14)} = 0.015$
5	$X_{10} = X_{11}$ $I_{\varphi(10)} = I_{\varphi(11)} = 0.011$
6	$X_{17} = X_{18} = X_{19}$ $I_{\varphi(17)} = I_{\varphi(18)} = I_{\varphi(19)} = 0.010$

9.3.3 关联规则分析理论

1. 关联规则的基本概念

在众多数据挖掘方法中，关联规则（association rules）当下正处于热门研究，它用于探索和发现被调查数据库中待调查项之间可能存在的关联、依赖或相互关系。关联规则分析处理的对象，通常是一个包含多种因素相关属性的数据库（Database），数据库D由一条条相互独立且内容各异的事务记录d_i组成，$D = \{d_1, d_2, \cdots, d_n\}$。$A$为包含不同元素的项目集合，$A = \{a_1, a_2, \cdots, a_n\}$，$a_i$称为项目，包含$k$个项目的集合称为$k$项集。每个事务$d_i$（$i = 1, 2, \cdots, n$）均对应$A$上的一个子集，满足$d_i \subseteq A$，且每条事务$d_i$都在数据库$D$中具有唯一的编号（ID）。

关联规则挖掘中常见的两种算法是Apriori算法和FP-tree算法。Apriori算法是最为经典的频繁项目集生成算法,其核心思想为两阶段频集递推,循环递推的算法存在多次扫描数据库以及候选集数目过多两个性能瓶颈,算法效率不高;在此基础上,FP-tree算法有效解决了上述问题,算法不产生候选频繁项目集,直接通过数据压缩构建频繁模式树,进而生成关联规则,仅需对数据库进行两次扫描,算法效率大幅提升。

2. 关联规则分析的过程

采用关联规则分析对事故数据挖掘应用主要包含了如下3个阶段:①数据准备;②按照数据特点,利用合适的算法获取关联规则;③整理筛选所得关联规则,剔除无意义规则,解读关联规则现实意义,应用于实际指导。

1) 数据准备

(1) 数据获取。

全面、详细、具体的数据会使数据挖掘工作事半功倍,数据挖掘结果也与数据的质量息息相关。因此,本阶段的重点内容就是在确定研究需求后,收集与之匹配的详实数据,为挖掘工作开展打下坚实基础。

(2) 数据预处理。

收集得到研究所需数据后,还需对研究数据进行预处理。因为数据直接关系到规则分析是否复杂,数据的属性构成也会影响规则分析的内容。开展数据挖掘前,对数据进行预处理是很有必要的,一方面节约挖掘时间,提高效率,另一方面有助于更好地对挖掘结果分析利用。

2) 数据挖掘

为获取与研究需求一致的关联规则,通常需要按照3个阶段推进数据挖掘工作:

(1) 明确研究需求,灵活设定合理的最小支持度指标,重复搜索数据库以筛选出符合要求的频繁项目集;

(2) 基于获取的频繁项目集,判断是否符合最小信任度的要求,寻找强关联规则;

(3) 检验挖掘所得强关联规则,判断所得关联规则的提升度是否大于1,如是则保留,关联规则挖掘工作至此完成。

3) 结果分析和应用

利用关联规则算法挖掘能够帮助我们获得强关联规则,但是无法判别所得规则的现实意义,必须借助人工进行规则解读,主要步骤如下:

(1) 结合实际解释各关联规则所代表的现实意义;

(2) 根据研究需求,筛选出符合研究目的有意义的关联规则,剔除无效的不合理规则,汇总规则分析结果,得出研究结论;

(3) 根据研究结论,指导实际应用,制定行动计划。

3. 关联规则分析的应用实例

目前已有学者通过关联规则对交通事故进行挖掘研究。袁振洲等基于河北省2018年高速公路事故数据集,提出一种改进Apriori算法对工作日和休息日的高速公路事故进行关联规则挖掘。

1) 数据准备

(1) 数据获取。

应用案例以河北省高速公路为研究对象,交通事故原始数据集共收集了567条数据,包含35个属性变量。

(2) 数据预处理。

根据数据类型对事故属性进行变换处理,通过布尔型属性整数化、数值型属性离散化等操作,消除它们在时间、空间及精度等特征表现方面的差异。

2) 数据挖掘

(1) 开展事故不同因素、多维属性间的关联规则挖掘工作,产生包含事故属性的频繁项目集。

(2) 经过人工调试,分别设定了工作日及休息日的最小支持度(0.1,0.02)和最小置信度(0.5,0.75)。对数据集挖掘后结果如图9-13所示。

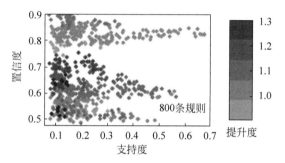

图 9-13　改进 Apriori 算法挖掘结果

3) 结果分析和应用

分别提取工作日和休息日支持度最大的5条关联规则,见表9-6。

表 9-6　全映射关联规则

时间	先导项	后继项	支持度	置信度	提升度
工作日	能见度200m以上,干燥	碰撞运动车辆	0.5220	0.5941	1.0357
	晴,干燥	碰撞运动车辆	0.4884	0.6000	1.0459
	晴,能见度200m以上	碰撞运动车辆	0.4729	0.5980	1.0425
	晴,能见度200m以上,干燥	碰撞运动车辆	0.4729	0.6040	1.0529
	能见度200m以上,平直	碰撞运动车辆	0.4651	0.5921	1.0322
休息日	白天,平原,普通路段	一般事故	0.0735	0.7692	2.4329
	晴,白天,平原,普通路段	一般事故	0.0735	0.7692	2.4329
	干燥,白天,平原,普通路段	一般事故	0.0735	0.7692	2.4329
	能见度200m以上,白天,平原,普通路段	一般事故	0.0735	0.7692	2.4329
	晴,干燥,白天,平原,普通路段	一般事故	0.0735	0.7692	2.4329

由表 9-6 可知,①无论是工作日或休息日,事故通常发生在天气晴朗、路表干燥、线形平直等常规外部条件下,事故形态多为运动车辆间的碰撞,严重程度多为一般事故。②道路和环境两个维度对事故存在显著关联影响,而时间维度对事故的影响相对较弱。

9.3.4 人因可靠性分析理论

人因可靠性分析开始于 20 世纪 50 年代前期。H. H. Williams 在 1958 年对系统的可靠性进行预测时,认为预测结果的真实性必须包含该系统中作业人员的人因可靠性。1975 年美国发布了世界上首份对核电站进行概率安全评价的报告,首次提出了在概率安全评价中包含人因可靠性分析。人们在之后的几十年中对人因可靠性的研究越来越重视,随着人因可靠性的快速发展,先后出现了多种广泛应用的人因可靠性分析(human reliability analysis,HRA)方法。

1. 人因可靠性分析相关理论

1) 人的认知可靠性模型(HCR)

HCR 方法基于 SRK 模型,计算错误响应与没有响应的概率,其认知行为包含基于技能、规则、知识三类。该方法认为作业人员没有反应的概率服从 Weibull 分布。

2) 人误概率预测技术(THERP)

THERP 主要通过建立 HRA 故障树来分析作业过程中可能存在的人为差错,而差错发生的概率便为基本行为差错概率(BHEP),之后利用行为形成因子(PSF)对 BHEP 进行调整,调整后的概率即为实际人为差错概率。

3) 人误评价与减少方法(HEART)

HEART 主要分析对人的行为有负面影响的因子,这些因子称为失误产生条件(EPC),该方法提出了 38 种 EPC 的影响因子以及 9 种一般作业的基本人误概率值。利用 HEART 进行定量分析时,主要是确定基本概率值以及对该任务有负面影响的 EPC。

4) 人误分析技术(ATHEANA)

ATHEANA 提出了差错诱发环境(EFC),EFC 可能诱发不安全动作,最终导致人为差错事件。该方法的认知过程由监测、环境感知、计划、实现 4 个时期构成,每一个时期都有可能会产生不安全行为。

5) 认知可靠性与失误分析方法(CREAM)

CREAM 的主要思想有两点。第一,人的性能依赖于正在作业时所处的情景,该方法提出 9 种环境影响因子。第二,CREAM 的认知模型为情景依赖控制模型(COCOM)。在该模型中有观察、解释、计划、执行 4 类认知功能,混乱、机会、战术、战略 4 类控制模式,以及 15 种认知行为,其中不同的认知行为对应不同的认知功能。

综合以上分析可以得出,HCR、THERP、HEART 三种方法认知模型简单,虽然认同行为形成因子对人误概率的影响,却并没有给出明确的影响机理。ATHEANA 和 CREAM 都强调了情景环境的重要性,但是,CREAM 的认知模型对人因可靠性分析的作用更大,而

ATHEANA 的认知模型仅用于辅助分析人误事件中可能引发的不安全动作,且在量化人误概率时需要借用第一代的方法(如 THERP)。

2. 人因可靠性分析的应用实例

目前已有学者使用认知功能更复杂、人误概率计算更精确的 CREAM 模型对城市轨道交通事故进行分析研究。张文琳等对 2011 年上海地铁 10 号线的列车相撞事故进行人因事故追溯分析,CREAM 根原因追溯分析通过确认人误事件的失效模式后,根据失效模式所对应的一般前因,找出引发人误事件的可能一般前因,之后在前因-后果表中将一般前因作为后果,继续寻找可能的前因,找到所有的根原因后截止。具体分析框架如图 9-14 所示。

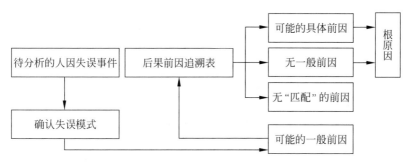

图 9-14 CREAM 追溯分析方法的框架

1) 事故经过

2011 年 9 月 27 日上海地铁 10 号线新天地站设备发生故障,5 号列车与 16 号列车在豫园站与老西门站下行区间发生追尾碰撞,具体经过如图 9-15 所示。

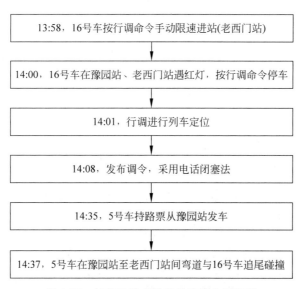

图 9-15 城市轨道交通事故追溯分析案例

2）确定人误事件及失误模式

人误事件 1：车站行值与控制中心行调共同确认 5 号车前方的区间是否空闲时，没有准确定位区间内全部列车位置（没有发现 16 号车正停在豫园站和老西门站之间）。

人误事件 2：行调在未严格确认区间线路是否空闲的情况下违规发布电话闭塞命令。

CREAM 给出的失误模式有 4 类，具体分类及含义见表 9-7。

表 9-7 城市轨道交通系统人因失误模式分类及内容

失误模式	含义/内容
疏忽	注意力不集中、思维涣散、粗心大意、容易被干扰、错过时机、忽视警告等
遗忘	忘记要操作的任务或忘记操作顺序等
错误	错误理解规则、规则使用错误、作业内容方式错误等
违反	违反规章制度、违规下达调令、越权作业等

根据分析可得事件 1、2 的失误模式为疏忽、违反。

3）确定一般前因

根据分析，失误模式为疏忽的一般前因有 E_1、E_2、P_1、P_2、P_3、P_4、P_7、P_{10}、P_{11}、P_{12}、P_{13}、T_1、T_1。对于人误事件 1、2 分析，可能的一般前因有 E_2、P_1、P_2、P_5、P_{12}、T_1。失误模式为违反的一般前因有 P_5、P_7、P_9、P_{11}、O_3、O_4、O_5、O_6、O_7、O_8、O_9、T_1、T_2、T_3、T_5、T_6、T_7。对于人误事件 1、2 分析，可能的一般前因有 P_5、P_7、O_3、O_5、O_6、O_9、T_1、T_5。

表 9-8 城市轨道交通系统人误行为的影响因素

代码	名称	代码	名称	代码	名称	代码	名称
E_1	自然环境恶劣	E_2	工作环境恶劣	E_3	工作环境突变	P_1	错过观察
P_2	不注意	P_3	延迟解释	P_4	认知不足	P_5	认知偏好
P_6	诊断失败	P_7	决策失误	P_8	记忆错误	P_9	不适当计划
P_{10}	生理/心理紧张	P_{11}	个性缺陷	P_{12}	技能水平差	P_{13}	执行力不足
O_1	技能培训	O_2	安全教育不充分	O_3	设备养护管理有缺陷	O_4	任务超负荷
O_5	班组支持不充分	O_6	管理有漏洞	O_7	安全文化	O_8	任务分配不完善
O_9	时间分配不完善	T_1	设备故障	T_2	设计不合理	T_3	不完善的规程
T_4	通信中断	T_5	信息缺失	T_6	危险源控制失误	T_7	安全措施不足

因此，对于人误事件 1、2 的可能一般前因有 E_2、P_1、P_2、P_5、P_7、P_{12}、O_3、O_5、O_6、O_9、T_1、T_5。其中，E_2、P_5、P_{12}、O_6 无前因，为根原因。

4）追溯分析

P_1 作为后果，由分析可知，错过观察的一般前因有 E_3、P_2、P_6、P_9、O_6。而车站行值与控制中心行调在确认 5 号车前方区间是否空闲时，没有发现 16 号车的位置，可能的前因有信号系统突发故障，地铁运营由自动控制转向电话闭塞法（E_3，工作环境突变）。E_3 无前因，为根原因；车站行值和控制中心行调注意力不集中（P_2，不注意）；对 16 号车的位置判断不准确（P_6，诊断失败）。将 P_6 作为后果，其一般前因有 E_3、P_4、O_1、T_3、T_5，在此次事件当中造成 P_6 的前因是 E_3、T_5，而 E_3 无前因，为根原因；且组织管理存在漏洞，安全监督执行不到位（O_6，管理有漏洞），O_6 无前因，为根原因。

P_2 作为后果，由分析可知，注意力不集中的一般前因有 E_1、P_{10}、P_{11}、P_{12}、O_4、O_9。在此次事件中，造成车站行值和控制中心行调注意力不集中的可能一般前因有个人技能水平不足（P_{12}），将 P_{12} 作为后果，可发现其一般前因有知识技能培训不充分（O_1），再将 O_1 作为后果，便找到造成 O_1 的具体前因为组织管理不完善。白夜班分配不合理或个人休息不充分而产生的工作疲劳（O_9）。

P_7 作为后果，由分析可知，控制中心行调决策失误的一般前因有错过观察（P_1），没有发现 16 号车的位置，且存在侥幸心理，A 站值班员或许认为 B 站值班员与控制中心行调已经确认过故障区间所有列车的位置，因此没有严格确认 16 号车位置（P_5，认知偏好）。

O_3 作为后果，此次人误事件中，因设备质量监管不严，导致信号系统发生故障，才转入人工闭塞，因此 O_3 为具体原因。

O_5 作为后果，由于班组成员之间缺乏相互监督，导致控制中心行调发布错误命令，而造成此后果的一般前因是组织管理有漏洞（O_6），O_6 无前因，为根原因，且组织安全教育不充分（O_2），O_2 为根原因。

T_1 作为后果，其一般前因是设备质量监管不严（O_3），设计存在缺陷（T_2），O_3、T_2 为根原因。

T_5 作为后果，导致信息缺失的一般前因有信号设备故障（T_1），其中 T_1 的根原因为 O_3、T_2。

因此，综合以上分析，此次人误事件 1、2 的根原因为 E_2、E_3、P_5、P_{12}、O_2、O_3、O_6、O_9、T_2。

9.4　交通事故重建

9.4.1　碰撞过程重建

交通事故的碰撞过程大致可以分为 3 类，即 3 个阶段，且它们相互衔接：碰撞过程前，碰撞过程时，碰撞过程后。

1. 碰撞过程前

在这个阶段需要了解车辆的行驶速度。

车辆的速度估计，一般需要现场轮胎制动痕迹长度和车轮与路面的制动摩擦系数等参数。轮胎制动痕迹长度是由事故鉴定人员到现场进行现场测量后得到的，而车辆与路面的制动摩擦系数是通过在事故车辆上面安装减速度仪器，然后在事故发生地点进行实际制动的实验后得到的。除此之外,也可以认为在车辆技术检测单上对于事故整车制动力系数得到的检验结果就是事故车辆轮胎和路面的制动摩擦系数的近似值,这样几乎也可以得到较为准确的实验结果。

当在事故现场没有得到明显的制动痕迹时,一般造成这种情况,都和事故车辆的制动和驾驶员的操作水平有关。根据实际的制动理论研究,在制动痕迹出现的时刻并不代表此刻的制动效能就是最佳的制动效能,且如果事故车辆安装有防抱死装置,那么制动痕迹将不会是连续的。所以当没有出现明显的制动痕迹或者痕迹不连续时不能说明事故车辆没有进行制动或者采取制动措施的时间不及时。当有很明显的制动痕迹时,但是可以看出此时的痕迹是由于车辆受到离心力的作用而发生的,而且和轮胎旋转平面的垂直方向的滑动而形成的侧滑。在现场的事故调查中,应该特别注意察觉和测量现场的制动痕迹。在对事故车速的推演过程中,必须选出合适的附着系数,然后再进行车速的计算。

2. 碰撞过程时

碰撞过程时需要研究行人的运动姿态。

行人的初始姿态包含了行人走路时候的姿态以及和车辆碰撞的角度,在事故重建中也必须将两者一起进行研究。人的走路姿势是一个连贯且循环的动作,其中需要动作带动人前进后退等以及保持人体的稳定,包含支撑和摆动两个过程。在实际过程中每个个体的行走姿态都有差距,如果对每个都进行实验,那么将会浪费大量的人力、物力以及宝贵的时间。所以在结合实际且不影响实验的情况下,一般只选支撑状态下的30%和摆动过程的50%。

在实际人车碰撞过程中,被撞的行人往往处在行走的姿态,在这种情况下,人往往有一个初始的速度,在碰撞发生后,此速度将会对行人之后的运动形态造成影响。因此需要对行车记录仪和行人的信息进行采集。

3. 碰撞过程后

碰撞后这个阶段需要对人的抛距和散落物以及车辆的制动痕迹进行研究。

在行人与车辆碰撞事故中,车辆碰撞行人后,行人将会以一定的角度抛射出去,抛出的速度大约等于碰撞时车辆的速度,然后行人会在空中飞行一段距离再落下碰撞地面,如果将此过程的行人简化成为一个质点,那么行人的这段运动就可以看成抛物运动,计算方式就可以更加简便。但因为碰撞过程中,车辆的速度较快,被撞的行人在落地与地面碰撞后会继续在地面滑行、弹跳或者滚动,所以用平常的抛物运动计算方法得到的抛距结果会和实际数据相差很大。

在研究行人抛出过程时,行人可以被看成碰撞事故中的散落物,行人和行人身上掉落的物品、前挡风玻璃的碎片和车辆散落的零部件都属于散落物的范畴,在行人抛落过程中,行人的运动将会极大地影响散落物的掉落位置。

9.4.2 碰撞位置重建

在人-车碰撞的过程当中,最先和行人接触的车辆部位是车辆的发动机罩边缘和前保险杠。一般的情况下，在被碰撞人的小腿或者膝盖这个高度会和车辆前保险杠发生碰撞，盆骨或者大腿位置的这个高度会和车辆的发动机罩边缘发生碰撞。但是真实的场景中，想要精确地确定实际碰撞位置需要具体的车辆数据和行人身高数据。

发生碰撞后被撞行人可能会绕车辆顶部进行翻滚旋转，当行人的头部、肩部、背部或者是胸部接触引擎盖或者挡风玻璃后停止旋转。或者是行人横向发生旋转，腿部撞击汽车盖，这个时候行人的速度和车辆速度相当，然后沿着车顶滚动到车辆后方，落到车辆后方位置与地面相撞或者与其后车辆相撞。当车辆在这时紧急制动时，行人将会被撞向车辆的前方位置并落下。如果碰撞的时候速度比较低，行人将只会和引擎盖相撞，不会飞出。

一般事故碰撞点的确定需要根据现场的观测得到，根据现场数据和事故车辆碰撞留下来的痕迹确定真实的碰撞点位置。

在事故发生后要想得到正确的碰撞位置，需要对事故碰撞现场进行调查。调查的内容大致上有以下几点：

（1）确定事故发生的第一现场，确定事故现场是否发生过改变，如果发生过改变，立刻确定事故车辆及散落物发生变动前的确切位置，绘制事故现场再现图。

（2）仔细检查地面留下的车辆制动痕迹，并仔细测量该制动痕迹的长度以及起点、止点，判断事故车辆最终停下的位置和痕迹的相应关系，再根据这些信息计算事故车辆的速度以及行驶方向和车辆制动情况。

（3）查看事故现场留下的散落物的位置，测量散落物和车辆的相对距离和方位，以此得到的数据计算车速。

（4）对肇事司机进行调查，首先调查他是否酒驾以及是否有其他违章操作，了解事故的过程和大致记得的碰撞点、是否及时采取制动措施以及发生碰撞时刻的车辆速度，再对司机进行笔录。

（5）确定事故车辆的型号、厂家信息，测量车辆的实际尺寸和碰撞后变形尺寸，判断车辆的转向制动能力是否良好。

（6）检查车辆上留下的组织、毛发、血液和体液等，确定它们存在的位置。

（7）车辆被撞行人的身高体重等数据，进行法医鉴定，判断受害者的伤情和致死的缘由。

（8）调查碰撞事故发生时的道路、天气等情况，再分析其他可能的客观原因。

事故现场图可以用于分析以下重要问题：行人进入车道的时间地点，并大致计算得到行人的行走速度、方向等信息；车辆碰撞行人发生事故的地点；车辆与行人之间的碰撞方位；行人受伤部位与车辆碰撞部位的关系。其次，从事故现场实况信息、驾驶员的笔录中得到事故重建需要的数据，包括事故车辆类型、道路交通状况、天气条件、碰撞地点、驾驶员采取制动的地点、车身的擦痕、损坏、行人的基本信息（年龄、身高、体重）等。此外，根据法医的尸检报告确定行人更为详细的受伤情况。最后，根据事故调查的数据进行事故再现分析。根据车辆制动痕迹长度、汽车与行人的停止位置、行人抛距等信息，通过事故再现方法计算得出碰撞瞬时车速。综合以上信息,预估第一碰撞点、行人与车辆的相对位置和碰撞位置、碰撞角度、车辆行驶速度、行人的行走速度和姿态等。

9.4.3 交通事故重建分析方法

1. 基于经验公式的事故重建

我国早些年的路网规划发展不甚完善,高速路等交通基础建设远不如现在,而且路面设施配套不完备,车辆的平均行驶速度偏低,发生交通事故后导致损伤较小,因此一般采用经验公式的方法计算碰撞时的车速。其主要思路是通过对事故现场进行勘验,获取事故后路面的制动痕迹、玻璃碎片等破损物的抛洒距离、行人遭受撞击后的抛射距离等信息,将行人视为质点,基于运动学相关定理如能量守恒、动量守恒等,再通过大量事故数据拟合或者推算经验公式,计算瞬时车速。

公安部发布的鉴定标准《典型交通事故形态车辆行驶速度技术鉴定》(GA/T 643—2006)是目前事故鉴定机构使用较多的方式,主要是各种经验公式,包括:①利用功能转化原理,将事故过程简化为匀减速运动,通过测量制动距离及附着系数计算碰撞速度;②基于大量事故碰撞数据建立的车辆变形与碰撞速度的经验公式;③结合动量守恒定理推导事故车速的计算公式;④根据动能守恒定理推导的车辆二维碰撞事故中的速度计算等。其中,利用制动痕迹及附着系数的速度计算公式如表 9-9 所示。

表 9-9 各制动条件下利用制动痕迹的车速计算公式

制动类型＼路面类型	水平道路	上坡道路	下坡道路
全轮制动	$V=\sqrt{2\mu gS}$	$V=\sqrt{2(\mu+i)gS}$	$V=\sqrt{2(\mu-i)gS}$
前轮制动	$V=\sqrt{2\dfrac{\mu d}{b-\mu h}gS}$	$V=\sqrt{2\left(\dfrac{\mu d}{b-\mu h}+i\right)gS}$	$V=\sqrt{2\left(\dfrac{\mu d}{b-\mu h}-i\right)gS}$
后轮制动	$V=\sqrt{2\dfrac{\mu d}{b+\mu h}gS}$	$V=\sqrt{2\left(\dfrac{\mu d}{b+\mu h}+i\right)gS}$	$V=\sqrt{2\left(\dfrac{\mu d}{b+\mu h}-i\right)gS}$
只有一前轮和一后轮制动	$V=\sqrt{\mu gS}$	$V=\sqrt{(\mu+i)gS}$	$V=\sqrt{(\mu-i)gS}$

注:S—汽车制动痕迹的长度(m);g—重力加速度(m/s²);V—车辆制动时的速度(m/s);μ—汽车纵滑附着系数;i—道路坡度(%);h—事故车辆的重心高度(m);b—汽车轴距(m);d—车辆后轴中心至重心的水平距离(m)。

基于经验公式的事故重建方法使用较为简便,发生事故后直接套用公式便可解出碰撞车速,但是此方法考虑因素较少,仅在一些理想条件下适用,因此得到的结果精度不能得到保证,并且随着事故类型日益多样化、复杂化,很多情况下经验公式并不适用,因此限制了此种方法的适用。

2. 基于视频图像技术的事故重建

基于视频图像技术的事故重建就是利用布置在路网上的摄像头以及车辆上配备的行车记录仪等监控设备还原事故过程,并采取相应的技术措施计算事故车速。

随着"天网"系统的不断建设完善,视频监控技术为城市建设保驾护航发挥了重要作用。作为城市建设中不可或缺的一环,当前许多城市在交通干道、道路交叉口等主要节点普遍设置视频监控设备。这些监控视频不仅可以服务于城市治安管理,在发生事故后一定条件下还可以用来分析事故原因、计算事故车速。

2014年为了规范和普及该方法的使用,我国出台了利用视频图像计算车速的行业标准《基于视频图像的车辆行驶速度鉴定》(GA/T 1133—2014),对利用视频图像计算车速进行了规范。其主要方法是在视频图像上设定便于测距的参照点,通常与车辆行驶方向平行,通过计算汽车通过参照点所用的视频帧数计算车速。这种方法受监控画面清晰度以及监控设备与车辆的相对位置等影响较大,一般在车辆直线行驶时准确度较高,转弯时则只能估算速度区间,这使得该方法的适用受到一定限制。

3. 基于车辆 EDR 的事故重建

汽车 EDR(event data recorders)是指汽车事件数据记录系统,通常集成在车辆的气囊控制模块内部,用来记录交通事故发生前后汽车的各项运行数据。包括碰撞前连续5s内的车辆速度、纵向加速度、发动机转速、制动踏板状态等数十项反映车辆运行状态的数据,其数据通过专用仪器 CDR 读取,这些数据将为交通事故的准确重建提供重要依据。随着 ABS 等汽车安全装置的普遍适用,汽车制动时留下的拖痕长度无法准确反映汽车的制动距离,因此基于汽车制动距离的车速计算公式可能会失效,此时汽车 EDR 中记录的数据可以为我们准确重建事故提供可靠的依据。

然而由于交通事故发生过程十分复杂,发生时影响因素很多,单纯依靠安全气囊 EDR 模块记录的数据并不能完全准确地反映出车辆的状态,因此有必要对车辆 EDR 数据的应用进行规范。2017年,我国最新修订的《机动车运行安全技术条件》要求,自2021年1月起所有在国内销售的新生产乘用车应配备 EDR 或车载视频行驶记录装置。该标准的发布对我国汽车 EDR 领域相关标准的制定与实施会起到一定的指导与促进作用。随着该装置在车辆上的安装普及,未来交通事故的重建与还原将会更加高效。

4. 基于软件模拟的事故重建

计算机技术的不断发展,使得计算机性能大大提高,具备了快速进行海量计算的能力,为基于软件模拟事故重建创造了条件。并且许多交通事故模拟仿真软件功能日趋完善,而且精度较高,可以输出事故仿真动画,最大限度还原事故。当前,最具代表性的软件主要有以下三种:①多刚体模型仿真软件 PC-CRASH(图9-16,图9-17);②有限元与多刚体结合的仿真软件 MADYMO(图9-18);③有限元分析软件 LS-DYNA。虽然各软件的基本原理不同,但是基本操作方式大致相同,都是输入测量的事故数据,通过迭代计算反推事故发生时车辆的运行状态,并以可视化的方式输出计算结果。

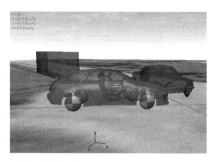

图 9-16　PC-Crash 提供的车辆人机系统模型

图 9-17　PC-Crash 提供的弱势道路使用者模型

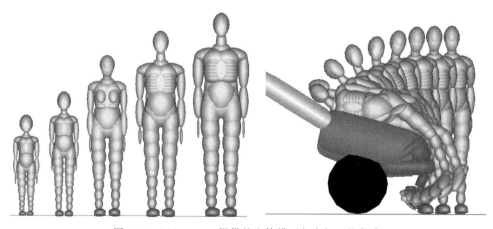

图 9-18　MADYMO 提供的人体模型与车辆碰撞仿真

基于多刚体理论建立碰撞事故的理论模型是目前事故再现研究的一个主要手段,主要是通过将人体与车体简化成刚体模型并定义各自的接触特性输入计算机,根据动力学理论与人体生物力学理论来计算事故后的行人损伤和碰撞车速。目前,应用最广泛的多刚体仿真软件主要有 PC-CRASH 与 MADYMO。其中,PC-CRASH 最初是由奥地利 Hermann Steffan 团队开发的一款交通事故模拟再现的程序,具有多种事故类型、多车辆以及多次碰撞的仿真模拟及优化功能,是目前交通事故重建领域使用较为广泛的一款事故模拟软件。MADYMO(mathematical dynamic model,数值动力学模型)是碰撞安全开发标准软件,由荷兰 TNO Automotive Safety Solutions(TASS)开发完成,能够实现多刚体动力学仿真和有限元动力学仿真的无缝结合,而且 MADYMO 中包含工业标准级的全套假人模型,可以准确模拟行人在事故中各部位受到的伤害程度,并且可以输出伤害值与各部位的加速度曲线。

尽管多刚体模型被广泛用于弱势道路使用者(VRU)头部损伤研究,但该模型还存在一定的局限性。多刚体模型具有调整姿势比较方便、灵活性高并且计算时间短等优势,但是由于多刚体人体模型的构造结构简单,只能输出头部运动学参数来评价 VRU 头部损伤,无法获得交通事故中人体脑组织的损伤响应参数,所以多刚体方法不能进行颅脑损伤的研究,只能进行基于运动学的头部损伤研究。与多刚体模型相比,有限元模型尽管可以对 VRU 头部损伤机制进行更深入的研究,但它在人体缩放和人体姿态调整方面非常繁琐并且需要花费大量的时间,并且由于计算机性能的限制,使用有限元人体模型进行事故重建时会产生极大的时间成本。

9.5 本章小结

影响交通安全的因素是多方面的,人处于交通系统的核心位置,绝大多数交通事故都与人的差错有关,因此交通安全中的人因分析研究是具有重要意义的。本章介绍了道路、轨道、航空、水路交通事故的定义和分类,并且详细论述了影响各类交通事故的影响因素。通过对贝叶斯网络理论、事故树分析理论、关联规则分析理论以及人因可靠性分析理论进行介绍与说明,为研究交通事故致因分析提供了方法指导,最后具体介绍了交通事故重建过程中运用的技术,有利于帮助相关工作人员更为客观地还原事故过程,更清晰地进行事故重建。

- 复习思考题

1. 阐述交通事故的定义。
2. 道路交通事故可以从哪几个方面分类?请分别阐述分类的具体内容。
3. 简述轨道交通、航空交通、水路交通的事故分类。
4. 列举道路、轨道、航空、水路交通的事故影响因素。
5. 列举 4 种交通事故致因分析方法的步骤,并描述各方法的使用条件。
6. 对比 4 种交通事故致因分析方法的优缺点。
7. 在碰撞过程重建时需要研究 3 个阶段的什么内容?简述如何研究。
8. 对事故碰撞现场的调查内容有哪些?

- 课后作业

1. 举一道路交通事故实例,对其类型、特点、影响因素及致因进行深入分析。
2. 基于事故重建分析方法,利用计算机仿真软件对第 1 题中的事故实例进行重建。

第10章 典型交通人因工程设计案例

内容提要

人因工程学的应用涉及领域非常广泛。与人直接有关的应用领域概括为机具、作业、环境和管理等几大类。在机具类中按对象又分为机械、器具、设备与设施等类型,具体研究人机匹配与人机界面的设计和改进。在工业生产中,人因工程首先应用于产品的人机系统与人机交互设计,如汽车的视野设计、仪器的界面设计以及对操作可达性、座椅舒适性、环境宜人性等的分析研究。本章作为本书最后一章,从交通工具、交通设施、交通信号和交通安全四个方面,应用前面介绍的人因工程理论与方法,分析交通系统中蕴含的人的因素和相应的人性化设计要点,列举出典型的交通人因工程设计案例。

知识结构

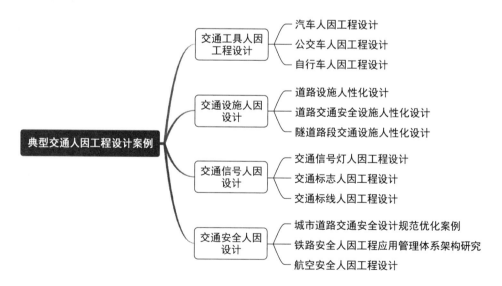

10.1 交通工具人因设计

交通工具是现代人的生活中不可缺少的一个部分。随着时代的变化和科学技术的进步,人们周围的交通工具越来越多,给每一个人的生活都带来了极大的方便。陆地上的汽车,海洋里的轮船,天空中的飞机,大大缩短了人们交往的距离;火箭和宇宙飞船的发明,使人类探索另一个星球的理想成为现实。全球卫星定位系统等新技术的出现和计算机能力的不断提高,彻底改变了地面和空中交通的许多方面。每天,数百万的人通过陆运、水运和航空运输到各地旅行。伴随着汽车行业发展和出行需求的提高,人们的出行方式越来越多样化,交通工具设计也要不断地满足用户个体的需求。

10.1.1 汽车人因工程设计

人因工程在汽车产品中的研究和应用,对确保车内人员的安全性、改良驾驶员的劳动条件、提高汽车内部的舒适性和汽车的运行效率都具有显著的作用。在驾驶员-汽车-环境系统中,驾驶员是人因工程研究的核心对象。随着汽车的功率和速率不断增加,发动机技术以及自动化水平的不断提高,汽车工业在世界获得长足的发展。驾驶员希望汽车的设计者能在每一处设计中都能够表现出人文的关怀。这就使得应用人因工程学原理来设计汽车更为突出。应用人机系统进行设计可以满足汽车的乘坐安逸性,驾驶安全性和操作敏捷性。在汽车的开发设计过程中,人因工程学的大量应用对于中国汽车企业的发展具有重要的意义。

1. 汽车外型设计

在汽车外部造型设计上的人性化因素有人因工程因素和人文因素两个方面。人因工程因素主要有驾驶员前后视野范围、安全带固定点设置、上下车方便性设计、驾驶员操作舒适性、灯具灯光位置、雨刮器刮动范围等,需考虑的对行人的安全保护因素有轮护板、保险杠防护、牌照可视性等。这些人因工程因素可有效满足驾乘人员的生理需求,有效保障人员安全高效地使用车辆。

对于车辆使用者来说,只有车辆在使用中满足生理和心理上双方面的需求,才能有效提升使用者对车辆的认同感,保证驾驶者良好的身心状态,心情舒畅和情绪上的满足感。因此除了以上这些人因工程因素外,在汽车车身及外饰设计时还需要对车辆的品质特征,造型风格,外饰材料的选用,色彩与纹理及车身的质感表现等要素传达出的人文含义进行研究设计,设计出更加符合不同年龄层次及定位需求的人性化的车身造型和装饰,满足使用者的人文需求。

2. 汽车内部设计

1)应用人因工程学进行车身室内布置设计流程

车身室内布置设计要综合考虑驾驶空间的实用性、可操作性、简便性以及舒适性等方面的因素,一般分为3种:①比较注重驾驶的乐趣;②主要是以舒适性为主;③前两者结合。这样才能满足人的生理与心理的需求,从而降低驾驶员的疲劳感和有效防止误操作的可能性,提高驾乘人员的舒适性与安全性。图 10-1 为应用人因工程学进行车身室内布置设计的程序框图。

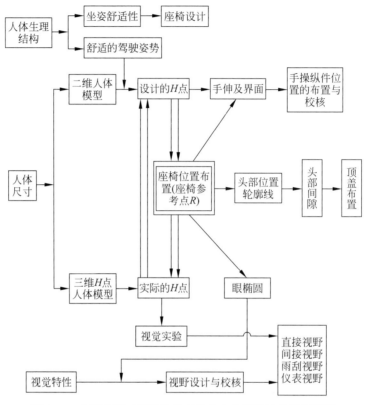

图 10-1 应用人因工程学进行车身室内布置设计的程序框图

在汽车设计中通常是采用第 5 和第 95 两种百分位(百分位表示具有某一人体尺寸和小于该尺寸的人数占统计对象总人数的百分比)的人体尺寸来确定汽车室内所有元件位置的布置,汽车的座椅设计应满足:将其调到行程最前端时,可以满足第 5 百分位的人体尺寸要求;将其调到行程最后端时,可以满足第 95 百分位的人体尺寸要求。即座椅布置设计满足 90% 的使用对象。

在现代汽车造型设计中另一实用工具就是以不同的人体百分位尺寸标准设计出的人体三维模型,这是检验内部结构设计是否符合人因工程学要求的基准,这些需要运用二维人体模型样板来实现。二维人体模型样板由人体的躯干部分、座椅靠背角基准杆、大小腿和脚(带鞋)等部分组成,如图 10-2 所示。

图 10-2 所示的人体各关节点如下:S_P 为肩点;H_P 为胯点,是躯干与大腿的关节点,车

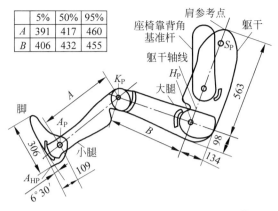

图 10-2 美国 SAE 标准中采用的 H 点二维人体模板

身设计中常称作 H 点;K_P 为膝点,是大腿与小腿的关节点;A_P 为踝点,是小腿与脚的关节点;A_{HP} 为踵点,是脚跟着地点,此时脚踏板在加速踏板上,是开始布置人体的基准。

汽车的实际 H 点是指当 H 点三维人体模型按规定的步骤安放在汽车座椅中时的 H 点,H 点三维人体模型除了用来确定汽车的实际 H 点和头部空间尺寸外,还可用来检验汽车座椅设计的合理性。

2) 汽车座椅设计

驾驶位置设计是实现舒适驾驶的关键,所以汽车座椅设计是非常关键的部分,它主要包括外型设计、结构布置、空间位置设计等。造型设计一般采用座椅近似弧面的设计,这类设计可对人体全身进行有效支撑,特别是对大腿及身体两侧的支撑。而头枕的设计力求保证颈椎自然摆放,减少长时间作业给颈椎带来的不适。结构设计应遵循以下原则:①座椅尺寸应严格按照人体尺寸要求进行设计,主要讲究舒适性;②座椅应可以调节,以适应不同人群的乘坐要求;③座椅应能使乘坐者保持舒适坐姿,根据靠背上体压分布不均匀原则,在设计座椅靠背时应首先保证人体背部和腰部的有效支撑合理性。

在汽车座椅设计时首先应保证形状和位置均符合两个支撑点:一个支撑点设置在人体的第 5~6 胸椎之间的高度上,一般设计为肩靠;另一个支撑点位于腰曲部位,一般设计为腰靠。肩靠的设计可以较好地减轻颈曲部的变形让颈椎自然摆放,腰靠的设计可以确保在正确坐姿下腰弧曲线的变形。座椅的结构材料和装饰材料应选取耐用、阻燃、无毒原料。由于座椅的材料是座椅的主要减振元件,所以要使驾驶员感觉到有较低的振动传递率和较高的振动舒适性的话,就应该选取合适的靠背与坐垫材料。座椅的空间位置设计目标是为了达到操作的舒适性,从而确保驾驶员有较好的视野范围,与此同时要保证汽车的转向盘和脚踏板等操作元件有适宜的操作空间距离,从而满足操作舒适性、方便性的最终目标。

3) 转向盘设计

在汽车内部设计中,转向盘一般为圆盘形,它符合人们的使用习惯,直径一般在 $\phi 19mm\sim$

$\phi 28mm$。圆形转向盘的结构相对简单,加工工艺性能较好,操控比较方便,更适合于转向角幅度较大的转向系,它使驾驶员有较好的路感和控制感,操纵方便。转向盘上还综合了若干功能,包括音响控制键、车载电话、悬挂调节键等。多功能转向盘的设计,使驾驶员可以直接完成对应作业而手却不用离开转向盘,有利于避免在驾驶过程中因分心而引发交通事故。确定转向盘布置的因素有:①转向盘倾角和最大直径;②转向盘与坐垫表面的最小距离;③转向盘最后边缘到人躯干中心线的最小距离;④转向盘最下边缘与人体大腿中心线以及座椅靠背的最小距离。

4) 驾驶室仪表空间布置设计

应根据人体的视野范围来合理安排显示器的位置,由于显示器数量多,很难保证每个元器件都处于其本身理想的位置,这就需要按一定原则来安排。为了认读方便,减少误读和提高认读效率,驾驶室仪表面板上的仪表位置应按照下述原则进行设计:

(1) 按使用频率和重要性排列。常用的主要显示仪表应尽可能地排列在视野中心位置 3°范围以内;一般性显示仪表安排在 20°~40°视野范围以内;不常用的显示仪表可布置在 40°~60°视野范围以内;对于 80°视野范围以外,人的视觉认读效率很低,不宜放置显示仪表。

(2) 按使用顺序排列。显示元件的排列顺序应与仪表的操作使用顺序相同,并且还应与仪表之间的逻辑关系一致。为提高认读效率和降低误读率,彼此有联系的仪表应尽量靠近些。

(3) 按零点方位一致性排列。在系统处于正常状态下显示器指针位置基本保持不变,只在异常状态下指针才发生变化,所以多个显示器设计时应当使其归零指向同一方向,从而便于发现异常情况和提高认读效率。

(4) 按视觉特性排列。在人的眼偏离视觉中心情况下,偏差距离相同时,人的眼睛对视野左上限的观察最佳,对视野右下限的观察最差,所以仪表排列顺序是从左至右、从上而下和顺时针方向圆周运动排列,水平范围大于垂直范围。此外,排列应尽量紧凑,以缩小搜索视野范围,降低视觉疲劳速度。

5) 操作元件布置设计

车身设计中,驾驶员的各种操纵装置均应布置在人体的操纵范围之内,并使其驾驶操纵处于最佳的动作和施力状态下。如根据手的操纵范围来确定转向盘、综合操纵杆、各种控制旋钮、开关键等位置;操纵手柄的布置位置应符合手的结构、操纵舒适性、驾驶安全性以及人机关系的合理性。在操作手柄设计时首先应考虑手柄的形状与手的生理特征相匹配,其造型应与手的结构相符合,并适宜于手的运动习惯;操纵时应尽可能做到只用手臂完成操作而不移动身躯;操纵手柄的直径不能太小,一般为 20~35mm,如果直径过小会引起因肌肉紧张而疲劳驾驶,而且操纵力一般在 30~50N 为最佳。

10.1.2 公交车人因工程设计

随着城市的发展和现代化水平的提高,公交车作为城市公共交通的重要组成部分,不仅担负着大众的日常交通的使命,而且从一个侧面反映了该城市现代化的发展程度。公交车已经不再是简单的代步工具,人性化、智能化成为新一代公交车发展的方向。

1. 公交车外部设计

1) 造型

由于大部分公交车都在市区内运行,道路平整,因此,公交车可采用低地板设计,车内地板高度可降至 0.4m 左右。此举不仅能保证乘客上下车的安全和效率,还可以大大提高车辆行驶的安全性。由于底盘低,车身侧窗下沿也可以相应降低,从而扩大车窗面积,这一方面可以拓宽乘客的视野,让乘客在旅途中尽赏美景,增加见闻,另一方面可以加强车厢的采光,使车内明亮温暖,旅途惬意舒适。前门应在保证刚性和安全的情况下尽量使用玻璃材料,使驾驶员能够更好地观察到车站上的老人、小孩等乘客以及车外的情况。车头上方可安装一块挡雨板,由于公交车前挡风玻璃面积太大,当雨较大时,雨刷器的效果可能不是特别理想。

2) 色调

目前,大多数城市公交车的外部形象设计并不理想,车身颜色或是千篇一律,从远处无法区分,或是车身广告过于繁杂,使得公交车成为城市视觉污染的制造源。公交车的色调设计应从城市自身特点出发,在城市整体规划的基础上设计出公交车的主要线路色调。对于北京、西安这种典型的"四方"城市,可将东南西北 4 个方向定以不同的颜色,如南方为红色,北方为蓝色,那么,南北方向行进的公交车的主色调就是蓝红色。对于上海这种商业区、生活区、娱乐区相对清晰的城市,可以根据各区功能的不同饰以不同的颜色,如通行于商业区的公交车色调可以亮色为主,通行于生活区的公交车色调可以平静的淡色为主。公交公司在承接广告时应考虑广告主题是否与车身色调差异过大,如是,则应综合考虑公交车的城市窗口作用,切不可仅仅考虑经济效益。公交车不同色系的区分可以使人分清公交车的行车范围,也能有效消除无序广告带来的视觉污染。另外,需要注意的是,车尾最好无广告,即使有也应采用一些色彩不太鲜艳,或者不太吸引眼球的广告,以免分散后方车辆驾驶员的注意力。

2. 公交车内部设计

1) 驾驶室

(1) 驾驶员座椅。

由于职业需要而长时间保持坐姿的人易患上腰、背等疾病,特别对于驾驶员而言,设计不合理的座椅不仅会增加职业病发生的可能,而且由于坐姿的不正确和身体的不舒服,也使发生交通事故的危险大大增加;因此,驾驶员座椅在整个公交车的设计中至关重要。座椅设计的原则就是保证驾驶员在长时间驾驶过程中能够感到舒适,减少职业病和安全事故发生的概率。

在坐姿状态下,支持人体的主要结构是脊柱、骨盆、腿和脚等。根据人体数模结果可得到高靠背椅的参数范围:靠背倾角(与水平面)范围为 95°～110°,高度应达到肩部,范围为 52～56cm,宽度约为 48cm,且靠背角度、座椅高度均可调节,以满足不同身高驾驶员操作的需求。值得注意的是,不要一味考虑舒适而将座椅倾角随意加大,由于公交车车身高大,过大的靠背倾角将产生视野盲区,导致驾驶员看不见较低位置的路况和车况。

(2) 后视镜。

后视镜是驾驶员观察次数最多的汽车部件,充当着驾驶员"后眼"的角色;然而,现在很多公交车的后视镜设计并不合理,特别是远离驾驶员一方的后视镜。据调查,大部分驾驶员都需要将身体调整一定的角度(根据身高)才能不受右 A 柱的影响。虽然现在不少公交车都安装了电子摄像头,辅助驾驶员更好地观察后门乘客上下车的情况,但不少驾驶员还是习惯性地借助后视镜来判断。更重要的是,右后视镜是驾驶员观察进出站、乘客上下车情况及后面来车情况(公交车速度较慢,容易被超车)的主要工具,同时也是公交车及时避让他车超车、并线的工具;因此,后视镜的角度和大小应根据驾驶员的身体数据及驾驶习惯确定。由于公交车车身宽大,右后视镜应选用变弧度大面积镜片,同时,应在仪表盘附近安装机械或者电子装置,使驾驶员在座位上就能够调节右后视镜的角度,方便不同驾驶员操作。

另外,遇到下雨时,后视镜常常会被雨淋得很模糊,导致驾驶员只能看到后车的大致轮廓,且不易分清远近,造成一定的安全隐患;因此,在设计之初就应考虑这一情况,对于中低档公交车,可为其后视镜安装一个雨挡,材料和具体参数因车型而异,对于高档公交车,可使用加热装置,通过加热将后视镜上的水汽蒸发掉,这种方式较前者有效,但成本较高。

(3) 转向盘。

转向盘是驾驶员在整个驾驶过程中接触时间最长的部分,转向盘设计得不合理将大大增加驾驶员的操作强度,使驾驶员极易疲劳。由于同一公交车的驾驶员并非一人,转向盘可设计为高度和倾斜度可调整(目前大都是调整座位),并通过一个机械气动装置锁死或者打开,以适应不同身高体型的驾驶员操作。锁死装置是为了防止驾驶员在操作过程中转向盘角度或者高度突然变化而造成安全隐患。对于高档公交车,可设计转向盘记忆装置,将常用的高度角度组合进行存储,以减少驾驶员的调整时间。转向盘表面应采用略微粗糙的材料增大摩擦因数,以减小驾驶员的操作强度。

2) 乘客区

(1) 车厢内扶手及栏杆。

目前,公交车车厢内扶手及栏杆基本上为无变化的竖直和水平布置,不能满足不同身高乘客的需要。靠近竖直栏杆的乘客相对好些,无论身材高矮都还"有杆可拉",远离竖直栏杆的乘客就只能拉扶水平栏杆,常会出现身材较小的人够着费力甚至够不着的情况,而身材较高的乘客在抓握相对较低的栏杆时也会出现"使不上力"的情况。这就导致较高或者较矮的乘客在手握水平栏杆时都容易产生疲劳,在紧急制动状况下还可能造成腕部拉伤。鉴于此种情况,建议采用以下 2 种设计方案。

一是渐变式栏杆设计。栏杆不是统一的高度,而采用渐变式设计。低矮部分采用竖直栏杆,达到一定高度(根据 95% 的国人生理尺寸标准,约为 175cm)就采用横跨渐变式设计,可以设计成靠近车厢两侧的栏杆较低,靠近车中间部分较高的半圆弧设计。这样,可以尽可能地使大部分乘客在抓握栏杆时感觉比较舒服。另外,还可在车内靠近通道的 2 排座椅椅背上端安装固定的拉手,以方便身材较矮的乘客抓握。

二是可调节式拉手设计。将水平栏杆设计得较高,然后在上面安装若干个拉手(类似于地铁拉手),拉手通过一段皮带和栏杆相连接。皮带的长度不是固定不变的,而是设计成类似于安全带那样可以调节的,这样就方便了不同身高乘客的需要,有效避免了因紧急制动等情况对人体的伤害。另外,对于车厢内空间相对较大的位置(如车厢中部),可以设置更多立柱与扶手,尽量让更多的乘客抓扶到舒适的拉手。

(2) 乘客座椅。

乘客座椅在具体的设计原则和参数上同驾驶员座椅类似,但椅背倾斜度可稍小些。一方面,公交车乘客的乘坐时间相对较短,无需较大的倾角来倚靠休息;另一方面,较大的倾角势必造成前后座椅之间的距离增加,从而大大减少车厢内座椅的数量。由于公交车底盘较低,使得车轮正上方形成较大的凸起,因此,车轮正上方的座椅可以适当加以调整,以方便乘客放脚。在宽大的车身中部,可以设置一竖排形同火车卧铺车厢座椅的可收缩座椅,面向车门,当乘客较少且有大件物品时,座椅就可以收缩起来,以方便存放物品,当乘客较多时,可将座椅放下,供乘客乘坐。另外,椅背和坐板边缘宜采用圆弧设计,尽量不要出现棱角,以免在紧急制动过程中导致乘客特别是站立乘客划伤。

(3) 空调。

现在的公交车一般将空调通风口设计在乘客座椅的正上方,空调一旦开放,冷空气将直接吹向乘客的头部,时间一长,难免引起头部不适。若将通风口进行调整,势必会对周围的乘客产生影响。因此,可将通风口设计为面对中间过道,且开口可在水平面内 360°调节。

(4) 报站系统。

尽管目前大部分公交车都实现了语音报站,但在实际操作中还是存在不便之处。首先,对于聋哑人来说,语音报站就会失去应有的作用;其次,语音报站只能报告当前到达的站点,那些对线路不熟悉的乘客可能在车停稳后才知已到目的地,这在一定程度上影响了公交车的效率。因此,可设计成智能报站系统,将公交车的所有站点形象化,用一个个发光二极管代表。当公交车通过某站时,代表之前站点的二极管全部点亮,而未到达站点的二极管全部关掉。这样,乘客就能有效地对自己的行程做出判断,并且聋哑乘客也可方便地通过此种方式识别何时下车。

(5) 一些小件的安放。

随车的一些清扫工具如扫帚、拖把、垃圾箱在车内没有固定的存放位置,特别是垃圾箱,在车身摇晃的时候会移动,可以在车内使用率很低的区域如靠近后门的座椅下部(无后排乘客),根据常用工具的尺寸单独设计储物仓及垃圾箱固定装置。

3. 人因工程在 DQ 市公交车内设施及环境设计上的应用

安全舒适的驾乘环境能够吸引更多的市民选择公交出行,有利于缓解城市交通拥堵和环境污染。有研究人员以 DQ 市为例,对该市公交车实际情况调查分析,运用人因工程的原理和方法,分别对公交车座椅结构和布局、车内色彩和车内空气质量 3 个方面进行了改善设计。

1) DQ 市公交车内部环境现状

随着经济发展和城镇化水平不断提高,DQ 市周边农村人口大量向市区转移,导致城区人口急剧增长,需要公交车线路和里程数迅速扩大,公交系统的发展受到了 DQ 市政府的重视,逐渐形成了较为合理的公交网络。但是,通过调查访谈发现,有超过 50% 的乘客对乘坐公交车感到不舒适。究其根源主要是公交车内部设施环境存在不足,集中体现在以下几个方面。

(1) 座椅结构设计不当,乘坐时舒适度低,座椅布局空间利用不合理,形成空间浪费。

(2) 从乘客的心理角度看,车内的单一色彩会产生烦闷感和不适感。

(3) 车内空间封闭空气流通差,易引发乘客头晕、恶心,甚至呕吐等不良反应。

针对上述问题和不足,基于人因工程学视角,对 DQ 市公交车车内设施和环境提出若干改善设计,以提高 DQ 市公交车驾乘的舒适度和安全性。

2) 车内座椅分析及设计

DQ 地区卫星城式的城市布局决定了各个区之间距离较远,跨区运行的公交车较多,且具有车程长、中间站点换乘人员较少的特点,所以乘客都希望在公交车上能有座位可坐。但是,公交车内的空间是有限的,如何提高车内空间利用率,尽可能多地安排座位就变得非常有必要。根据实际调查,DQ 地区大部分公交车有 36 个座位,座椅排列结构多为单个,间隔没有充分利用,造成空间的浪费。同时,根据实际测量,座椅椅背高度为 660mm,座椅宽度为 440mm,座椅深度为 420mm,没有从生理学的角度考虑乘坐的舒适度问题。为此,根据人因工程原理,对公交车座椅的尺寸和分布排列进行了如下改进设计。

(1) 座椅尺寸修正设计。座椅尺寸修正的原则是根据人体坐姿的生理数据,保障绝大多数乘客的乘坐舒适度。参考《中国成年人人体尺寸》数据,具体见表 10-1。

表 10-1 人体标准坐姿尺寸数据

性别	百分位数/%	坐高/mm	坐深/mm	坐姿臀宽/mm	小腿加足高/mm
男	5	858	421	295	383
	95	958	494	355	448
女	5	809	401	310	342
	95	901	469	382	405

结合效率和成本的综合考量，以满足绝大多数乘客为基本原则，采用第 95 百分位作为设计座椅尺寸的上限。由表 10-1 可知，除了坐姿臀宽以外，男性坐高等数据均大于女性。因此以男性第 95 百分位的坐高、坐深及小腿加足高尺寸，女性第 95 百分位的坐姿臀宽尺寸为设计座位的依据。具体设计如下：椅面高度为 448mm，座椅深度为 494mm，座椅宽度为 382mm，椅背高度为 958mm。调整后的座椅尺寸更符合大多数乘客生理特点，且调高座椅靠背有助于对乘客头部的支撑，显著提高了乘坐舒适度。

(2) 座位排列布局设计。采用长条式结构可以提高空间利用率。根据测量发现，公交车车内长度约为 11m，前后两个车门宽度共计 3m，采用长条式座椅排列后可以安排 44 个座位，比现有公交车增加 8 个座位，极大地提高了空间的利用效率。

3) 车内色彩分析与设计

公交车内的色彩对于保持车内乘客的良好乘车体验是至关重要的。研究表明，适当的色彩刺激有助于保持心情愉悦和心理平衡，不同的色彩对人们的心理影响也有很大的不同。据笔者调查发现，DQ 市公交车内部色彩比较单一，色彩的选用和搭配没有考虑色彩对乘客心理影响的问题。现基于人因工程原理，提出几点色彩设计建议：

(1) 随季节变化而改变车内色彩设计。DQ 地区属于温带大陆气候，四季分明且冬季寒冷，夏季炎热。因此冬季车内应该以暖色调为主要色彩，例如红色、橙色等颜色，会给人以温暖和积极热情的感觉。夏季车内应该以冷色调为主要色彩，例如蓝色、淡紫等颜色，会给人清凉的感觉。随季节变化改变车内主色调有助于提高乘坐的舒适度。

(2) 运用浅色渐变交叉设计。浅色渐变交叉设计能够改变人们对空间结构的认知感，产生扩大车内空间的视觉效果。公交车的公共交通性质决定其载客量较大，尤其在高峰期车内会非常拥挤，人们容易产生窒息感。为此可以将车内由底部到顶部设计成浅色渐变交叉颜色，有助于缓解乘客的心理不适感。

4) 车内空气质量的分析与设计

据笔者调查，DQ 地区公交车 90% 以上已经采用全封闭车窗。由于乘客不断呼出二氧化碳，再加上公交车本身散发的有毒气体及细菌和悬浮颗粒物等，使得公交车内空气质量非常差，而全封闭车内往往通风换气设备不足。这一方面容易导致乘客出现气闷头晕，甚至恶心呕吐的现象，另一方面也容易导致驾驶员不适感，增加发生交通事故概率。为了乘客和驾驶员拥有安全舒适的乘车和驾驶环境，设计以下改进措施。

(1) 净化空气及改善空气循环设计。车载空气净化技术目前已趋于成熟，该技术通过负离子、光触媒、静电集尘等手段实现对车内空气的有效净化。公交车内安装车载空气净化器不仅能清除甲醛等有害气体，还能吸附车内空气中的灰尘细菌及悬浮颗粒物。另外，据笔者调查，DQ 市公交车内普遍安装空调，可以通过内循环和外循环交替使用的方式改善车内空气质量。空调内循环可以在短时间内达到设定温度，但是车内空气与外界隔绝，容易导致空气质量下降；空调外循环可以使车外空气参与车内空气的循环形成对流，但是达到设定温度会用较长时间。因此，建议公交车驾驶员交替使用空调内循环和外循环，以达到改善车内空气质量的目的。

(2) 采用绿色环保材料。车内设施应该采用符合生态环境标准的绿色环保材料,以减少甲醛、甲苯等有毒有害气体的挥发,从根源处断绝有害气体对公交车内驾乘人员的侵害,确保提供安全而舒适的驾乘环境。

10.1.3 自行车人因工程设计

自行车设计中的人因工程学不仅包括了车身整体设计的合理性外,还要考虑自身和与用户的磨合度。这包括了车子的前部分(前叉、前避震、前轮、把手、立管)、中部(车架、坐管、坐管避震器、大齿盘、曲柄)、后部分(后轮、飞轮、变速器、后货架)。

1. 人体测量数据在自行车设计中的运用

为在自行车设计中正确使用人体测量数据,应遵循以下基本步骤:

(1) 识别所有与自行车设计相关的人体尺寸;
(2) 确定预期的用户人群;
(3) 选择一个合适的预期目标用户的满足度;
(4) 获取正确的人体测量数据表并找出需要的基本数据;
(5) 确定各种影响因素,并对从表中得到的基本数据加以修正。

与自行车相关的人体测量学相关尺寸如下,静态:手宽、脚宽、前臂宽、臀宽、跨宽;动态:臂的功能极限尺寸、腿的技能极限尺寸。

目前市场上自行车的样式各异,品种繁多,按照自行车的尺寸大小可分为:童车(kid bike),12~20 英寸;成人车(normal bike)20~28 英寸,700CC 等,根据这些数据设计自行车的尺寸。例如,要确定鞍座的可调节范围,可依据百分位参数座位设计鞍座的高低范围。不同类型的车功能不同,结构形式尺寸也不相同。轻便车要求骑行舒适,轻快;运动车不但要骑行轻快,更要便于运动员体能的最大限度发挥;而电动自行车同样也要求骑行轻快从而减少蓄电池能量的消耗,同时要减小由于限度快对骑行稳定性的影响。

2. 自行车性能与人体因素之间的关系

如图 10-3 所示为人体自行车骑乘图,影响自行车性能的人体因素有以下几点:

1) 人的自身素质与体格

假设人身高为 H,其他身体各部分机能与 H 成正比,并且与力量 H_2,骨骼横截面 H_3 成比例。例如,手臂、大腿、小腿的长度与身高成正比,手臂力量、骨骼强度与身高成正比。但是实际上每个人的个人身体因素不同,常常有 25% 以上的偏差。

2) 人体的下肢力量

骑车人的下肢肌是自行车前行的原动力,即下肢体肌力。人骑车的时候,骨骼的肌肉会通过内部化学能转换为肌肉收缩和舒张所释放能量即机械能。腿肌收缩出力,就好比是自行车脚蹬转动的发动机,一般说腿肌长的人会比腿肌短的人有利。一般与肌肉的截面积成

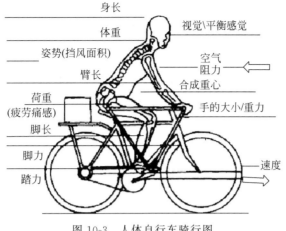

图 10-3 人体自行车骑行图

比例,约为肌肉收缩时产生的力,即每平方厘米 50～60N,通过特殊训练的人可提高到 75N。

3）人体的输出功率

骑车人的体力、持续时间、骑车姿势和速比等根据人体所产生的输出功率变化而变化。一般来说,成年人的最大输出功率为 0.8～0.9 马力(大约 0.52kW),能持续 11s 左右。如果持续时间超过 20s,那最大输出功率就得减小,持续 1h 后,只有 1.1～0.8 马力(0.06～0.13kW)。

4）脚踏旋转速度

自行车运动与人的心脏的跳动节律保持一定关系,通常来说是非常有规律的。一般成年健康人心跳为 70～80 次/分,一般脚踏以 60 次/分较为合适。设计自行车传动比时,常以这一常用速度作为相关设计参数。

5）人的骑乘的平衡性

人的平衡性是影响自行车速度的一个重要因素,假如一个人的平衡性过差,那么再好的自行车也不能平稳地前行。

6）人手与手的握力

刹车是家用自行车必须存在的部件,人的手和握力,是影响自行车刹车行动的主要因素,根据人的种类和性别不同,手的握力大小都不相同。据测试,为了长时间施力于闸而不致使手有疼痛的感觉,一般只用最大握力的 10% 左右便能得到必要的减速度。

3. 造型在自行车设计中的独特性

1）造型在自行车设计中的研究

造型是自行车外在的形象,是消费者十分关注的元素,它是我们关注自行车的基本点、出发点,会给人们最直接的反映。设计师们通过设计自行车的材料、造型、操作界面、色彩等,来引发消费者积极的情感和心理感受,世界上的国家、民族、地区都有自己独特的宗教、政治因素、文化信仰,都会对产品造型产生很大的影响。现代自行车自诞生以来经过了100多年的历史,起先是以欧洲形式的文化传入世界其他各国,后经过各国的文化,与当地消费群体的使用方式进行混合,产生了当今世界自行车的文化。这就要求设计师在把握设计潮流时,能针对性地对受用群体进行专门性的设计。

例如,图10-4所示为美国设计师为美国空降伞兵设计的"悍马折叠自行车",其硬度感很强,给人体现出一种结实,但又便捷的视觉效果,符合美国伞兵的特征——勇猛、灵活。更重要的是,这样的设计使该自行车成为美国伞兵便捷的战地交通工具。

图10-4 美国悍马折叠自行车

2) 自行车的鞍座设计

作为自行车设计中的鞍座设计,它必须符合人性化设计中的人因工程学,鞍座是骑车人为了驱动操纵自行车而乘坐的座位。

鞍座的一般形式可分为无簧式、双立弹簧式、三立弹簧式和大尾弹簧4类。传统形式的鞍座座底采用金属、合成树脂或乙烯人造革,鞍座面采用牛皮革等。鞍座的使用材料大体上为乙烯人造革、牛皮革、合成革及合成树脂等。

鞍座按用途分类是最适合的。传统的鞍座设计,为了满足不同使用人群的需求,还可以根据设计结构分为一般车辆用鞍座、小型轮胎车用鞍座、便捷车用鞍座、童车用鞍座和运动用鞍座等。骑车人的人体特点和乘坐目的,决定了鞍座的尺寸与形状的基本条件,这也是人性化设计在自行车设计上的基本条件。例如,在城市低速的骑行,乘车人的上身姿势是直立的,骑乘时间长,鞍座承受人体体重的分力大,因此,鞍座的设计应该以舒适性为第一设计性原则。这种要求是不能使臀部有疼痛的感觉,因此要增大鞍座面的受力面积,减少压力,同时尽可能使用减震弹簧。而运动类型的自行车,多是高速行驶,姿势多向前倾斜,因此鞍座上所受到的体重的分力也相对小,并且高速骑行所需要的驱动力加大,脚蹬踏的力也随之增大,同时反作用力也相应增加。实际上鞍座上的体重分力要减去这个反力,因此,设计鞍座时,鞍座的面积变小。

4. 材料在自行车设计中的独特性

除了车架的造型对使用者有很大影响外,车架所使用的材料也是重要的因素。自行车的使用材料主要指车架所采用的材质,自行车的材料除了有以往使用的铬钼钢以外,还有铝、钛、碳纤、镁等不断出现的新材料,出现了不少用这些新材料制成的车架。

1) 铬钼钢车架

优点:

(1) 易加工。

历史最悠久的车架要数铬钼钢的车架,铬钼钢也是人们运用时间最久的材料。因此,无论是加工还是焊接工艺,大多数工厂已经娴熟运用。

(2) 冲击的吸收性能好。

骑乘感极强,弹性好,因为铬钼钢组成的车架可以吸收车体震动带来的冲击力。

(3) 焊接工艺简单。

铬钼钢的焊接工艺相对其他材料来说简单,而且也不需要经过 T4/T6 等热处理,因此操作相对简单。

(4) 价格低廉。

因为钢材本身的价格相对铝合金、钛合金等其他材料来说便宜,所以被大量运用到自行车设计中。

缺点:

(1) 防锈能力差。

铬钼钢在没有添加其他金属的情况下,很容易和空气发生化学反应而生锈。因此一般情况下,铬钼钢必须进行表面处理的工序,但是在自行车使用过程中,很容易出现车架的磨损,因此,磨损的区域很容易产生锈斑。

(2) 抗疲劳度差。

铬钼钢虽然硬度比较大,但是柔韧性比较差,即当铬钼钢第一次弯曲后,即使回复原位,但是强度大大减弱。例如,铬钼钢车把在经常使用后,很容易产生形变,或者自行车发生意外的冲撞后,将会大大缩短自行车寿命,或者当你在踩踏脚踏时感觉不够顺畅,那么有可能金属已经发生了疲劳。

2) 铝合金车架

优点:

(1) 车架量轻。

铝比铁的密度小,但是强度比较软,通过热处理制成合金是增加其强度的一种方式。时效析出增强法是常用的一种热处理方式,概括地说,通过热处理方式阻碍金属的变形。时效析出会在高温热处理情况下伴随出现,假如车架没有经过该程序,便会产生常温时效。

6061T6 和 7055T6 是铝合金车架的常用材料。T6 标志即表示之前经过 T4 处理和热处理。假如没经过热处理,那么其强度只会比原铝强度硬 1/5 左右。

但是,某些自行车零件(7055 铝),严格来说,它并没有经过热处理。它是常温时效的,并没有时效性的产生。但是 7055 铝本身的硬度就相当高,假如再进行热处理,其强度可高出一般铝的 5 倍。

除此之外,7005 铝是一种常见运用于车架的材料,虽然它的硬度没有 7075 铝高,但是它在普通的温度下,依旧能够进行时效反应。7005 铝也可以制作成车架的支撑薄片,但是材料本身的可塑性很低,弹性不够大,所以经常见到的 7005 铝的直径都比较大。

(2) 外观长时间不容易产生形变。

铝是属于一种被腐蚀的金属物质,没有被氧化的铝基本是不可能存在的,在被氧化的过程中,铝的表面形成一层很薄的氧化膜。该氧化膜可以在一定程度上保持内部的铝材质不被氧化。氧化膜是一种白色不容易被发现的薄膜。

近来许多商家为了谋求暴利,很多车架都被制作成超薄的形式。这些车架的疲劳度都相当的低,因此出现问题的概率相当大。

缺点:

铝的弹性和韧性相对其他车架材料较差。因此采用的车架管子比较粗、管径比较大,并且都需要进行热处理才能使用,否则强度不够。然而热处理设备一般相当昂贵,中小规模的工厂一般无能力购买设备,尤其是 7005 铝以上的金属管材,多数情况下,必须指定厂家进行热处理。

3) 钛合金车架

优点:

(1) 可以制成量轻且高强度硬度的车架钛。

金属属于质轻强度高的稀有金属,即使在钛金属中添加钒和铝,强度相对于铝合金来说也是很高的,有利于各种自行车厂商进行设计。

(2) 抗腐蚀性强不易生锈。

钛的适应能力很强,即使在很潮湿的环境下也不容易生锈,即使存放多年,色泽一样多彩艳丽。

(3) 骑乘感好。

钛合金常常用于前叉避震或者后避震的弹簧上。用钛合金制成的自行车车架韧性高、质量轻,便于长时间骑行。有些专业骑手认为,钛合金的车架骑感好、柔软性强,但是也有人仅仅喜欢铬钼钢,他们认为铬钼钢车架可吸收的力道和冲击性更好,并且视觉上,因为铬钼钢的车架管径比较大,看起来会有更强的视觉感。

缺点:

钛合金属于稀有金属,因此价格昂贵。钛在自然界以二氧化钛的形态存在,提炼二氧化钛的技术要求很高,并且成本大,有风险。并且钛合金之间的熔接难度很大,因为当钛合金与空气接触后,马上形成二氧化钛,当钛金属形成二氧化钛时,二氧化钛部分由于相当的脆,会导致接触面硬度下降。因此焊接钛金属与钛合金时,得使用昂贵的惰性气体来进行。但最近有些高端的铝合金车架比钛合金车架贵,这从侧面表明了钛合金的工艺提高了。

4）碳纤维车架

优点：

（1）可以制作质轻韧性好的车架。

碳纤维车架之所以强度高，是因为其内部的碳纤维结构是对着发生应力的方向层层叠加。因为碳纤维内部的密度低、拉伸强度大，所以其车架质轻而韧性大。

（2）冲击吸收性好。

碳纤维可以用来制作各种攀爬用的山地车，或者其他要求弹性大的领域。还有一些自行车利用碳纤维弹性大的功能，可以不采用避震器。但是因为各个工厂之间的工艺差异比较大，因此不同厂家的车架韧性不一样。

（3）车架的形态多样化。

因为碳纤维的可塑性比较强，因此可以塑造多种多样的车架。

缺点：

（1）成本高。

碳纤维是构成碳纤维车架的重要组成部分，它的可拉伸强度高，但是天然的碳纤维韧性不够，需要通过加工才能提高。然而各加工厂家的技术有限，因此加工碳纤维车架的价格和成本较高。

（2）尺寸单一。

由于碳纤维车架是铸模成型，当尺寸结构变化时需要重新铸模，因此成本提高，使得碳纤维车架的造型单一。

（3）在阳光下容易老化。

碳纤维若在太阳下长期暴晒，会产生严重的老化现象，因此长期在户外的碳纤维自行车的色彩容易产生变化。

10.2　交通设施人因设计

交通设施指的是交通运输中，必要的工具（包括车辆、船舶、飞机）、机械设备、场地、线路、通信设备、信号标志、房屋（包括车站、仓库、候车场地、售票场地）等。根据交通流的需要及地形、地物的情况，道路上必要时应设置人行跨路桥（包括地下人行横道）、栅栏、照明设施、视线诱导标志、紧急联络设施及其他类似设施。作为城市基础设施建设的基础，交通设施不仅是交通系统的重要组成部分，也是城市居民的安全保障。城市交通设施人性化设计强调以人为中心，推崇以人为本的理念，城市交通设施的人性化设计，将人的因素放在规划设计的首要位置，其规划设计的初衷便是为人们在城市中的出行提供便利。同传统的城市交通设施设计相比，人性化设计在充分考虑交通设施功能性的基础之上，更为重视人性化关怀，注重使用者的感受，不仅要满足城市居民出行基本需求，同时要确保交通出行安全、高效、舒适、文明以及环保。

10.2.1 道路设施人性化设计

在道路交通设施中运用人性化理念,应坚持满足人们的个性化需求,为人们的出行提供更多的便利,以保证人们的出行安全为基本出发点。例如合理设置信号灯、各种道路交通标识要醒目、为满足盲人需求设置盲道等。在设计中体现人文关怀,例如在候车点设置座椅、遮阳挡雨棚、站台高度要和车地板高度相适合。在道路施工材料的选择上,应更多地选用环保材料,减少环境污染,保证行人身心健康。为了保证人们的安全需求,在一些偏僻路段增设路灯、警示牌等,以保证人们的夜间出行安全,公路上加设防护栏等保护设施,人流密集的路段增设人行横道、把道路和站台分开等,满足人们的心理诉求,体现人文关怀。

1) 人行横道的人性化设计

人行横道的设计在一定程度上可以使得城市道路交通设计方案更加完善,因此对人行横道进行高质量、高水平的设计显得尤为重要。在人行横道人性化设计过程中,第一,应保障人行横道的光滑度和密实度,从而能够满足出行者对人行横道的需求,可以采用防滑砖进行铺设,如图10-5所示,这样可以有效避免不良天气带来的影响。另外,在人行横道铺设过程中不必采用鲜亮的色彩和图案。第二,设计师在实际设计过程中,应妥善处理好人行横道与各单位门口上车坡道的关系。在传统的设计中上车坡道往往会低于人行横道15cm左

图10-5 防滑人行横道

右,是一种较为普遍的设计方式。但由于一些单位的出行车辆较少,坡道使用频率不高,所以,在人性化人行横道设计中,应重点考虑单位门口的上车坡道与人行横道坡道相并联,可以使用不同的建筑材料进行区别,这样可以起到提示的作用。

2) 非机动车道设计中融入人性化设计理念

在我国城市道路建设过程中,由于并未做好市场调查,导致各种功能的交通道路并未明确自身的意义,使得车辆行驶在城市道路中,在一定程度上给出行者和机动车带来影响,增加交通事故的发生率。因此,在非机动车道设计过程中,不仅需要融入人性化设计理念,而且还应根据相关条例和条款对非机动车道进行合理设计,即根据车道数计算道路宽度。在自行车车道与人行横道设计中,可以采用彩色沥青和灰白色彩砖进行铺设,这样不仅可以起到区分的作用,而且还可以带来良好的视觉感受。除此之外,在非机动车交叉路口还应设置相关障碍物,这样可以限制车辆的前行和转弯。

3) 机动车道设计中融入人性化设计理念

在整个城市道路安全设施设计过程中,机动车道的设计十分关键。经济的快速发展,人们精神和物质水平的提高,促使越来越多的人拥有机动车辆,导致城市道路压力增大,为保

障机动车道交通的顺利通行,可以在机动车道设计中融入人性化设计理念。因此,在车道宽度设计过程中,应对机动车辆的宽度和两车的安全距离进行综合考虑,而两车的安全距离与车辆的速度有着密切的联系。如果驾驶员在实际驾驶过程中,由于人为因素的影响,造成转向盘偏移,很可能会使得两车之间的安全距离发生偏移。所以,在对安全距离进行设计时,应充分考虑上述因素,才可以在一定程度上避免交通事故的发生,实现缓解道路压力、保障出行者安全的目的。

4) 临时停车场设计中融入人性化设计理念

随着人们生活水平的提高,私家车不断增多,机动车辆停放混乱现象日趋严重,城市用地越来越紧张,临时停车场的人性化设计的重要性更加凸显。根据路段的具体情况,如图 10-6 所示,可以通过合理收费和停车时限,把一些较宽的人行道设计成机动车辆的临时停车点,并加强各个路段的管理和日常维护,既合理利用了人力资源,解决了一些人的就业问题,又对机动车辆的停车压力起到了一定的缓解作用,规范了停车秩序,促进了交通安全。

5) 道路休闲广场人性化设计

土地资源紧张是我国面临的严峻问题,随着城市的不断发展,城市人口增多,居民的生活空间越来越小,特别是繁华的中心地带,景观、绿地逐渐减少,无法满足人们对休闲、娱乐的精神需求。加强对道路休闲广场的人性化设计更加必要,可在居民生活区域的人行道或者非人群密集处增设一些小型的休闲广场,供居民健身、娱乐、休闲,丰富人们的精神生活如图 10-7 所示。

图 10-6 人行道停车位

图 10-7 道路休闲广场

6) 道路绿化融入个性化设计理念

在城市道路交通中道路绿化可以起到美化的作用,并发挥着十分重要的作用。经济带动人们物质水平的提升,使得机动车辆成为人们日常出行的必备品,但也加剧了城市污染的发生,在一定程度上制约着人们的生活和出行。所以,设计师通过对道路进行绿化,既可以改善道路行驶环境,而且还可以缓解出行者的疲劳,带来身心愉悦的感受。

10.2.2 道路交通安全设施人性化设计

随着我国经济的发展和汽车普及率的提高,城市交通发展的安全性面临着极大的挑战。

城市道路的服务对象是城市中的每一个人,因此更加人性化的设施应该符合不同类型的人的需求。在设计城市交通设施的过程中,要把以人为本、服务人民、贴近人民的设计理念放在首位,这样才能使基础交通设施满足人的需求,方便人们使用它的功能。

1. 城市道路交通安全设施设置的原则

为了道路安全通行水平的提高,有必要进行科学合理的道路交通安全设施的设计。一方面提高道路通行的安全性,另一方面要为人们提供准确、及时的道路信息,做好对车辆的正确引导与车流量合理控制,做好道路分流。

1) 适度防护

为了提高道路通行的安全性和减少交通事故,可在道路上设置交通安全设施,但是这并不意味着有更多交通设施的道路就更加安全。例如,信息过多会对驾驶员造成干扰,若在路段设置的交通标志太多,则驾驶员可能无法及时接收到所需要的有用信息,可能会产生减速行为,导致尾随相撞事故的发生;再如,原本一些用作警告的隔离装置是为了避免车辆驶入危险路段,然而,设置太多会增加车辆与设施本身之间摩擦的可能性,从而增加驾驶风险。

2) 完善交通安全设施

交通安全设施设计得不完善很容易导致交通事故发生(图 10-8)。比如,部分居民居住区没有交通安全标志,如减速和警示安全标志;或者某些社区安装了监视器,但仅用于防止盗窃,而未起到提高交通安全的作用。因此,道路交通的安全不应局限于交通的表面,而应在每个方面加以注意。由于小区内房屋密集分布,容易出现盲点,而且居民自我保护的交通安全意识薄弱,容易忽视交通问题。

图 10-8 居民小区出入口安全设施

3) 系统进行规划与设计

城市道路交通安全设施的种类众多,虽然它的角色不同,但目的都是确保城市的交通畅通无阻。因此,设计师应将其视为城市道路中的系统,应该考虑它们是否与其他设施的形状和颜色一致,并且在功能上对应。比如,常见的交通锥(见图 10-9)、防撞桶和水马围挡在具体使用环境和功能方面有所不同。但就颜色而言,它们都使用安全色,并在表面有反光条。这样可以通过系统设计中的相关元素使驾驶员识别不熟悉的交通设施,做出正确的驾驶判断。

2. 人性化的城市道路交通安全设施规划与设计

1) 人性化的标志规划与设计

在设置交通标志时,首先应将准确、快速地向道路使用者提供信息这一观念放在首位,并应充分考虑道路的线形条件、交通条件和沿线设施,根据交通标志的具体类型进行设置;

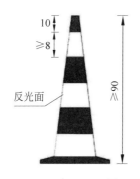
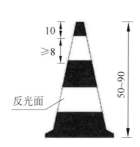

图 10-9　不同尺寸的交通锥

有效协调道路的线形条件和周围环境,使其更加美观;路段上标志的信息要确保驾驶员有足够的反应时间进行识读;同时应避免交通标志之间的相互遮挡。

2)人性化的护栏规划与设计

护栏的存在是为了有效保护人员安全,降低发生交通事故产生的危害。在进行护栏的设计之前,应确定驾驶员的视觉感知与护栏约束之间的平衡,例如,分析护栏和驾驶员外界刺激,找到驾驶员的记忆,对比和感知与护栏之间的作用点。实践证明,在开放的环境中,人们会出现心理变化,如脉搏速率加快、血压明显升高和情绪冲动。因此,在进行护栏设计时,应充分利用驾驶员视觉感知这一重要因素。在交通拥挤的地方,人们的出行需求多样化,人们自身的安全意识也不高,由于缺乏安全控制,交通变得混乱,最终导致交通拥堵。考虑交通护栏的位置,在交通量较低的地方,护栏的使用率将会降低,人员的安全意识将继续提高。规划设计人员还应该在护栏设计中考虑这个问题,减少交通量较低的地方的护栏的设置。

3)人性化的防眩设施规划与设计

防眩设施是一种安全保障设施,旨在避免夜间驾驶时对车辆灯光的眩光,从而导致操作错误。原则上,中央分隔带中的绿色植物(见图 10-10)不是防眩光设施,但除了美化道路的功能外,植被确实可以起到防眩光的作用。防眩光设施的设计应与特定的道路条件结合,通常防眩板设置在无法绿化的路段的中央分隔带上。为了改善视觉体验并与周围环境协调,在颜色上更多地使用绿色。

图 10-10　中央分隔绿化带

3. 智能化的城市道路交通安全设施规划与设计

智能城市道路交通安全设施的实现不但可以有效解决交通拥堵问题,还可以减少交通事故的可能性。

1) 智能化的信号灯规划与设计

信号灯的智能化设计应加强对行人过路信息的采集,以适当调整过街行为。在视觉方面,可以增设绿灯时间显示功能。在听觉方面,安装行人过路处的语音提示。例如,在一些欧洲国家,人口超过 100 万的大城市大都建立了有声交通信号灯,安装在盲人经常通行的道路上;信号灯可以通过发音器传出节奏渐变的"嗒嗒"声,红绿灯通过不同频率的声音区分,使得提示声音随着绿灯的结束而加速。在一些拥挤的人流量大的车站前,当绿灯亮时,将播放一个欢快的音乐作品,以促使行人快速通过道路。此外,自助式人行横道红绿灯也是一种智能化的交通信号灯(见图 10-11)。行人只需按下按钮,绿灯几秒后就会亮起。这种信号灯适用于车流量相对较大,而过街人流相对较少的路段,也可以用于学校、医院门前等特殊路段上。

2) 智能化的可变情报板规划与设计

为了解决城市主要路段和交叉口的交通拥堵问题,减少事故,可科学合理地设置可变情报板(见图 10-12)。可变情报板的信息发布的准确及时与否不仅决定着整个交通信息发布系统的可信度,还直接影响到相关道路上的驾驶安全性。例如,当发生事故时,应迅速发布提示信息,及时提醒后续车辆,进行车辆的疏散。驾驶员的心理状况因季节和时间而异。在进行规划设计时,应根据季节和时间段的差异,建立不同城市特点的信息库,制订每个季节和时间段的信息发布计划。

图 10-11　自助式人行横道红绿灯

图 10-12　可变情报板

3) 优化交通信息平台系统设计

在建设交通安全设施时,可基于城市道路交通发展的长期规划和应用需求的趋势,对交通信息平台系统的综合信息分析能力和辅助决策能力进行提高。这需要智能管理系统的适应性随着城市的发展和系统功能的发展而升级,便于不同开发周期的功能扩展,并全面提高信息综合分析能力和实时、可视化信息共享能力。

10.2.3　隧道路段交通设施人性化设计

隧道路段交通设施的人性化设计指:在某一时期内,对某一地点、区域的交通设施进行的人性化改造,既包括对道路交通标志、标线的设计与设置,也包括对道路本身的设计与设置。它是以满足隧道交通参与者的需求为依据,以服务和方便交通参与者为最终目标,并随着交通法规的调整、交通环境的发展而变化。

从驾驶员的生理、心理特性出发,在隧道交通设施的设计过程中,从交通工程设施布设和改善道路行车环境两方面把握上述每个可能引起驾驶员注意的细节,最大限度地减少不利因素,积极地缓解并减少驾驶员在隧道路段的驾驶疲劳,减少不当行为,预防交通事故的发生,一旦发生事故后也能提供较完善的疏散救援措施,为驾驶员营造安全、轻松、高效的驾驶环境。

1. 交通工程设施的人性化

1) 提高交通设施的视认性

考虑到隧道在照明、视野方面的不利因素,应通过合理设置标志标线来提高交通设施的视认性。具体为:标志尽可能以图为主,图文并茂,设置在位置合理;标线设置应提高隧道内路缘石、道路边界等设施轮廓的感受性,如用振动反光标线作车道边线;标志标线在隧道外应使用反光材料,在隧道内应使用电光照明(频闪)显示(可由太阳能供电);还应考虑临时单洞双向行车的可能性。

2) 缓解驾驶员的心理压力

隧道路段应采取相应的交通管理措施来缓解驾驶员的心理压力,具体为:隧道路段,应以完全不熟悉公路隧道及其周围路网的外地驾驶员为使用对象,加强信息提示,做到早提醒、有效提醒;要减少行车干扰,除了禁止超车、随意掉头、停车等;还要建议客货车分车道行驶,以避免高速小型车与慢速大型车相互干扰,提高隧道的通行能力和行车舒适性。

3) 以预防事故为主

建议从车速控制、行车诱导角度来预防交通事故。

(1) 车速控制方面,使用两类减速措施使车辆进入隧道前就完成减速:主动减速措施,如洞口设可变限速标志,在入口前方设置视觉减速标线(见图10-13),塑料交通警察,测速照相设施;强制车辆减速措施,如人为地设置不平整路面,尤其是设置振动减速标线(虎门的白花山隧道、三线盘龙岭隧道发挥了良好的效果),或经过综合评价分析后采用超速拦截。

图 10-13　隧道口纵向减速标线

(2) 行车诱导设施方面,加强洞口路段行车诱导,如洞外 200m 开始设置反光凸起路标以及护栏过渡段;洞内则使用连续的轮廓标、凸起路标等,以辅助驾驶员判断车距。

4) 智能的交通监控设施

智能化的隧道交通监控过程也是人性化体现,这需要先进的信息采集、发布以及监控管理设备和技术。信息采集方面,应实时进行交通检测、环境检测、火灾检测和报警信息检测;信息发布方面,除了常规的车道指示器、交通信号灯等外,建议采用可变信息板、无线广播等设施提供实时的路况、天气信息;监控管理方面,应考虑隧道路段驾驶员在各种不同情况下的需求,建立合理的防灾与安全管理对策库。

2. 道路行车环境的人性化

1) 几何线形的洞内外设计

良好的道路线形设计是隧道行车安全的关键和前提。

(1) 平曲线方面,在隧道出入口设置平曲线利于视线诱导和视觉的明暗适应,还可推后隧道出口在视野中出现的时间,避免出口段加速,在长隧道的中部设置平曲线还有利于减缓驾驶疲劳。

(2) 纵断面方面,由于设备技术的改进,建议按照是否需要机械通风(而不是根据隧道长度)来设计纵坡,若必须采用较大纵坡,需综合论证。

(3) 平纵线形组合方面,洞口纵坡宜用直坡段以保证隧道内外线形合理过渡,出口段不宜采用长下坡以避免出口加速,采用分离式路基以减少洞口路段的炫目现象。

(4) 横断面方面,隧道内应设置一定侧向余宽和步道,以提高驾驶员和行人的安全感,还应适当增设紧急停车带以供驾驶员适时紧急停车。

2) 增大路面抗滑力

目前隧道路面类型常见的为洞外沥青混凝土、洞内水泥混凝土的形式,这导致洞口段路面附着系数突变。建议结合隧道防灾要求提出隧道的长度指标,即对于较短、中长的隧道可用沥青混凝土路面,而对于长的或特长的隧道,考虑到照明和防灾的重要性,选用水泥混凝土路面,有条件时采用沥青混合料(阻燃性、反光性良好)面层与水泥混凝土相结合的复合式路面。或采用微表处理(如刻槽、露石或者喷丸打毛)提高水泥混凝土路面抗滑力,为确保路面抗滑性能良好应加强路面养护。

3) 景观设计

隧道路段利用合理的景观设计可以适当地转移驾驶员的部分注意力,有效减缓驾驶疲劳,有利于提高行车安全舒适性。建议隧道路段景观设计的总体理念为"自然、协调、经济、美观",具体为:坚持动态设计,即增加跟踪设计频次,隧道施工与绿化同步;洞口景观应以保护、恢复和适应环境为主,绿化力求自然的效果;洞门形式采用削竹式或遮光棚式;洞门的造型、装饰应融入人文气息;按需设计洞口山体、边坡的排水设施,并以盲沟排水为主、隐藏明沟为辅;洞口边坡可以大胆保留和利用裸露的岩石、土包,以顺应自然、原生态之美。

4) 改善视听环境

(1) 视觉方面,根据对江西隧道的调查,发现在现有通风设计、交通监控和交通组成情况下,隧道交通安全可以不考虑CO的影响,但烟雾浓度对视觉的影响则很大,建议根据烟雾浓度控制通风,应采取措施减少洞内外亮度差异,并确保洞内能见度。

(2) 听觉方面,为了确保隧道使用者接收关键的声音信息,减少烦躁感,可以通过减少设计纵坡、风机隔声、降低车速来控制噪声源；通过隧道内装饰采用吸声材料、采用降噪路面(如露石水泥混凝土或沥青混凝土路面)阻碍噪声传播；还应在隧道内适当设置隔音通话室。

10.3 交通信号人因设计

在道路交叉口等无法实现交通分离的地方，交通信号是用来在时间上给交通流分配通行权的交通指挥措施。交通信号的作用是科学分配道路上车辆、行人的通行权，使之有秩序地顺利通行。交通信号可分为交通信号灯、交通标志、交通标线和交通警察的指挥。

10.3.1 交通信号灯人因工程设计

交通信号灯是控制城市道路交通状况的重要工具。现阶段，在传统交通信号灯的实际应用中存在诸多问题，随着城镇化发展进程的加快，城市交通拥堵、道路交通秩序混乱等问题频发。随着物联网等信息技术的广泛应用，城市道路交通信号灯的智慧化改造成为必然发展趋势，充分利用信息技术设计城市道路智慧交通信号灯受到高度重视。因此，结合实际情况，设计智能化、高效化、人性化的城市道路智慧交通信号灯对城市交通畅通具有重要意义。

1. 城市道路智慧交通信号灯系统的设计

面对城市道路流量监控中存在的诸多弊端，针对红绿灯的时间展开智能调节，为司机合理安排出行时间提供可能，并使司机可以借助相关软件进行路线分析。核心智慧系统主要分为上传调节信号、北斗信号灯调节、反馈至用户端与系统平台、分析线路与信号灯、反馈调节信号等环节，其中，在反馈至用户端与系统平台环节存在反馈至用户端与系统平台、上传其他信息的过程。

具体而言，城市道路智慧交通信号灯系统主要基于交通信号灯转化时间，协调卫星授时与地面信号灯转化时间，随后将相关数据传至用户端，便于用户及时查看。同时，对于受到各类因素影响产生的信号灯时间偏差，该智慧系统可随时上传修改信息。卫星系统获取相关交通信息后，会汇总分析相关信息与现阶段交通信号灯时间，智慧系统通过相关计算方法进行运算，可以得出最优解决方案，进而得到针对不同道路信号灯剩余时间及车辆数量的多项方案。智慧系统可以将实时路况信息与所处环境、时间等相关数据相结合，将反馈信息传至用户端与控制平台；控制端可以调节信号灯时间，并将相关数据传输至卫星；卫星接收数据后，授时端可以传输基准时间，在地面服务端形成反馈信息，通过构建信号灯时间调节智能模型进行二次反馈，可以形成完整的循环回路。

1) 路况实时分析与手机卫星终端设计

(1) 路况实时分析。路况实时分析主要是针对交通流量进行监测与分析。交通流量监测通过分析道路交通状况、上传部分路段实时流量，可以为用户提供路段交通状况。通过利用卫星系统获取和整合分析多条路段的信息,可以进一步了解实时交通变化态势。

(2)手机卫星终端。作为导航系统的显示方式,手机卫星终端主要由电子地图软件及信息接收芯片两部分组成。其中,电子地图主要包含背景、标注等内容,具有定位导航、道路规划、索引指导等功能。现阶段,存在较成熟的手机卫星软件,基于这些具备成熟功能的软件,可以上传卫星系统收集到的数据,并进行二次分析。用户可在软件中体验到路线推荐、音乐播放、偏离规划等功能,增强用户使用感;用户可通过观看显示屏了解所处位置、使用路线指引,只需调节操控按钮即可实现多种功能,从而实现轻松驾车的目的。手机卫星终端借助卫星导航系统与多样化路况信息,可以统计用户终端数据,监测实时路段;通过卫星定位功能与授时功能,可以预报信号灯转换,为用户出行提供多种方案;将路段信息传输至交通管理系统,可以适当延长车辆较多路段的绿灯时间,从而减轻路段交通压力,与此同时,手机终端可以将相关信息上传给用户,传递相关路段不建议出行的信息,见图10-14。

图 10-14　手机卫星终端实时接受道路信息

2)卫星与交通信号灯的计时设计

传统计时将地球自转时间作为测算世界时间的标准,但这种计算方法得到的时间精准度不足,难以匹配高速发展的社会生活需求。现阶段,为提升时间的精准度,开始使用北斗时测量时间,在卫星系统中时间单位是北斗时(原子时),主要借助零磁场中铯原子基态振荡 9192631770 周的时间对时间进行衡量。北斗时稳定性与准确性较高,故城市道路智慧交通信号灯主要使用北斗时进行时间测量。当信号灯转换时,开始记录每种颜色信号灯的周期。周期主要是指某一颜色信号灯第一次开始闪烁至第二次开始闪烁的时长,而并非单一颜色信号灯的闪烁时长。每一种颜色信号灯的周期都要记录,当形成完整周期后开始清零,随后进行再次计算。

3) 信息反馈端设计

信号灯时间主要由中心系统把控与调节,并需要借助北斗授时系统整合各道路的信号灯周期及相关信息。同时,需要考虑到可能存在的各种问题,使用网络将信息同步上传至用户端。针对这一过程中存在的信息数据变动问题,需实时监控路况。当道路中出现突发事件时,系统会将收到的异常信息及时上传至智慧系统,交通部门接收信息后,会适当调整信号灯周期,以处理突发事件,智慧系统会将相关指令上传至卫星系统及用户端。

4) 信息分析系统设计

(1) 位置信息分析。用户终端软件中的天线会收集与分析环绕地球卫星收集的数据信息,以此判断用户所处地理位置及周边路段拥挤状况。智慧系统对用户进行定位后,会将用户信息进行数据化处理,并通过计算将数据转化为经纬度坐标,明确用户所处位置;用户手机中的软件会将通过卫星转变的地理位置与软件中的电子地图进行匹配,进一步明确用户在电子地图中的准确位置。

(2) 路况信息分析。监测路况信息的传统方法主要是通过人工在城市主干道上设置视频监测工具、测速雷达等工具统计某一路段的车流量、车速、道路占用率等。然而,这一方法存在诸多问题,对实时路况信息掌握程度较低。利用卫星系统监测路况信息,可有效避免由于人为误差引起的结果偏差。卫星系统可以在指定时间段不断向监测中心传输信息,如车辆所处位置的经纬度坐标;监测中心可通过各类车辆上传的信息评估某一路段的路况。由于驾驶员不同,其车辆移动路线存在一定差距,因此需要将面对不同红绿灯时间的驾驶员实时车速上传至智慧系统;智慧系统可以统计车辆速度及行驶位置,及时为用户规划恰当路线。用户端不仅可以展现红绿灯时间值的动态变化,而且可为用户自动调节路线,当车辆偏离路线时,用户端可以评估周围路况信息,通过为用户规划多种路线,使用户可在较短时间内抵达某一路口。

5) 信号灯时间值设计

通过调整交通信号灯时间值,可在一定程度上缓解某一路段的拥堵压力。调整某一路段的交通信号灯时间值时,需要考虑另一方向是否也存在路段拥堵的状况,当两个方向的车流量达到某一阈值时,需适当调整交通灯的时间。为有效调整交通灯时间值,设置以下算法。在某一路口,当车辆减速或停车时,每辆汽车的前后间距应该为 6~7m。如果道路为单行道,每条车道有 n 辆车,将会排起 $6nm$ 长的长队。当 $6n>100$ 时,该路段通行较缓慢,存在一定拥堵路况,需采取措施解决拥堵问题。通过计算可知,当每条车道比相反方向车道多12辆车时,该路段需要调整,需增加该路段的通行时间以缓解道路拥挤问题。

2. 城市道路智慧交通信号灯系统的应用

随着我国社会的蓬勃发展,城市道路智慧交通信号灯在各地得到广泛应用。

(1) 在交警支队中已建成智慧交通信号控制中心,可以实时监控城市中各街道的交通情况。当道路发生拥堵时,交警可及时调整红绿灯时间,或者及时派部门交警抵达现场进行支援,使交通堵塞现象得到缓解。

(2) 城市道路智慧交通信号灯可以有效提升整体城市交通的运行效率,可实现城市交通信号的统一管理和精准把控。

(3) 城市道路智慧交通信号灯是解决城市交通拥堵问题的关键。城市道路智慧交通信号灯具有数据处理、信号管控的功能,可有效执行交通信号优化、舆情处理、信号灯时间调节等工作。

城市道路智慧交通信号灯可实现全城信号灯的联网监控,有效提高路段交通信号控制的智能化、精细化水平。同时,城市道路智慧交通信号灯可在桥梁、商业街、隧道、区域连接处等容易发生拥堵的路段调整开放时间,最大限度地减轻城市交通压力,避免由于道路拥堵而引发交通事故。

10.3.2 交通标志人因工程设计

驾驶员对道路交通标志的视觉感知过程分为发现、识别、读出和理解。发现阶段,在视野范围内觉察到标志,但不能判断其形状或特征;在识别阶段,已能确定标志的外形和细节,然后读出标志并理解。能识别标志的距离取决于标志的视角大小、环境亮度水平、背景与目标之间的对比、标志与符号的形状以及道路环境的复杂性。识别时间将随驾驶员同时能感知的标志数量和设置位置而变化。

1. 交通标志设置的视觉要求

从人的视觉特征分析,交通标志设置一般应做到以下几点:

(1) 标志应设置在从车内最容易看见的地方。
(2) 在一个地点不应设置多个交通标志。
(3) 重要标志应设置在驾驶员容易注意的地方。
(4) 标志之间不应有矛盾和重复。
(5) 必要的地方应设置预告标志。
(6) 标志的附近不应存在干扰因素。
(7) 在需做出新的驾驶动作的场所,对应进行驾驶动作变换的标志应重点设置。
(8) 尽量减少辅助标志的设置。
(9) 在道路环境状况复杂的地方,标志的设置不应增加驾驶员的视觉负荷。

交通标志是道路真实状况的模拟,直接影响驾驶员的操作行为。不同的环境情况和道路信息等能否迅速、准确地传递,对于提高道路通行能力及车辆的安全运行会产生重要的影响。

2. 交通标志设置方式的选择

交通标志在道路横断面位置上的设置方式一般有路侧式和悬臂式。路侧式是指把交通标志设置在路边(见图10-15(a))。视线的变化习惯为从左向右移动,而国内一般是靠近公路右边行驶,从右边观察就不太方便。由于路边的视角是倾斜的,观察视角就比较小,也不利于观察。所以,一些内容单一、信息量少、容易接受的交通标志,采用路侧式安装。警告、禁令、指示标志信息大多采用图形符号,容易识别,一般也采用路侧式安装。悬臂式是指将标志搭架在公路上方(见图10-15(b))。此时,交通标志在公路正上方,视角就比较大,而且视线习惯于从上向下运动,悬臂式优于路侧式。一般指示方向、地点、距离的诱导标志,信息量大且对沿线重要地点做出向导,属于重要标志,应按悬臂方式安装。不同的交叉口,应视具体情况,驾驶员发现标志的视角须在10°以上。为了提高驾驶员的视觉辨认能力,在交叉口安装时,采用头顶安装效果较好。标志的安装还应考虑交叉口是否有信号灯,背景空间上是否有异样刺激物,在不同地理位置时空间的安装角度等。

图 10-15　交通标志设置方式
(a) 路侧式;(b) 悬臂式

3. 交通标志的设置

目标连续更换时,人的视觉有时会出现失真现象,快速的视线转移不易引起视觉注意。因此,驾驶员在高速状态下视觉辨识空间信息就有一个"极限",在瞬间同时辨识两个或更多的标志就很困难。交通标志的设置应从驾驶员信息辨识的可靠性考虑,原则上应避免多个标志设置在一处。若确实需要在一处设置多个标志,应考虑它们之间的相互关联性。

交通标志的连续设置会不断向驾驶员传输有关交通信息。在标志呈现时,必须依据运行车速的高低,有一定的时间间隔,应使驾驶员能判断并读完前一个标志后,再呈现第二个标志,距离应根据前一标志内容的繁简程度来决定。人眼看清一个目标的最少时间为 0.07~0.3s,平均时间为 0.17s,可由此结合车速推算出距离。同时,应依据驾驶员信息加工的规律和标志内容要求的可行性来决定标志设置的顺序,一般按指示、警告、禁止的顺序排列较好。图 10-16(a)为改进前的标志牌,标志牌上总共标出 3 条线路,A5 比较容易识别,但是 A30、A12 比较小,容易被司机忽视。而且,由于中英文的需要,把 A30、A12 重复了一次,容易让司机以为是 4 条线路,需要司机加以注意才能分辨。图 10-16(b)为改进后的标志牌,由于 A5、A30、A12 均是往太仓方向,所以只要标明是往太仓去的就可以了。改进后的汉字和拼音字母都比较大,而且没有其他干扰,十分容易辨认。图 10-16(a)所示的标志牌,也可以分为 A5 标志牌和 A30、A12 标志牌,前后放置,也容易辨认。

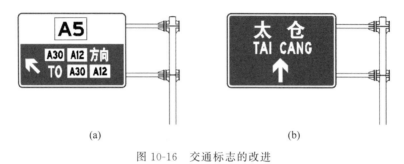

图 10-16　交通标志的改进
(a) 改进前；(b) 改进后

由于驾驶员在高速动态环境下把握信息的有限性,以及由各种因素所引起心理、生理状态的随机性,不可能对环境提供的每一个信息都做出实时准确的反应,就可能在操作上产生某种失误,甚至会导致事故的发生。交叉口前置预告标志可以增大道路环境在必要地点的信息提供量,从驾驶员信息加工的角度来看,进一步提高了可靠性。通过公路交叉口后,尤其是外地驾驶员总担心行驶的线路是否正确,在忐忑不安的心情中向前行驶,一是对安全运行不利,二是影响运行效率。一个简单确认标志的设置,对驾驶员的操作行为和运行心理有很大的帮助,可使其在安稳的心态下行驶。

10.3.3　交通标线人因工程设计

道路交通标线是由施划或安装于道路上的各种线条、箭头、文字、图案及立面标记、实体标记、凸起路标和轮廓标等所构成的交通设施,它的作用是向道路使用者传递有关道路交通的规则、警告、指引等信息。一些特殊的标线甚至具有强制性的作用力,迫使道路使用者做出有利于交通安全的反应。与其他交通设施相比,交通标线可以使道路使用者在注意力不离开路面的情况下向其提供最多的道路信息,因此交通标线是引导道路使用者视线、管理道路使用者行为的重要手段。科学正确地设置交通标线能够合理利用道路有效面积、改善行车条件、增加道路通行能力、减少交通事故。

1. 符合交通设计的要求

交通设计是交通规划与工程设计之间的重要环节,是保证规划理念有效落实的重要手段。长期以来,道路建设缺乏明确的交通设计环节,导致道路设施设计和建设相对粗放,从而加剧了交通拥堵、资源浪费等问题。对此,住建部组织编写了《城市交通设计导则》,提出了安全保障、行人优先、完整街道、精细化的交通设计原则与方法。交通设计的主要内容包括步行和自行车交通、轨道站点周围交通设计、公共交通设计、交叉口详细设计、路段机动车交通设计、交通信号控制、交通标识设计和道路景观设计等。交通标线设计与上述内容均有着直接的联系,是我们进行标线设计的重要依据。

1) 功能划分

交通设计是对道路工程进行功能设计的过程,确定功能区的类型、数量、尺寸等,然后再将这些功能区组合起来,而标线的作用是将这些功能区进行区分或标识出来。

这些功能区或供某种出行方式专用,或行驶在该区域的车辆拥有某种权限或不具有某种权限等,例如公交专用道、潮汐车道、左转专用道、停车位等。由此可见,标线设计的核心要求是将路面范围各个功能区划分清楚,不能有遗漏或者在功能上有冲突(冲突不可避免时应采用其他的交通设施予以区分,如信号灯、标志牌等)。因此在标线设计时除了依据设计规范进行设置外,主要应核查上述问题。

在设计过程中,如果出现多余区域,则应辨别是渠化设计所必需的区域还是完全多余的区域,前者应采用相应的标线进行渠化,规范车辆行驶轨迹,后者则应核查总体设计以确定是否有必要去掉以节约投资;若划分的功能区范围不足,则应根据需要的尺度拓展道路范围,以满足功能上的需求。

2) 指引与警示

驾驶员在某功能区内行驶,或需要跨越不同的功能区时,应得到相应的指引或警示,例如导向箭头、人行横道线、限速标记、导流线等。

首先,标线在设计时应考虑这些标线与交通设计时对这些功能区的设计要求,如标线的尺寸、类型、颜色等。

其次,标线设计时应考虑使驾驶员能方便、顺畅地进入相应的功能区,如设置的导流线是否符合车辆的行驶轨迹。再次,标线的设计除了满足上述两点要求外,还应保证在交通实际运行中不影响其他功能区的正常使用,如交叉口进口道未进行拓宽而设置的专用左、右转车道,即直行车道直接变左、右转车道时,直行车辆需向右、左合流,因而造成交叉口进口道的拥堵或者车辆被动违章,如图10-17所示。

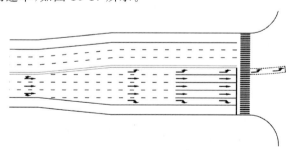

图 10-17 设置左转待转区的展宽交叉口

总之,交通标线的设计应以交通设计为依据,清晰、明确地划分功能区,保证功能区之间衔接顺畅,不互相影响,最终营造安全、便捷、顺畅的交通环境。

2. 与其他交通设施匹配设计

交通标线与交通标志、交通信号灯等共同组成了道路交通"语言系统",因此它不是独立存在的,需要与其他的交通设施进行匹配设计。

1) 与交通标志匹配设计

在通常情况下,交通标线与交通标志应协调配置、配合使用,充分、直观地向交通参与者传达交通信息,但并非所有设置标线的地方均应设置标志,反之亦然。例如,在机非分隔带端头必须设置机非分道行驶标志,但不一定设置非机动车道地面标记;路段人行过街横道,如果有信号灯控制时则可以不设置注意行人和人行过街横道标志。

一般交通标线与交通标志配合设置大致可以分成4种情况:标线无法表达的信息,单独设置标志;标线表达不清或在能表达清楚但在某些特殊环境下不易被辨识的信息,设置标志,标线酌情配合设置;标线与标志表达同样清晰,配合设置;标志无法表达的信息,单独设置标线。对于需要协调设置的标志标线有:

(1) 交叉口标志标线。导向车道标志标线(进口道不大于3条,可不设置标志牌)、让行标志标线、非灯控环岛标志标线、禁止通行方向标志标线。

(2) 路段标志标线。人行横道标志标线(非灯控)、机非分道行驶标志标线、专用车道标志标线、限速路段标志标线、车距确认标志标线、设有停车位路段标志标线、潮汐车道标志标线、禁止超车路段标志标线、禁止掉头标志标线、禁止车辆停放标志标线等。

2) 与交通信号灯匹配设计

交通标线是将交叉口的路权在平面进行了分离,但存在冲突;信号灯的作用是将这些冲突在时间上进行分离,体现了"时空一体化"的设计思想。两者在配合设计上有时会出现问题,例如,交叉口设置了左转弯待行区、直行待行区等,这时信号灯在同一方向绿灯信号时应直行、左转分开,且前者应先直行后左转,后者应先左转后直行;没有专用左转车道时不应设置专用的左转信号,反之则可以(但对于交通量较大的交叉口,应积极开辟专用左转车道)。

此外,由于信号灯的运行方式,信号周期均可以调整,因此在信号灯调整运行方式或配时后,应根据交叉口的交通运行情况适时调整标线的设置。

3. 标线形态设计

标线形态包括标线的平面、立面形状、颜色、尺寸、厚度等,一般标线应严格按照规范中的要求进行设计,但对于没有固定形状的标线如导流线,应根据车辆的行驶轨迹进行确定,确定车辆行驶轨迹时应充分考虑车辆的行驶条件,例如右转车速应尽量控制低速,以利于交通安全,而左转车速应尽量采用高速,以提高交叉口的通行效率。对于城市道路,由于交通运行的特殊性,交通标线的设计形态除了满足一般规范规定外,还应考虑其特殊性。

(1) 标记尺寸。由于城市道路视线干扰大,地面标记太小或者不清晰,不利于标记被识别,如导向箭头、地面标记等应根据规范选取较大尺寸进行设置,若根据车速选择尺寸的标记,则建议提高一档进行施划。

(2) 标线厚度。城市道路维修周期比公路长,因此应对交通标线的耐久性提出特殊要求,除了材料性能外,标线较厚时,磨损时间较长,其耐久性较好,因此城市道路标线应采用较厚的施工厚度(其他磨损较严重的标线也应进行加厚设计)。

(3) 颜色、反光性能。应根据道路的夜间照明条件来确定标线的颜色、反光性能,对于照明条件较好的路段,则不必特殊强调其反光性能,而应提高其可辨识性、抗污性能等。

4. 标线材料设计

目前国内外常采用的标线材料有溶剂型涂料、热熔型涂料、水性涂料、双组分涂料、树脂防滑型标线和预成型标线等,其中前四种标线材料较为常见,后两种一般仅用于特殊部位,应用较少。各种材料性能各异,性能对比见表10-2。

表 10-2 标线材料性能比较

序号	指标名称	材料名称			
		常温溶剂型标线漆	水性标线涂料	热熔型标线涂料	双组分标线涂料
1	夜间反光性能	采取措施可实现	良好	很好	最好
2	施工方法	辊、刷、喷涂	喷涂	手动、自动机刮涂、喷涂	手动、自动机刮涂
3	施工难易程度	容易	一般	不容易	不容易
4	干燥时间	10～30min	<10min	<3min	<35min
5	耐磨性	较差	中	较好	最好
6	使用寿命	4～8个月	8～15个月	20～36个月	36～40个月
7	一次性投资	小	容易	大	最大
8	重复施工难易度	容易	较好	困难	容易
9	环保性	一般	较差	差	较好
10	耐低温性	差	差	差	较好
11	耐污性	差	差	一般	较好

标线材料应根据不同的道路类型、不同的地区、不同的标线选用不同的材料,而且对施工方法也应根据使用条件加以要求。例如,北方地区的快速路纵向实线,这种标线车辆碾压少、磨损少,但对反光要求高,所以可以采用水性涂料、热熔型涂料、双组分标线涂料,又由于北方积尘和污染比较严重,因此对抗污性有较高的要求,因此应优先选择双组分标线涂料;而在南方地区,则应优先选择性价比较高的热熔型标线涂料。对于虚线,由于车辆碾压较多,其对抗磨性能有较高的要求,因此标线必须采用刮涂型,因为用这种施工方法的标线厚度较厚、耐久性较好。另外,施工时的温度、现场施工条件对材料的选取也有一定的影响。

应根据标线实际使用条件进行详细的对比分析,选取性价比最高、最适合的标线材料。但是在同一个建设项目中不应选择过多的材料品种,这会增加设计、施工的难度,且不利于后期养护。

5．其他设计

在现行设计、施工规范中，对连续设置的实线标线，要求每隔 15m 设置一道排水缝，排水缝宽度为 3~5cm，但在实际施工中，几乎都没有进行该设置，造成车道内积水，影响交通安全，而不设置的原因一般是由于喷涂、刮涂时不方便施工。在此建议在施工时应积极设置排水缝，在喷涂前在需要设置排水缝的部位贴纸或胶带，甚至由人工跟随刮涂机在设置排水缝的部位用等宽的木板、铁条等临时遮挡，待喷涂完成后且尚未干燥时将遮挡物移除，从而形成排水缝。

10.4　交通安全人因设计

10.4.1　城市道路交通安全设计规范优化案例

道路交通是一个涉及人（道路使用者）、车、路和交通环境多种因素的动态系统，道路的安全性能对交通安全具有重要的影响，道路安全性能不满足要求将成为交通安全的隐患。国际经验表明，常规的道路交通设计、道路设计不能完全消除道路上的交通安全隐患，需要开展专项道路交通安全设计。我国对道路交通安全设计工作重视不够，同时，过去的一些道路交通设计标准本身已不太适合目前的交通状况，这使得道路交通安全设计工作不适应发展的需要。

1．道路交通安全设计调查范围浅析

道路安全设计前期需要在大量的交通事故调查、资料收集和分析的基础上，综合应用安全系统工程、道路工程、交通工程、交通规划、交通设计、交通管理与控制、交通安全心理学等方面的理论与技术，提出安全设计指引，指引的编制应符合国家相关规定，是一个专业性、实践性、经验性、综合性很强的专题项目。

2．交通调查工作目的

（1）调查城市道路交通事故情况、分析交通事故成因，对交通事故之道路因素进行剖析；

（2）编制道路交通安全设计检查表与道路交通安全设计指南，为交通安全设计检查与设计人员进行安全自检提供技术指引；

（3）提出交通安全设计实施程序，以推进道路安全设计管理程序化、规范化。

3．道路交通安全设计实施方法分析

1）对设计道路进行交通事故调查与分析

道路交通安全事故调查与分析主要有以下 4 方面内容：

（1）交通事故调查与资料收集；

（2）交通事故多发点、多发段的交通事故详细调查；

（3）交通事故原因分析；

（4）交通事故之道路因素详细研究分析。

2) 道路交通安全设计经验调研

道路交通安全设计在我国至今还没有专门的规定,也缺乏这方面的实践经验,国际上有一些这方面的资料,需要开展专项调研,以供借鉴。

3) 道路交通安全设计检查表

为便于开展道路交通安全设计检查与设计人员进行安全自检,针对各个阶段各个环节设计中可能存在的不安全因素,提出一系列需要检查的安全问题,作为交通安全设计的基础文件。涵盖以下 3 个检查表:

(1) 方案设计/可行性研究交通安全检查表;

(2) 初步设计交通安全检查表;

(3) 施工图设计交通安全检查表。

4) 道路交通安全设计指南

按照交通安全检查表的问题,逐个分析存在的问题、应执行的安全标准、达到何种安全要求,以及安全检查的要点和方法,提供给安全检查人员作为鉴别安全问题的参考依据,也可提供给设计者参照进行设计。

5) 交通安全设计实施程序

以深圳市道路交通安全设计程序规定为例,按照安全系统工程方法并参考有关资料,结合深圳市道路设计与道路交通安全管理实际情况,拟定交通安全设计实施程序,依法合规地进行每个步骤的操作实施,完成各分项任务的设计实施。

4. 实际设计案例浅析

结合深圳市裕安一路—新湖路交叉口改善设计方案分析。交叉口设计:典型的十字形交叉口,采用慢行交通一体化设计,同时有右转硬质渠化岛;信号控制方式:多时段定时控制,典型的四相位,各进口道依次放行;交通需求:周边有宝安区区政府以及大型体育场、商业区等,承担较大交通量,其中新湖路南进口道较为拥堵。基于以上 3 点,该交叉口可以反映深圳大部分交叉口的特点,具有一定的代表性。

1) 交叉口设计

裕安一路东、西进口道相比于新湖路而言,分别做过路段向右展宽以及压缩车道宽度的优化措施。新湖路南进口道车辆借道运行,从无人机航拍视频上可以看出,新湖路南北进口道流量比较大,车道仅有直行和左转两个车道,会出现直行和左转车辆借道而行的情况。这种通行在一定程度上会增加通行效率,但会违反交通规则,存在安全隐患。

2) 信号控制方式以及流量调查

南北向进口道(新湖路)高峰期需求过大;北进口直行接近饱和,南进口直行过饱和;南北向(新湖路)与东西向(裕安一路),饱和度分布极为不均;周期较长,理论延误较大,高峰平均 87s,平峰 70s。

3) 交叉口渠化改善建议方案

通过对裕安一路—新湖路交叉口进行实地调查与视频拍摄,得到统计的流量、信号配时数据,并以此为基础运用诊断分析软件对其进行初步的分析与优化,以饱和度均匀为目标,得出优化后的信号配时,并通过仿真建模进行理论验证。可以得出交叉口渠化改善建议方案(见图 10-18)。

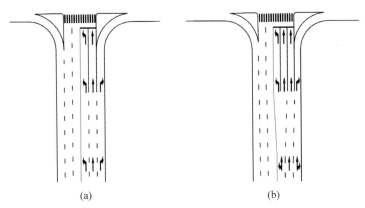

图 10-18　裕安一路—新湖路交叉口优化方案
(a)优化前;(b)优化后

增加南进口道直行车道数:新湖路南进口方向两侧各借用导流岛 0.7m 宽度,将南进口扩展为 4 个进口道(1 左转,2 直行,1 右转),增加南进口道的通行能力及服务水平。

交叉口的运行具有时变性,为全面地提升交叉口的运行效率,需对其建立长时间、无间断地实时监控:

(1) 通过在交叉口布设线圈以及与信号机进行连接,诊断仪实时采集并记录信号配时以及线圈数据,并根据统计得到的流量自动划分为多时段,从而对每个时段的信号配时方案进行优化。

(2) 运用采集的数据进行相关诊断指标的计算,进而给出"体检报告",以此来对交叉口进行时空一体化的、更全面的改善交叉口的优化设计。

(3) 确定基于道路交叉口交通运行安全状况的监测地点、监测指标筛选技术对影响道路交通运行与交通安全两方面的因素进行筛选。

影响道路交通运行的监测地点:道路设施、结构物、线形等变化的地点,交通流量有变化的地点纳入备选的安全监测地点;影响交通安全的监测地点:利用公路安全服务水平的量化分级标准,结合安全诊断,诊断结果纳入备选的安全监测地点。

从系统的角度,基于上述两类监测地点进行综合排查,进而平衡道路交通安全影响因素与模型分析的精度之间的关系,用尽可能少的指标反映尽可能全面的道路交通运行与安全状态,确立有效的城市道路交叉口交通运行安全监测的监测指标和监测路段。

(4) 开发不同监测指标的数据融合技术。利用动态监测指标并结合静态监测指标(如线形、坡度等),在城市道路交叉口交通安全服务水平量化分级的基础上,比较量化分级的评价指标,通过分析不同交通运行安全监测指标对交通运行与安全的影响程度,利用贝叶斯网络分析技术对各监测指标进行量化,建立各指标对地点交通运行与安全的贡献程度整合模型,最终形成指标安全度和整体安全度共同表达的路段交通运行与安全状态。

(5) 建立基于监测指标的城市道路交叉口交通运行与安全影响程度判别技术。研究交通运行与安全程度的阈值判别方法,利用专家系统、知识自学习理论,建立基于静态指标和动态指标的交通运行安全监测系统,该系统能提供高事故风险地点的危险因素排除、异常交通事件的快速有效处理等,面向城市道路交叉口管理者和使用者提供及时辨别不安全因素的预警;并根据道路安全状态及其变化情况,面向管理者提供适当的技术对策和管理对策。

(6) 建立城市道路交叉口交通运行安全监测指标和监测路段的筛选模型。在影响城市道路交叉口交通运行与安全的众多因素中,如何平衡监测需求与经济性之间的关系,从众多影响因素中筛选出主要的关键因素,建立在实践中具有可操作性的监测指标集,是研究的一个关键问题。

道路交通安全关系到人民的身心和财产安全,也关系到经济的发展和社会的稳定。改善我国的道路交通安全状况是一项巨大、复杂的系统工程,需要全社会都投入其中。交通事故是在一定条件下发生的动态过程,具有很大的随机性和偶然性。道路上发生的交通事故往往并不是人、车、路、环境等因素中某一因素单独所致,而是各因素相互作用的结果。预防交通事故,提高车辆运行的安全性是一项系统工程,必须从人的交通教育、提高车辆的安全性、不断改善道路条件和优化道路交通安全环境道路几方面完善。

10.4.2　铁路安全人因工程应用管理体系架构研究

在我国现有铁路行业安全管理研究实践中,随着铁路运输组织及行车安全技术装备的不断进步,操作人员由过去以"操作"为主变为"监控与应急处置"为主,对安全装备的依赖性降低了操作人员对系统危险的警觉性,人因失误发生的可能性及不良后果和影响可能会变大。据统计,我国近10年铁路事故案例的事故致因中,作业人员不安全行为直接导致的事故占事故总数约30%。铁路安全报告显示,自2013年以来铁路事故率和事故致死率均逐年下降,而由于人的原因造成的事故比例却呈上升趋势,2022年约80%的铁路事故都与人员不安全行为直接或间接相关。

由于缺乏应用管理层面的系统化指导体系,当前分散在运营及制造企业的人因工程研究工作无法形成合力,距人因工程内涵中"人-机-环-管"相互作用形成的整体安全可靠性要求还存在较大差距。因此,研究我国铁路行业关键岗位人员不安全行为的致因因素,基于"人-机-环-管"协同发展和系统工程理念,提出我国铁路安全人因工程管理体系架构和需要重点研究的关键方法技术意义重大,能够为后续推进我国铁路安全人因工程的系统化研究、降低铁路事故率、保障铁路安全运营提供支持。

1. 铁路安全人因工程研究目标

传统意义的人因工程研究主要围绕保证人员安全、设备易用及工作场所便捷等方面。随着技术进步和应用系统复杂性不断提升,对在岗人员文化素质、操作技能及团队合作等方面的要求也逐步提高,铁路行业的人因工程概念也随之扩展。经调研,我国铁路行业安全关键岗位人员不安全行为致因要素包括系统设备、工作环境、规章标准、人员素质及安全文化等多方面,结合既有核电行业及国外相关行业指南,铁路安全人因工程的研究范围建议确定为"需要综合考虑所有与'人'有关的问题,以确保系统或者组织全生命周期范围内保持安全和有效"。我国铁路安全人因工程研究目标建议如下:

1) 从"人"的环节出发,减少人员不安全行为,保障铁路运营安全。铁路是具有"人-机-环"交互较频繁及人机相互影响较大等特征的人机紧耦合系统,人是铁路系统"人-机-环-管"中的关键环节。当技术发展较成熟后,铁路系统的安全性与人的相关性越来越强。在这一背景下,铁路安全人因工程专注于从"人"的环节出发,通过相关理论方法研究,从心理生理、认知决策、环境空间、人机交互、协作机制、安全文化等方面多层次多角度揭示人误致因机理,有针对性地制定防护策略,从而减少人员不安全行为,保障运营安全。

2) 实现"人"的安全保障及职业健康发展,提升铁路系统的宜人性。人因工程的核心是"以用户为中心",这一理念不仅是指在系统和设备设计环节要从使用者的角度考虑,同时也强调系统最终以服务于人为目的。人因工程运用在保障铁路运营安全的同时,也需要保障铁路乘客以及工作人员的人身安全。同时,人因工程本身也关注人的职业健康、心理健康及个人价值实现等需求,将个人多层次需求与机器、环境及管理有机统一,提升铁路系统中人的满意度及幸福感。

2. 铁路行业关键岗位人员任务特点及不安全行为

1) 任务特点

我国铁路行业关键岗位人员从列车运营过程行使职能的角度可分为行车指挥员、列车驾驶员和运维养护员,各岗位在任务特点、人机界面、工作环境、团队合作等方面与核电、航空、载人航天等行业的对比见表10-3。

表10-3 不同行业关键岗位人员任务特点及"人-机-环"对比

行业	关键岗位	任务特点	人机界面	工作环境	团队合作
核电	操作员	认知环境具有多目标、多任务、高风险、不确定性和高动态性等特点;核电厂操作员在遇到紧急情况时,采取行动要严格按照操作规程进行	数字化人机界面复杂多变,有成千上万的参数与画面,参数与画面位置多变或被隐藏,无空间固定连续可见,需要进行大量的界面操作与管理	室内	作为班组的一员,配合班组行为
航空	飞行员	飞行任务具有极强的先进性、异境性、时限性、程序性、突变性和独立性	飞机驾驶舱界面信息复杂且动态变化	高空、密闭驾驶舱内	需要机组人员协同合作

续表

行业	关键岗位	任务特点	人机界面	工作环境	团队合作
载人航天	航天员	特殊的空间环境导致人体生理、心理变化,对航天员及人机交互提出了更高的要求;具有复杂的操作任务	面对种类繁多的不同设备;人机界面类型多样	太空及封闭机舱、失重环境	单人或团队合作
铁路	行车指挥员	工作任务繁重,异常场景多发,应急流程复杂	人机界面复杂且动态变化,实时监控近百公里线路的线路状态、所有列车状态、沿线防灾监控信息、关键位置视频信息等	室内	正常情况下2人合作;异常情况下多人协同
铁路	列车驾驶员	自然环境复杂导致异常场景多发;工作环境单调;操作具有不同操作规程的动车组车型,需要较高的操作技能	操作对象复杂,以动车组为例,驾驶过程中驾驶员通过人机界面运用3个手柄(和谐号),通过5个显示屏监控列车运行状态,操作十多个按钮及开关	封闭司机室	双人或单人值乘;异常情况下多人协同
铁路	列车养护员	维护的列车型号多样	人机接口多样,不同型号动车组及机车车辆具有不同的人机接口	室内、凌晨	多人协同
铁路	设备养护员	维护的列车型号多样,作业环境恶劣,存在作业风险	人机接口多样,包含不同类型的机械车及作业车	室内、室外、高空、夜间、噪声	单人;多人协同

由表 10-3 可知,核电、航空及载人航天行业的关键岗位人员具有相似的任务特点、人机接口、工作环境及团队合作。其中,由于航天员需要在太空进行操作,载人航天行业对作业人员生理和心理方面有更高的要求。与其他行业相比,铁路行业安全关键岗位较多且各岗位人员工作任务特点不同、人机交互形式多样、工作环境各异、有单人作业也有团队协同,因此需要关注的人因工程内容更多样。

2) 不安全行为

铁路行业关键岗位人员具有不同的任务特点、人机界面及工作环境,因此各岗位人员不安全行为的致因要素也不同(图 10-19)。通过对车务、机务、工务、电务等现场作业人员调研,结合事故数据,分析总结了这些人员存在的不安全行为及导致不安全行为的原因。

以机务专业为例,动车组司机不安全行为主要包括不执行作业标准、盲目操作、注意力不集中、精神不振以及命令理解错误等,其不安全行为致因要素及示例见表 10-4,不安全行

图 10-19 电制分离式主控手柄

为致因要素分 2 级，1 级要素从系统设备、工作环境、人员与岗位、规章制度、人员素质、人员状态和安全文化进行说明，2 级要素根据实际案例对 1 级要素进行了细化。

表 10-4 动车组司机不安全行为致因要素及示例

1 级要素	2 级要素	示 例
系统设备	人机接口设计	驾驶台设计不良，如不同车型开关按键位置不一致、存在无效开关按键、排列紧密，容易误操作
		不同型号列车，人机界面操作流程不一致等
工作环境	工作环境设计	设备空间布局有待优化：空调出风口位置、插卡位置不合理
		操作屏幕亮度过高或过低，没有遮光板
		照明方式不合理，容易视觉疲劳等
人员与岗位	操作规程制定	不同型号列车的列控设备操作规程不同
规章标准	技术标准优化	技术标准及规章没有根据运用情况实时优化更新
人员素质	培养使用机制	新手经验不足，对于规章制度不熟悉
		缺乏向有经验的人员学习的技术手段等
	教育培训机制	动车组运用车型众多，导致培训效果不佳
		缺乏驾驶员在应急技能方面的系统培训等
人员状态	职业健康管理	驾驶员数量不足，导致驾驶员工作时间过长，造成身体疲惫
	心理健康管理	在岗人员心理素质全周期监测不足
		在岗人员心理素质评估标准及体系不完善
安全文化	安全理念文化	养护人员缺乏安全责任意识
		养护人员存在侥幸心理等

基于铁路行业关键岗位作业任务特点，结合各专业不安全行为及其致因要素分析可知，在人因工程方面，各专业岗位在不安全行为致因方面有需要共同关注的要素，如操作规程优化、心理健康、职业健康、工作环境、教育培训等，同时各专业也有各自需要重点关注的内容，如行车指挥员和驾驶员岗位重点关注人机功能分配、人机接口、操作规程等方面，而工务、电务、供电等维护人员则更关注作业流程、团队协作及安全文化等方面。

3. 铁路安全人因工程应用管理体系架构设计

面向铁路运营实际，在我国铁路既有的安全治理体系架构基础上，依据表 10-3 分析确定的人因工程关键要素，综合考虑建设阶段及运营阶段，同时覆盖各个专业，我国铁路安全人因工程应用管理体系架构设计见图 10-20,体系架构共分为 4 个子体系、7 个模块和 15 项基本内容,其中,子体系和模块都与我国铁路行业安全治理体系保持一致;15 项基本内容中,斜体为安全治理体系中既有的 8 项内容,加粗字体为人因工程应用管理体系增加的 7 项内容。建设阶段从系统设计、工作环境设计等内容考虑,通过源头治理减少人因失误发生的条件;运营阶段从标准规章、人员素质等内容考虑,减少运营过程中人员的不安全行为。

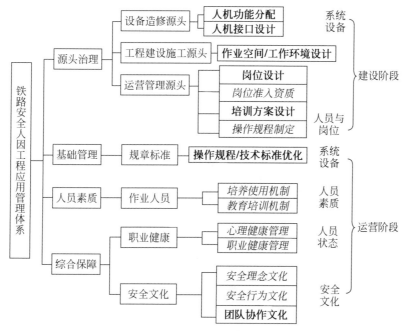

图 10-20 铁路安全人因工程应用管理体系架构设计

4. 铁路安全人因工程研究方向和关键技术

铁路安全人因工程应用管理体系架构中包含的系统环境设计、人员岗位准入及规章标准优化、人员素质及状态管理、安全及团队文化建设等方面内容,可以实现"人-机-环-管"的协同优化,提升作业人员的工作效率、降低人因失误。上述工作的有效开展需要对作业人员进行心理特征识别、失误机理辨识、可靠性分析,以及对各种人机交互优化技术与实验测试平台进行研究。

核电、载人航天等行业的人因工程研究基于各自的任务特点、系统环境和应用管理体系,形成了各自的重点研究内容,如核电行业的研究重点是人的可靠性规律、控制室设计方法、应急规程制定及优化等;载人航天的研究重点是航天员能力特征、人误与人因可靠性、人机界面与人机交互等。铁路安全人因工程研究在实际运营环境及岗位任务特点等基础上,结合前文设计的基于系统工程理念的应用管理体系架构,需要对理论、管理、技术、平台等方面重点关注的研究方向和关键技术见表 10-5。

表 10-5　铁路安全人因工程研究方向和关键技术

内容	研究方向	关键技术
理论方法及管理策略	人误机理及可靠性分析	非常规时间、特定环境(高空、噪声)及应急场景下铁路行业关键岗位作业人员不安全行为的表现特征、规律及内在致因机理辨识方法
		多类型人机交互需求(动车组的不同操作规程及维修规程)条件下人因可靠性建模、分析与评估理论方法
		单人值乘条件下人误检测、预警与防护的一体化系统安全保障理论
	人员心理特征分析及监测	关键岗位群体协同作业的心理特征及行为演变规律辨识方法
		单人值乘人员的心理行为监测方法、评价体系及干预策略
	人员管理策略分析	多类型人机交互需求的操作和维修规程设计及优化方法
		团队协作及企业安全文化建设管理策略
关键技术	"人-机-环"交互关键技术	驾驶室及调度台人机协同、人机互知、人机互信、人机融合等人机交互关键技术
		非常规环境(高空、噪声)下工作场所及作业环境设计及优化技术等
	人工智能等新技术运用	夜间工作环境下基于北斗卫星及可穿戴设备的现场作业人员不安全行为安全监测方法技术
		单人值乘条件下基于可穿戴或非接触式设备的现场作业人员出岗及在岗状态评估与预警技术
		基于感知技术及大数据分析的人因安全数据库构建技术等
实验平台	铁路人误与人因可靠性实验平台	铁路非常规时间及特定环境下的人因失误分类与分析、人员操作绩效评估、人因可靠性预测,包含人因失误行为监测、人因可靠性分析、操作行为特征识别等内容
	铁路人机工效学测试与评估实验平台	铁路应急场景下工作压力测试与评估,包含工作负荷与压力测量评估、工作任务分析、工效检测评估等内容
	铁路认知工效与人机交互实验平台	驾驶台及调度台布局设计与评估、人员情境意识测试,包含认知心理评估、人机界面评估等内容

10.4.3　航空安全人因工程设计

统计资料显示:2006—2015 年的中国民航飞行事故征候的主要原因是机组、意外天气、地面保障、机械和机务。其中由于机组的人为因素导致事故征候率为 2.2,人为因素已成为导致飞行事故症候的第二大因素。虽然人为因素的研究早在 20 世纪就已经开始,但是随着航班数量的激增,运行环境进一步复杂,针对航空安全的人因工程问题亟待深入研究。

1. 航空安全人因工程中的科学问题

无论是航空器的适航符合性验证还是其实际运营,飞行的安全性都是最主要的考虑方面。导致飞行事故的原因通常与飞机性能、飞行品质、机组绩效、飞行情景以及人为因素相关。如图 10-21 所示，飞行事故因果链中这些宽泛、抽象的人为因素设计与验证主题将在控制科学与工程的范畴下转化为系统性的问题描述，并最终通过人机与环境智能系统建模与仿真转化为基于人机工效状态空间的大数据研究。

图 10-21　航空安全的科学问题

2. 航空安全人因工程的设计方法

1）逆向工程

逆向工程是相对正向工程而言的，也称为反求工程技术，它们之间的关系如图 10-22 所示。逆向工程可以认为是一个从有到无的过程，主要是针对已有的产品原型，消化吸收和挖掘其中蕴含的产品设计、制造等方面的知识、原理和理念，并以此为开端进行产品创新设计。逆向工程的出现极大地缩短了产品的开发周期并提高了产品精度，对飞行器设计有重要意义。在航空人因学设计领域，逆向工程的目的就是通过对现有先进飞机的实物研究，了解其设计的形状、尺寸、大小、功能、材质、色彩以及逻辑等，进而掌握系统在安全性、高效性、舒适性等方面设计的先进技术和理念等，快速消化吸收进而创造开发多种新产品。

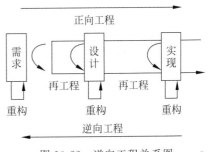

图 10-22　逆向工程关系图

2）实验研究方法

实验研究的方法是通过对人机组合或人机与环境系统组合的效果评价来筛选设计方案或者改善设计。如，BRE 公司开展的座舱人机环境综合实验，主要研究热环境、噪声、振动等因素对座舱舒适性的影响和乘员的动态响应；波音 777 在其设计和研制过程中，该项目的人因学专家在实验室或模拟舱中通过让飞行员在各种控制条件下完成特定的任务来获取各种指标数据，为设计决策提供了有效的实验依据；抬头显示器(head-up display，HUD)设计初期，人因学专家为了了解 HUD 对飞行员视觉注意的影响，也是通过从应用研究中获取数据与从实验室基本研究中得出理论相结合的方法，完善 HUD 的设计，以尽可能减小对飞行员视觉注意力分配的负面影响。

3）虚拟现实技术

虚拟现实技术(virtual reality，VR)指利用电脑模拟产生一个三维空间的虚拟世界，用户可以在此环境中利用语言、手势等自然的方式或者通过虚拟辅助设备进行视觉、听觉、触觉等感官的模拟，让使用者如同身临其境一般，可以及时、没有限制地观察三维空间内的事物。

在飞机设计过程中应用 VR 技术,通过多通道体感融合人机工效与仿真的方法,能够对驾驶舱人为因素、人机工效分析与设计、总体布置、座舱舒适性分析与设计等提前开展性能仿真演示,可以及早发现、弥补设计缺陷,实现"设计—分析—改进"的闭环迭代,从设计技术上缩短设计周期,从而实现飞机研制中人机界面的快速设计。欧美先进航空企业,尤其是波音、空客等公司,在飞机设计的很多业务领域都采用了 VR 技术。波音 747、波音 787、空客 380 等以 VR 为代表的数字化先进设计技术将整体项目进度和飞机研制成本缩短、降低了将近一半;我国自主研发的新舟 60 飞机的 C 级飞行模拟器是典型的人在回路实时仿真系统,是 VR 的应用实例。此外,利用 VR 技术模拟机还可以方便机务人员检测与维修,提高维修的效率和准确度。

4) 故障和事故分析

人因学事故分析侧重对事故/事故征候中与人误有关的分析。有些事故发生是因为飞机设计本身存在问题或者功能不完善,没有达到人因学设计标准。对波音公司收集的历史数据分析显示,10% 的事故涉及飞机系统故障,包括失去可用性、功能性差错、需求差错和设计差错。如 1994 年中国西北航空 TU154 西安空难的直接原因是地面维修人员在更换故障部件时,错插舵机插头,导致飞机操纵性异常。通过设计防插错功能的插头即可避免类似悲剧。1995 年大西洋东南公司 ASA529 航班因左发动机的螺旋桨突然断裂造成空难。由于飞行员并不知道发动机已经完全损坏,只是认为发动机失效,耽误了事故的处理时间。在飞机设计时,可以强化飞机的告警系统,使之做出相应的警报显示,使机组明白飞机的受损情况及采取何种补救措施,则会有利于正确决策,将损失大大减小。

5) 计算机辅助设计和复杂建模法

计算机辅助设计和复杂建模法是指通过对民机的"人-机-环"系统的数学建模,通过计算机软件的运算方式来实现产品的设计研发、系统评估分析、产品展示等过程。随着制造技术的发展,这种研发模式在国外民机设计领域也得到了广泛的应用,极大提高了工作效率,节省了人力成本和硬件成本。

一些航空技术发达的国家开发研制了许多基于人因工程学的计算机辅助设计和建模软件,这些软件被广泛应用于飞机驾驶舱的设计。如 SCADE 软件可以用来支持系统的控制逻辑设计、图形显示设计、系统设计和全生命周期管理,规避设计中人为因素可能带来的安全隐患,飞机制造商在新机研制过程中普遍采用这一工具,如 A380、A320neo、A350、A400M、B787、E170、E190 和 KC390,以及俄罗斯的 MC21 和中国的 C919。

6) 快速原型技术

该技术中原型首先实现的是实际系统的基本模型,但是保留了实际系统的基本功能。作为面向对象的新型合成技术,原型结合直接控制设计和基于自动反演方法,可以用于比较确定系统的各种控制配置,构建系统模型,又能最大限度地对已有的设计方法进行创新重组和再利用,使得设计和实现更加简便、快捷,直到它的功能和性能达到用户需求。该技术可以大大缩短新产品研发周期,提高设计初期决策的准确性,减少后期因设计方案的改变而带来的损失。

在驾驶舱人机界面设计过程中,快速原型技术有很好的应用前景。如波音777驾驶舱中采用的电传操纵系统首次应用了新型机载人机系统,包括电子检查表(ECL)、源矩阵液晶显示器(AMLCD)、光标控制器(CCD)等,它们均是通过快速原型技术研究的成果。

3. 航空安全人因工程防控体系

1) 组织中的人因防控体系

对于复杂的民航运行系统而言,组织中的缺陷是最大的安全威胁。众多民航管理者已经逐步认识到组织因素在民航运行安全中的影响,但作为隐藏在背后的"潜在失误",在实际运行过程中经常容易被忽视,使得安全威胁得以存在和发展。因此,要从根源上减少飞行中人的因素的发生,必须针对组织中的管理体系进行深入探讨,见图10-23。

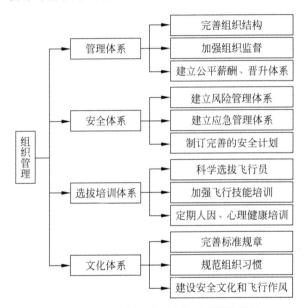

图10-23 组织管理层面人的因素预防措施

2) 团队管理中的人因防控体系

团队指机组成员之间,机组与管制、签派、机务、机场等职能部门人员之间依靠技术,跨越时间、空间距离而形成的合作关系的群体。该团队最容易导致沟通交流不畅和彼此任务情景存在差异。要减少这些差异,可以从以下几个方面改善:

(1) 利用先进技术建立目视通信系统和数据链指令打印系统,将交流的过程程序化、自动化,最大程度减少交流障碍。

目前,民航从业人员工作中交流的方式主要有以下几种:面对面口头交流、无线电陆空通话、信号或手势交流、报文交流等。要定期加强该方面的培训和考核,杜绝语言歧义、模糊和文化差异。

(2) 飞机放行前,机务人员与签派人员要严格按照民航局相关规章和公司政策进行检修和放行,确保飞机的适航性,并向机组如实汇报飞机的安全状况及注意事项。

(3) 进行岗位交叉培训。由于团队之间彼此任务情景存在差异,缺乏对其他岗位工作细节的重要性认知,往往在实际工作中团队协调起来比较困难,除了各成员做好本职工作减少差错之外,还应根据各个岗位之间的关系确定岗位交叉培训方案。

3) 优化驾驶舱设计中人因防控体系

飞机驾驶舱是一个高度复杂的人机交互系统,其设计的优良与否与飞行员建立情景意识的好坏有着密切的关联,而当前驾驶舱人机交互界面不良成为其中一重要安全隐患。因此,在人机功能分配和人机交互界面设计之初要充分考虑飞行员的生理、心理特征,从而实现人机交互的最佳匹配。由于飞行人机系统有综合交互式特点,机组人员任何一个重要事务操作或命令都应该产生反馈和闭环控制。当飞行员进行操作或发布命令后得到与预期不一样的反应时,系统告警并可通过相应的程序对操作、命令进行核查或校对,建立纠错机制。

此外,在对驾驶舱的环境设备设计时,融入一些防错、容错的安全屏障技术,降低人的因素发生概率。本节结合先进民机驾驶舱的设计实例,总结出驾驶舱"显-控"设备安全屏障技术,如表 10-6 所示。

表 10-6 驾驶舱"显-控"设备安全屏障技术

屏障系统	屏障功能	举例
实体屏障	具有容纳或保护作用,防止偶发启动	起落架重力放出装置带有保护盖;控制器安装在凹槽内;在重要控制器上加翻盖、保护罩等
	对剧烈操作起限制或阻止作用	控制器过度操作时增加阻力或者响应减缓
	多重操作才能使控制器启动	对刹车装置操作时需要向上提起手柄再进行旋转,否则无法转动;俯仰配平拨动滑块时,两个滑块用弹性装置固定在中立位,使用时需要同时拨动两个滑块才能移动
功能性屏障	运用程序保护	密码锁、通行证、行为顺序,在高空、大速度情况下对起落架手柄进行程序保护,无法放下起落架等
	空间、时间阻止	保持间距防止偶发启动,操作步伐一致才能响应
	逻辑保护	基于软件的内部逻辑,正确的行为和环境才能操作
象征性屏障	指明系统状态	语音、视觉和触觉警告等
	编码保护	对"显-控"设备进行形状、位置、大小、操作方法、颜色编码
	允许或批准	只有得到许可,工作命令发布后才能操作
非物质性屏障	监控、监管	交叉检查、相互监督和把关
	规章制度	按照操作手册、检查单、标准操作程序(SOP)等执行

4) 飞行机组中人的因素防控体系

(1) 建立良好的机组资源管理(CRM)规范。

随着驾驶舱自动化程度的提高,飞行机组的任务已由"操纵"为主转变成为"监视-决策-

控制"为主,这对机组资源管理(CRM)提出了更高的要求。民航事故调查结果显示,"多人制机组"在执行飞行任务中出现的大部分不安全事件都与 CRM 有关,包括机组成员之间沟通不畅、机组分工不均、团队判断决策不当、机组搭配不科学、情景意识和处置不当、不能有效同步协作等。研究表明,良好的 CRM 可以阻挡 20%～30% 的差错。譬如 2015 年发生的复兴航空空难,事故调查报告表明该起空难是由于机组错误关闭无故障的发动机导致,如果当时机组能够正确识别突发状况接通自动驾驶,双方确认后再同步协作执行一发失效应急程序,就有可能避免灾难。又如 2013 年的韩亚航空空难,也是由于机组成员未按程序要求的"标准喊话"和"交叉检查"酿成的。因此,机组成员在执行飞行任务时要切实按照保证飞行安全的六大工具操作:"标准程序""标准喊话""交叉检查""飞行简令""检查单"和"指令复诵与核实"。

(2) 飞行机组要不断提高自身安全飞行技能水平。

安全飞行技能包含技术技能和非技术技能。飞行员的基本要求是自身的安全飞行技能,这是保证飞行安全的砝码。过度自动化飞行导致部分飞行员基本操作能力下降,缺少处理不正常飞行的能力;而更多去关注飞行品质记录(QAR),丧失了对飞行技术技能最原始的积累。研究发现,相对于技术技能,非技术技能对飞行安全的影响更大。飞行机组的非技术技能包括机组交流与合作能力、自动化系统意识、情境意识与决策、领导与管理、应激能力等。因此,飞行机组应在平时的训练和实际飞行中不断提高自身安全飞行技能水平。

(3) 飞行机组要不断提高自身安全飞行心理水平。

当飞行员压力水平持续过高或者多种压力交织在一起时,势必会引起飞行员的心理波动。所以飞行前机组要积极调节自己的心理状态,采取合适的方式释放和宣泄压力与焦虑,消除不良情绪等因素干扰,保持旺盛精力和警觉性。另外,飞行前要有充足的睡眠,合理安排作息时间。身体出现亚健康状态要及时请求寻求航医或者心理医生就诊,切不可滥用药物或抱有侥幸心理,杜绝"空中失能"等严重状况。一旦身体出现不适于飞行的状态,要向组织汇报、检查,暂停飞行任务。

(4) 提高安全意识,消除危险心理。

不成熟的机组人员在飞行中往往存在 5 大危险心理态度:侥幸心理、冲动心理、逞能心理、反权威心理和顺从心理,严重影响飞行安全。在飞行中一定要保持安全意识和情景意识,严格按照各种民航规章和标准操作程序(SOP)飞行,具备高度的安全警觉性,切不可麻痹大意。

10.5 本章小结

本章分别从交通工具、交通设施、交通信号和交通安全 4 个方面展示了人因工程理论与方法在交通设计中的应用。首先,交通工具多种多样,选取了 3 种较为常见的道路交通工具:汽车、公交车和自行车,分析了其中蕴含的人的因素及对应的设计内涵,为交通工具设计者提供参考；其次，对道路人行横道、非机动车道、机动车道、临时停车场等道路交通设施人性化设计以及城市道路交通安全设施人性化和智能化的设计理念进行了阐述；另外介绍了特殊路段如隧道路段的交通设施人性化设计；阐述了交通信号灯、交通标志、交通标线的人因工程设计；最后，结合深圳市一道路交叉口改善设计方案和铁路安全人因工程应用管理体系架构的分析研究，体现了人因工程在交通安全中的具体应用。

- **复习思考题**

1. 简述应用人因工程学进行车身室内布置的设计流程及汽车设计中第5和第95两种百分位的定义。
2. 驾驶员座椅设计需要遵循哪些设计原则？说明汽车驾驶员座椅与公交车驾驶员座椅在设计上有哪些区别？
3. 阐述城市道路交通安全设施设置的原则。
4. 列举交通标志设置的视觉要求。
5. 结合前面几章内容，对道路交通安全事故调查与分析四方面内容中的步骤及方法进行详细阐述。
6. 列举铁路及航空行业关键岗位人员任务特点与"人-机-环"内容。

- **课后作业**

1. 基于人体测量数据及因素分析评价某种共享单车的人因工程设计。
2. 调查所在居住地附近的道路设施及道路交通安全设施有哪些人性化设计，分析有何不足并提出改进方案。
3. 对所在城市某一公交线路上的公交车驾驶员及乘客进行关于驾乘、出行的问卷调查，根据调查结果分析公交车辆在人因工程设计上的不足并提出改进方案。
4. 对比分析城市道路、铁路及航空三个领域交通安全的异同点。

参 考 文 献

参 考 标 准